碳达峰与碳中和丛书　　　　　何建坤　主编

绿色低碳转型若干重要问题研究

清华大学绿色经济与可持续发展研究中心
2020年度政策研究报告

钱小军　周　剑　主编

东北财经大学出版社
Dongbei University of Finance & Economics Press

大连

图书在版编目（CIP）数据

绿色低碳转型若干重要问题研究：清华大学绿色经济与可持续发展研究中心2020年度政策研究报告／钱小军，周剑主编.
—大连：东北财经大学出版社，2022.3
（碳达峰与碳中和丛书）
ISBN 978-7-5654-4437-1

Ⅰ．绿… Ⅱ.①钱…②周… Ⅲ．绿色经济—低碳经济—经济发展—研究—中国 Ⅳ.F124.5

中国版本图书馆 CIP 数据核字（2022）第 017677 号

东北财经大学出版社出版发行

大连市黑石礁尖山街 217 号 邮政编码 116025

网　　址：http://www.dufep.cn

读者信箱：dufep @ dufe.edu.cn

大连图腾彩色印刷有限公司印刷

幅面尺寸：185mm× 260mm　　字数：375 千字　　印张：26.25
2022 年 3 月第 1 版　　　　　2022 年 3 月第 1 次印刷
责任编辑：李　季　吉　扬　　责任校对：孟　鑫　王芃南
　　　　　刘慧美　刘东威
　　　　　刘贤恩　刘　佳
封面设计：原　皓　　　　　　版式设计：原　皓
定价：116.00 元

总　序

全球正在兴起加速低碳转型的热潮。

新冠肺炎疫情给人类社会造成的影响仍在持续，这场突发的疫情更深层次地触发了人们对生存与发展的思考。疫情下，各国一方面都积极地投入到稳就业、保生产的抗击疫情工作当中，尽量将疫情对生产和生活的冲击与破坏降到最低；另一方面也都努力在可持续发展视角下部署经济的绿色复苏，以更加积极的行动和雄心应对气候变化带来的严峻挑战。

2015 年年底巴黎气候大会达成的《巴黎协定》确立了全球控制温升不超过工业革命前 2℃并努力低于 1.5℃的长期减排目标，并形成了"自下而上"的国家自主贡献（NDC）目标和每 5 年一次的全球集体盘点，以构建全球气候治理体系框架，引领全球向低碳转型。《巴黎协定》要求各缔约方要在前一版 NDC 目标基础上提交力度更强的 NDC 更新目标，发挥 NDC 目标的"棘轮"机制以加速全球温室气体减排的进程；同时也要求各缔约方向联合国气候变化框架公约（UNFCCC）提交各自面向 21 世纪中叶的长期低排放发展战略，凝聚各缔约方长期低碳转型的共识，释放全球应对气候变化的长期信号和坚定信心。

越来越多的国家积极提出各自的"净零排放"目标，积极参与到全球"Race to Zero"的浪潮当中。欧盟在 2018 年年底提出了其建成繁荣、现代化、有竞争力和气候中性经济体的长期战略，并努力在 2050 年实现"净零排放"。英国于 2019 年在气候变化委员会（CCC）的建议下，也将英国 2050 年实现净零排放更新到其《气候变化法案》当中，以法律的形式明确了英国的长期减排目标。在 2020 年 9 月 22 日第七十五届联合国大会一般性辩论中，习近平主席提出了中国积极的新气候目标，力争在 2030 年前实现二氧化碳排放达峰，在 2060 年前实现碳中和，彰显了中国在全球气候治理中负责任大国的形象。其后日本和韩国也陆续提出了各自 2050 年"净零排放"的目标，越来越多的国家也纷纷提出符合各自国情和发展阶段特征的减排目标。

碳中和目标下先进低碳技术创新与竞争将重塑世界格局。人们越来越意识到，实现深度脱碳并不会制约经济社会的发展，先进低碳技术的创新与突破将是未来经济社会发展的重要驱动力，也将是未来国际经济、技术竞争的前沿和热点。欧盟提出 2035 年前要完成深度脱碳关键技术的产业化研发；美国"拜登政府"也计划在氢能、储能和先进核能领域加大研发投入，其目标是氢能制造成本降到与页岩气相当，电网级化学储能成本降低到当前锂电池的十分之一，小型模块化核反应堆建造成本比当前核电站成本降低二分之一。日本在可再生能源制氢、储存和运输、氢能发电和氢燃料电池汽车等领域都具有优势，其目标是氢能利用的综合系统成本降低到进口液化天然气的水平。世界各国都争相积极投入并部署先进低碳技术的研发和产业化，这也将对全球加速应对气候变化进程发挥重要的作用。

我国正在积极探索落实 2030 年更新 NDC 目标的行动计划。习近平主席在 2020 年 12 月 12 日的气候雄心峰会上阐述了我国 2030 年更新的 NDC 目标，即单位国内生产总值的二氧化碳排放 2030 年比 2005 年下降 65%以上，太阳能发电总装机容量超过 12 亿千瓦，非化石能源在一次能源消费中的占比要努力达到 25%左右。为进一步落实这一目标，2020 年年底的中央经济工作会议也将做好碳达峰、碳中和工作列为 2021 年的重点任务，也在"十四五"规划和 2035 年远景目标纲要中提出，要"落实 2030 年应对气候变化国家自主贡献目标，制定 2030 年前碳排放达峰行动方案"，"锚定努力争取 2060 年前实现碳中和，采取更加有力的政策和措施"，全面推动绿色发展，促进人与自然和谐共生。以"碳达峰、碳中和"为目标导向，国内正在掀起低碳发展的热潮。

发达国家已经实现了碳达峰，正在努力向"碳中和"目标转型。尽管发达国家碳达峰的发展历程并没有过多地受到全球气候变暖严峻形势的制约，但其发展历程中所积累的宝贵经验和教训值得广大发展中国家借鉴和参考。与此同时，发达国家已经全面建立起温室气体减排的管理能力，其提出的"净零排放"目标和实施路径也具有较高的参考价值，值得发展中国家参考和借鉴。

　　本套"碳达峰与碳中和丛书"，将从多个视角向读者分享低碳知识，既有发达国家"净零排放"的战略、路径和政策，也有国内低碳发展的优秀案例和宝贵经验，还有各领域各行业的积极做法。希望本丛书能促进我们在低碳实践方面的思考和行动，为早日实现"碳达峰、碳中和"目标贡献力量。

何建坤

2021 年 4 月 18 日 于清华园

绿色低碳转型若干重要问题研究

——清华大学绿色经济与可持续发展研究中心 2020 年度政策研究报告编委会

主 编

钱小军 周 剑

编委会成员

何建坤 钱小军 周 剑 周 源 温宗国 曹 静 刘 滨 朱颖心

编写组成员（按姓氏音序排列）

曹 彬 曹 静 陈 晨 戴亦欣 董庆银 顾阿伦 胡俊梅 靳 晓

李金惠 李玉爽 刘 滨 刘丽丽 刘志林 鲁 玺 鲁玉成 时 光

孙 悦 温宗国 翁旸勤 徐建华 张中华 郑凯方 周 剑 周玲玲

周 源 朱颖心

前　言

"建立健全绿色低碳循环发展的经济体系"为新时代下高质量发展指明了方向

党的十九大报告指出，我国经济已由高速增长阶段转向高质量发展阶段。这是以习近平同志为核心的党中央根据国际国内环境变化，特别是我国发展条件和发展阶段变化而作出的重大判断。经济高质量发展的核心是质量第一、效益优先，其背后具有深厚的理论内涵和重大的实践指导意义。

党的十九大报告中提出的"建立健全绿色低碳循环发展的经济体系"为新时代下高质量发展指明了方向，同时也提出了一个极为重要的时代课题。2020年10月，党的十九届五中全会提出，"十四五"时期经济社会发展要以推动高质量发展为主题，这是根据我国发展阶段、发展环境、发展条件变化作出的科学判断。高质量发展根本在于经济的活力、创新力和竞争力。而经济发展的活力、创新力和竞争力都与绿色低碳循环发展紧密相连，密不可分。离开绿色低碳循环发展，经济发展便因丧失源头活水而失去了活力；离开绿色低碳循环发展，经济发展的创新力和竞争力也就失去了根基和依托。绿色低碳循环发展是我国从速度经济转向高质量发展的重要标志。

2020年12月30日，习近平总书记主持召开中央全面深化改革委员会第十七次会议，会议审议通过了《关于加快建立健全绿色低碳循环发展经济体系的指导意见》（以下简称《意见》）。这是立足新发展阶段、贯彻新发展理念、构建新发展格局，开启全面建设社会主义现代化国家新征程的重大战略举措，对于实现高质量发展具有重大意义。

《意见》阐明了建立健全绿色低碳循环发展经济体系的基本要求、发展目标、实施路径和重点任务，清晰地界定了绿色低碳循环发展经济体系的内涵。《意见》指出，要坚定不移贯彻新发展理念，全方位全过程推行绿色规划、绿色设计、绿色投资、绿色建设、绿色生产、绿色流通、绿色生活、绿色消费，形成绿色低碳循环发展的生产体系、流通体系、消费体系，加快基础设施绿色升级，使我国的经济发展建立在高效利用资源、严格保护生态环境、有效控制温室气体排放的基础上。

绿色发展、低碳发展和循环发展三者之间主要是相互促进、相互加强的协同关系，但在推进经济社会发展的过程中，绿色发展侧重解决生态环境保护及其质量改善问题，低碳发展侧重解决节能减碳问题，循环发展侧重解决资源保护与高效利用问题。因而，绿色发展、低碳发展和循环发展不能完全相互替代，绿色低碳循环发展应视为绿色发展、低碳发展和循环发展的交集，即应同时满足三者的要求和特征，而不是只满足三者中一个或两个的要求和特征。

建立健全绿色低碳循环发展经济体系，是解决我国经济发展过程中存在的资源环境生态问题的基础之策，其实质是推动我国高质量发展的路径选择问题。当前阶段，我国已经完成了全面建成小康社会的历史任务，进入了全面建设社会主义现代化国家新征程的新发展阶段，经济发展由高速增长阶段进入高质量发展阶段，社会主要矛盾是人民日益增长的美好生活需要和不平衡不充分的发展之间的矛盾，人民群众对美好生态环境的需求已经成为矛盾的重要方面，资源环境问题解决不了，高质量发展就难以实现，富强民主文明和谐美丽的现代化强国建设目标就失去了根基。建立健全绿色低碳循环经济体系能够使我国经济在新的历史时期解决好发展与保护的关系，形成经济发展与资源环境气候相协调的发展格局，有力促进高质量发展，为实现第二个百年奋斗目标打下牢固的基础。

全球绿色复苏与经济高质量发展的高度吻合有助于构建人类命运共同体

面对新冠肺炎疫情、气候变化等重大危机，人类开始重新思考人与自然的关系，愈发认识到人类和自然是一个休戚与共的命运共同体，我们要更加尊重自然、顺应自然和保护自然，更加重视人与自然和谐共生，统筹当前和长远，未雨绸缪地应对全球性挑战。这就意味着，我们必须从根本上转变传统的生产方式、生活方式和消费模式，推动转型和创新，走绿色、低碳、循环的发展道路。不能就气候谈气候，就发展谈发展，就环境谈环境，而要将气候行动与经济、社会、环境、健康、就业、稳定、安全等问题作为一个大系统，实现协同发展，通过可持续发展的道路来应对气候变化，保护环境，扭转生物多样性丧失趋势，确保人类长期健康和安全。

当前全球能源消费格局呈现以化石能源为主体、可再生能源占比增长迅速的特点，全球能源相关碳排放持续增长，处于历史高位。具体而言，2019 年，全球能源相关二氧化碳排放达 333 亿吨，与 1980 年相比增长近九成；全球一次能源消费达 206 亿吨标煤，人均消费 2.68 吨标煤；其中，化石能源消费占主体，煤炭消费占 26.1%，石油消费占 31.4%，天然气消费占 23.3%；同时，非化石能源消费持续快速增长，占比为 19.4%，风光发电成为主力新增电源，贡献全球新增电力装机的 64%，新增发电量的 49.4%；此外，从终端消费结构看，电气率保持稳步提升态势，约为 19.6%。

2020 年，新冠肺炎疫情给短期能源供需带来严重冲击，经济绿色复苏正在成为国际社会的普遍共识与一致行动，未来全球能源清洁低碳转型步伐将明显加快。在世界范围内力推实现 1.5℃温升控制目标，到 21 世纪中叶全球实现碳中和的呼声日益强烈。欧盟提出"欧洲绿色新政"，承诺于 2050 年前实现碳中和，并出台了关于能源、工业、建筑、交通、食品、生态、环保等七个方面的政策和措施路线图，坚持绿色复苏，使欧洲成为首个碳中和大陆。全球已有 121 个国家提出 2050年实现碳中和的目标和愿景，其中包括英国、新西兰等发达国家以及智利、埃塞俄比亚、大部分小岛屿国家等发展中国家。不少国家和城市也提出 2030—2050 年期间实现 100% 可再生能源目标，提出煤炭和煤电退出以及淘汰燃油汽车的时间表，并有 114 个国家表示将强化和更新 NDC 目标。美国众议院在 2020 年 6 月发布的《气候危机行动计划报告》也提出要为全球 1.5℃温升控制目标努力，将应对气候变化作为国家的首要任务，要实现 2050 年温室气体排放比 2010 年减少 88%、CO_2净零排放的目标，并从经济、就业、基础设施建设、公共健康、投资等各个领域详细阐述了未来拟采取的措施。尽管当前新冠肺炎疫情下各国应对气候变化的行动力度有所减弱，但长期趋势不会改变，而且会越来越紧迫。发达国家在当前气候谈判中力推 1.5℃温升控制目标的态度非常明确。

碳达峰碳中和愿景有助于推动我国形成高质量发展的路径

国家主席习近平在 2020 年 9 月 22 日第七十五届联合国大会一般性辩论和 12 月 12 日气候雄心峰会上宣布："中国将提高国家自主贡献力度，采取更加有力的政策和措施，二氧化碳排放力争 2030 年前达到峰值，努力争取 2060 年前实现碳中和。"2021 年 3 月 15 日，习近平总书记在中央财经委员会第九次会议上指出，实现碳达峰、碳中和是一场广泛而深刻的经济社会系统性变革，要把碳达峰、碳中和纳入生态文明建设整体布局；这是党中央经过深思熟虑后作出的重大战略决策，事关中华民族永续发展和构建人类命运共同体。

2021 年 4 月 16 日，国家主席习近平在北京同法国总统马克龙、德国总理默克尔的中法德领导人视频峰会中，进一步强调了中国应对气候变化的雄心和力度，"中国作为世界上最大的发展中国家，将完成全球最高碳排放强度降幅，用全球历史上最短的时间实现从碳达峰到碳中和。这无疑将是一场硬仗"。中国已决定接受《〈蒙特利尔议定书〉基加利修正案》，加强氢氟碳化物等非二氧化碳温室气体管控。

我国提出碳达峰、碳中和的目标和愿景，对国内疫情后加速绿色低碳转型和长期低碳发展战略的实施，以及推进全球气候治理进程都将发挥重要指引作用，具有非常现实和重要的意义。碳达峰、碳中和的承诺实际上是对绿色低碳转型发展的刚性要求，必须按照承诺的时间要求进行倒计时，调整能源结构、产业结构，把经济发展方式转到绿色低碳循环发展的轨道上。

就国内而言，推进目标导向下紧迫的低碳转型，成为国家新时代社会主义现代化建设的重要目标和生态文明建设的核心内容，意味着我国更加坚定地贯彻新发展理念，构建新发展格局，推进产业转型和升级，走上绿色、低碳、循环的发展路径，实现高质量发展，打造现代化大国核心竞争力。从国际上来看，这也将提振各方应对气候变化信心和行动意愿，引领全球实现绿色、低碳复苏，指引全球经济技术变革的方向，体现为全人类共同事业的大国责任担当，保护地球生态，推进应对气候变化的合作行动，引领全球经济技术变革潮流，提升国际影响力和领导力。

"十四五"时期持续降低碳排放强度是我国高质量发展的重要抓手

2030 年前实现碳达峰，是在长期碳中和愿景导向下的阶段性目标。碳排放达峰时间越早，峰值排放量越低，越有利于实现长期碳中和愿景，否则会付出更高成本和代价。实现达峰，核心是降低碳强度，以"强度"下降抵消 GDP 增长带来的二氧化碳排放增加。

我国还处在工业化和城市化发展阶段的中后期，对未来经济增长，我们还有比较高的预期。尽管不断加大节能降碳力度，但能源总需求在一定时期内还会持续增长，碳排放也将呈缓慢增长趋势。2030 年前应尽快使碳强度年下降率赶上 GDP 年增长率，从而实现二氧化碳排放达峰。

实现碳强度持续大幅下降，一方面，要大力节能，降低能耗强度。通过加强产业结构调整和优化，大力发展数字经济、高新科技产业和现代服务业，抑制煤电、钢铁、石化等高耗能重化工业的产能扩张，实现结构节能；同时通过产业技术升级，推广先进节能技术，提高能效，实现技术节能。

另一方面，要加快发展新能源，优化能源结构。我国提出，到 2030 年非化石能源占一次能源消费比重达 25% 左右。也就是说，经济发展对新增能源的需求将基本由新增非化石能源供应量满足。

"十四五"时期应打好转型关键时期的工作基础。全国确立积极的节能降碳指标，"十四五"规划继续延续"十二五"和"十三五"规划中节能和减排二氧化碳各项指标，特别是继续纳入并突出单位 GDP 的二氧化碳强度下降的约束性指标，这是我国兑现《巴黎协定》下自主减排目标承诺的标志性指标，以此作为落实和实现我国对外承诺 2030 年单位 GDP 的二氧化碳排放比 2005 年下降 60%~65% 自主贡献目标的阶段性安排，并编制"十四五"应对气候变化专项规划，明确阶段目标、主要任务以及政策和行动。开展地区和行业二氧化碳排放达峰行动，推动重点城市和高能耗强度行业 CO_2 排放率先达峰，制订十年达峰计划。严格控制煤电产能和煤炭消费总量反弹，力争"十四五"时期实现煤炭消费达峰甚至负增长。完善全国碳市场建设，扩大覆盖行业。控制 CH_4 等非 CO_2 的温室气体排放，建立 MRV 体系。

本书从不同学科视角分析和阐述了我国经济高质量发展形势下绿色低碳转型若干重要问题，分别涉及绿色金融、绿色转型治理、"无废城市"建设、城镇化及国际贸易对环境污染影响、氢能发展战略、碳市场机制、冷热调节技术，以期与社会各界交流分享，共同为我国经济高质量发展贡献智慧和力量。

2021 年 5 月

目　录

第 1 章 绿色金融的实质及其 在中国的发展

徐建华　胡俊梅　周源

环境污染、自然资源消耗以及气候变化产生的负面效应，正在给全球经济增长带来巨大的压力和成本。根据国际能源署（International Energy Agency，IEA）、世界银行（World Bank）、经合组织（Organisation for Economic Cooperation and Development，OECD）和世界经济论坛（World Economic Forum，WEF）的研究报告所提供的估算，在未来十年内，全球主要绿色领域（如能源、建筑、基础设施、水和污染治理等）的投资需求将达到数十万亿美元[①]。在引导、撬动要素流入可持续发展领域的过程中，金融部门通过履行中介与风险管理的职能，在其中发挥了重要的作用。作为推动经济绿色化转型与弥补绿色融资缺口的金融解决方案，绿色金融的理念已在全球兴起，中国成为全球绿色金融发展浪潮中重要的一员。本报告拟对绿色金融的实质及绿色金融基础性制度、绿色金融工具在中国的发展进行介绍，以湖州市吴兴区砂洗城项目为例来透视绿色金融项目的运作过程，最后对绿色金融的发展进行总结与展望。

[①] 联合国贸易和发展会议（UNCTAD）估计，要实现 SDG 发展目标，未来 15 年每年需要投入 5 万亿～7 万亿美元。IEA、OECD、世界银行和世界经济论坛的预测显示，未来 15 年全球需要在可持续基础设施资产领域投入约 90 万亿美元，是当前全球公共基础设施资本存量的 2 倍以上。

1.1 绿色金融的实质

1.1.1 绿色金融的概念与起源

绿色金融的概念最早起源于实践领域。尽管国际社会一开始并未使用"绿色金融"这一概念名词，但许多国家很早就开展了绿色信贷、绿色债券、绿色保险、碳金融等方面的诸多实践，这些实践体现了投融资过程中对环境保护的考量。1974年，德国成立了世界第一家专注于社会和生态业务的"道德银行"（GLS Bank），这是欧洲绿色金融发展的早期探索。1992 年，联合国环境规划署联合世界主要银行和保险公司成立了金融机构自律组织。之后，联合国环境规划署分别于 1995 年和 1997 年发布了《联合国环境署保险业环境举措》和《银行业、保险业关于环境可持续发展的声明》。这两份文件明确了保险业和银行业的环境责任，标志着国际金融业开始系统实施环境管理体系。2003 年 6 月，国际金融公司（International Finance Corporation，IFC）联合花旗银行、巴克莱银行、荷兰银行等发起并建立了商业银行自愿性标准——赤道原则（Equator Principles）。赤道原则的确立为推进绿色环保、节能低碳提供了严格的行业准则，成为国际项目融资的新行业准则。截至 2020 年 9 月，已有来自 37 个国家的 114 个金融机构承诺采纳了赤道原则[①]。

在实践基础上，绿色金融这一概念开始被西方学界广泛提及。1992 年，美国经济学家 Richard L. Sandor 首次提出环境金融（Environmental Finance）的概念[②]，认为金融应当涉足环保领域，可以在保证金融行业财务可持续的同时，引导环保领域的投融资发展。Devas（1994）首次在文献中使用了绿色金融（Green Finance）

[①] https：//equator-principles.com/members-reporting/.

[②] Environmental Finance.（2015）. In *Good Derivatives*（pp. 205-221）.John Wiley & Sons，Ltd.

的概念，其对国际绿色金融实践以及金融机构面临的潜在法律和环境风险进行了总结[①]。

随着金融应对环境问题的功能和影响不断显现，各国均开始了绿色金融实践的尝试，国际社会对绿色金融概念的理解逐步深入，然而发展至今绿色金融仍缺乏统一的定义。一方面，由于"绿色"涉及环境、社会和经济发展的方方面面，绿色金融通常与环境金融、可持续金融、气候金融、碳金融等交叉混用，概念之间既相互重叠又存在差异，边界并不清晰；另一方面，各国发展阶段不一，对绿色金融的界定存在差异和分歧。表 1-1 从本质、目标、适用领域、具体环节等方面比较了国际组织、金融机构、政府部门、研究学者等不同主体对于绿色金融的定义，其具体内容如下：

（1）根据国际开发性金融组织（International Development Finance Club，IDFC）发布的报告的定义，绿色金融是指囊括流向可持续发展项目、环保产品和政策的能够促进循环经济的金融投资的宽泛概念，包括了促进绿色能源和减少温室气体排放的"气候金融"（Climate Finance）以及其他环境目标的融资活动[②]。

（2）根据普华永道的定义，绿色金融是指金融机构在普通的投融资决策、事后监督和风险管理流程之外，进一步考虑环境因素而提供的金融产品和服务，这些产品和服务旨在促进环境责任投资，以及刺激低碳技术、项目、产业和市场的发展[③]。

（3）在国家七部委联合发布的《关于构建绿色金融体系的指导意见》中，绿色金融被定义为"为支持环境改善、应对气候变化和资源节约高效利用的经济活动，即对环保、节能、清洁能源、绿色交通、绿色建筑等领域的项目投融资、项目

[①] Devas，H. Green Finance［J］. European Energy and Environmental Law Review，1994，3（8）：220-222.

[②] IDFC：Mapping of Green Finance Delivered by IDFC Members in 2014，2015，（11）.

[③] Pricewaterhouse Coopers Consultants（PWC）（2013）：Exploring Green Finance Incentives in China，PWC.

运营、风险管理等所提供的金融服务"①。

（4）中国人民银行研究局经济学家、清华大学金融与发展研究中心主任马骏认为，绿色金融是指一类有特定绿色偏好的金融活动，金融机构在投融资决策中充分考虑环境因素的影响，并通过一系列体制安排和产品创新，将更多资金投向环境保护、节能减排、资源循环利用等可持续发展的企业和项目，同时降低对污染性和高能耗企业和项目的投资，以促进经济的可持续发展，在本质上是一系列金融工具、市场机制和监管安排的加总，即以金融工具创新为载体，借助法律、政策和监管，培育产生的一个支持绿色产业发展的细分金融市场②。

表 1-1   绿色金融定义比较

序号	定义来源	本质	目标	适用领域	具体环节
（1）	IDFC	金融投资、融资活动	促进绿色能源和减少温室气体排放以及其他环境目标	可持续发展项目、环保产品和政策	—
（2）	普华永道	金融产品和服务	促进环境责任投资，以及刺激低碳技术、项目、产业和市场的发展	—	投融资决策、事后监督和风险管理
（3）	中国《关于构建绿色金融体系的指导意见》	经济活动、金融服务	支持环境改善、应对气候变化和资源节约高效利用	环保、节能、清洁能源、绿色交通、绿色建筑等领域	项目投融资、项目运营、风险管理
（4）	清华大学金融与发展研究中心主任马骏	金融工具、市场机制和监管安排	促进经济的可持续发展	可持续发展的企业和项目；高能耗企业和项目	投融资决策

从上述定义中可进一步比较绿色金融与绿色投资、环境金融、气候金融等概念之间的差异。首先，绿色金融的资源配置模式具有双向性，既包括面向绿色环保的产品、项目和企业的投资活动，又包括相关企业和项目利用金融市场的融资活动。

---

① 《关于构建绿色金融体系的指导意见》（银发〔2016〕228 号）.

② 马骏. 中国绿色金融发展与案例研究［M］. 北京：中国金融出版社，2016：9.

绿色金融所涉及的金融业务类型具有多元性，既包括银行信贷，也包括股权投资、债券发行和绿色保险等业务，绿色投资属于绿色金融的一部分。其次，除了关注降低温室气体排放等气候问题之外，绿色金融还支持更为广泛的环境保护和可持续发展目标，包括清洁能源、污染控制、绿色建筑、交通和基础设施建设、能源效率、循环经济、废物处理等各方面的项目，气候金融只是绿色金融体系中的一部分。最后，绿色金融不论在理论上还是实践上都与环境金融、可持续金融两个概念并无明确的区分。从各方定义来看，有的研究者认为环境金融与绿色金融的概念是等价的。也有的研究者认为环境金融的范围大于绿色金融，绿色金融需兼顾环境与经济收益，而环境金融更看重项目的环境收益，存在牺牲部分经济利益保护环境的方案[1]。可持续金融的概念范围普遍被认为大于绿色金融。除关注环境问题外，可持续金融也关注社会治理等问题。[2]

此外，绿色金融在狭义上也可指代金融企业自身办公运营的节能减排、资源节约的绿色化。在后文中讨论的绿色金融采用更广泛的定义。

1.1.2　绿色金融的目标

与传统的金融不同的是，绿色金融发展承载着更多元化的目标。具体目标可以划分为与经济相关、环境相关以及金融行业相关的三类目标。

与经济相关的目标包括：①优化产业结构：支持绿色产业，将绿色产业作为重点扶持项目，从信贷投放、投量、期限及利率等方面给予第一优先和倾斜的政策；控制"两高"产业，在原有项目考察中加入对环境影响的关注，降低对污染性和高能耗企业及项目的投资。②促进技术创新：通过适当的规制促进企业进行技术创新，进一步推动经济增长。

与环境相关的目标包括：①约束现有企业的能源消耗与污染物排放：通过建立

---

① Noh, H. J. (2019). Financial strategies to accelerate green growth. Handbook of Green Finance. Sustainable Development. Springer, Singapore.

② European Union (2017): Defining " green" in the context of green finance. Final report.

碳排放交易市场等环境权益交易市场控制现存企业的污染物排放、降低资源消耗。
②引导居民消费模式转型：通过个人信用卡、住宅、汽车贷款等金融产品引导消费
者选择环境影响更低的生活方式。

与金融行业相关的目标主要为引导金融业的可持续发展：由于传统金融行业过
度逐利导致金融资源配置不合理和社会效果不佳，使得金融业受到较多批判，发展绿
色金融能够使金融资源的配置更加符合社会公共利益的需求，同时也能够使金融行业
自身发现新的增长点。金融业得以将绿色环保理念融入金融商业模式中，通过创新性
的绿色金融产品实现金融行业的差异化竞争，提升金融行业健康发展水平。

1.1.3　绿色金融工具与基础制度

绿色金融工具是指具有促进绿色产业投融资功能、有利于引导绿色投资和绿色
消费的金融产品与金融服务的总称。绿色金融实践发展至今已经建立了包括绿色信
贷、绿色债券、绿色基金、绿色保险、环境权益交易等在内的工具。常见的绿色金
融工具分类及定义如表 1-2 所示。

表 1-2　　　　　　　　　　　　　　绿色金融工具分类及定义

绿色金融工具分类	定义	参考资料
绿色信贷	指商业银行、政策性银行等依据环境经济政策，对研发、生产治污设施，开发、利用新能源等企业或机构提供贷款扶持和优惠利率，而对污染生产企业限制贷款。常被称为可持续融资或环境融资	（陈柳钦，2010）（蒋先玲 & 徐鹤龙，2016）
绿色债券	指政府、金融机构、工商企业等发行者向投资者发行，承诺按一定利率支付利息并按约定条件偿还本金的债权债务凭证，且募集资金的最终投向应为符合规定条件的绿色项目	（王遥 & 徐楠，2016）
绿色基金	指服务于节能减排、发展新能源和实现社会可持续发展等专项投资基金	（危平 & 舒浩，2018）

（续表）

绿色金融工具分类	定义	参考资料
绿色保险	指与环境风险管理有关的各种保险制度安排，包括保险风险管理服务及保险资金支持，以应对与环境有关的问题，从而实现可持续发展。环境污染责任保险即典型的绿色保险。广义的绿色保险还包括保险资金的绿色运用	中央财经大学绿色金融国际研究院《构建中国绿色金融体系：进展报告 2018》绿色保险部分
环境权益交易	指政府确定污染物的排放/使用总量或标准，随后进行排放/使用权初始分配（界定产权），由企业在交易市场上自由交易权益，即由市场确定权益的价格，并实现资源优化配置的过程	（曾 刚 & 万志宏，2010）

绿色金融的工具运行还依赖于绿色金融标准、统计制度、信息披露、评估认证等一系列基础性制度。这些基础性制度服务于界定什么是"绿色"，如何评价"绿色"的程度，基于此可以进一步建立有效的激励机制，保障绿色金融长效发展。

1.1.4 绿色金融参与主体

绿色金融发展涉及的主体不仅包括金融机构，还包括政府、非金融企业、投资者、第三方机构等主体，其发展需要各利益相关方通过政策工具、金融手段和市场机制等手段，建立合作协调机制。

图 1-1 展示了绿色金融领域不同参与主体及其互动关系。在绿色金融领域，公共部门的角色从传统的资金与服务提供方转变为服务购买方、制度保障方与市场监管方，社会资本则开始在绿色投融资领域发挥日益重要的作用。政府主要通过约束性的法律以及激励性的经济措施，与中央银行合作对商业性金融机构进行监管。环境保护部门以及证监部门对企业的行为也起到监管作用。同时，政府也可通过商业性金融机构发放绿色债券等。中央银行为商业性金融机构提供零售资金，同时对其进行监管，可直接进行监管也可以通过授权第三方机构的模式进行监管。商业性金融机构（包括商业银行与保险机构）在绿色金融发展过程中具有重要的地位，

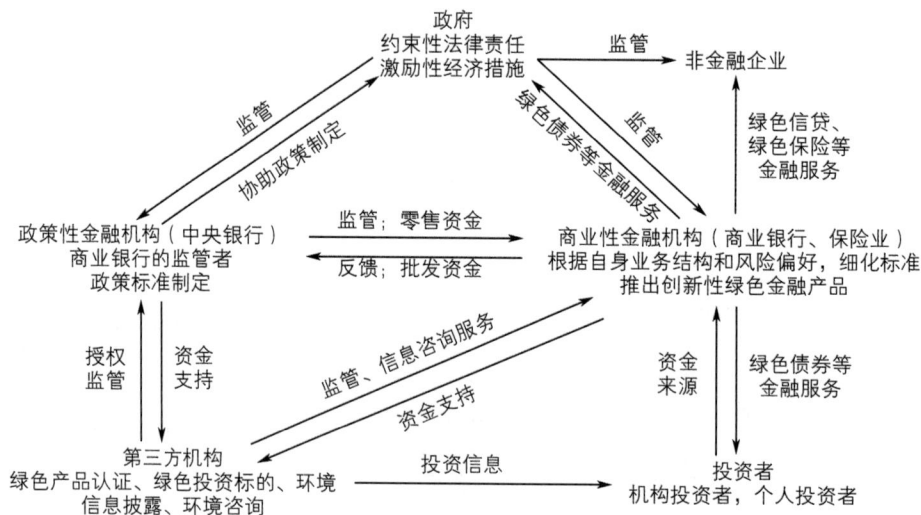

图 1-1　绿色金融领域不同参与主体及其互动关系

可以根据自身业务结构以及风险偏好，对中央银行提出的要求进行细化，设计推出创新性的绿色金融产品，提供给投资者以及非金融企业。

国际组织、科研院校在绿色金融发展过程中也扮演着重要的角色。国际组织可通过推广全球倡议、规范标准制定、提供资金支持、规范跨国投资等方式，与政府、中央银行、商业银行、第三方机构、投资者、企业等主体互动合作。科研院校可在绿色金融发展过程中起到完善理论基础、传播绿色金融理念、提供信息技术支持、培养相关人才等作用。

1.2　绿色金融在中国的发展

中国在环境领域面临较大的资金缺口，在未来绿色转型过程中需要绿色金融的支持。据估计，中国每年需要 3 万亿~4 万亿元人民币的资金[①]，投资于环保、节

———————

[①]　http://www.gov.cn/zhengce/2016-09/02/content_5104583.htm.

能、清洁能源、绿色交通和绿色建筑等领域。在全部绿色投资中，预计政府出资只能占 10%～15%，其余的 85%～90% 需要民间出资[①]，绿色金融可激励和引导大量社会资金进入绿色行业。

中国的绿色金融实践起步较早，近五年来取得了许多突破性的进展，至今已经初步形成了以绿色信贷、绿色债券、绿色基金、绿色保险、环境权益交易等绿色金融工具以及基础性制度为组成部分的绿色金融体系，并设立了多个绿色金融改革创新试验区。自 20 世纪 80 年代起，《国务院关于在国民经济调整时期加强环境保护工作的决定》《关于环境保护资金渠道的规定的通知》等文件就提及了环境经济政策、环境信贷的内容。2016 年 8 月，中国人民银行等七部委联合发布《关于构建绿色金融体系的指导意见》，标志着中国建立了有明确政府政策支持、自上而下全面推进的绿色金融市场和配套的政策体系。自该意见发布起，中国的绿色金融发展进入了快车道，中央与各地相继推动完善顶层政策设计，鼓励多种绿色金融工具投放市场，取得了显著的成效。

1.2.1 绿色信贷的发展

中国的绿色金融体系与整体金融体系类似，均以间接融资为主。银行信贷在社会融资体系中的占比较高，因此绿色信贷是最重要的绿色金融政策之一。

1）相关政策文件

中国的绿色信贷较其他绿色金融工具发展较早。首次明确提及绿色信贷相关内容的政策文件是 1995 年中国人民银行颁布的《关于贯彻信贷政策和加强环境保护工作有关问题的通知》，其中规定"各级金融部门在信贷工作中要重视自然资源和环境的保护，把支持国民经济的发展和环境资源的保护、改善生态环境结合起来，要把支持生态资源的保护和污染的防治作为银行贷款的考虑因素之一"。此后，相关部门陆续出台规定，针对银行等主体设立了操作性较强的考核管理办法。2007

[①] http://www.gov.cn/zhengce/2016-09/02/content_5104583.htm.

年，中国人民银行、国家环保总局、银监会三部门联合发布了《关于落实环境保护政策法规防范信贷风险的意见》，要求银行对未通过环评审批或环保设施验收的项目不得新增任何形式的授信支持，对违规排污的企业严格限制流动资金贷款。

目前国内绿色信贷的主要操作指引为银监会 2012 年发布的《绿色信贷指引》，该指引对银行业金融机构管理环境和社会风险、建立风险管理体系、完善相关信贷政策制度和流程管理等作出了规定。

从监督与激励方面来看，为了进一步推动银行业金融机构开展绿色信贷工作，2013 年银监会印发了《关于报送绿色信贷统计表的通知》，并建立了绿色信贷统计制度，要求国内银行业金融机构每半年开展一次统计工作。银监会于 2014 年 6 月印发《绿色信贷实施情况关键评价指标的通知》，要求各银行对照绿色信贷实施情况关键评价指标，每年开展一次本机构绿色信贷实施情况自评价工作。随着近年来年绿色信贷规模的不断增长，金融机构绿色信贷业绩自评价已不能满足监管的需求，2018 年 7 月，中国人民银行印发了《关于开展银行业存款类金融机构绿色信贷业绩评价的通知》，同时发布了《银行业存款类金融机构绿色信贷业绩评价方案（试行）》。根据评价方案，中国人民银行将评价结果正式纳入宏观审慎考核（MPA），每季度将对各地银行业存款类金融机构开展绿色信贷业绩评价工作，加强银行绿色信贷绩效管理，并依据评价结果实施激励或约束措施。

2）市场发展现状

近年来中国绿色信贷市场发展情况如图 1-2 所示。截止到 2019 年 10 月，绿色信贷余额总体规模超过 10 万亿元人民币[①]，增速加快。根据中国银保监会披露的数据，21 家主要银行绿色信贷余额从 2013 年 6 月末的 4.85 万亿元增长至 2019 年 9 月末的 10.6 万亿元[②]，我国绿色信贷规模的年均复合增长率达到 13.9%，其占各

---

① 新华财经中国金融信息网相关公告，http://greenfinance.xinhua08.com/a/20191227/1905011.shtml.
② 新华财经中国金融信息网相关公告，http://greenfinance.xinhua08.com/a/20191023/1894434.shtml.

项贷款余额的比例持续增加，到 2019 年 10 月占比接近 10%[①]。

图 1-2 2016—2019 年 9 月底中国绿色信贷市场发展情况

注：数据涵盖中国 21 家主要银行金融机构，包括：国家开发银行、中国进出口银行、中国农业发展银行、中国工商银行、中国农业银行、中国银行、中国建设银行、交通银行、中信银行、中国光大银行、华夏银行、广东发展银行、平安银行、招商银行、浦东发展银行、兴业银行、民生银行、恒丰银行、浙商银行、渤海银行、中国邮政储蓄银行。

数据来源：新华财经中国金融信息网相关公告，http：//greenfinance. xinhua08. com/a/20191227/1905011. shtml.

绿色信贷款项的投向领域相对集中，主要投向了绿色交通运输项目和可再生能源及清洁能源项目。根据中国人民银行研究局发布的《中国绿色金融发展报告2018》[②]，全国绿色贷款中绿色交通运输项目和可再生能源及清洁能源项目贷款余额分别为 3.83 万亿元和 2.07 万亿元，合计占中国人民银行统计的绿色贷款余额的71.6%；分行业来看，交通运输、仓储和邮政业，电力、热力、燃气及水生产和供

---

① 新华财经中国金融信息网相关公告，http：//greenfinance. xinhua08. com/a/20191023/1894434. shtml.

② http：//www. gov. cn/xinwen/2019-11/20/content_5453843. htm.

应业的绿色贷款余额分别为 3.66 万亿元和 2.61 万亿元，同比增长 19.4%
和 12.5%。

3）面临的问题

尽管中国的绿色信贷发展取得了较大进展，然而在建立绿色信贷发展的长效机
制的道路上仍面临诸多挑战和考验，主要表现在以下几个方面：首先，贴息、担保
等激励措施运用不足，存在期限错配问题[1]。我国目前主要靠政府贴息、补贴等政
策来提高绿色产业的经济价值，支持力度相对较小，且由于申请贴息的手续较为复
杂，导致数量大、涉及面广的中小型企业无法享受到绿色金融相关政策所带来的红
利，未对金融机构、企业形成有效的激励效果。在不少市场，长期绿色基础设施项
目严重依赖银行贷款，而银行由于负债端期限较短，难以提供足够的长期贷款。其
次，环境风险识别和评估能力亟待提高，环境信息披露和共享机制有待完善，金融
机构对于环境因素可能导致金融风险的认识仍然处于早期阶段。许多银行和机构投
资者尚需提高分析能力，识别和量化其持有资产所面临的由环境因素引致的信用和
市场风险。与此同时，企业层面的环境信息披露积极性较低，导致披露的信息质量
不高，不具有有效的可比性，这些因素进一步增加了评估机构的评估难度，降低了
投资者对其进行投资的欲望。

1.2.2 绿色债券的发展

1）相关政策文件

中国企业和金融机构发行绿色债券的起步较晚，但发展速度较快。2015 年 9
月 21 日，中共中央、国务院发布《生态文明体制改革总体方案》，在其指导下，
中国人民银行正式发布《关于发行绿色金融债券有关事宜的公告》，以及与之配套
的《绿色债券支持项目目录》，标志着中国绿色债券市场的正式启动。后续国家发

---

[1] 中央财经大学绿色金融国际研究院与联合国环境规划署. 构建中国绿色金融体系：进展报告 2017[R].
2017.

改委、沪深交易所等诸多单位分别发布了绿色债券的相关政策文件（见表 1-3）。

表 1-3   绿色债券主要政策文件一览

发布时间	发布机构	发布文件	主要内容
2015 年 12 月	中国人民银行	《关于发行绿色金融债券有关事宜的公告》《绿色债券支持项目目录》	对绿色金融债券从绿色产业项目界定、募集资金投向、存续期间资金管理、信息披露和独立机构评估或认证等方面进行了引导和规范
2015 年 12 月	国家发改委	《绿色债券发行指引》	绿色企业债券支持的 12 个重点领域，企业主体审核要求，相关激励政策
2016 年 3 月	上海证券交易所	《关于开展绿色公司债券试点的通知》	绿色公司债券定义、报送材料、募集资金管理、专项账户设置、设立绿色公司债券申报受理及审核绿色通道等
2016 年 4 月	中证机构间报价系统股份有限公司	《关于开展绿色债券试点的通知》	绿色公司债产业项目范围、报送资料、募集资金管理、挂牌转让事宜
2016 年 4 月	深圳证券交易所	《关于开展绿色公司债券业务试点的通知》	绿色公司债券定义、报送材料、募集资金管理、专项账户设置、设立专门人员受理及审核绿色债券等
2017 年 3 月	证监会	《关于支持绿色债券发展的指导意见》	对绿色公司债券、绿色产业项目作出界定。发行绿色资产支持证券、绿色地方政府债券、绿色可续期债券等产品，参照绿色公司债券的相关要求执行
2019 年 5 月	中国人民银行	《关于支持绿色金融创新试验区发行绿色债务融资工具的通知》	对绿色债务融资工具的定义以及绿色金融改革创新试验区的范围进行了明确的界定，提出了扩大绿色债务融资工具募集资金用途等五项支持发行绿色债务融资工具的具体内容

现行的国内绿色债券标准主要参考两份文件，这两份文件对不同发债主体在适用产业领域、第三方评估要求等方面都存在差异且与证监会的指导意见存在冲突。一是中国人民银行于 2015 年发布的《关于发行绿色金融债券有关事宜的公告》和与之配套的《绿色债券支持项目目录》（2015 年版）。该文件对绿色项目的范围进

行了明确，并对绿色债券的发行、运作等事宜作出规定，特别是明确了绿色债券支持项目的界定和分类，包括 6 个一级分类：节能、污染防治、资源节约与循环利用、清洁交通、清洁能源与生态保护和适应气候变化；31 个二级分类和 38 个三级分类，并对应到相应的国民经济行业代码。二是国家发改委于 2015 年发布的《绿色债券发行指引》。该文件规定了绿色企业债券支持范围、审核条件以及相关政策。依据这一文件，绿色企业债券适用的绿色产业包含了节能减排技术改造、绿色城镇化、能源清洁高效利用、新能源开发利用、循环经济发展、水资源节约和非常规水资源开发利用、污染防治、生态农林业、节能环保产业、低碳产业、生态文明先行示范试验项目、低碳发展试点示范项目等 12 个重点领域。目前两者都是我国绿色债券发行的主要参考标准。前者适用于绿色企业债券的认证，后者适用于绿色金融债、绿色公司债及非金融企业绿色债务融资工具的评级认证。根据我国现有能源结构和技术发展阶段，两者均将煤炭和石油的高效清洁利用列入绿色债券可以支持的项目范围。然而证监会 2017 年出台的《关于支持绿色债券发展的指导意见》指出，绿色公司债券发行人原则上不得属于高污染、高能耗行业，则在一定程度上限制了化石能源行业发行绿色债券。

2020 年 5 月 29 日，中国人民银行、国家发改委、证监会共同起草了《绿色债券支持项目目录》（2020 年版），并面向社会公开征求意见。在新版目录正式发布后获准发行的绿色债券都将以此为准，上述标准以及指导意见将实现协调统一。

2）市场发展现状

近年来中国绿色债券发行情况如图 1-3 所示。2019 年中国境内外绿色债券发行规模合计 3 390.62 亿元人民币，发行数量 214 只，较 2018 年分别增长 26% 和 48%，约占同期全球绿色债券发行规模的 21.3%[①]。

---

① http://greenfinance.xinhua08.com/a/20200110/1907055.shtml? f=topnav.

图 1-3　2016—2019 年中国绿色债券发行情况

注：统计口径：中国境内发行人在全球发行的绿色债券+境外发行人在中国境内发行的绿色
债券

数据来源：新华财经中国金融信息网绿色债券数据库，http：//greenfinance.xinhua08.com/
a/20200110/1907055.shtml？f=topnav.

与绿色信贷一致，绿色债券的资金投向也以清洁交通和清洁能源为主。在 2016 年
至 2019 年 4 月发行的近 1 000 亿美元绿色债券中，清洁交通和清洁能源分别募得
170 亿美元和 160 亿美元。在清洁能源领域，投向水电项目的募集资金占比最高，
达 70 亿美元。作为发行水电领域绿色债券的领先者，中国长江三峡集团有限公司
将约 19 亿美元用于建设多个大型水电站，每个水电站的装机容量至少为 10 兆瓦。
在清洁交通领域，投向城市轨道交通领域的募集资金数量最大，达 57 亿美元[1]。

在中国绿色债券市场中，大多数发行主体都是经营情况稳定、资信水平较高的
大型实体[2]。考虑到附加成本和发行门槛，绿色债券给发行人带来的经济效益并不

---

[1]　参考中央财经大学．中国绿色债券市场概览及有效性分析[R]．2017.

[2]　在 2019 年绿色债券发行主体中，国有企业仍占据主要地位。从发行数量看，共有 91 家地方国有企
业和 9 家中央国有企业合计发行 100 只绿色债券，占比达 90%，发行规模为 2 317.77 亿元，占比高达 95%。
全年只有 7 家民营企业和 5 家中外合资经营企业参与绿色债券发行。

显著,发债的主要吸引力在于提升企业声誉,因此中小企业参与的积极性并不高。

绝大多数绿色债券由国内投资者持有,国际投资者在中国境内债券市场中的参与程度较低,投资份额仅占市场总规模的 1.6% 左右[①]。但近年来随着"债券通"[②]等平台的发展,更多国际投资者得以进入中国债券市场投资和持有债券。然而,国际投资者对于中国绿色债券标准中包含的与煤炭相关的活动仍然有顾虑。

市场上发行的绿色债券评级普遍较高。对比中美债券市场的整体情况不难发现,中国大多数债券评级为 AAA- 以上,78% 的绿债评级为 AAA[③],向高评级的倾斜趋势明显;而美国大多数债券的评级为 BBB+,整体呈正态分布。这表明,由于不少低评级投资人被资本市场拒之门外,可能导致中国债券市场资金分配效率不足。

3)面临的问题

中国的绿色债券市场由于尚处于发展初期,当前仍面临着诸多需要解决的问题。从绿色债券市场的角度来看,市场的深度、宽度、广度均有一定的改善空间。

首先,我国绿色债券品种和发行主体分布相对集中,差异化特征不如境外市场明显。我国目前很少有绿色地方政府债券和绿色主权债券的发行,使得绿色基础设施建设项目主要依靠财政补贴和银行贷款,减缓了我国绿色金融改革的步伐。其次,我国绿色企业债券的发行规模也明显低于境外市场,企业的绿色环保意识仍有待提高。我国绿色债券发行资源以本土机构为主,境外金融机构较少进入我国市场发行绿色债券。全球 72% 的绿色债券在证券交易所上市,而我国交易所市场的绿色债券发行量仅占 10%[④]。最后,市场中的投资者 ESG 投资意识处于萌芽状态,普遍缺乏环境风险识别能力,致使绿色债券相关产品缺乏相应的市场。

---

① 参考中央财经大学. 中国绿色债券市场概览及有效性分析[R]. 2020.
② 债券通是中国内地与香港债券市场互联互通的创新合作机制,境内外投资者可通过香港与内地债券市场基础设施机构连接,买卖香港与内地债券市场交易流通债券。参考 https://www. chinabondconnect. com/sc/About-Us/Company-Introduction. html.
③ https://www. chinabondconnect. com/sc/About-Us/Company-Introduction. html.
④ 参考上海证券交易所. 境内外绿色债券市场比较研究[R]. 2017.

从基础制度的角度出发，目前仍存在多头监管下各部门绿色债券标准尚未统一
的问题，未来应统一绿色债券相关标准。

1.2.3 绿色基金与 PPP 模式的发展

1）相关政策文件

2016 年 8 月 31 日，中国人民银行、财政部等七部委联合印发了《关于构建绿
色金融体系的指导意见》，首次提出将中央财政与现有节能环保等专项资金整合，
设立国家绿色发展基金，同时鼓励有条件的地方政府和社会资本共同发起区域性绿
色发展基金。生态环境部在 2019 年 12 月举行的新闻发布会上表示，国家绿色发展
基金将于 2020 年正式启动运营①。

2）市场发展现状

目前国内各类绿色基金蓬勃发展，形式多样，其中对 PPP 项目（Public-
Private Partnership，即政府与社会资本合作，简称 PPP）支持力度较大。在国家层
面，截至 2017 年，财政部清洁发展机制基金（Clean Development Mechanism Fund，
简称 CDMF），累计投资绿色低碳项目 223 个，减碳量达 4 654.62 万吨二氧化碳当
量②。2020 年 7 月 15 日，财政部、生态环境部和上海市共同发起设立了国家绿色
发展基金，首期募资规模达 885 亿元人民币。在地方层面，云南普洱、湖北宜昌、
河北张家口、安徽黄山等城市成立了区域性绿色发展基金以推动城市绿色转型。截
至 2016 年底，在中国基金业协会备案的绿色基金共 265 只，其中绿色产业基金达
215 只，2016 年的新增基金数为 121 只③。

绿色基金可通过债权、股权、担保等形式支持绿色 PPP 项目前期开发。在财
政部、国家发改委关于支持 PPP 的系列政策性文件推动下，PPP 模式在绿色基础

---

① http：//www.mee.gov.cn/xxgk2018/xxgk/xxgk15/201912/t20191226_751637.html.
② 中央财经大学绿色金融国际研究院与联合国环境规划署．构建中国绿色金融体系：进展报告 2017
［R］.2017.
③ 中央财经大学绿色金融国际研究院与联合国环境规划署．构建中国绿色金融体系：进展报告 2017
［R］.2017.

设施、污染治理和资源高效利用等公共服务领域的应用持续深入。截至 2017 年 6 月末，全国入库的 PPP 项目中绿色低碳项目有 7 826 个，投资额达 6.4 万亿元，占全国入库项目比重分别为 57.7%、39.3%[①]。

3) 面临的问题

绿色基金与 PPP 模式现已成为撬动社会资本的重要途径，但在实践过程中，仍存在较多阻力使得社会资本的参与意愿不足，主要体现在以下几个方面：绿色基金中的政府资金定位不明晰，过分看重固定回报且缺乏环境目标认知；对于绿色基金所投项目缺乏实质性激励措施，影响了绿色项目的可投资性；由于缺乏高位阶立法，PPP 模式合规风险较高，项目风险收益不可预期；社会资本缺乏规范化、市场化的退出机制等[②]。

1.2.4　绿色保险的发展

现阶段，我国对绿色保险的具体实践主要集中于环境污染责任险，其指的是对污染事故造成的第三者损害承担赔偿责任的保险业务。其他保险产品与服务体系尚处在起步阶段。

1) 相关政策文件

国内环境污染责任险试点工作始于国家环境保护总局和保监会于 2007 年联合印发的《关于环境污染责任保险工作的指导意见》。为进一步健全环境污染责任保险制度，做好环境污染强制责任保险试点工作，环保部与保监会在 2013 年联合印发《关于开展环境污染强制责任保险试点工作的指导意见》。此外，环保部联合保监会研究提出《环境污染强制责任保险管理办法（征求意见稿）》，并于 2017 年 6 月公开征求意见。在两部委的指导和地方政府的积极推动下，各地环保部门和保险

---

① 中央财经大学绿色金融国际研究院与联合国环境规划署. 构建中国绿色金融体系：进展报告 2017 [R]. 2017.

② 中央财经大学绿色金融国际研究院与联合国环境规划署. 构建中国绿色金融体系：进展报告 2017 [R]. 2017.

监管机构制定了一系列法规政策，鼓励保险公司进行绿色保险产品创新，引导高环境风险企业进行投保。2018 年 5 月，在北京召开的生态环境部部务会议上审议并原则通过了《环境污染强制责任保险管理办法（草案）》，我国环境污染强制责任保险制度持续推进。

2）市场发展现状

截至 2019 年 7 月，我国环境污染责任保险试点省（自治区、直辖市）共计 31 个，其中 18 个省、区、市实施了强制性责任保险试点，涉及重金属、石化、危险化学品、危险废物处置、电力、医药、印染等 20 余个高环境风险行业。2018 年，我国环境污染责任保险的保费收入为 3.09 亿元，提供风险保障 326.58 万亿元[①]。

除环境污染责任险外，其他绿色保险的产品与服务体系不断创新，主要表现为环境风险保障范围的创新延伸产品[②]，如巨灾保险制度。目前巨灾保险制度已被纳入中国政府服务与财政制度化改革的重要任务。从 2016 年 7 月至今，黑龙江省、广东省、厦门市相继开展了不同类型的巨灾保险制度试点工作[③]。此外，创新的绿色保险也包括建立与其他绿色资质的联动机制以实现对绿色产品的增信功能，如绿色建筑保险、"政银保"合作农业贷款模式、专利质押融资保证保险等。

广义的绿色保险还包括保险机构的绿色投资情况。从保险机构的绿色投资情况来看，以中国人保、中国人寿为代表的保险机构通过股权或债权等形式直接对绿色产业提供融资支持。保监会统计显示，截至 2017 年 3 月末，保险资金通过债权投资计划、股权基金、信托等形式，直接投资国家重大基础设施建设以及民生工程累计金额已超过 4 万亿元[④]。

---

① 方琦，钱立华，鲁政委．评《关于构建现代环境治理体系的指导意见》：环境治理体系构建与绿色金融发展相互助力［R］．兴业研究，2020-03-05．
② 如生猪保险与病死猪无害化处理联动机制、气象指数保险、科技保险、太阳能发电指数保险等。
③ https：//www.financialnews.com.cn/bx/ch/201908/t20190814_165932.html．
④ http：//www.gov.cn/xinwen/2017-05/22/content_5195887.htm．

3）面临的问题

整体而言，中国绿色保险产品与服务体系已较为丰富，但在实现其社会职能的过程中，仍存在较多问题有待解决：首先，绿色保险创新产品的市场覆盖率普遍偏低，由于缺乏强制性环境责任保险，导致保险公司无法聚集大量保单，难以有效测算事故发生概率，容易造成风险由污染企业转移到保险公司，因而保险公司不愿意承保，即使承保，也会严格限制承保范围①；此外，保险业的绿色投资实践仍处于初步与试验阶段，环境风险分析能力建设不足；公共环境数据建设不足，致使绿色保险产品研发缺乏必要数据支撑。

1.2.5 环境权益交易市场的发展——以碳市场为例

作为绿色金融体系建设的关键一环，环境权益交易市场通过建立公开透明的环境成本量化和定价机制，为金融市场的环境风险管理提供基础支撑。目前，中国各环境权益交易市场的所处阶段有较大差异，碳排放权交易已日益成熟，排污权处于许可制改革阶段，而节能量/用能权、水权交易仍处于制度建设初期。因此，本报告以碳市场为例对中国的环境权益交易发展情况进行介绍。

1）相关政策文件

2011 年国家发改委印发了《关于开展碳排放权交易试点工作的通知》，批准北京、天津、上海、重庆、湖北、广东、深圳七省市开展碳排放权交易试点工作。2016 年，国家发改委出台《碳排放权交易管理暂行办法》，为全国碳排放权交易提供了基本制度框架，后续将出台相关细则。2017 年 12 月，国家发改委发布《全国碳排放权交易市场建设方案（发电行业）》。2020 年 12 月 25 日由生态环境部部务会议审议通过了《碳排放权交易管理办法（试行）》，文件适用于全国碳排放权交易及相关活动，包括碳排放配额分配和清缴，碳排放权登记、交易、结算，温室气体排放报告与核查等活动，以及对前述活动的监督管理，这标志着我国碳排放交易

---

① 中国环境与发展国际合作委员会环境与发展政策研究报告．绿色转型的国家治理能力［R］. 2015.

体系完成了顶层的整体设计。

2）市场发展现状

中国碳市场建设稳步推进，各试点市场政策既有共性也各有特点，部分试点进行了碳金融和融资工具方面的尝试。中国从 2011 年 10 月开始探索碳排放权交易，北京、天津、上海、重庆、湖北、广东、深圳七省市碳交易试点市场在 2013 年到 2014 年陆续启动，2016 年 12 月四川省和福建省也启动了试点工作。截至 2019 年 12 月，七个试点碳市场已经累计完成了 1.8 亿吨线上配额交易量，达成线上交易额 41.3 亿元[①]。各试点市场交易价格和交易量差距较大，湖北、广东的成交量和成交额较大，重庆、天津的成交量和成交额较小；在价格方面，北京配额的平均价格最高，约为 55.15 元/吨，而重庆价格最低，约为 16.73 元/吨[②]。2014 年起，北京、上海、广州、深圳、湖北等碳排放权交易试点省市，先后推出了近 20 种碳金融产品。以北京为例，该市探索开展了配额抵押式融资、配额回购式融资、配额场外掉期等碳金融交易方式并将其应用于市场中[③]。

2017 年 12 月全国碳市场宣布启动，建立了全国统一的数据报送系统、注册登记系统、交易系统建设以及碳市场管理制度建设，为下一步开展发电行业配额模拟交易及第三阶段的电力行业间配额现货交易做准备。2020 年 12 月生态环境部公布《碳排放权交易管理办法（试行）》，并印发配套的配额分配方案和重点排放单位名单。这意味着自 2021 年 1 月起，全国碳市场发电行业第一个履约周期正式启动，2 225 家发电企业将分到碳排放配额。

3）面临的问题

总体看，由于早期国内碳交易体系初步搭建但各项机制仍不完善，导致在配额分配、流动性和碳价格信号等方面仍存在一些问题。具体来说包括碳市场建设缺乏

① 北京理工大学能源与环境政策研究中心《2020 年碳市场预测与展望》。
② 中央财经大学绿色金融国际研究院《2018 中国气候融资报告》。
③ 参考国家应对气候变化战略研究和国际合作中心调研报告《北京市碳排放权交易试点总结》，http://www.ncsc.org.cn/yjcg/dybg/.

法律基础；试点市场活跃度低、价格波动大，例如重庆在 2017 年碳价频繁波动，3 月之前价格约为 15 元/吨，后一度跌至 1 元/吨，至年底方才回升，接近 30 元/吨，且整体交易量近年来逐渐下降，活跃度极低，陷入低迷；市场信息透明度和数据准确度有待提高等。《碳排放权交易管理办法（试行）》发行后上述问题或许可以得到解决。

1.2.6 绿色金融基础性制度的发展——以企业环境信息披露为例

绿色金融发展以及相关工具运行依赖于绿色金融标准[①]、统计制度、信息披露、评估认证、环境效益测算标准等一系列基础性制度。本报告以企业环境信息披露为例，对相关基础性制度的发展进行介绍。

企业环境信息披露是环境风险分析的基础。企业环境信息披露是指企业公开自己的环境信息，供包括投资者在内的利益相关方公开获取。随着环境问题越来越重要，企业的环境政策、主要排放物、控制措施、成效等一系列环境信息，已经成为债权人、投资者、社区，甚至消费者评估价值与风险，作出投资/购买决策的重要依据。社会公众、投资者、非政府组织等还可依据公开透明的环境信息对环境污染企业反过来施加压力，形成一种倒逼机制。相关环境数据的缺乏和获取困难将限制金融企业和其他市场参与者对环境风险敞口的分析和管理，阻碍金融资源向绿色投资机会的配置。

1）相关政策文件

在我国，企业环境信息披露规则体系已经初步形成（见表 1-4）。最早于 2008 年发布的《环境信息公开办法（试行）》提及，"企业应当按照自愿公开与强制性公开相结合的原则，及时、准确地公开企业环境信息"。随后上交所于 2008 年发布了《上市公司环境信息披露指引》，2010 年环保部发布了《上市公司环境信息披露

---

① 标准方面，2019 年 3 月，发改委、工信部等七部委发布了《绿色产业指导目录（2019 年版）》，该目录属于绿色金融标准体系中的"绿色金融通用标准"范畴，未来绿色信贷、绿色债券等绿色金融工具的发展均将以该标准为依据。

指南（征求意见稿）》，两份文件均对企业环境信息披露做了要求。近年来，生态环境部会同证监会对企业的环境信息披露展开了协作监督，进一步促进了企业环境信息的披露。

表 1-4　　　　　　　　　　　　环境信息披露主要政策文件

法规、通知名称	发布单位	发布时间
环境信息公开办法（试行）	国家环保总局	2008 年
关于加强上市公司环境保护监督管理工作的指导意见	国家环保总局	2008 年
上市公司环境信息披露指引	上海证券交易所	2008 年
上市公司环境信息披露指南（征求意见稿）	环保部	2010 年
上市公司社会责任指引、上市公司规范运作指引	深圳证券交易所	2006 年、2010 年
关于共同开展上市公司环境信息披露工作的合作协议	证监会、环保部	2017 年
上市公司治理准则	证监会	2018 年

从目前的政策要求来看，环境信息披露包括临时公告和定期报告两部分内容。其中前者主要是上市公司关于重大环境信息的披露，如新公布的环境法律、法规、规章、行业政策可能对公司产生的重大影响，再如公司因为环境违法违规被生态环境部调查，或者受到刑事处罚、重大行政处罚，公司会通过信息披露的方式对此类事件作出回应。由于该类信息具有"重大性"，因此均属于强制信息披露的范畴，且要求上市公司及时披露（如重大环保事件应当自该事件发生之日起两日内披露）。后者定期报告中的环境信息披露大致可区分为两类情形：一是属于国家环境保护部门规定的重污染行业[①]的上市公司及其子公司，应当按照《清洁生产促进法》《环境信息公开办法（试行）》《上市公司环境信息披露指南（征求意见稿）》的相关规定披露报告期内发生的重大环境问题及整改情况、主要污染物达标排放情况、企业环保设施的建设和运行情况、环境污染事故应急预案以及同行业

---

① 重污染行业包括火电、钢铁、水泥、电解铝、煤炭、冶金、化工、石化、建材、造纸、酿造、制药、发酵、纺织、制革和采矿业，具体按照《上市公司环保核查行业分类管理名录》（环办函〔2008〕373 号）认定。

环保参数比较等环境信息。二是对于其他的一般企业，监管部门和交易所鼓励公司积极主动披露履行社会责任的工作情况，其中包括公司在防治污染、加强生态保护、维护社会安全、实现可持续发展等方面所采取的措施。环境报告和可持续发展报告等按年度披露，实践中上市公司的环境相关报告多与年报一同披露，时间上在财务年度结束后 4 个月内完成。

2）市场披露现状

近年来发布年度社会责任报告、环境报告、可持续发展的公司越来越多，但是总体披露比例仍不高，且披露质量参差不齐。从目前上市公司的情况来看，2019年中国沪深股市上市公司总计 3 939 家，未发布环境信息披露相关报告的上市公司有 2 933 家，占所有上市公司数量的 74.46%；已发布相关环境责任报告、社会责任报告及可持续发展报告的企业共 1 006 家，占所有上市公司数量的 25.54%，比2018 年增加了 78 家[①]。在已经披露的环境报告中，定性披露占主体，定量披露占比较低。

3）面临的问题

如前所述，我国的环境保护部门、证券监管机构以及证券交易所等已经制定并实施了上市公司环境信息披露的一套规则和指引，越来越多的上市公司开始披露环境信息。但当前的实践主要以自愿性的信息披露为主，缺乏强制性的约束；并在实践中也暴露出一些问题，如环境信息披露不平衡，定性描述多，传递的信息不够充分、细致等。以上问题制约了市场对企业的环境价值与风险的判断，也削弱了环境信息评价、监督、指数产品开发等一系列市场机制的作用发挥。

我国关于对发债公司环境信息披露的要求几乎是空白，市场缺乏足够信息判断发债公司发生污染违规事件的可能性，因此难以判断由此造成的风险高低，这方面的规则亟待完善。

---

① http://finance.people.com.cn/n1/2020/1119/c1004-31936205.html.

1.2.7 绿色金融改革创新试验区发展——以浙江省湖州市为例[①]

2017 年 6 月 12 日，浙江、江西、广东、贵州、新疆五省区的八个市（州、区）获批建立绿色金融改革创新试验区，探索具有区域特色的绿色金融发展模式，以绿色金融服务地方经济绿色转型。发展至今，试验区较好地完成了试点任务，初步形成了一批可复制、可推广的有益经验。自试验区建立到 2018 年 3 月末，五省区试验区绿色贷款余额已经达到 2 600 多亿元，增长 13%[②]，陆续推出近 200 项创新型绿色金融产品和工具[③]。

其中，浙江省湖州市自试验区获批以来在绿色金融方面取得了突出的进展，在由新华社中国金融信息中心和复旦大学绿色金融研究中心等单位联合发布的《长三角"40+1"城市群绿色金融发展竞争力研究报告》中，湖州市绿色金融发展竞争力综合评分连续两年位列第一。因此，本报告以浙江省湖州市为例，对地方特色的绿色金融发展情况进行介绍。

1）相关政策文件

从政策层面来看，湖州市有关绿色金融的政策体系建设较为完善，其政策文件体系如表 1-5 所示。这些文件对绿色金融从总体设计到具体业务的发展都进行了详细规划，明确了发展的重点方向，清晰地划分了各部门的任务与职责，为绿色金融的发展提供了良好的制度基础。

2）市场发展现状

从实践方面来看，湖州市绿色金融工具品种多样，均取得了较好的成效。

绿色信贷方面，按照湖州市统计口径，截至 2018 年底，全市绿色贷款余额 829.52 亿元，占全部贷款余额的 21.34%。

---

① 本章主要参考《湖州市绿色金融发展报告 2018》《湖州市金融科技支持绿色金融发展情况》等报告。

② 《绿色金融改革创新试验区 85% 试点任务已完成》，新华网，http://www.xinhuanet.com/fortune/2018-06/12/c_1122975952.htm。

③ http://www.gov.cn/zhengce/2019-08/06/content_5418946.htm。

表 1-5   湖州市绿色金融发展试验区文件体系

总体设计	《湖州市建设国家绿色金融改革创新试验区的若干意见》
	《湖州市国家绿色金融改革试验区建设 2017 年推进计划》
	《湖州市绿色金融发展"十三五"规划》
	《湖州市金融机构环境信息披露三年规划（2019—2021）》
实施落实	《浙江省湖州市、衢州市建设绿色金融改革创新试验区总体方案》
	《湖州市国家绿色金融改革创新试验区建设实施方案》
	《推进湖州市、衢州市绿色金融改革创新试验区建设行动计划》
	《湖州银行业绿色金融 2017 升级版实施方案》
	《湖州市开展绿色金融投贷联动业务试点的实施意见》
	《关于印发湖州市绿色小额贷款公司试点方案的通知》
业务指导	《湖州市绿色企业认定评价方法》
	《湖州市绿色项目认定评价方法》
	《湖州市金融学会绿色金融专业委员会管理办法》
	《绿色融资企业评价规范（DB3305/T62-2018）》
	《绿色融资项目评价规范（DB3305/T63-2018）》
	《绿色银行评价规范（DB3305/T64-2018）》
	《银行业绿色金融专营机构建设规范（DB3305/T65-2018）》
	《美丽乡村建设绿色贷款实施规范（DB3305/T89-2018）》
	《环境污染责任保险风险评估技术规范（DB3305/T104-2019）》
	《湖州市绿色智能制造区域评价办法》
	《区域绿色金融发展指数评价规范（DB3305/T 123-2019）》

绿色债券方面，鼓励地方法人银行和企业发行绿色债券，开展绿色资产证券化，相继实现了贴标化管理的绿色债券和绿色金融债券的新突破，共发行贴标绿色债券 25 亿元，是五省八地试验区中绿色金融债券发行最多的地方。

绿色基金方面，截至 2018 年湖州全市已批准设立政府产业（母）基金 8 个，批准设立子基金 42 个，总规模达 304.58 亿元，共投资 75 个项目。

绿色保险方面，湖州市在全国范围内率先将环境污染责任保险试点工作实现全面推进。积极发挥保险第三方监督作用，借助全国首创的"保险+服务+监管+信贷"模式，通过保险监督、环保监管、信贷联惩，培育企业的环保意识，提升环境风险防控能力。2018 年，全市 174 家应承保重点行业环境污染责任险的试点企业中，体检率、承保率均为 100%，签单保费达到 628.58 万元，共计提供保障 2.97 亿元。此外，还推出了芦笋价格指数保险、白茶低温气象指数保险、蚕茧目标价格保险、杨梅采摘期降雨指数保险等创新型绿色保险产品。

排污权交易方面，湖州市积极探索环境权益交易和融资，不断激活排污权二级市场，2018 年完成第二轮排污权有偿使用和交易的企业有 1 078 家、金额达到 2.942 亿元。开展排污权电子竞价 4 期，共有 51 家（次）企业成功竞得各项污染物，核定金额 218 万元。通过政府回购形式收储企业多余排污指标，共计收储回购 12 家企业排污权，回购金额 269.95 万元。在此基础上，建立排污权抵押贷款制度、抵押公示制度，排污权抵押贷款超 1 亿元。

个人绿色金融项目方面，创新实施金融 IC 卡积分与个人低碳出行、垃圾分类等行为挂钩，构建绿色个人信用信息库，对环保表现积极的客户给予信用贷款支持并实行利率优惠，通过绿色金融在全社会树立绿色生活理念。

3）地方绿色金融发展特色

湖州地区绿色金融发展的特色主要体现在三个方面：一是完善的政策体系，除顶层的规划、方案之外，湖州市政府在实施层面出台了较多操作性较强的地方标准，服务于绿色产品与项目的评价等工作。二是品种多样的创新型绿色金融产品，如绿色园区贷、白茶低温气象指数保险、"绿贝"优惠个人贷等。多种绿色金融产品定位清晰，有效助力地方特色产业转型发展，服务对象遍及政府、企业、个人等多个主体。三是便捷有效的绿色金融信息管理系统。湖州市建立了服务于绿色金融发展的"绿信通"平台，该平台集数据实时采集、处理、分析、应用于一体，包括数据报送与接收、统计分析及报表查询、业绩评价、信息共享等多个功能。该系统自 2019 年 8 月正式上线运行以来，共采集银行绿色信贷数据 3 000 多笔，采集频率时效由原来每季后 20 天变为每工作日后 1 天，统计人力成本预估削减近 20%，数据精确度提高近 10%，并且相关数据信息已应用到绿色金融日常管理中，在统计分析和业绩评价等各个方面成效显著。

4）面临的问题

未来，湖州市的绿色金融发展仍将面临如下问题与挑战：一是产业绿色转型升级任务繁重，"十三五"期间，湖州市一直坚持"工业立市、工业强市"的战略，第二产业占比超过 50%[①]，未来工业企业转型发展的任务较重。二是地方金融标准体系与上级标准的对接有待完善，湖州市内金融机构目前在统计绿色金融产品信息时需要分别考虑人民银行标准、银保监会标准以及湖州的地方标准，三套标准在认定、分类上略有不同，例如湖州银行机构推出的"园区贷"实现了土地的节约集约，提升了综合整治能力和资源利用率，是一款典型的绿色信贷产品，但目前尚不在人民银行及银保监会的绿色信贷统计中。类似问题的存在将降低当地银行创新金融产品的积极性。三是金融机构能力建设短板明显，绿色金融业务涉及环境风险评估、碳交易等难度较高且不断发展更新的专业技术，对金融机构的风险评估和管理工作提出了更高要求，需要专业性的服务机构来为金融机构或者政府部门开展绿色金融业务提供一系列配套服务。目前，我国的专业性服务机构数量不足，缺乏足够的市场竞争性与服务供给能力，影响了专业服务的效率、质量及合理定价，这种情况在人才吸引力较低的湖州尤为明显，制约了绿色金融业务的专业化发展。

1.3 案例分析——湖州市吴兴区砂洗城"绿色园区贷"项目

本节将从项目背景、基本信息、金融产品组成、项目流程、参与主体、收益相关信息、特色或创新点、回顾反思等不同方面对湖州银行"绿色园区贷"项目进行介绍。

---

① 参考 2019 年湖州市国民经济和社会发展统计公报，http://tjj.huzhou.gov.cn/art/2020/3/18/art_1229208256_54632393.html.

1.3.1 项目背景

浙江省湖州市织里童装产业带是全国最大的童装产业集群和生产销售基地，全辖区有童装类企业 10 000 多家，从业人员 40 多万人，年生产各类童装 12 亿件（套），年销售额达 200 亿元，童装产量和市场占有率居全国首位①。

随着童装产业的兴起，周边逐步形成了以砂洗、印花为主的配套产业群，企业数量接近 1 200 家。这些企业大多为高污染、高耗能的中小作坊，规模小且分布广，生产模式粗放，在生产过程中产生大量废气、废水、固体废物等污染物，而且偷排漏排现象屡禁不止，环境影响十分恶劣。

为了解决"低小散"作坊带来的诸多环境与社会问题，湖州市政府在 2015 年制定了《湖州市工业重点细分行业转型升级三年行动计划》等政策，按照"关停淘汰一批，整合提升一批，集聚入园一批"的思路进行综合整治。一方面依法取缔非法砂洗印花加工点，另一方面引导合法经营户合资共营，使企业提高经营和负债能力，同时制定优惠政策，吸引企业入驻现代产业园区。

在吸引小微企业入驻现代产业园的过程中，当地区域性商业银行湖州银行与政府、企业等多方主体合作，首创了具有地方特色的绿色金融项目——"绿色园区贷"。该项目覆盖园区建设、小微企业入园、企业生产技术改造等多个过程，在短时间内鼓励了较多企业入驻产业园区并持续支持企业转型发展，取得了较好的经济、社会、环境效益。

---

① 据新华社报道，2017 年织里童装实现年销售额超 500 亿元，约占国内童装市场份额的 50%，http：//www.xinhuanet.com/2018-09/11/c_1123411100.htm.

1.3.2　基本信息（见表 1-6）

表 1-6　　　　　　湖州银行"绿色园区贷"项目基本信息

项目名称	浙江省湖州市吴兴区砂洗城"绿色园区贷"项目
运行时间	2018 年至今
项目性质	长期项目
地点	浙江省湖州市吴兴区砂洗城
累计涉及资金总额（截至 2020 年初）	①入园贷款（用于企业购置厂房）：275 户企业，约 4.9 亿元 ②流动贷款（用于企业流动经营）：27 家企业，约 5 010 万元 ③节能改造贷款（用于企业节能改造）：2 家企业，约 190 万元

1.3.3　涉及的绿色金融产品（见表 1-7）

表 1-7　　　　　湖州银行"绿色园区贷"项目涉及的绿色金融产品

产品类型	产品简介	介入时点	借款主体	准入条件	贷款额度、期限、利率
1. 绿色小微园区项目贷	向符合要求的绿色小微园区建设项目提供融资贷款	园区规划期	绿色小微园区项目发起人（业主单位）	园区建设业主方需按国家要求办理项目审批、核准或备案手续，并取得国有土地使用权证、环境评价报告或意见书等合规资料；绿色建筑项目需符合《绿色建筑评价标准》；需包含污水集中处理设施、集中供能供热设施等绿色基础设施	项目贷款额度原则上不超过项目总投入的 60%；原则上控制在 3 年以内；原则上低于市场利率
2. 小微企业入园贷	有入住绿色小微园区意向的小微企业以按揭方式购置工业用房进行生产经营的融资产品，包括法人厂房按揭贷款和个人厂房按揭贷款	园区基本建成，入园小微企业开始购买厂房时	小微企业、个体工商户、小微企业主	白名单准入制，由园区业主方对入园企业名单审核后，向银行批量推荐资质良好、发展前景良好的小微企业白名单，银行基于行业分类、企业经营共性特征对白名单企业进行批量准入	最高贷款额度为房产价值的 60% 或 70%。园区业主方及母公司承担抵押资产回购责任的，首付比例不低于 30%；园区业主方及母公司不承担抵押资产回购责任的，首付比例不低于 40%；原则上控制在 5 年内，最长不超过 10 年；原则上低于市场利率

（续表）

产品类型	产品简介	介入时点	借款主体	准入条件	贷款额度、期限、利率
3. 小微企业流动贷	用于绿色小微园区企业生产经营的流动资金贷款，包括短期流动资金贷、无还本续贷等	小微企业入园生产经营阶段	小微企业、个体工商户	①借款主体生产经营情况良好，有较好的发展前景，近三年无严重环保行政处罚记录。②借款主体有一年以上经营历史且该企业的实际经营者在相关行业有三年（含）以上从业经验。③借款主体纳税、融资、经营等信用良好，无不良记录	原则上不超过 200 万元；期限最长不超过 3 年，可申请无还本续贷；原则上执行市场利率
4. 企业节能改造贷	用于园区小微企业进行节能设备购置或设备节能改造的贷款	小微企业购置节能设备或设备节能改造时	小微企业、个体工商户	借款主体设备节能改造或节能设备购置合同真实有效，有首付款证明。其他条件同小微企业流动贷	不超过企业设备节能合同价款金额的 70%。期限最长不超过 3 年，可申请无还本续贷。低于市场利率

资料来源：南太湖绿色金融研究院 研究报告《绿色小微园区的金融支持机制》.

1.3.4　流程、参与主体相关信息

1）前期项目建设

前期由湖州市政府牵头进行绿色园区建设。政府选址后征用土地，与湖州市城市投资发展集团有限公司①合作，开展园区项目建设。园区业主单位向湖州银行提出融资申请，银行与园区业主单位就"绿色小微园区贷"业务签署合作协议，明确业务范围及顶层业务条款，并在项目尽职调查后发放"绿色小微园区项目贷"，支持园区项目建设。据悉，湖州市吴兴区砂洗城前期申请了 2.8 亿元的"绿色园区贷"用于园区建设，采购水循环利用、集中处理（外包给中国节能环保集团有限公司）及光伏发电等设备。

2）中期项目招商与企业入驻

中期由业主单位提供经挑选资质良好、技术先进的小微企业，由业主单位协助

---

① 简称湖州城市集团，政府平台类公司，为园区的业主单位。

企业统一代办房产、工商、税务等证件。根据园区业主单位提供的企业白名单及统一办理的证件，湖州银行针对入园企业推出"小微企业入园贷"，开设绿色服务通道，配备专门客户经理，在环保、信用、资质等顶层风险控制基础上，弱化单个借款主体的准入审核，进行批量受理。砂洗城Ⅲ期项目一共为 275 户小微企业发放入园贷 4.9 亿元，首付下降到三成，并以人民银行低成本绿色再贷款返惠小微企业。

3）后期项目运营

后期由银行推出"流动贷""节能改造贷"等多款产品以支持企业日常生产经营的需求，促使企业进一步绿色转型。银行将根据园区业主单位提供的园区内小微企业的生产用能数据，批量化实施贷后管理。砂洗城Ⅲ期项目一共向 27 家小微企业发放了流动贷 5 010 万元。同时，该项目向 2 家企业发放了节能改造贷款 190 万元。当入园的小微企业出现风险、确无能力归还贷款时，由业主单位实施回购，在重新招商、处理相关厂房后，归还原借款人贷款。

"绿色园区贷"项目运行模式如图 1-4 所示。

政府在其中承担的工作包括：采用奖惩分明的方式，推动企业入园，引导本身具有现金流和收益的企业入园，将厂房及住房以优惠的价格出售或出租给入园企业，实行税收等政策优惠。对园外严重污染和违规的散乱污企业进行整顿和关停，限制过剩产能和恶性竞争，使价格机制发挥作用。

业主平台在其中承担的工作包括：前期挑选资质良好、技术先进的小微企业，对入园资格进行筛选。中期向湖州银行提供园区内小微企业生产用能数据（如用气、用电、用水等），协助湖州银行运用大数据开展贷后检查和业务拓展。后期当入园的小微企业出现风险、确无能力归还贷款时，对厂房实施回购，重新招商、处理相关资产。

银行在其中承担的工作包括：前期协助地方政府开展园区建设，采用结构化融资、银团贷款、绿色产业基金等灵活创新的方式为砂洗城园区建设提供资金。中期与业主单位紧密合作，帮助政府识别出优质企业导入园区。在入园过程中，银行基于对企业的了解提供房贷支持其购买厂房，从而获得厂房产权的抵质押，抵质押率

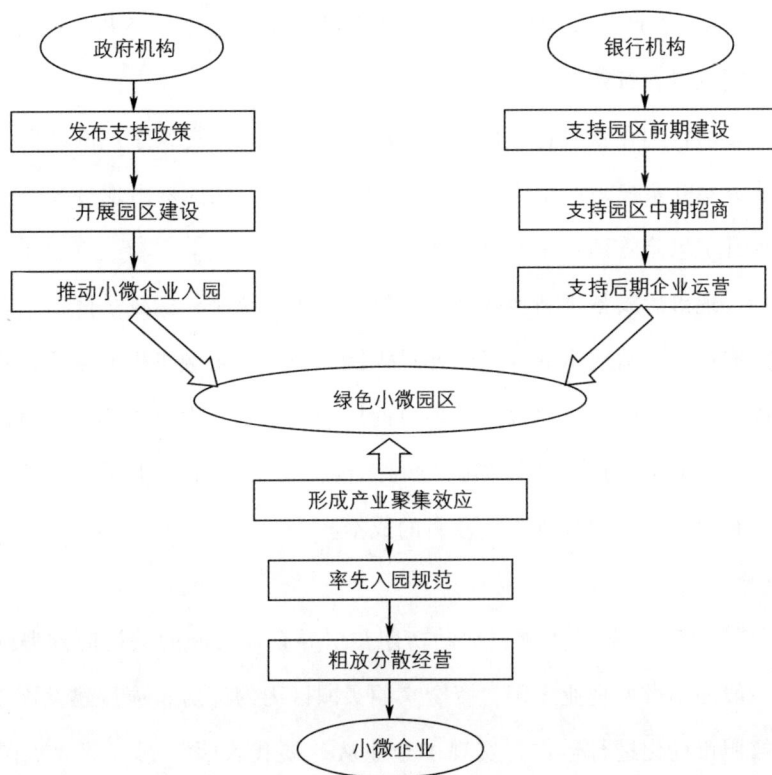

图 1-4 "绿色园区贷"项目运行模式

资料来源：中央财经大学绿色金融国际研究院研究报告《绿色园区贷助力"低小散"污染治理》，http://greenfinance.xinhua08.com/a/20180801/1771484.shtml.

达到条件的银行可继续为企业发放"二次贷"等流动资金贷款，而企业一旦逾期违约，业主单位将有权回购厂房。

企业在其中承担的工作包括：率先入园的企业起到了很好的示范作用。随后入园的企业形成产业集聚效应，降低了运输、库存、交易等运营成本，促进了分工与合作，有利于企业的壮大发展，进一步推动了企业入园的积极性。

1.3.5 收益相关信息

1）经济效益

地方产业：砂洗城项目整个园区全部投产后，1 100 余家"低小散"升级为

300 余家合规企业，产值大幅提升，每年可达到 10 亿元，利税 5 000 万元以上，政府收税难问题也得到有效解决。

银行：带动日均存款收益 3 500 多万元，开立各类存贷款账户 600 多户，开通电子银行业务 500 余户，产生贷款收益 1 300 多万元，且从未出现过欠息等不良情况，明显提升了风险管理水平和资产质量。

企业：实现落后设备更新换代及生产管理的规范统一，达到了降低企业的生产成本、排污成本等经营成本的效果。通过入园加强了与金融机构的联系，降低了企业的融资成本，经湖州银行对该园区项目的风险成本、人力成本等定价因素进行综合测算后，发放的中长期贷款平均执行利率仅为 5.3%，低于同业同类贷款定价。总体而言，企业相较之前节省 1/3 左右的成本。

2）社会效益

"园区贷"有效地解决了项目启动初期在引导企业入园的关键时刻遇到的瓶颈问题，即一般的小微型企业无闲置资金来购买园区内的厂房，项目建设资金无法回流，难以按照市场化进行运作，实现了企业从"要我入园"到"我要入园"的转变，使企业避免了污染环境、环保处罚等经营和政策风险。

同时，建设资金的快速回流更促进了项目的良性运营，企业的良好经营为本地创造了更多就业，而员工的工作环境更加安全，员工的身体健康情况得到了更好的保障，社区内便利的宿舍等生活设施体现了对员工的人文关怀。

3）环境效益

一是实现了土地的节约集约，原先一层的厂房现在进行多层开发，一层砂洗，二至五层进行印花，节约了土地 700 亩，提升了土地综合利用率。二是减少了污染物排放，原先是企业自行解决治污问题，治污成本高、成效小，偷排现象存在，统一入园后由专业公司、专业设备进行统一整治，污染排放达标率大幅提升。每年可减排污水 100 万吨、减少 COD 排放 180 吨、减少氨氮排放 30 吨、减少二氧化硫排放 57 吨、减少烟尘排放 12.6 吨。三是提升了资源利用效率，园区统一铺设蒸汽管道由热电厂直接向企业供应蒸汽，避免了锅炉的使用；园区利用屋顶光伏发电及附近热电厂统一供电,提高了能源利用效率;企业自身设备的更新换代,促进了进一步减排。整体测算,项目每年将节电 1 300 万千瓦时、节煤 1.5 万吨,减少二氧化碳排放 5 万吨。

1.3.6 特色或创新点

"绿色园区贷"创立了绿色小微企业园区发展与绿色金融结合的新模式,体现在以下几个方面:

(1)多个主体合作,有效降低了入园门槛,加速企业升级转型:"绿色园区贷"调动了地方政府、金融机构、企业等多个主体,在项目的各阶段通力合作,最终有效解决了绿色小微企业园区在实际建立过程中普遍面临的建设贷款难、流程复杂、入园率低等问题。

(2)具有较好的风险控制机制:在这一模式中设计有白名单准入、兜底回购、大数据分析、线上监控预警、专人现场检查等风险控制机制,有效降低了贷款风险。

其中白名单机制是指由园区业主方根据相关政策规定,在园区基本准入要求的基础上,从经营资质、发展前景、行业规模等方面对入园小微企业进行综合审核,形成白名单,银行基于行业分类、企业经营共性特征对白名单企业的入园贷进行批量准入。白名单在很大程度上筛选出了行业优质头部企业,同时,由于园区业主方一般为当地政府机构或政府平台,白名单还具备一定的政府背书性质,能够有效降低贷款风险。

兜底回购机制是指银行与园区业主方签订兜底回购协议,并可根据实际情况,决定是否要求园区业主方提供履约保证金。当园区内企业生产经营出现风险,导致确无能力归还贷款时,由业主单位及其母公司对抵押资产(厂房)实施回购,归还原借款人在银行的贷款。兜底回购机制有效解决了不良贷款处置问题,同时促进园区业主方加强了对白名单的审核。

大数据分析机制是指银行与园区业主方在企业部分信息共享方面建立合作机

制，银行借助园区大数据管理系统，定期对贷款企业用水、用电、用气等关键信息进行采集，通过对数据的分析对比，判断企业的生产经营状态，及时发现企业生产经营风险，从而降低贷款不良风险。

线上预警机制是指银行在原有贷款管理系统的基础上增加线上监控预警模块，通过网络实时收集贷款企业在环保处罚、行政处罚、诉讼信息、突发事件等方面的信息，实现对贷款企业负面情况的监控预警，为银行处置预留时间，从而有效降低贷款风险。

专人现场检查是指由参与"绿色小微园区贷"项目的支行，委派专人负责园区的现场检查工作。如：园区项目贷放款后一星期内需做用途贷后监管，每个月需进行项目进度调查；小微企业入园贷、流动贷发放后，每月需对贷款小微企业进行走访；节能改造贷发放后，需在设备交付时间或改造时间现场调查，并每月进行走访。专人现场检查机制通过定期实地调查，可以直观了解企业生产经营情况，从而及时防范贷款风险。

（3）具有较好的可复制性：截至 2020 年 6 月末，湖州银行"绿色园区贷"模式已推广复制到湖州市的木地板、桌椅产业等约 34 个绿色工业园区，累计发放相关贷款超 20.21 亿元，涉及小微企业贷款客户 600 多户。未来这一模式可进一步推广到服务于聚集产业或工业棚户区转型升级的地区。

1.3.7 存在的问题以及改进的方向

（1）项目后期面向企业的"节能技术改造贷"推广效果较差：砂洗印花为高污染高耗能行业，对设备进行节能改造升级将为企业减少用能费用支出，从而降低经营成本。但受制于设备改造购置费用较大，新设备所节约的能耗费用难以在短期覆盖成本，导致大部分企业都未引入节能减排设备或者引入意愿不强。

（2）目前园区仍面临排污及耗能总额限制，产业园发展受到制约：尽管园区采用统一污水处理设施、统一光伏供电等基础设施，但仍存在生产旺季需要拉闸限电、控制用水等方法来保证不超过排污及耗能总额，这限制了园区企业产能的提升，并同时限制了产业链终端童装的产能。

为解决上述问题，保障园区的长效运行，金融机构可以设计更符合企业与园区需求的"节能技术改造贷"产品，促使企业生产设备更新换代，实现进一步的节能减排。同时，应加强政府与金融机构之间的合作，例如运用政策担保机制，分散不良风险，进一步提高银行贷款意愿等。

1.4　总结与展望

绿色金融是指在传统的金融过程中进一步考虑环境因素的金融产品与服务，它为绿色转型过程中的资金需求提供了解决方案，其有效运行依赖于金融工具、市场机制以及完善的监管制度，需要各利益相关方建立合作协调机制。

中国的绿色金融发展自 2016 年来取得了许多突破性的进展。绿色信贷、绿色债券、绿色基金、绿色保险、碳交易等多元化的绿色金融工具蓬勃发展，细分市场规模迅速扩张；以环境信息披露、绿色认定标准为代表的基础性制度不断完善；绿色金融改革创新试验区试点成功，经验被各地学习推广。

然而，在绿色金融发展的过程中，也出现了一些亟待解决的共性问题。

一是从政策体系来看，不论是中央层面还是中央地方之间，各部门之间尚未建立起有效的跨部门协调和信息共享机制。在中央层面，国家发改委、证监会、银保监会等部门之间对"绿色"的定义存在差异，致使绿色产品、项目的分类标准存在冲突、矛盾。在中央与地方沟通层面，金融机构的垂直管理体制在一定程度上阻碍了绿色金融的发展，降低了金融机构进行绿色金融创新的积极性。部分银行的创新性工作需要上级行甚至总行决策审批，管理环节多，管理路径长，部分改革措施在分支机构难以得到有效、高效的贯彻实施。

二是从市场来看，我国绿色金融的产品类别、个性化融资方案仍有改善的空间，融资产品的覆盖对象范围有待进一步拓宽。各类绿色金融产品的发展速度仍不均衡，不同类别的绿色金融产品融资规模差异仍较大，目前仍以绿色信贷、绿色债券两类产品为主。金融机构在绿色金融产品领域的参与度还不够。

三是从社会来看，"绿色投资""绿色消费"有关理念尚未普及，企业生产经营活动中绿色发展理念的缺失，使得绿色发展理念难以成为企业的核心价值观。此外，绿色金融发展过程中需要第三方认证机构、信用评级机构、资产评估机构、环境风险评估机构等专业性中介服务机构的协同和配合，而对应的人才培养起步较晚，面临专业人才缺乏、智力支撑不够的问题。

未来，绿色金融在中国的发展仍面临来自内部与外部的多方挑战。建立绿色金融发展的长效机制离不开政府引导、市场运作、社会参与，如何协调平衡三者之间的关系是核心的挑战之一。

此外，在"一带一路"的背景下，国际可持续投资的巨大需求也将催生中国更加广阔的绿色金融市场，在国家投资的过程中如何践行绿色金融的理念、推动相关区域绿色可持续发展是未来应当关注的问题。

第 2 章　绿色转型治理的政策工具研究——以大气污染跨域治理为例

靳晓　孙悦　戴亦欣　刘志林

2.1　引言

绿色转型是指以生态文明建设为主导向可持续发展模式转变，促进资源节约、环境友好和生态平衡，从而实现人、自然、社会的和谐发展。党的十九届五中全会审议通过的《中共中央关于制定国民经济和社会发展第十四个五年规划和二〇三五年远景目标的建议》提出，"推动绿色发展，促进人与自然和谐共生"，并强调要"坚持绿水青山就是金山银山理念"，"促进经济社会发展全面绿色转型"。

绿色发展的重要指标之一是环境优化。在中国近几十年的经济发展过程中，大气污染治理已经逐渐成为环境治理中的首要问题（Crane and Mao，2015）。特别是自 2011 年开始，中国出现了长时间且大范围的重污染雾霾天气，对不少地区居民的健康和幸福感都造成了负面影响。习近平总书记对此作出重要批示并出台相应措施。2013 年 9 月国务院出台《关于印发大气污染防治行动计划的通知》（国发〔2013〕37 号，以下简称"大气十条"），提出大气污染防治的总体要求、奋斗目标和具体措施。2018 年 7 月，国务院公开发布《打赢蓝天保卫战三年行动计划》。这些政策设计表明，针对大气污染治理问题所采取的政策措施是非常必要和紧迫的，改善空气质量和提高人民蓝天幸福感是绿色转型中的重要政策目标。

由于大气污染的影响不仅限于单一的区域内，而是具有非常明显的跨区域特点，常用的基于同一行政单位、同一地区的政策工具设计方式不能完全满足新的绿色转型治理需求。如何综合应用多种现行治理工具来达到大气污染治理的目标，或是开发出适合于跨域治理特点的新型政策工具是绿色转型过程中大气污染跨域治理面临的至关重要的挑战。简言之，对多重政策工具的组合设计和执行，是实现大气污染政府间跨域治理的重要手段。

基于上述背景，本研究着重考察大气污染跨域治理政策工具的种类、分布情况、效果评价及实施障碍等，旨在总结归纳提升大气污染政府间跨域治理绩效的政策工具体系及其实施机制。具体研究内容包括以下几方面：首先，本研究将梳理跨域环境治理政策工具的相关理论，并对国外及我国在大气污染跨域治理领域中的政策工具使用情况开展国际比较研究，从而总结归纳世界范围内跨域治理大气污染的政策工具清单；其次，本研究以"大气十条"中提出的十种污染源控制政策工具为例，对大气污染跨域治理的政策工具进行效果评估，重点分析命令控制型、市场激励型和信息传递型等各类政策工具的效果，识别最能有效提高大气污染跨域治理绩效的政策工具；最后，本研究将进一步分析大气污染跨域治理中政策工具在具体使用中面临的体制机制障碍，据此提出改善政策实施效果的政策建议。

2.2 绿色转型治理的政策工具理论框架

本部分首先梳理政策工具的一般性理论，随后通过总结文献提出政策工具理论在大气污染跨域治理中的拓展。

2.2.1 政策工具的传统概念和相关理论体系

政策工具的设计和选择是公共政策制定中的重要议题，是达到具体政策目标的手段、方法和措施（罗敏、朱雪忠，2014），是将政策目标转化成具体政策行动所使用的工具或机制（何精华，2011）。同时，政策工具的设定、评比与选择，也是政策设计与执行中不可分割的一环（何精华，2011）。一旦选定了政策目标，接下来即需要探讨如何设计和选择适合的政策工具，以达到相应的政策目标。

政策工具的恰当使用可以帮助我们达到政策目标。作为政府的抓手，政策工具可以帮助我们理解、评估和改善政府在大气污染治理方面的行为。在相同的政策目标下，政府可以根据工具的可行性和成本选择不同的政策工具。政策工具的不同分类也会影响学者对政策工具的理解。图 2-1 整理了政府通常使用的政策工具，根据政府干预的强度，我们可以将所有政策手段按降序分为三类：强制手段、混合手段和自愿手段（郭少青，2016）。

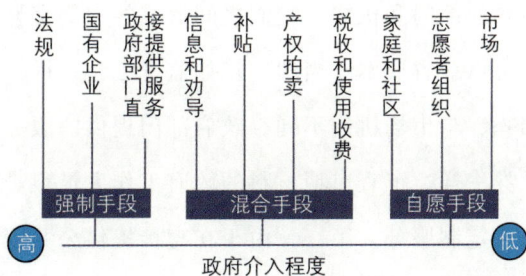

图 2-1　按照政府介入程度分类的政策工具种类

强制型工具是政策制定过程中最常用的工具，它试图规范社会行为者的行为。强制型政策工具包括法规、标准、许可、程序等。法律法规是政府部门常用的强制型政策工具。它的优势相当明显，只要形成政策设计，就可以通过行政系统快速执行。政府不需要经常与社会交换信息，因此可以使用自上而下的低成本的政策工具。鉴于所有执行资源都掌握在政府机构中，监管手段可以迅速执行，特别是在危机管理中。但是，我们也应该认识到监管制度的缺陷，作为政府管理社会的最严格的方式，它试图永久性地改变社会行为。这通常是很难做到的，而且在执行过程中需要大量的行政资源来确保监管手段的执行。此外，选择严格的政策手段或严格管理社会，可能会导致政府机构与社会行为者之间的紧张关系，也会极大地削弱社会行为者的自由。如果政府对私营部门进行管制，它可能会干预市场的活动，降低社会的经济效益。另外，一旦政府决定采取监管手段来干预市场行为，那么及时或灵活的调整几乎是不可能的，因为监管是严格遵循程序化的过程。

强制型政策工具还包括由政府部门直接提供各种服务——这也是政府经常使用的最基本的和最常见的政策工具：通过财政拨款，政府及其工作人员直接提供货物和服务。社会上大多数公共服务和公共物品都是以这样的方式提供的，如国防、治安、消防、监狱、社会保障、基础教育、公共土地管理、公园和道路交通的建设和维护、人口普查等。直接提供服务的政策工具具有高效性。同时，类似于规制的政策工具的直接供给只需要为社会提供部分信息，而不涉及更多的信息交换要求，不需要进行大量的讨论和谈判工作，所以政策实施可以快速推进。此外，如果直接提供公共服务涉及多个政府部门和机构，它们之间形成的内部交易与外部政府机构参与的外部交易相比，可以节省成本。当然，正如监管工具一样，直接提供服务，也有其本身的缺点。第一，与市场机制不同，政府部门提供的服务通常缺乏多样性和灵活性。与申请食品券一样，审查申请材料的政府工作人员很难考虑到每个申请人的专长，也不可能提供定制服务。第二，由于在直接提供公共服务的过程中没有市场竞争，可能会出现腐败或政治控制，从而降低提供的公共产品的质量，增加花费。第三，如果提供公共服务涉及不同的政府离职者和组织，组织之间的冲突和矛盾也可能降低提供公共服务的效率。

强制型工具类别中的第三种是国有企业。作为一种政策工具，国有企业（又称公有企业）有三个基本特征：第一，有一定的公有产权；第二，由政府直接控制和管理；第三，可以在市场上提供实物和服务，这与国防、公路建设等纯粹的公共产品不同。国有企业作为一种政策工具，其优势在于能够提供市场不愿意提供的产品，从本质上保证一定程度的效率，体现了效率与公平等其他公共价值的良好结合。同时，国有企业对信息交换的要求也相对较低，因此更有可能快速执行政策。此外，国有企业在一定程度上享受国家的补贴和保护政策，可以长期稳定地提供公共服务。国有企业也存在劣势：首先，国有企业必须面对与政策目标相符和获得最大经济效益的权衡，这些冲突可能会降低效率；而且，国有企业很难破产，一些国有企业的持续亏损可能会成为一种财务负担。

同强制型工具不同，自愿型政策工具几乎没有政府参与，而主要依靠市场或是社区的自发规则进行维护。但是政府可以通过外围规则的制定激发这些政策工具，从而实现相应的政策目标设计。市场机制是自愿型政策工具的一种重要形式。当然，政府干预下的市场机制的目标会调整市场的价值偏好。例如，在一些拆除工程中，拆迁计划通过开发商的配合，依靠市场机制完成，但是政府会要求开发商以较低的价格提供回迁住房。如果没有政府的干预，就不可能在效率导向的纯市场机制中实现这一低价目标。政府的干预能够确保原居民回迁时的利益，而开发商能够在其他商业地产开发的过程中，遵循市场机制获利。由于市场是提供私人利益最有效的手段，政府价值偏好与市场机制相结合有望实现效率和公平等多重价值目标。

家庭和社区是另外一种自愿型政策工具。在政府的指导下，家庭或社区自愿提供公共物品和服务，以实现政策设计中规定的目标。例如，老年护理可以由家庭或社区提供，而无须政府建立公共老年护理中心。家庭和社区工具的优点包括节省政府预算和提供定制服务。有了这些优点，采用家庭和社区类型的政策工具就更容易获得政治支持。当然，这种工具也有它自己的缺点。由于家庭和社区执行政策的能力有限，所以无法解决复杂的社会和经济问题。此外，该工具可能会失去效率或公平性。因此，政府通常将家庭和社区工具作为解决复杂政策问题的辅助工具。

还有一种重要的自愿型政策工具是志愿者组织。一般认为，志愿者组织提供的服务具有较低的实施成本、较高的政府视角和较高的灵活性。例如，在危机管理中，志愿者组织的行动往往快于政府。在重新安置地区的扶贫过程中，志愿者组织提供的服务可能对当地的需求有很大影响，因为志愿者组织通常只针对急需帮助的人提供服务。它们成为社会正义的必要补充。然而，志愿者组织由于自身能力的限制，不适合解决复杂的问题。

信息和劝导工具则是混合型政策工具的代表，它要求政府具有较高的干预水平，通过信息发布等方式给公众、企业、社会团体提供相关信息，期望人们按照特定的预期作出某些行为上的改变或偏好上的改变。例如，当政府官员、专家等分析房价走向，预期房市可能有泡沫存在的时候，向社会发布了房市投资风险趋高的信号。虽然没有明确的政府法令要求公众谨慎投资、撤离房市，但是很多公众会根据这样的信息作出相应的判断。信息和劝导手段的优势显而易见。实施或放弃这些政策所需的成本较低，而其获得广泛的政治支持要容易得多，因为这些工具强调自由和个人责任的民主概念。但值得说明的是，信息和劝导手段确实是软弱无力的政策工具。政府不应该指望通过采用这样的政策工具来改变公众的行为模式。政策工具的有效性取决于公众愿意在多大程度上改变他们的行为。所以，也可能出现虽然政府多次警告股市有风险，但还是有大量群众追加投资的案例，在这种情况下，政府也不能强迫公众服从。

在混合型政策工具中，补贴是另一种政策手段。它是指政府对个人企业和组织进行的各种形式的资金转移，目的是改变接受者对不同选择的成本和收益的认识，促使他们采取政府期望的行为。最终的行为改变仍然由接受补贴者决定，但往往补贴金额越高，他们就越会按照政府期望的方向作出决定。在现实中，补贴方案是强有力的社会福利政策工具。低收入家庭可以根据家庭收入、孩子的数量和年龄享受不同数量的食品券。补贴还包括助学金、低息贷款等。补贴的优点是实施起来很容易，而且很灵活，管理成本和推进成本都很低，具有很高的政治可行性。然而，补贴的坏处是需要大量的财政投资，在经济低迷或政府财政资源不足的情况下，可能更不容易使用。补贴的实际效果不一定与政策目标相一致，因为它取决于个人的决定。而且，一旦设立了补贴就很难取消。税收和补贴的机制相似，但增税与减税相比更难以获得大众和各方政治利益相关者的支持，往往只有减税政策能顺利通过。

产权拍卖也是一种混合型政策工具。这一手段通过设置新的市场产品来实现政府提倡的公共价值。例如，污染排放会产生消极的经济效果，如果它的污染是由市场机制共同调节的，就不会对污染企业形成价格惩罚。如果采用监管手段来减少排放，就需要更高的成本。通过产权拍卖的方式可以确定每年污染物排放总量，并将其分配给各污染者，从而建立排污权交易机制。在控制总量的同时，可以根据市场价格自由交易排污权。企业只有拥有相应的排污权才能排放污染物。污染物排放越多，排放权所需要的价格就越高。这种机制将内化企业污染的负外部性，鼓励企业减少排放，惩罚过度排放的企业。产权拍卖只要求政府设定总金额，其余则可以通过市场机制来解决，这就更容易实施了。当然，产权拍卖也有其自身的缺陷。这可能会鼓励投机，迫使那些买不起产权的人采取不法行为，因为他们没有其他选择；同时，也不能保证社会公平，就像拥有更多发言权的往往是有很强的支付能力的人，而不一定是那些真正需要财产权的人。

2.2.2　政策工具理论在大气污染跨域治理中的拓展

已有研究从不同的分类标准和分类规则入手对环境政策工具进行分类。第一，最早对环境政策工具的划分是基于市场和行政的二分法。托马斯·思德纳（2005）基于以上标准，将环境政策工具主要划分为命令控制型工具和市场化工具。具体到中国的环境政策工具，杨华（2007）将其划分为命令控制和经济激励两种政策手段。第二，OECD 采用的是三分法的分类标准，把环境政策工具划分为强制型工具、市场型工具及自愿型工具。其他学者很多也采用这样的分类（Tietenberg，2006；郭少青，2016）。命令控制型政策工具以政府权威为资源，具有规范和保障的功能；市场型政策工具以企业提供为主，具有灵活的激励作用，塑造多元的关系模式和制度空间（王辉，2014）；自愿型政策工具采用环保标志、环境规格等信息手段（郭少青，2016）。第三，世界银行采用四分法，将环境政策工具划分为管控型工具、创建市场工具、利用市场工具及公众参与型工具。国内学者张坤民等（2007）则根据中国的环境治理体系将政策工具分为命令控制、市场激励、自愿行动及公众参与这四种政策手段，这也是目前中国的环境治理政策工具的主要分类标准。第四，Rothwell 和 Zegveld（1985）将环境政策工具划分为供给型工具、环境型工具及需求型工具。李晓玉等（2017）发现中国整体上以采用环境型政策工具为主，供给型政策工具的使用频率低于环境型，需求型政策工具应用最少。黄萃等（2011）通过对风能政策的研究，发现了供给型政策工具使用呈现过溢，而环境型和需求型政策工具使用均存在不足的现象。

从现有文献的研究中我们发现，传统的政策工具在大气污染跨域治理中也适用。然而，大气污染跨域治理仍然对政策工具的设计和应用提出了新的挑战，如何提升公共政策的公众认同程度和执行有效性是绿色治理中的难题。

在多年环保实践的基础上，我国目前使用的政策工具从以行政命令为主导逐渐转变为以法律、经济手段为主导，在财政税收政策、价格政策和征信体系等方面，制定并完善环保政策措施（张坤民，2010）。在我国的治理实践中，政策工具的优化组合是基本原则；引导类工具是实现政策目标的必要保障；管制类工具的使用逐渐减少、市场类和自愿类工具的使用逐渐增多是基本趋势（王辉，2014）。强制工具体现在多样化的环境立法、产业转型规划、城市规划理念和交通规划更新等政府规划行动中，基于既有的环境标准、法律法规或者行政规章来治理环境。中国的命令控制手段大多数依赖政府相关部门，相对于其他手段，命令控制手段的执行成本往往较高，且具有专用性。但同时，命令控制手段容易被制度所限制，地方政府可能会为了追求经济发展从而选择性地执行环境政策，环境保护和经济发展的目标难以权衡。市场激励手段，也被称作市场型工具，是通过市场运作来影响排污者的行为，从而改善环境。相比于命令控制手段，市场激励手段在成本上具有极大优势。常见的三种市场激励手段包括排污费（税）、可交易排污许可、削减政府补贴。各种环境保护、生态文明建设、空气质量控制的观念和理念也通过信息和劝导方式深入人心。自愿行动手段也被称作自愿工具，是企业为了执行提高环境水平的行动而自愿遵守的协议，如 ISO14000、ISO14001 环境管理体系。公众参与手段是将公众的参与和监督引入环境管理中，从而改善环境治理的效果。公众参与手段主要侧重于信息披露。一方面，公众参与可以增加政府信息披露的可信度；另一方面，公众参与可以对企业产生压力，从而迫使企业提高自身的环境治理水平。在建设低碳社会的过程中，煤改气、煤改电、可再生能源的发展都依凭公益组织和社区的大力推动。表 2-1 总结了在大气污染跨域治理领域中采用的政策工具种类。

表 2-1   大气污染防治跨域治理中常用的政策工具列表

命令控制	市场激励	公众参与	自愿行动
大气污染物排放限值	排污费、排污交易权	环境信息公开	清洁生产
落后产能、过剩产能淘汰	阶梯式电价	重污染天气监测预警体系、预案	ISO14000 环境管理体系
环境影响评价制度	二氧化硫排放权交易、二氧化碳排放权交易	河流重点断面水质公报	循环经济、节能环保产业
城市环境综合整治定量考核制度	投融资	空气质量排名	生态农业、工业园和示范区
大气污染防治专项资金、以奖代补	价格税收政策	社会参与、宣传教育	环境非政府组织

资料来源：张坤民，温宗国，彭立颖. 当代中国的环境政策：形成、特点与评价[J]. 中国人口·资源与环境，2007，17(2).

但目前，我国在环境治理领域的政策工具使用上也存在不足。罗敏、朱雪忠（2014）通过对 1992—2013 年我国低碳政策工具进行计量分析，发现这时期我国规制型政策工具缺乏灵活性，且数量太多，易致政策失灵；产权拍卖类政策工具过于薄弱，削弱了经济激励型政策工具的资源配置功能；政府的引导和协调作用不充分，导致社会型政策工具执行不力。解决农作物秸秆焚烧污染治理困境的政策工具选择应从重视经济激励型政策工具、创新命令与控制型政策工具、引入环境自愿型政策工具的角度出发（贾秀飞、叶鸿蔚，2016）。

自 2013 年开始，为了应对不断严重的空气污染状况，加强大气污染防治，特别是强化跨域政府协同在大气污染防治中的作用，新的政策工具不断浮现。首先，生态补偿机制（ecological compensation）特指在具有不同资源禀赋的区域之间对自然资源的跨区域使用进行经济核算，基于资源的价格和潜在的获益，区域之间以经济价格调节资源的分配。现有的研究主要涉及水污染、农田、森林、矿产、生态保护地等领域（Koh et al.，2017；Herzog et al.，2005；Guan et al.，2016）。在我国，新安江的流域补偿机制已经作为试点运行多年，效果较好。但是大气领域的污染补偿相比水域资源补偿更为复杂，补偿标准是建立大气污染补偿机制的重难点，理论上应主要基于大气污染造成的经济损失进行估算，而实践中广泛采用双方协商的方式来设计生态补偿标准（王翊等，2015）。因此，虽然目前对补偿的理论、模式等都有相关研究，但是对具体的补偿执行细则难以达成共识，尤其是区域间的补偿协议难于推进。在大气污染治理的背景下，如何估算区域间传输的污染损失，如何确定补偿标准，都有待进一步研究。

其次，区域排污权交易成为另外一种市场调节机制。依据科斯提出的产权理论，政府可以人为地创造一个排污权市场来优化资源配置，以最低成本减少污染排放。在此基础上，美国经济学家约翰·戴尔斯提出了排污权交易制度（杨展里，2001），在保证环境质量的前提下，给予企业定量的排污权，并赋予其商品属性，使其可以自由交易，而政府则通过分配排污权实现对区域排污总量的控制。早期，学术界对于排污权交易可行性进行了探讨，并分析了其对于环境管理、企业管理及宏观经济等领域的意义（马中等，2002）。近年来，随着政策实施时间的增加，研究的关注点转向对排污权交易制度有效性的检验（李永友等，2016；刘承智等，2016）。学术界也不断探索建立一体化的区域排放交易市场机制，乃至全球范围的排污权交易市场（Chaabane et al.，2012）。在我国实践中，省级排污权交易试点一直在进行。2013 年江苏省首次尝试大气排污权交易，共计 4 496.1 吨二氧化硫和 6 744.5 吨氮氧化物排污权指标通过协议转让和竞价竞拍两种方式顺利进行交易。近年来，排污权交易的尝试更多和碳市场交易结合推进，专门针对大气污染的排放权交易需要进一步探索。

最后，区域间大气环境标准存在差异可能造成大气污染源的转移和区域污染传输的加剧。目前，区域大气环境标准主要存在标准项目不统一、环境标准值不统一、标准交叉执行等问题（邹兰等，2016）。标准协同的阻力源于地方环境标准制定主体的特殊性、区域行政的碎片化和法律体系不完善（陈建，2017）。目前学术界关于大气环境标准协同的研究大多集中于京津冀地区，而针对全国范围的研究较少。虽然从国家层面的法律法规、现实层面的治理需求来说，标准协同都势在必行，然而如何进行统一规划、制定统一标准仍需结合区域特点进行深入研究。

2.3 大气污染跨域治理政策工具的跨国比较研究

2.3.1 欧盟大气污染跨域治理实践中的政策工具

欧洲的大气污染和治理的历史最早可以追溯到 13、14 世纪，但大气污染问题真正成为环境保护的重要议题是在第二次世界大战之后。在第二次世界大战结束初期，欧洲城市的主要大气污染物是硫化物和可吸入颗粒物。后来这些城市使用石油和天然气等清洁能源来替代煤炭作为燃料，使得空气中硫化物和粉尘的污染得到了一定程度的控制。但空气污染的跨区域性和外部性这两个特征，让其成为一项复杂的跨域治理的系统工程，因此欧洲主要国家开始考虑构建和完善跨域合作治理机制来解决空气质量问题。

2.3.2 欧盟大气污染跨域治理政策发展历程

随着 1965 年《布鲁塞尔条约》（Merger Treaty）的签订，欧洲正式开始了其全面一体化的进程，但这个时期欧洲各国主要以经济与军事同盟为主，大气污染的治理工作并没有统一的安排。虽然各国也先后出台了一些有关的政策来防治大气污染，但这一时期的欧洲大气污染治理仍然以各自为政的管理方式在各国进行。各国的大气污染治理进度与标准不尽相同，同时也没有相应的联合治理机制和政策设计，这对于可扩散、不受行政区域限制的大气污染物来说显然是不足的。所以这一时期的欧洲大气污染治理并没有获得良好的反响。

随着欧洲一体化的进一步深入，欧洲对于大气污染治理的总体筹划与协作治理工作也进入了快速发展时期。首先进行的是欧盟层面的政策工具设计。1977 年 10

月，联合国欧洲经济委员会①（The United Nations Economic Commission for Europe，UNECE）启动了一项特别计划——《欧洲大气污染物远距离传输监测和评价合作方案》②（The Cooperative Program for Monitoring and Evaluation of the Long-range Transmission of Air Pollutants in Europe），该计划也称为"The European Monitoring and Evaluation Program（EMEP）"。EMEP 由各国的科学家发起，并向各国政府提供大气污染物的浓度、沉积及跨越边界的污染物远程传输数量等重要监测和评价信息。最初，EMEP 在很大程度上只是一项基础性科学研究计划，但客观上为解决欧洲大气污染跨界合作治理难题提供了基础性技术准备。1979 年，欧洲各主要国家经过一系列的努力后缔结了有关防治酸雨跨境污染的《远距离跨界大气污染公约》（Convention on Long-range Transboundary Air Pollution，CLRTAP），这标志着欧洲大气污染治理正式走入一体化协作时代。CLRTAP 是多国家为控制大气污染的跨区域危害合作建立的框架协议，为欧洲以及北美地区国家的环境保护与大气污染防治建立了区域协同控制机制，并成为减少整个欧洲污染物排放的核心手段（Rosencranz，1981；Wuster，1992）。此后，欧洲在大气污染治理领域继续采取了一系列行动，不断扩展治理领域和政策边界，从资金支持、大气质量目标制定、明晰权责等方面丰富和完善欧洲大气污染治理体系，并陆续签订了八项议定书。1993 年，随着欧盟的成立，欧洲各主要国家的大气污染治理的协作机制得到了进一步的加强。1998 年，联合国欧洲经济委员会通过了《在环境问题上获得信息、公众参与决策和诉诸法律的公约》（即《奥胡斯公约》），该公约重点关注公众和当局在环境决策方面的互动，并确定了公民参与的三大支柱，即公民获取信息、公众参与决策和诉诸司法，积极扩展跨域治理与公民层面的参与，进行多元主体的协商合作（Bush et al.，2012）。

---

① 创立于 1947 年，是联合国经济及社会理事会下属的五个地区委员会之一，主要职责是促进成员国之间的经济合作。委员会目前有 56 个成员，除了欧洲国家外，还包括美国、加拿大、以色列和中亚国家。委员会总部位于瑞士日内瓦。

② https：//emep.int/emep_overview.html.

从 21 世纪开始，欧盟充分利用和吸收科研成果以及治理经验，制定了一系列关于大气污染防治的法律法规。2001 年，欧盟推行了《欧洲清洁空气计划》[①]（Clean Air for Europe，CAFÉ），进一步加强区域一体化的大气污染防治。2005 年，欧盟启动了一项长期综合性《空气污染主题战略》（EU Thematic Strategy on Air Pollution），并确定了包括硫化物、氮氧化物、臭氧、光化学有机物、可吸入颗粒物等几乎所有大气污染物的治理方案和排放标准。2008 年，欧盟为优化空气质量管理与提升跨境跨域治理行政效率通过了《欧洲环境空气质量与清洁空气指令》（Directive on Ambient Air Quality and Cleaner Air for Europe），对过往相关指令进行了整合。2010 年，欧盟发布《工业排放指令》（The Industrial Emissions Directive，IED），通过组织信息交流网络且应用"最佳可行技术"（Best Available Techniques，BAT）进行污染治理防控环境绩效监测与评估。2013 年，欧盟提出《欧洲清洁空气规划》（Clean Air Program for Europe，CAPFE），修订了《大气污染专题战略》，并制定了 2020 年和 2030 年欧盟空气质量新目标。2011 至 2013 年，欧盟对其大气政策进行了全面回顾与审查，并由此提出了清洁空气的一揽子政策。2016 年，欧盟通过颁布《特定大气污染物国家减排指令》（Directive on the Reduction of National Emissions of Certain Atmospheric Pollutants）确定各个国家的减排义务，作为推进 CAPFE、实现 2030 年空气质量目标的主要法律工具，重视立法并严格落实（欧盟大气污染的治理历程和相关政策工具内容详见表 2-2）。

表 2-2　　　　　　　　　　欧盟大气污染治理时间梳理

时间（年）	政策（或措施、指令等）	主要内容	拓展内容
1977	《欧洲大气污染物远距离传输监测和评价合作方案》	（1）各国的科学家收集排放数据；（2）测量空气和降水质量；（3）建立大气运输和空气污染沉积的模型	为解决欧洲大气污染跨界合作治理难题提供了基础性技术准备

[①] 欧盟委员会于 2001 年 5 月初宣布发起这项三年计划，研究如何提高空气质量、减少由空气污染引起的健康问题。

（续表）

时间（年）	政策（或措施、指令等）	主要内容	拓展内容
1979	《远距离跨界大气污染公约》	为控制和减少跨界大气污染对人类健康和环境造成的损害提供了必要的框架	建立了多国合作的框架协议
1984	《欧洲大气污染物远距离传输监测和评价合作方案长期筹资日内瓦议定书》	对欧洲跨界大气污染治理资金来源进行了规划	资金支持保障
1985	《关于减少硫排放或减少其跨界流量至少 30% 的赫尔辛基议定书》		
1988	《关于控制氮氧化物或其跨界流量排放的索菲亚议定书》	对所有缔约方规定了相同的减排量	减排范围、标准制定
1991	《关于控制挥发性有机化合物或其跨界流量排放的日内瓦议定书》		
1994	《进一步减少硫排放的奥斯陆议定书》	进行差别化排放限制设定	依据成本效益原则得出量化减排义务
1998	《在环境问题上获得信息、公众参与决策和诉诸法律的公约》	重点关注公众和公共管理当局在环境决策方面的互动	拓展跨域治理与公民层面的参与
1999	减少酸化、富营养化和地面臭氧的《哥德堡议定书》	依据成本效益原则确定了国家排放量上限	减排范围、减排量目标修改
2001	《欧洲清洁空气计划》	进一步推进防治大气污染区域一体化	进行监管创新，转向更明确的最高排放限额
2005	《空气污染主题战略》	注重开发、推广新技术以减少成员国污染物排放	从技术协作层面为跨域治理提供支持
2008	《欧洲环境空气质量与清洁空气指令》	对过往相关指令进行了整合	
2010	《工业排放指令》	通过组织信息交流网络且应用"最佳可行技术"进行污染治理防控环境绩效监测与评估	多主体进行环境绩效监控与评估
2013	《欧洲清洁空气规划》	修订了《空气污染主题战略》，并制定了 2020 年和 2030 年欧盟空气质量新目标	更新空气质量目标

(续表)

时间（年）	政策（或措施、指令等）	主要内容	拓展内容
2016	《特定大气污染物国家减排指令》	确定各个国家的减排义务，作为推进CAPFE、实现 2030 年空气质量目标的主要法律工具	更为重视立法

资料来源：借鉴魏巍贤与王月红（2017）的研究内容与相关文献。

2.3.3　欧盟大气污染跨域治理政策工具设计

欧盟的跨域大气污染政府间治理政策以《远距离跨界大气污染公约》为主，形成了以《欧洲大气污染物远距离传输监测和评价合作方案》为基础，由理事委员会、履行委员会、效果评估工作组、战略和审查工作组等机构构成的一套完整政策体系，如图 2-2 所示（魏巍贤等，2017）。

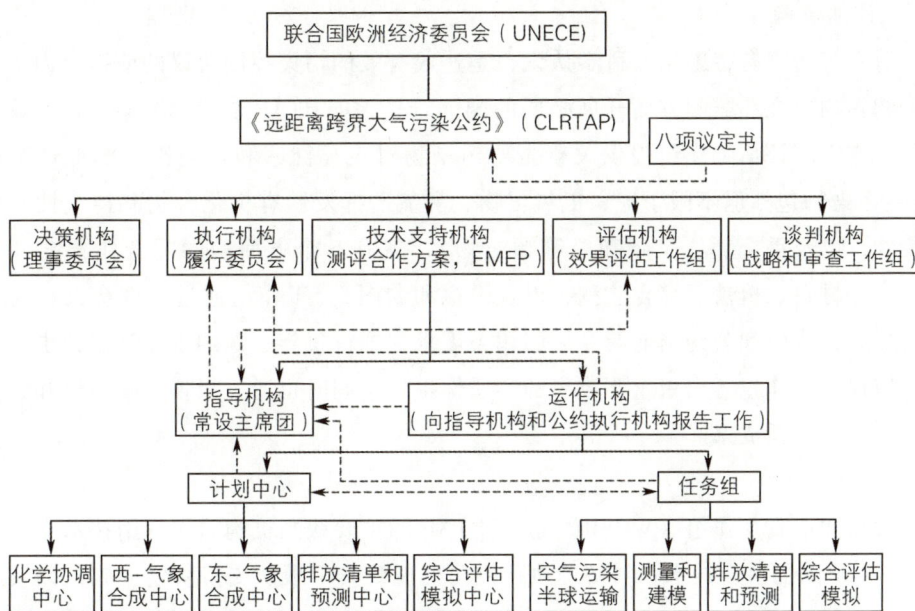

图 2-2　欧盟大气污染跨域治理机制模拟图

（1）机构设置工具——UNECE 主要机构设置

在 CLRTAP 框架下主要有五个机构，分别为决策机构、执行机构、评估机构、谈判机构和技术支持机构。

• 决策机构

理事委员会是 CLRTAP 的决策机构，由各缔约国政府代表组成。理事会职责是批准公约新成员的加入，审查公约执行情况，此外，还可酌情设立工作组审议与公约执行和发展有关的事项，批准与工作活动（一般确定两年期限）有关的财务事项。

• 执行机构

履行委员会是 CLRTAP 的执行机构，负责审议各国履行公约及议定书规定的义务的情况，向理事会报告工作并提交决策建议。履行委员会由九个缔约方[①]组成，每个缔约方任期两年，每年举行两次会议。履行委员会的工作主要侧重于三个领域：（1）审议缔约方履行某项议定的减排义务的情况（各缔约方根据议定书的减排义务，向排放清单和预测中心提交排放数据）；（2）审查缔约方履行报告义务的情况；（3）必要时考虑与公约遵守有关的系统性问题。

• 评估机构

对大气污染有害影响的科学认识，是达成有效的污染控制协议的前提。为了在污染物影响研究和监测方面开展必要的国际合作，CLRTAP 在 1980 年设立了效果评估工作组。评估工作组提供关于主要污染物对人类健康和环境影响的地理范围（这些污染物包括但不限于硫、氮氧化物、臭氧、挥发性有机化合物和持久性有机污染物，以及重金属、黑碳和氨等颗粒物），现有 6 个方面的国际合作方案（森林、水、材料、植被、综合监测，以及模拟和绘图）。工作组通过年度会议讨论国际合作方案成效和公约当前及今后的相关需求，拟订每年一次的工作计划，供执行机构审议。工作组还出版重要成果的实质性报告，同时也通过报告、新闻稿和其他手段向公众传播成果。

• 谈判机构

战略和审查工作组（WGSR）是 CLRTAP 的主要谈判机构。它运用技术支持机构（EMEP）的科学技术资料协助执行机构处理政策事项、支持协定谈判，以及审

---

① 共同订立某种合约的双方或多方，这里指欧盟各国。

议现有协定的治理战略。其主要职责包括：评估、拟订和修订与议定书相关的科学技术内容；谈判、修订现有议定书和编制新议定书；审查根据不同议定书编制的指导文件草案；举行报告战略、政策和措施的论坛，并为公约下的相关战略发展提出建议。

• 技术支持机构

在上述 CLRTAP 五个机构及其子机构之间，还有多个为某些具体工作设立的联席会议制度。尤其在技术支持和效果评估方面，一些工作存在交叉，各机构合作更为密切。

（2）标准设定工具——欧盟空气质量标准的制定

欧盟建立了严密的大气环境标准体系，具体包括环境空气质量标准、大气污染物排放标准和大气环境监测方法标准三大类。其中，环境空气质量标准设立了硬性极限值，对 SO_2、NO_2、O_3 等污染物设定了 1~3 年内允许超标的天数（或小时数），提供了一定的弹性空间；然而对某些污染物的要求则非常严格，例如对 PM_{10} 和 $PM_{2.5}$ 的年均值，不允许出现任何超标天数。

• 法律法规工具

重视立法并严格落实是欧盟大气治理取得良好效果的重要保证。欧盟环境管理政策一般分为欧盟层面和成员国层面两个层次。欧盟层面指令针对整个欧盟关于某一类污染物排放所要达到的目标及管理要求，成员国可在欧盟指令的基础上，自由选择实现欧盟规定目标的各种措施。

寻求立法和约束力目标是欧盟指导大气治理的一个重要手段。欧盟通过系列法律规范，搭建起了一套结构合理、统筹协调的大气污染防治法律体系，有力推动了欧盟大气污染治理的区域协作机制建设。例如，在 CAFÉ 中，所有成员国都应参与并提供数据（否则可能被强制执行）。这种"自上而下"的法规建设和严格的落实过程，使欧盟大气治理决策更有主动性和执行力。这与 CLRTAP 不同，CLRTAP 的所有举措和决定都由各缔约国自行采纳，相关监测或清查都是基于自愿基础且非强制（但因具有强大科学技术做支撑，各项议定达成出自各缔约国的共同真实意愿，CLRTAP 也因此得到很好的遵守）。当成员国无法达到欧盟的空气质量标准时，欧盟委员会有权采取法律措施向欧洲法院起诉违背欧盟法律规定的成员国。如果该成员国依旧不能达到要求，欧盟委员会可以要求欧洲法院对其判处罚款。

• 财政金融和资金保障工具

《EMEP 长期融资协定》对欧洲跨域大气污染治理的资金保障问题作出了明确

规划，包括强制性捐款，并辅以自愿捐款，且对捐款形式做了具体规定。议定书要求所有缔约方在 EMEP 的地理范围内每年支付强制性缴款，满足 EMEP 工作方案的年度支出和生态补偿转移支付需要。自愿捐款可以经执行机构批准，用于减少强制性捐款或为 EMEP 范围内的具体活动提供资金。议定书还规定，强制性和自愿性现金捐助必须存入专门为筹措 CLRTAP 执行经费设立的信托基金账户。此外，资金来源还包括联合国环境规划署提供的财政手段和各国政府的自愿捐款，为欧洲跨域大气污染治理提供了足够的资金保障。

综上所述，欧盟的大气污染跨域治理政策工具以机构设置工具为主，以 CLRTAP 为核心，不断扩展治理政策工具的设计。欧盟经济委员会（UNECE）主要以《远距离跨界大气污染公约》为核心框架，由理事委员会、履行委员会、效果评估工作组、战略和审查工作组等机构构成一套完整的大气污染治理体系，从技术支持工具、质量标准工具、资金保障工具及法律约束工具等多方面来保证跨区域的大气污染治理的完善和推进。

2.3.4 美国大气污染跨域治理实践中的政策工具

1）美国大气污染跨域治理政策发展历程

第二次世界大战结束之后，美国工业在经历了大萧条时期后开始进入复苏阶段，家用和工业能耗增加，汽车尾气排放量增大，污染随之加剧。1948 年，美国宾夕法尼亚州的工业小镇多诺拉的严重烟雾事件造成 20 多人死亡，在不到一周时间内小镇过半人口暴病。更多的人在之后的几个月内接连死亡，而在接下来几年内该地区死亡率持续高于正常水平。

1955 年的《空气污染控制法》（the Air Pollution Control Act）是第一个涉及空气污染的联邦立法，这项法案为联邦政府研究空气污染提供资金。1963 年的《清洁空气法》（the Clean Air Act）是第一部关于空气污染控制的联邦立法。它在美国公共卫生服务系统内建立了一个联邦项目，国会授权环保局研究监测和控制空气污染的技术。1967 年，为了扩大联邦政府的活动，美国颁布了《空气质量法》（the Air Quality Act）。根据《空气质量法》的规定，联邦政府在州际空气污染传输的地区可以启动执法程序。因此，联邦政府得以首次进行了广泛的环境监测研究和固定源检查。《空气质量法》还授权加强对空气污染物排放清单、环境监测技术和控制技术的研究。1970 年出台的《清洁空气法案》使得联邦政府在空气污染控制方面的角色发生了重大转变。

到了 20 世纪 70 年代，美国空气污染仍然十分严重。1970 年 4 月，美国各地几百万人为了环境洁净而参加了街头游行。美国许多城市和工业中心密集可见的雾霾促使 1970 年全国环境运动达到高潮。对于公众的诉求，当时的美国总统尼克松向参众两院提交了一份具有开创性的 37 条环境信息（37-point message on the environment）。这 37 条信息里包括了资金提供、机动车排放标准、汽油征税、石油安全运输等水治理和大气治理措施。几乎在同时，尼克松还成立了一个委员会来实现这 37 条环境信息中的措施。根据委员会的建议，他向国会提交了一份计划，将联邦政府的许多环境责任合并到一个新的环境保护机构——联邦环保署（EPA）之下。联邦环保署的主要工作包括：对重要污染物进行研究；单独或者和其他机构一起监控环境质量以获得环境数据；利用基准数据来制定环境基准线（environmental baselines）（即制定国家标准），从而衡量排污情况；可以与各州协调制定和执行空气、水质和个别污染物的标准。

紧接着国会通过了《清洁空气法案》（the Clean Air Act），联邦政府在全国层面的空气污染控制方面的作用明显增强。之后，国会对《清洁空气法案》进行了两次主要修订（1990 年和 1997 年），旨在提高其有效性，并增加了新近认识到的空气污染问题，如酸雨和对平流层臭氧层的破坏。该法案的主要内容如表 2-3 所示。

2）美国的大气污染跨域治理政策工具设计

（1）机构设置工具

联邦环保署在全美设有 10 个区域办公室。每个区域办公室都有专门负责大气污染项目的工作人员与所在管辖区的州政府部门合作，为他们提供并阐释联邦指导意见，协助评估减排技术，帮助州政府制定符合《清洁空气法案》要求的规定以获得联邦环保署的批准。区域办公室的工作人员是与所管辖的州联系最密切的人，负责州与其他联邦环保署办公室之间的联络工作。除了 10 个区域办公室之外，环保署还设有署长办公室（Office of the Administrator）和 11 个分管不同领域的总部办公室（Headquarters Offices），不同领域包括：空气、污染预防、废物和回收、有毒物质和化学品、水和农药等。具体结构如图 2-3 所示。

表 2-3 《清洁空气法案》主要内容①

修订时间	修订内容	主要污染物
1970 年	成立联邦环保署旨在实施法案中包含的各项要求。 联邦环保署制定了《国家空气质量标准》（the National Ambient Air Quality Standards，NAAQS），其中规定了颗粒物与其他污染物的最大允许浓度。 联邦环保署制定了新资源性能标准（New Source Performance Standards，NSPS），其中规定了不同级别的设施的排放标准。 联邦环保署制定了国家有害空气污染物排放标准（The National Emissions Standards for Hazardous Air Pollutants，NESHAP）。 联邦环保署制订了国家实施计划（State Implementation Plans，SIPs）。要求每个州政府制订能够实现目标并保证合规的相应计划。各州的计划还必须控制飘过州界的排放，以免损害顺风州的空气质量	颗粒物（也称为颗粒污染） 臭氧 二氧化硫 二氧化氮 一氧化碳 铅
1990 年	1990 年的 CAAA 大大增加了联邦政府的权力和责任。 新增酸沉降（酸雨）控制和固定源运行许可证发放管理项目。 实现和维持国家环境质量指标的规定做了大量修改和扩大。 其他修订包括有关保护平流层臭氧的条款、增加执法权力和扩大研究范围。 批准控制 189 种有毒污染物，其中包括国家有害空气污染物排放标准规定的污染物	颗粒物（也称为颗粒污染） 臭氧 二氧化硫 二氧化氮 一氧化碳 铅 酸雨
1997 年	PM$_{2.5}$ 成为独立的污染物指标，并为此制定了标准和国家监测网络	可吸入颗粒物 臭氧 二氧化硫 一氧化碳 铅 二氧化氮

（2）区域空气质量标准和其他政策工具

美国主要采用《清洁空气法案》下的空气质量标准规范全国的跨区空气治理。《清洁空气法案》中主要涉及两类实施计划：州实施计划（State Implementation

———————————

① 美国联邦环保署官网：https://www.epa.gov/clean - air - act - overview/clean - air - act - requirements-and-history.

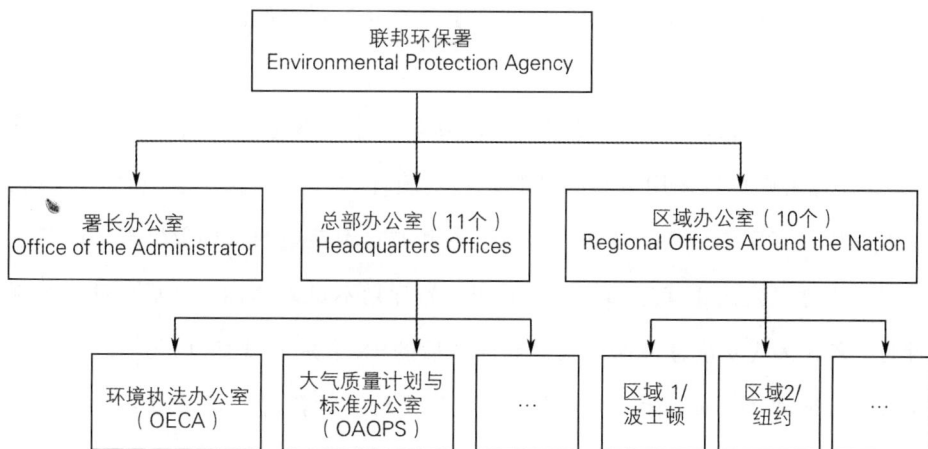

图 2-3 联邦环保署机构设置

Plan，SIP）和联邦实施计划（Federal Implementation Plan，FIP）。这两类实施计划是各州和联邦环保署为了能达到国家要求的空气质量标准而设定的。《清洁空气法案》要求环保署对所有州实施计划（SIP）进行审查，并有权给予批准、修改或者否决。批准州一级的规定，需要州得到对应的环保署区域办公室、大气质量计划与标准办公室（OAQPS）和环境执法办公室（OECA）的赞成。在此之后，环保署在《联邦纪事》①（Federal Register）中发表一个建议法案，证实该州的规定与《清洁空气法案》的要求一致。环保署通常在州政府提交计划之后的两到三个月之内回复。如果该州的计划被认为是没有争议的（在与州政府讨论后按照具体情况作出的决定），环保署可以发布规定草案，给予批准。这可以节约几个月的时间流程。然后，拟实施的州计划将在 30 至 60 天内征求公众意见，具体时间取决于计划的复杂性以及是否会出现争议。所有人都可以提出自己的意见，哪怕他们并不生活在该州或者并不受到该州污染的影响。环保署必须对公众意见作出回应。如果公众意见反应强烈，环保署可以要求该州修改规定并重启环保署的审批程序。另外一种不常见

---

① 美国《联邦纪事》也称《联邦公报》，是美国联邦政府的官方日报，出版方为美国国家档案馆的联邦纪事办公室（OFR）。

的情形是，如果规定与联邦要求不同或似乎没有联邦要求严格，则该州也必须修改规定。

若某个州没有按时提交州实施计划，或者州计划不足以达到《国家空气质量标准》，环保署则可以采用自己制订的联邦实施计划[1][2]。《清洁空气法案》规定，环保署采用联邦实施计划的要求是强制性的和非自由裁量的。环保署首先向某一大气质量管理地区发出正式通知，告知其州实施计划不足以达标，之后启动一个制裁倒计时。若该大气质量管理地区在接到通知后的 18 个月内没有改正其计划的不足，环保署就必须对其实施制裁，主要有以下两种手段：对新污染源采用更严格的 2∶1 的抵消要求；削减或扣押州实施计划不合格的大气质量管理地区的联邦高速公路建设资金[3]，扣押的联邦高速公路资金可高达几亿美元甚至 10 亿美元。这是规制政策工具和税费类别政策的组合应用实例。

以上制裁极大地激励了大气质量管理地区制定符合环保署要求的大气质量计划。虽然存在被削减资金的影响，但是扣留资金通常不会导致州层面的最终损失。根据联邦法律，高速公路基金的期限为多年。如果一个州在被削减资金的那年之后提交了一份可行的空气质量实施计划，或在多年期间弥补了之前计划中的缺陷，它最终将收到被扣留的高速公路建设资金。在《清洁空气法案》出台之后，真正削减资金的案例仅有 4 例，而采取抵消要求的情况多达 20 多例。

综上所述，美国的大气污染治理的政策工具设计建立在《清洁空气法案》的基础上。本研究从美国大气污染治理历史、机构设置、主要功能及空气质量标准制定过程等方面进行了梳理。1970 年之前，美国大气污染治理主要是由各州政府自行制定政策和质量标准；1970 年《清洁空气法案》出台之后，联邦环保署的成立、各污染质量标准的制定，以及区域办公室等机构的设置促使了区域大气污染治理体

---

[1] https：//www. epa. gov/so2-pollution/findings-failure-submit-state-implementation-plans-required-attainment-2010-1-hour.

[2] https：//cei. org/blog/environmental-protection-agency-california-clean-your-act. 2019 年 10 月，环保署向加州发出警告，称其违反了联邦空气和水质标准，必须对其行为进行纠正。

[3] https：//www. everycrsreport. com/reports/97-959ENR. html.

系的进一步完善。各州政府根据自身情况制订适合本州的州实施计划，但一旦该实施计划不满足联邦实施计划的要求，或者未能按时提交，联邦环保署可以通过削减高速公路建设资金或者抵消要求这两种制裁措施来促使州制订符合联邦要求的州计划。否则，该州将被强制执行联邦实施计划。

2.3.5 我国大气污染跨域治理实践中的政策工具

1）我国大气污染跨域治理政策发展历程

自 2011 年开始，我国大气污染情况逐步引发社会和政府的强烈关注。根据国务院研判，当时大气污染情况形势严峻，以可吸入颗粒物（PM_{10}）、细颗粒物（$PM_{2.5}$）为特征污染物的区域性大气环境问题日益突出，损害人民群众的身体健康，影响社会和谐稳定。随着中国工业化、城镇化的深入推进，能源资源消耗持续增加，大气污染防治压力继续加大。为切实改善空气质量，国务院于 2013 年颁布了《大气污染防治行动计划》，其成为我国大气污染防治的第一个全国性政策计划，确立了"经过五年努力，全国空气质量总体改善，重污染天气较大幅度减少；京津冀、长三角、珠三角等区域空气质量明显好转。力争再用五年或更长时间，逐步消除重污染天气，全国空气质量明显改善"的目标。在"大气十条"中，我国初次尝试了多种政策工具组合应用的方式，并要求不同地区根据自身特点细化实施"大气十条"的具体要求。

2017 年，"大气十条"顺利收官。全国空气质量得到总体改善，京津冀、长三角、珠三角等重点区域的空气质量改善明显，也有力推动了产业、能源和交通运输等重点领域的结构优化，大气污染防治的新机制基本形成。但大气污染形势仍然不容乐观，个别地区污染仍然较重。京津冀地区仍然是全国环境空气质量最差的地区，河北、山西、天津、河南、山东 5 省市优良天气比例仍不到 60%，汾渭平原近年来大气污染不降反升，反弹比较厉害。因此，2018 年，国务院总理李克强在国务院常务会议上部署《打赢蓝天保卫战三年行动计划》（简称"蓝天保卫战"）。《打赢蓝天保卫战三年行动计划》提出："经过 3 年努力，大幅减少主要大气污染物排放总量，协同减少温室气体排放,进一步明显降低细颗粒物（$PM_{2.5}$）浓度,明显减少重污染天数,明显改善环境空气质量,明显增强人民的蓝天幸福感。"生态环境部进一步细化了《打赢蓝天保卫战三年行动计划》的考核评估办法,督促各地落实重点任务,对空气质量恶化、大气污染防治措施不落实的地区及责任人进行问责。

我国的大气污染防治工作基本依据"大气十条"和"蓝天保卫战"推动。本节重点梳理在"大气十条"实施后,2013 年以来各个省市（主要是京津冀地区）对"大气十条"政策的细化措施,分别按协同工具和非协同工具整理,归纳特点。

2）我国大气污染跨域治理政策工具设计

（1）大气污染政策工具的测度和数据来源

如表 2-4 所示,"大气十条"提出了 10 条指导性政策手段及 35 项具体政策手段。10 条政策手段包括:减少多污染物排放、推进产业结构优化升级、加快企业技术改造、调整能源结构、严格节能环保准入、完善环境经济政策、健全环境法律法规体系、建立区域协作机制、妥善应对重污染天气、明确政府企业和社会的责任。每一条指导性措施中都包含多个政策手段。通过对"大气十条"这一政策文件进行文本分析,提取出所有的政策手段的关键词,并按照命令控制、市场激励、自愿行动及公众参与这四种政策手段进行分类,从而形成政策手段的关键词清单。

表 2-4　　　　　　　　　　"大气十条"中的政策手段

政策手段编号	政策手段内容	简化描述
政策手段 1	加大综合治理力度,减少多污染物排放	减少多污染物排放
政策手段 2	调整优化产业结构,推动产业转型升级	产业结构优化
政策手段 3	加快企业技术改造,提高科技创新能力	企业技术改造
政策手段 4	加快调整能源结构,增加清洁能源供应	能源结构调整
政策手段 5	严格节能环保准入,优化产业空间布局	节能环保准入
政策手段 6	发挥市场机制作用,完善环境经济政策	市场机制
政策手段 7	健全法律法规体系,严格依法监督管理	法律法规体系
政策手段 8	建立区域协作机制,统筹区域环境治理	区域协作机制
政策手段 9	建立监测预警应急体系,妥善应对重污染天气	监测预警应急体系
政策手段 10	明确政府、企业和社会的责任,动员全民参与环境保护	公众参与

数据集的起止时间为 2013 年 9 月—2018 年 6 月，即"大气十条"出台后到"蓝天保卫战"出台前。政策文件的主要来源包括各省的人民政府官网、生态环境厅、"北大法宝"软件及知网报纸库，并通过多方验证确保数据集的完备性，一共收集到 1 193 份政策文件。

政策工具强制程度赋值方式为：按照强制程度的强弱顺序，大气污染治理政策工具可划分为"命令控制型政策工具"、"市场激励型政策工具"、"自愿行动型政策工具"及"公众参与型政策工具"四大类。每一类政策工具可以有多个政策手段。由于政策具有有效期，如果同一政策文件内出现该类型政策手段关键词 n 次，则记为 n，在政策有效期内每年进行累加。

本研究的分析框架基于政策工具的文本分析，采用关键词统计，刻画了命令控制型、市场激励型、自愿行动型及公众参与型政策工具的变迁情况。

（2）我国大气污染跨域治理工具的描述统计

表 2-5 列举了各省、自治区、直辖市 2013—2018 年期间出台的政策的描述统计值。"大气十条"出台以后，31 个省（自治区、直辖市）6 年以来，平均出台 38.4 份政策文件。出台政策数量前三的是北京、天津及湖北，分别出台了 121 份、113 份及 78 份文件，相比之下，出台政策数量最少的是西藏、广西和江西，分别出台了 9 份、16 份及 17 份文件。

2013 年 9 月"大气十条"才出台，因此各省、自治区、直辖市 2013 年发布的政策数量相对较少；而 2017 年是"大气十条"的收官之年，各省、自治区、直辖市发布的政策数量相对较多。2018 年发布政策数量最多的是北京和天津，分别为 17 份和 15 份。2014—2017 年间，每年全国各地发布的政策总量均达到 200 份。

表 2-5　　　　各省、自治区、直辖市每年的政策数量（2013—2018 年）　　　　单位：份

	2013 年	2014 年	2015 年	2016 年	2017 年	2018 年	总计
北京市	5	27	21	17	34	17	121
天津市	9	21	24	11	33	15	113
河北省	15	16	9	6	11	1	58
山西省	5	8	4	9	7	2	35
内蒙古自治区	3	14	10	9	18	3	57
辽宁省	0	3	5	5	6	1	20
吉林省	1	11	8	8	15	3	46
黑龙江省	0	7	17	16	17	4	61
上海市	3	8	5	4	2	3	25
江苏省	4	11	3	8	6	1	33
浙江省	1	15	19	9	8	0	52
安徽省	3	13	5	4	8	3	36
福建省	0	9	10	9	3	1	32
江西省	2	4	4	1	4	2	17
山东省	2	2	2	6	7	3	22
河南省	0	6	7	5	7	1	26
湖北省	3	14	19	18	18	6	78
湖南省	1	8	3	6	4	0	22
广东省	5	10	9	7	9	5	45
广西壮族自治区	0	4	3	2	6	1	16
海南省	1	5	12	11	4	1	34
重庆市	1	4	3	5	4	1	18
四川省	4	5	8	6	8	1	32
贵州省	0	3	3	5	11	1	23
云南省	2	9	11	3	3	0	28
西藏自治区	0	2	3	0	0	4	9
陕西省	3	12	5	4	3	1	28
甘肃省	1	8	5	3	6	2	25
青海省	2	7	6	4	6	1	26
宁夏回族自治区	1	11	6	7	11	1	37
新疆维吾尔自治区	0	5	1	4	7	1	18
总计	77	282	250	212	286	86	1 193

2.3.6　大气污染跨域治理中政策工具设计的跨国比较

从欧盟、美国和我国的实践经验可以看出，政府治理大气污染的政策工具变迁经历了三个阶段：第一阶段，依靠强制的命令——控制型政策工具——来纠正环境外部性；第二阶段，各国发现命令——控制型政策工具——高成本、低效率的缺陷凸显，应用市场机制的经济激励型政策工具开始被采用；第三阶段，自 20 世纪 90 年代开始，欧美开始在环境治理中采用信息型政策工具，至此环境治理政策工具体系初步形成。我国目前还处于第二阶段，正在逐步向第三阶段过渡。

此外，欧美和我国采用的大气污染跨域治理政策工具大体上类似，都可以分为两类：一类政策工具的最终目标是大气质量控制，通常采用传统的政策工具设计思路；另一类政策工具则是针对大气污染独特的跨域特点设计，以跨域协同为目标。表 2-6 总结了两类政策工具的特点、适用情况和优缺点。

表 2-6　　　　　　　　　　　国外大气污染跨域治理工具总结

分类	工具名称	特点和适用情况、优缺点
传统政策工具	质量标准	质量标准是强有力的政府规制类政策工具。可将其分为技术标准和执行标准两类。前者指政府对企业必须采用的污染控制技术进行规定，具体手段包括生产技术控制等；后者是指政府对企业排污量进行强制限制，适用于对关键污染物进行严格控制的情况，但是对空气质量监测及数据统一有较高要求，执行难度相对较大
	财政拨款	财政拨款是所有政策工具的支撑条件，通过激励机制调动各个组织的积极性，达到大气污染防治效果。财政拨款代表国家意志，有较为完善的审计机制，可以极大推动相关政策目标的实施，特别是可以通过对地方发展较为关键的财政拨款的重新调度，形成上级政府和地方之间的谈判。但是由于公共资源的稀缺性，其仅仅能够使用在重大目标上，不能涵盖同大气污染防治相关的所有政策目标
	税费工具	税收政策是典型的激励型政策，通过改变市场产品价格调节空气污染减排力度，是各国通常使用的政策手段。特别是通过对碳排放、重点污染物排放，或是排放总量的市场化建设，能够拓展市场范围，更好地在效率优先的基础上实现污染控制

（续表）

分类	工具名称	特点和适用情况、优缺点
传统政策工具	法律法规	法律法规是国家最高级别的强制性政策工具，具有严肃性和最高合法性特点。美国和欧盟在大气污染防治上都有核心的关键立法，指导其他政策设定统一、兼容的目标
	排放限值	排放限值是大气污染防治中的一种强制型政策。它规定了特定污染物的最高排放量。在这一严格目标的约束下，通常采用其他辅助性的政策工具达到这一目标。因此，排放限值难以独立起作用，需要通过和相关政策的组合完成政策目标的制定
	信息交互	信息交互是大气污染防治中重要的政策工具种类。其需要在不同部门之间，甚至是不同区域之间形成信息交互，并对污染物排放情况、各种措施的设计和落实情况及政策效果的评估情况都在不同政府部门之间进行及时沟通，再反馈到政策工具设计单位，对下一步的政策工具进行修订。在美国和欧盟，这项工作通常由超越地区的特定组织完成
	技术支持	技术支持也是一种信息和服务类型的政策工具，通常由权威专业机构统筹提供
	排放权交易	排放权交易通常和排放限制政策组合使用，是激励型政策对规制政策的有力辅助
跨区域协同工具	区域协调机构	区域协调机构通过组织架构保障政策的设计和实施。对组织赋权常常是区域协调机构能否有效运转并推动区域大气污染防治的关键要素
	区域框架协议	无论是否有区域协调机构，区域框架协议都是具有法律效力的区域间合作约束文件，是各个地方政府共同认可并需要执行的内容。但是，根据区域框架中是否有惩罚条例的设定，框架协议面临着无背叛惩罚的可能性。没有权威机构为框架协议背书，会增加协议无法按期完成或是失效的可能性
	区域环境标准	区域环境标准是地方性环境标准在区域范围内的扩展。它的设计和实施取决于区域是否有能力形成有约束力的标准，以及是否有能力执行和监督
	区域金融支撑	区域金融产品对大气污染防治的支持是近年来的新趋势。这种政策工具部分解决了环境质量改善正外部效应缺乏适当奖励机制的问题，但是目前碳金融等举措还在试验阶段，对政策工具的有效性和可行性还未形成共识

2.4　京津冀地区大气污染治理政策工具设计及效果评估

京津冀区域位于华北地区，包括北京市、天津市及河北省的保定、唐山、廊坊、石家庄等 11 个地级市，总人口为 1.1 亿，面积为 21.8 万平方公里。2016 年，京津冀三地地区生产总值为 8.26 万亿元，占国内生产总值的 10%。伴随着城镇化及工业化的发展，以重工业为主的产业结构及以煤为主的能源结构给京津冀区域带来了巨大的环境压力。由于该区域生态环境脆弱且承载力低，其是我国环境污染最为严重的地区之一，尤其是空气污染异常突出。随着公民环保呼声的增强及社会发展理念的转变，京津冀地区的大气污染防治被列为重点工作，"大气十条"中明确规定了京津冀地区大气污染防治的目标：到 2017 年区域细颗粒物浓度相比 2012 年下降 25%，其中北京市细颗粒物年均浓度控制在 60 微克/立方米左右。之后在"蓝天保卫战"中，京津冀及周边地区又被列为主战场。因此该区域成为我国大气污染跨域治理的典型案例。本节以京津冀为例，展示区域治理工具的发展特点。

2.4.1　大气污染跨域治理政策工具的效果评估框架

政策评估位于政策过程的最后，这是政策设计和执行的第一阶段的良好总结，也是下一轮政策修改和重新设计的良好起点。评估作为一项实用的技术，旨在帮助政策更好地运行，并为更好的政策手段分配资源。本研究采用因果模型方法对京津冀地区采用的大气污染跨域治理工具进行效果评估。因果分析模型是社会科学研究中最广泛采用的建模评估方法。该模型的目标是探寻影响政策效果的关键原因，从理论推理的角度推断关键要素和政策效果之间的作用机制，并通过回归分析等统计工具进行验证。在本研究中，我们构建了不同类型政策工具及其预期效果的数学模型，如图 2-4 所示。

政策工具的分类有两种考量。首先，我们依据"大气十条"规定的十项管控内容进行评估。"大气十条"中的每一条都代表了不同的污染控制思路，从多污染

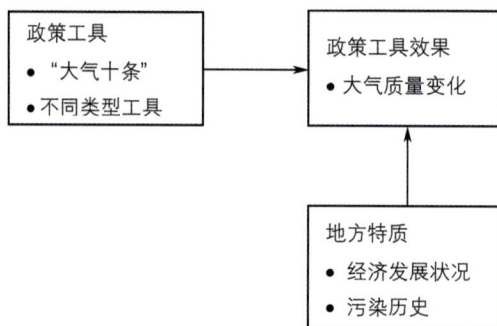

图 2-4　政策工具效果评估理论框架

源控制、能源结构调整、产业结构调整到体制机制设计及公众参与，不同的控制思路由不同的政府部门主要负责。例如，北京市在分解"大气十条"任务的时候，将治理"散乱污"企业的工作交由北京市经济信息化委员会和北京市环保局牵头，各区政府作为主责单位，并由北京市城市管理委员会、北京市电力公司等单位协办。跨域跨部门工作的条块分割是在传统行政体系中执行政策的必要条件，而如何分工，以及承担部门的行政执行意愿和执行能力往往决定着治理目标达成的效果。因此，仅仅看大气污染跨域治理的政策目标是不够的，要依据目标的责任划分评估当前工作中可能存在的弱点和不足。

其次，本研究按照常规的政策工具分类方法，从命令控制型、自愿行动型、市场激励型和公众参与型四个类别评估政策工具的实际效果。这部分的结果可以指导进一步的政策设计，从不同政策的效果出发圈定未来政策工具设计的类型。

2.4.2　京津冀地区大气污染跨域治理政策工具的描述统计

1）京津冀地区大气污染跨域治理政策工具的数量分布

本研究详细搜索了京津冀三地政府在贯彻"大气十条"和"蓝天保卫战"过程中在地方层面发布的政府文件，发现各地都积极制定了大量政策。例如，北京市在 2013—2018 年间一共发布政策文件 121 份，每年分别发布文件数量为 5、27、21、17、34、17 份。根据"大气十条"的关键词清单，将每年的每份文件逐一和关键词清单进行比对，统计出每份文件中所包含的关键词次数，从而得到政策手段的描述统计。进一步地，本研究详细考察了地方各文件如何回应"大气十条"的要求，即如何针对"大气十条"规定的 10 个指导性任务进行地方政策设计。

如图 2-5 所示，在 10 个指导性政策手段中，政策手段 1 和政策手段 4 分别代表减少多污染物排放和能源结构调整，这两种政策手段在 2013—2018 年期间的使用频率都几乎最高。这两种手段在 2017 年的应用最多，而在 2014 年应用的频率最低。政策手段 8 的含义为建立区域协作机制，该手段的使用最少，仅在 2013 年被采用过。政策手段 5 代表严格节能环保准入，环保准入在历年的使用频率都非常平均，且使用频率较低。政策手段 10 代表明确政府、企业和社会的责任（公众参与），其使用频率高于政策手段 2，即在推进产业结构优化升级方面的重视程度不及在政府、企业和社会的责任方面的重视程度。

天津市 2013—2018 年期间一共发布政策文件 113 份，每年分别发布 9、21、24、11、33、15 份文件。图 2-6 显示，在 10 个指导性政策手段中，政策手段 1、4、9 的应用最多，即减少多污染物排放、能源结构调整、监测预警应急体系，尤其是 2014 年，天津市在建立重污染天气应急体系方面十分重视。相比之下，政策手段 8——建立区域协作机制——的使用最少，只在 2013 年有所提及。政策手段 5 所代表的严格节能环保准入的手段在每年的使用较少且较为平均。

河北省 2013—2018 年期间一共发布政策文件 58 份，2014 年发布的政策最多，为 16 份；2018 年发布的最少，为 1 份。如图 2-7 所示，河北省在 2013—2015 年期间大力发展重污染天气应急体系。此外，河北省也在 2013 年和 2015 年非常重视减少多污染物的排放，但在其他年份则采取相对较少的政策手段。而在建立区域协作机制方面，河北省的政策手段使用最少，每年采用的政策手段数量仅为个位数。

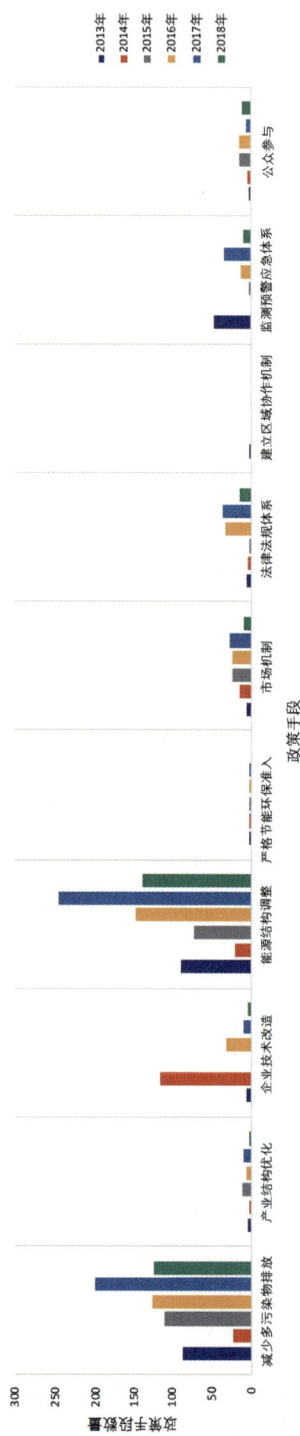

图2-5 北京市"大气十条"期间政策手段描述统计（2013—2018年）

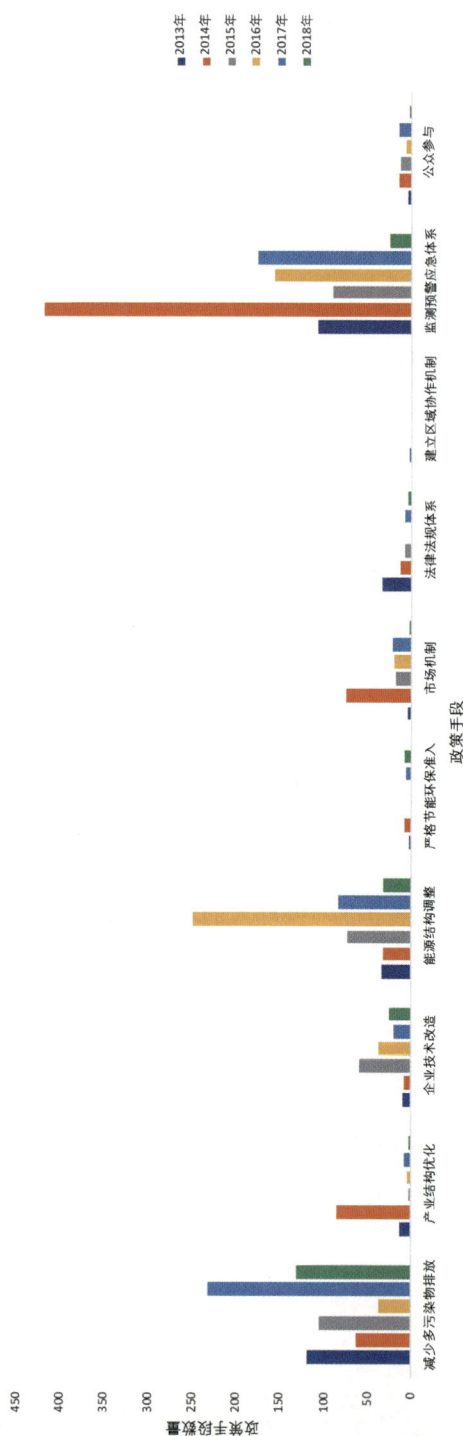

图2-6 天津市"大气十条"期间政策手段描述统计（2013—2018年）

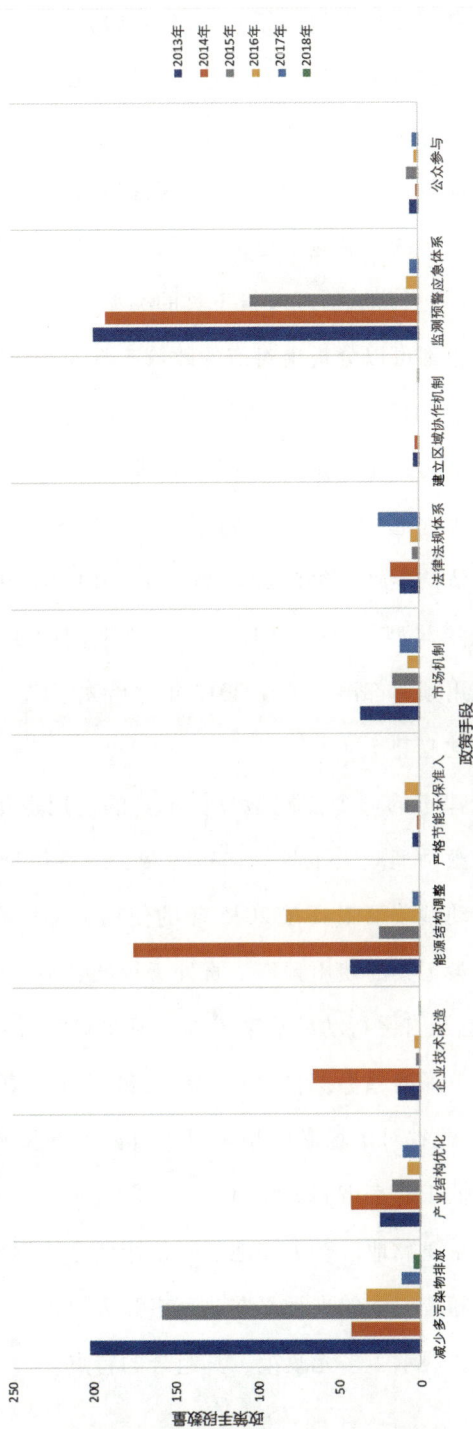

图2-7 河北省"大气十条"期间政策手段描述统计（2013—2018年）

经对比可见，京津冀区域更多地使用减少多污染物排放、能源结构调整、建立重污染天气应急体系方面的政策工具，对其他的政策工具使用数量有限。就时间分布而言，对重污染天气的应急体系构建在河北和天津更早展开，而其在北京市的政策体系中并不占据主要地位；而针对减少多污染物排放和能源结构调整的政策设计反而随着大气污染防治工作的开展逐步增加，不断调整地方的污染控制方法。

2）京津冀地区大气污染跨域治理政策工具的类型分布

同理，每个省、市也都可以分析出对应的政策工具变迁情况，受篇幅限制，在此仅以京津冀三地为例。2013—2018 年期间，命令控制型政策工具是我国大气污染治理中最主要的政策工具，尤其是在 2017 年，即"大气十条"的收官之年。而其他三种政策工具的使用远远少于命令控制型工具。如图 2-8 所示，北京市的自愿行动型政策工具，如清洁生产、循环经济等，在 2014 年的使用频率非常高。而市场激励型工具、公众参与型工具在 2013—2018 年期间的使用频率都较为平均。且这四种政策工具的使用频率都出现了在 2013 年之后先下降，在 2017 年"大气十条"收官时又上升的变化趋势。

如图 2-9 所示，天津市的命令控制型政策工具的使用也是远多于其他三种政策工具。天津市的市场激励型政策工具，如排污费、绿色信贷，在 2014 年的使用频率非常高；而自愿行动型政策工具在 2015 年的使用频率最高，但之后就呈现下降趋势；公众参与型政策工具的使用频率一直处于较低且平均的状态。

如图 2-10 所示，除了自愿行动型政策工具，河北省的另外三种类型的政策工具的使用频率都呈不断下降的趋势。自愿行动型政策工具在 2014 年出现的频率最高，达到 50 次以上。河北省对市场激励型工具、自愿行动型政策工具、公众参与型政策工具的使用频率低于北京市和天津市。

上述分析表明，在京津冀地区，更多地还是采用命令控制型工具，即自上而下的政府管控行为。然而随着工作的进行，在北京市和天津市逐步出现了市场激励型和资源行动型政策工具，展示了多元政策工具组合的特点。

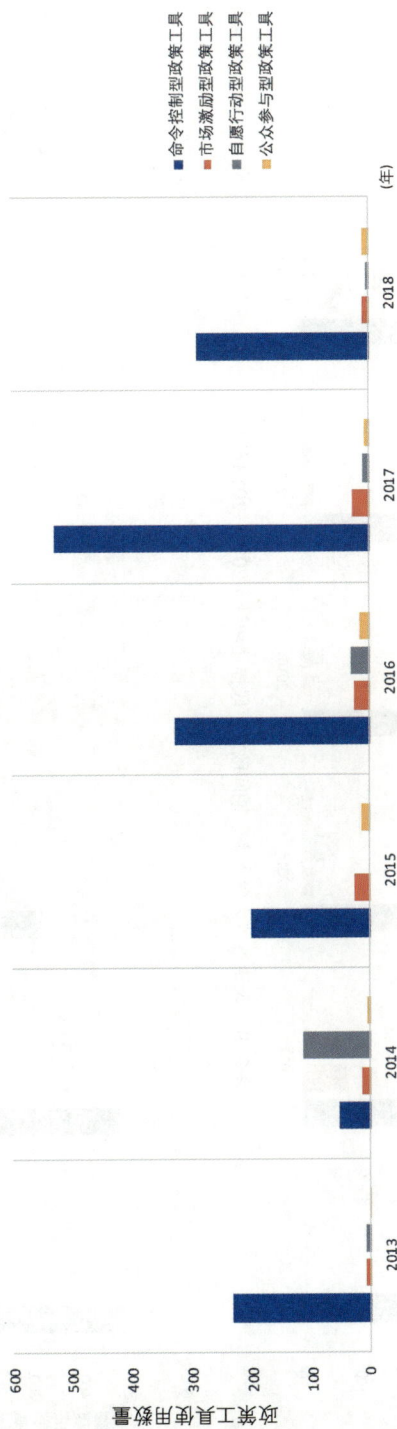

图2-8 北京市"大气十条"期间政策工具描述统计（2013—2018年）

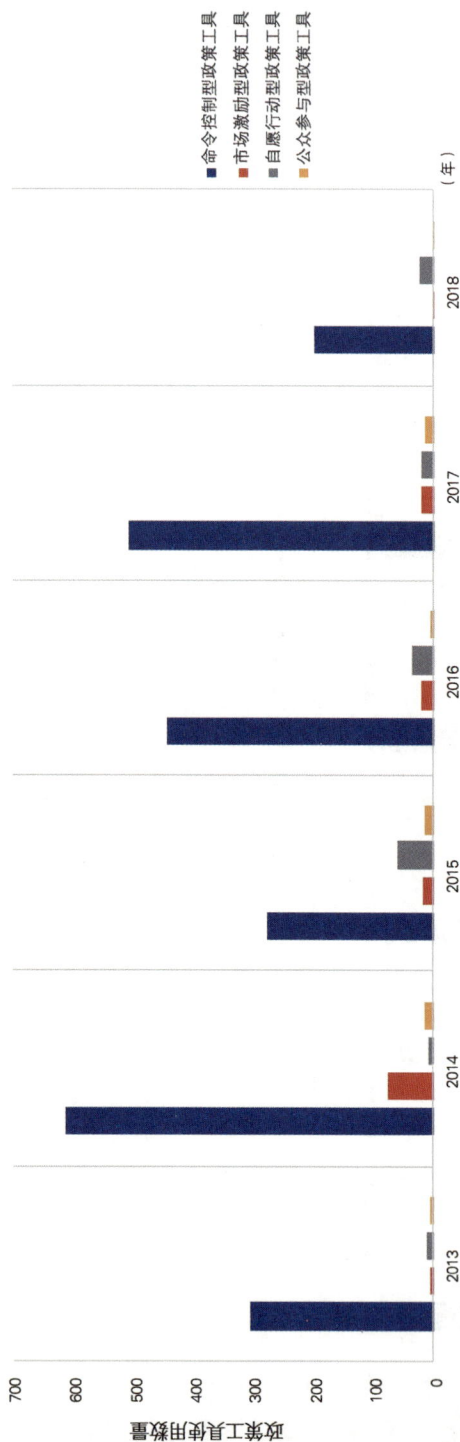

图2-9 天津市"大气十条"期间政策手段描述统计（2013—2018年）

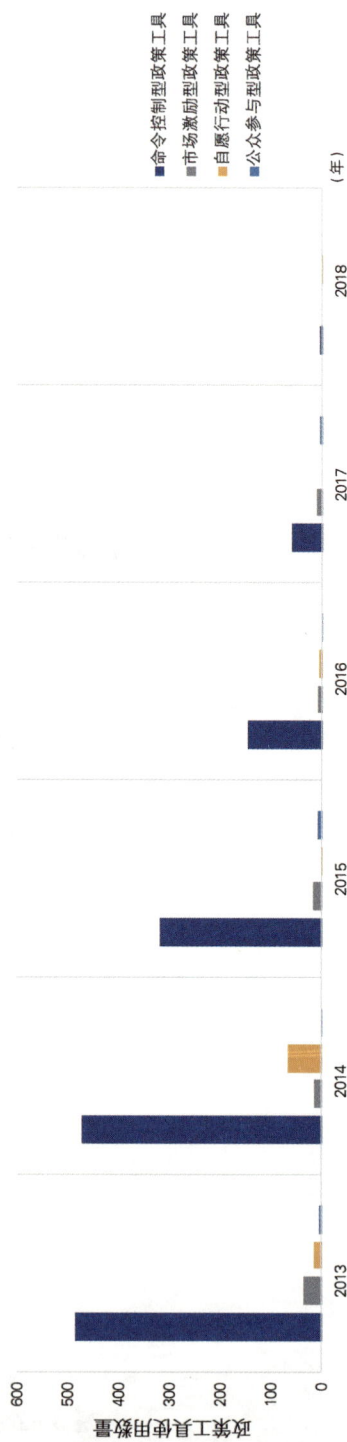

图2-10 河北省"大气十条"期间政策手段描述统计（2013—2018年）

2.4.3 京津冀地区大气污染跨域治理政策工具的效果分析

1) 京津冀地区大气污染跨域治理中污染源控制工具效果分析

本研究采用 PM_{10}、$PM_{2.5}$ 值的下降来衡量大气污染治理效果，一方面是因为可吸入颗粒物（PM_{10}）、细颗粒物（$PM_{2.5}$）是大气污染主要的特征污染物；另一方面是因为"大气十条"的具体目标为全国地级及以上城市和京津冀、长三角、珠三角等区域的 PM_{10}、$PM_{2.5}$ 值的下降。值得说明的是，用当年的空气质量作为大气污染政策效果的评测变量有诸多值得讨论的地方。首先，有的政策手段（如限行、淘汰黄标车、总量控制）可以在本年度看到政策效果，但是有的政策手段（如构建跨域治理机制、对公众展开相关宣传和教育）属于具有长期影响力的政策，不一定能够在当年的空气质量指标中有充分的体现。其次，一个地区的空气质量受到天气、气象条件等多方面的影响。用年均数值固然可以避免短期气候条件（如大风等）的影响，但是无法避免长期气候条件（如厄尔尼诺现象）的影响。最后，政策工具从设计到执行，中间涉及大量行政机构的不断努力，也涉及地方企业和公众的执行配合程度，因此，政策工具设计的成功也无法完全体现在最终的执行效果上。我们在本研究中的评估仅仅从大略的方向进行判断，如果需要详细进行政策工具的评估，还需要进行大量工作。

我们采用中国 31 个省（自治区、直辖市）在 2013—2018 年期间的面板数据，对政策手段的作用进行实证检验。研究的核心解释变量为"大气十条"的 10 个政策手段。控制变量为当年出台的政策文件数量、人均 GDP、人均 GDP 平方、治理废气项目完成投资、汽车保有量。

如表 2-7 所示，以 PM_{10} 值为被解释变量，在第（1）列中，我们重点考察了当年政策文件数量对 PM_{10} 的影响。这表明当年颁布的政策文件数量显著为负，说明在其他条件不变的情况下，政策文件数量颁布越多，大气污染治理的效果越好。但这也可能是由于当地的大气污染问题较为严重，因此才会颁布更多数量的政策文件来加以治理。我们控制了地方治理废气项目完成投资这一变量。在第（2）—（11）列中，

表 2-7　"大气十条" 中的政策手段对 PM₁₀ 的影响

变量	PM₁₀ (1)	PM₁₀ (2)	PM₁₀ (3)	PM₁₀ (4)	PM₁₀ (5)	PM₁₀ (6)	PM₁₀ (7)	PM₁₀ (8)	PM₁₀ (9)	PM₁₀ (10)	PM₁₀ (11)
政策文件数量累计	-0.00705***	-0.000470	-0.00415*	-0.00322	-0.00341*	-0.00285	-0.00159	-0.00155	-0.00183	-0.00443*	-0.000501
	(0.00188)	(0.00197)	(0.00219)	(0.00233)	(0.00205)	(0.00212)	(0.00203)	(0.00210)	(0.00237)	(0.00264)	(0.00173)
减少多污染物排放		-0.150***									
		(0.0350)									
产业结构优化升级			-0.0299								
			(0.0462)								
加快企业技术改造				-0.0366							
				(0.0405)							
能源结构调整					-0.0530*						
					(0.0293)						
严格节能环保准入						-0.0441					
						(0.0409)					
完善环境经济政策							-0.0815**				
							(0.0333)				
健全法律法规体系								-0.0985***			
								(0.0317)			
建立区域协作机制									-0.109		
									(0.129)		
建立监测预警应急体系										-0.0432	
										(0.0532)	

（续表）

变量	PM₁₀ (1)	PM₁₀ (2)	PM₁₀ (3)	PM₁₀ (4)	PM₁₀ (5)	PM₁₀ (6)	PM₁₀ (7)	PM₁₀ (8)	PM₁₀ (9)	PM₁₀ (10)	PM₁₀ (11)
明确政府、企业和社会的责任											-0.122***
											(0.0370)
人均 GDP	-0.0310	0.0894	0.0366	0.0565	0.0332	0.0562	0.0697	0.0671	0.0686	0.0537	0.0733
	(0.0930)	(0.0908)	(0.101)	(0.0961)	(0.0936)	(0.101)	(0.0952)	(0.0769)	(0.133)	(0.112)	(0.0897)
人均 GDP 平方	0.00238	-0.00614	-0.00242	-0.00372	-0.00203	-0.00405	-0.00452	-0.00458	-0.00407	-0.00322	-0.00505
	(0.00684)	(0.00556)	(0.00683)	(0.00657)	(0.00615)	(0.00656)	(0.00631)	(0.00488)	(0.00867)	(0.00745)	(0.00562)
治理废气项目完成投资	0.0421	0.00441	0.0311	0.0288	0.0298	0.0379	0.0203	0.0161	0.0582	0.0174	0.0125
	(0.0260)	(0.0285)	(0.0278)	(0.0272)	(0.0285)	(0.0421)	(0.0285)	(0.0281)	(0.0729)	(0.0300)	(0.0306)
汽车保有量	0.0456	0.0766	0.0506	0.0369	0.0518	0.0486	0.0531	0.0625	-0.0776	0.0703	0.0649
	(0.0829)	(0.0890)	(0.0899)	(0.0877)	(0.0899)	(0.0952)	(0.0911)	(0.0829)	(0.106)	(0.0931)	(0.0865)
常数项	4.154***	4.667***	4.062***	4.096***	4.186***	3.904***	4.163***	4.250***	4.370***	4.146***	4.216***
	(0.287)	(0.385)	(0.352)	(0.350)	(0.362)	(0.625)	(0.375)	(0.344)	(0.705)	(0.368)	(0.339)
观测值	155	143	136	135	138	118	137	137	58	139	136
Number of id	31	31	31	31	31	28	31	31	15	31	30

表 2-8 　"大气十条"中的政策手段对 $PM_{2.5}$ 的影响

变量	$PM_{2.5}$ (1)	$PM_{2.5}$ (2)	$PM_{2.5}$ (3)	$PM_{2.5}$ (4)	$PM_{2.5}$ (5)	$PM_{2.5}$ (6)	$PM_{2.5}$ (7)	$PM_{2.5}$ (8)	$PM_{2.5}$ (9)	$PM_{2.5}$ (10)
政策文件数量累计	0.000299 (0.00207)	-0.00458** (0.00227)	-0.00294 (0.00274)	-0.00243 (0.00244)	-0.00228 (0.00263)	-0.00103 (0.00228)	0.000273 (0.00227)	0.00105 (0.00314)	-0.00378 (0.00252)	0.000479 (0.00210)
减少多污染物排放	-0.153*** (0.0435)									
产业结构优化升级		0.00231 (0.0529)								
加快企业技术改造			-0.0229 (0.0470)							
能源结构调整				-0.0603 (0.0407)						
严格节能环保准入					-0.0439 (0.0505)					
完善环境经济政策						-0.0715* (0.0380)				
健全法律法规体系							-0.126*** (0.0364)			
建立区域协作机制								-0.238 (0.151)		
建立监测预警应急体系									-0.0441 (0.0623)	

（续表）

变量	PM₂.₅ (1)	PM₂.₅ (2)	PM₂.₅ (3)	PM₂.₅ (4)	PM₂.₅ (5)	PM₂.₅ (6)	PM₂.₅ (7)	PM₂.₅ (8)	PM₂.₅ (9)	PM₂.₅ (10)
明确政府、企业和社会的责任										-0.124**
										(0.0488)
人均 GDP	0.0879	0.0147	0.0446	0.0273	0.0666	0.0650	0.0756	0.130	0.0511	0.0669
	(0.115)	(0.133)	(0.129)	(0.119)	(0.129)	(0.124)	(0.0958)	(0.176)	(0.140)	(0.118)
人均 GDP 平方	-0.00543	-0.000127	-0.00233	-0.00101	-0.00386	-0.00367	-0.00460	-0.00839	-0.00229	-0.00410
	(0.00718)	(0.00903)	(0.00874)	(0.00779)	(0.00837)	(0.00818)	(0.00605)	(0.0117)	(0.00918)	(0.00745)
治理废气项目完成投资	0.0196	0.0406	0.0395	0.0417	0.0204	0.0342	0.0266	0.0275	0.0305	0.0229
	(0.0299)	(0.0275)	(0.0279)	(0.0298)	(0.0513)	(0.0287)	(0.0283)	(0.0675)	(0.0322)	(0.0309)
汽车保有量	0.0910	0.0805	0.0626	0.0735	0.0958	0.0701	0.0774	-0.0612	0.0896	0.0828
	(0.0895)	(0.0917)	(0.0916)	(0.0916)	(0.100)	(0.0925)	(0.0825)	(0.116)	(0.0963)	(0.0901)
常数项	3.911***	3.248***	3.314***	3.450***	3.268***	3.380***	3.573***	3.959***	3.377***	3.499***
	(0.438)	(0.377)	(0.380)	(0.402)	(0.713)	(0.399)	(0.367)	(0.676)	(0.407)	(0.388)
观测值	143	136	135	138	118	137	137	58	139	136
Number of id	31	31	31	31	28	31	31	15	31	30

我们依次加入了 10 个政策手段，发现与控制多污染物排放、能源结构调整、完善环境经济政策、健全法律法规体系以及明确政府、企业和社会的责任相关的政策手段都对大气污染治理有显著影响，而与优化产业结构、企业技术改造、严格节能环保准入、建立区域协作机制和建立监测预警应急体系相关的政策手段则不显著。从系数上看，与减少多污染物排放相关的政策手段对大气污染治理的效果最好；而与能源结构调整相关的政策手段在 10 个政策手段中的效果最差。

如表 2-8 所示，我们进一步采用 $PM_{2.5}$ 作为被解释变量，分别依次加入 10 个政策手段。模型分析发现，与控制多污染物排放、完善环境经济政策、健全法律法规体系，以及明确政府、企业和社会责任相关的 4 种政策手段都对大气污染治理有显著影响。而与优化产业结构、企业技术改造、严格节能环保准入、能源结构调整、建立区域协作机制和建立监测预警应急体系相关的 7 种政策手段对 $PM_{2.5}$ 的下降作用并不显著。尤其是目前实施的区域协作机制对大气污染治理的作用甚微。

2) 京津冀地区大气污染跨域治理中政策手段类别的效果分析

本小节将 "大气十条" 期间的政策手段进一步划分为命令控制型、市场激励型、公众参与型及自愿行动型这四种不同类型的政策工具，并分别探究不同类型的政策工具对大气污染治理的影响。由于 "大气十条" 是一部纲领性文件，其 10 个政策手段并不是一一对应不同的政策工具类型，本研究将与政策手段相关的关键词进一步划分为以上四种政策工具类型（见附件二）。如表 2-9 所示，我们发现命令控制型政策和市场激励型政策对 PM_{10} 的治理效果非常显著，而公众参与型和自愿行动型政策的效果则不显著。

同理，我们也评估了 4 种政策类型对 $PM_{2.5}$ 的治理效果如表 2-10 所示。模型分析发现，命令控制型政策工具和公众参与型政策工具对 $PM_{2.5}$ 的治理效果显著，而市场激励型政策工具和自愿行动型政策工具的效果不显著。

表 2-9　　　　　　　　　不同类型的政策工具对 PM_{10} 的影响

变量	PM_{10} (1)	PM_{10} (2)	PM_{10} (3)	PM_{10} (4)	PM_{10} (5)
政策数量累计	-0.00705***	-0.00656***	-0.00676***	-0.00690***	-0.00712***
	(0.00188)	(0.00189)	(0.00179)	(0.00188)	(0.00190)
命令控制型政策		-0.00327**			
		(0.00142)			
市场激励型政策			-0.00298**		
			(0.00150)		
公众参与型政策				-0.00465	
				(0.00341)	
自愿行动型政策					8.26e-05
					(0.000830)
人均 GDP	-0.0310	0.000922	-0.0194	-0.0261	-0.0308
	(0.0930)	(0.0929)	(0.0971)	(0.0929)	(0.0933)
人均 GDP 平方	0.00238	-0.000169	0.00151	0.00215	0.00236
	(0.00684)	(0.00678)	(0.00709)	(0.00692)	(0.00687)
治理废气项目完成投资	0.0421	0.0505**	0.0461*	0.0437*	0.0418
	(0.0260)	(0.0224)	(0.0265)	(0.0261)	(0.0266)
汽车保有量	0.0456	0.00745	0.0394	0.0389	0.0463
	(0.0829)	(0.0820)	(0.0846)	(0.0826)	(0.0844)
常数项	4.154***	4.253***	4.122***	4.166***	4.152***
	(0.287)	(0.271)	(0.289)	(0.286)	(0.292)
观测值	155	155	155	155	155
Number of id	31	31	31	31	31

注：括号中为标准差的值。

*** $p<0.01$，** $p<0.05$，* $p<0.1$，下同。

表 2-10   不同类型的政策工具对 $PM_{2.5}$ 的影响

变量	$PM_{2.5}$ (1)	$PM_{2.5}$ (2)	$PM_{2.5}$ (3)	$PM_{2.5}$ (4)	$PM_{2.5}$ (5)
政策数量累计	-0.00677***	-0.00616***	-0.00648***	-0.00645***	-0.00684***
	(0.00201)	(0.00204)	(0.00194)	(0.00206)	(0.00207)
命令控制型政策		-0.00339*			
		(0.00183)			
市场激励型政策			-0.00278		
			(0.00185)		
公众参与型政策				-0.00795*	
				(0.00417)	
自愿行动型政策					0.000106
					(0.00133)
人均 GDP	-0.0490	-0.0109	-0.0395	-0.0383	-0.0496
	(0.121)	(0.121)	(0.125)	(0.121)	(0.122)
人均 GDP 平方	0.00449	0.00148	0.00381	0.00392	0.00455
	(0.00853)	(0.00851)	(0.00880)	(0.00866)	(0.00859)
治理废气项目完成投资	0.0474*	0.0591**	0.0513*	0.0510*	0.0472
	(0.0275)	(0.0269)	(0.0278)	(0.0285)	(0.0288)
汽车保有量	0.0924	0.0514	0.0869	0.0796	0.0937
	(0.0834)	(0.0823)	(0.0850)	(0.0836)	(0.0845)
常数项	3.358***	3.420***	3.328***	3.370***	3.352***
	(0.311)	(0.317)	(0.313)	(0.311)	(0.315)
观测值	155	155	155	155	155
Number of id	31	31	31	31	31

2.5 大气污染跨域治理的政策工具优化建议

综上所述，针对大气污染防治的政策工具多种多样，从《大气污染防治规划》（简称"大气十条"）到"蓝天保卫战"，中央政府和地方各级政府制定了一系列专门针对大气污染防治的政策。其中包含了产业结构调整、大气质量标准测定、大气质量的公开播报、各地之间的补偿协议等多种政策工具。与此同时，各级政府还采用了很多与"大气十条"并非直接相关，但同样可以减缓大气污染的政策手段，如推动战略性新兴产业、建设低碳城市、推动生态文明建设等政策。诸多政策被同时实施，需要各项政策工具之间相互协调，共同促进大气质量改善。然而，在调研中，我们常常发现不同的政策之间存在政策目标、测度标准相互挤压的现象。因而，在进一步提升大气污染防治水平的最终目标下，有必要加强对政策工具组合的研究，特别要关注同时采纳的不同政策工具之间的相互影响关系，以便提升政策工具设计和执行的效果。基于本研究的主要发现，我们就大气污染跨域治理政策工具组合及其设计提出以下政策建议。

2.5.1 关注政策工具协同设计的特点和需求

政策工具的设计逐步向政策工具组合的方向发展。在这一过程中，将政策工具组合的设计作为政策设计中的重要一环，是未来可以形成跨域治理长效机制的前提条件。当前自上而下的强制政策措施虽然有一定的效果，但是政策执行中往往需要消耗更多的行政资源，而且容易成为地方政府等待上级政策、不主动创新、不扎实了解地方情况的借口，反而不利于形成污染治理的长效运行机制。进而，加强区域之间的资源相互依赖，加强合作者之间的相互信任和相互理解是推动跨区域治理长效机制设计的最根本的办法。

大气污染防治工作大多情况较为复杂，需要不同部门、不同参与主体（有时候需要企业甚至是公众的参与）在较长时间内共同完成。其不仅反映一个主体的利益，还要权衡不同主体的利益，形成政策合力。大气污染防治政策工具设计要有长期、高效、持续的政策效果，需要辅助特定的机制设计，如定期的沟通机制、协商机制、经济补偿机制等，能够让各方充分了解政策设计和执行可能产生的成本和收益。更为重要的是，应通过集体协商发掘新的亟待解决的问题，从而在识别需要共同解决的问题的同时开展基于合作的政策工具设计。例如，煤改气是一项历经较长时间才完成政策工具设计的政策，其中涉及多项政策内容，如推动天然气管道铺设，在企业、地方政府、各部委之间发掘煤改气中的关键问题并解决等，是经过长期协商完成的政策设计。而一旦各方的问题剖析出来，解决问题的过程就成为各方协商和构建信任的过程，最终结果是形成有利于大气污染控制的政策设计机制。

更多的问题会在政策设计的融合和合作中涌现，而重视政策工具的组合和长效设计、正视政策组合设计过程中涌现的各种问题，并在不同部门、不同地区的协调机制引导下解决问题，是构架京津冀大气污染政策工具设计的首要问题。

2.5.2 保持并适当加强区域大气污染政策设计中的机构行政权力，完善顶层设计

随着环保政策的推进和大气污染防治的深入，更多的工作成为不同政府部门的日常工作，大气污染防治无法依靠生态环境部门单独完成。而不同部门、不同地区在政策设计上的协调还需要适当依靠顶层设计完成。顶层设计指通过区域管理部门形成的政策设计，或是通过上级政府（如国务院）形成的区域统筹政策设计。现有的顶层设计，如每年秋冬季大气污染综合治理攻坚行动方案，主要依靠生态环境部门完成。顶层设计的作用体现在三方面：第一，顶层设计在没有区域管理部门的时候起到了统筹地区政策设计、协调地区工作的作用。在京津冀及周边地区大气环境管理局没有成立的时候，顶层设计依靠生态环境部大气司自身的行政权力，代表了高于各个地区的行政力量，对不同地区的工作进行协调，避免了区域之间的推诿扯皮，有力推动了大气污染跨域治理的早期工作。

第二，顶层设计有强劲的推动力，可以在不具备区域政策合作条件的情况下推动政策工具的共同演进，为进一步的地区范围内的政策工具设计打下基础。同时，顶层设计往往伴随相应的激励和惩罚机制，可以快速在区域内推动初期政策工具的设计和执行。

第三，顶层设计往往可以更快速地发现地区跨域治理中存在的核心问题，并通过上级协调加速问题的解决。例如，大气污染防治需要从能源结构调整入手，从根本上改变区域的能源结构，以便削减与能源相关的污染物排放量。最初的政策设计

仅仅针对工业用煤，随后发现居民采暖的散煤是排污重点，所以相关的核心问题转化为改变居民供暖模式，更多的部门逐步被纳入政策合作网络中，相应的政策设计越来越精准，越来越有效。这样通过抽丝剥茧形成的政策合作网络在顶层设计的推动下可以推出更符合实际的政策设计。

2.5.3　在政策设计和执行过程中形成动态的政策工具调整机制

目前，中央多采用规制型政策工具（如"大气十条"对大气质量的要求）和绩效考核工具（如"一岗双责，党政同责"的办法）的叠加以达到大气污染防治效果。课题组对长三角地区的研究表明，当地方层面已经形成了合作网络的时候，中央采用的规制政策工具反而对地方合作的强度产生负向影响，即地方政府可能不愿意根据不同的规制政策需求构建新的合作，而是愿意在原有的治理基础上完成目标任务。而绩效考核的工具在地方形成区域合作网络的时候能够发挥更大的协同促进作用。这些结果表明，不同类别的政策工具面对不同的地方治理架构可能产生不同程度、不同激励方向的影响力。因此，在加强对混合型政策工具研究的前提下，可以进一步优化选择和制定中央的政策工具方法。从国外的案例和现有的文献看，政府部门之间的协作机制设计可以采用的方式非常多样化，除了我们已经采用的自上而下的强制机制设计以外，强有力的技术支撑机制、捐款（自愿或是强制）、经济激励（或是惩罚）机制等都可以为我国京津冀地区大气污染跨域治理政策工具的设计提供新的思路。

依据不同机制的特点，在合作基础较好的地方可以率先推广灵活的合作政策设计机制，而对于合作基础较差的地区，则可以首先采用自上而下的强制型政策，在参与主体被迫进行合作的过程中提升它们之间的相互依赖和相互信任，必要的时候甚至可以采用惩罚类型工具（如罚款或项目削减）推动参与方的合作，形成地区大气污染防治的协作意愿和文化，为进一步实施激励型政策工具打下基础。

本研究建议京津冀地区进一步尝试如下的灵活政策工具设计机制：

（1）经济激励型政策工具：经济激励机制包括经济奖励和经济处罚两种方式。

经济奖励可以包括由地区捐款设立的奖励基金。京津冀地区可以借鉴欧盟经验，以及天津市在各区之间尝试的末位惩罚机制，即设立区域大气污染跨域治理资金池，根据各地大气污染防治工作的实际绩效进行经济惩罚或是奖励，提高地区改善空气质量的经济动力。经济激励的形式不一定是纯货币化的，也可以采用与项目挂钩的方式。例如，美国各州对环保署的要求执行不到位时，环保署有权停止对该州高速公路建设的资金支持，直到州政府修正自身立法和执行达到联邦要求。这样的项目关联可以大幅度提升地方政府对中央政策的执行动力。

（2）技术支撑型政策工具：鉴于地方政府在大气数据获取、科学分析及科学决策的方面技术能力差异较大，中央政府、生态环境部或区域机构可以提供更为强大的技术支持，成为区域污染源分析和科学应对咨询中心。更为精准的技术支撑也是各个地方政府能够相互理解、相互信任的基础。统一的技术支持更可以推动政策工具目标和术语的一致性，为长期政策工具的协同设计奠定基础。

（3）区域生态补偿型政策工具：区域生态补偿不仅仅构建了区域的经济利益平衡和流动，更为重要的是它提供了区域中各个地方之间直接构建平级网络的机会。通过生态补偿机制，地方政府间直接相互协商，识别各自资源和利益的相互依赖关系，推动地方沟通和交流，促进相互了解，可以为政策工具的协同设计和执行打下基础。

2.5.4 大气污染防治的政策目标设计和政策工具选择需要更多发挥地方积极性

在京津冀大气污染防治时间紧、任务重的情况下，从 2016 年开始我国更多采用中央部署、强化规制的政策工具（如"大气十条""秋冬季攻坚行动方案"），将地方需要完成的工作直接体现在中央文件中，具体规定每个城市在每个领域中的工作重点和工作任务，以期获得更为精准的任务完成进度，并进行中央层面的考核和调控。这固然使得整个地区按时完成了"大气十条"的任务，取得了重大的污染防控成果，但是从长期污染防治政策设计的角度看，一直由中央精准调控的方式难于持续，且容易对地方能力建设产生负面的影响。

首先，大气污染防治的政策设计一定要包含地方政府的声音，特别要包含地方政府在机制设计和政策设计中的参与。在全国普遍完成"大气十条"要求的基础上，后期的大气污染防治工作更要结合地方实际情况进行政策和机制设计。例如，在京津冀地区，发展需求的差异性非常明显：北京的主要需求早已经是生活质量提升的需求，而河北省还面临如何安排生产的问题。北京和河北两地虽然相邻，需要共同解决空气质量问题，但是需求完全不同，预期的空气质量指标也完全不同。区域大气污染防治的机制设计和目标设置最终需要在区域层面达成共识，需要形成恰当的决策表决机制。其中关键的要点在于区域政策目标的发言权、建议权和最终的决定权如何在不同的城市之间分配，如何动态调整。这些都需要将地方的参与公平地纳入区域决策机制中，形成能够聚集和反映地方声音的决策机制。

其次，地方大气污染防治的能力建设是跨域治理长效机制的坚实基础。如果中央长期对地方工作进行精准布置和监控，地方政府就会对中央产生强烈的依赖，一方面难以形成一支了解地方现状、有地方管理能力和创新能力的地方大气污染防治队伍，对地方的基础数据收集、地区特点的借鉴及对地区可能的治理模式的探索都会受到阻碍；另一方面则削弱了地方政府创新的动力和积极性，使地方政府仅仅成为中央政策的执行者，很多时候甚至是被动执行，这不利于对问题的及时反馈，也阻碍了中央政策调整的速度，影响整体的政策设计和执行效率。中央的精准布局甚至成为地方政府懒政、避责的借口。有的地方政府为了盲目完成上级任务，还出现了不计成本、强制执行的反面案例，如"一刀切"关停企业、冬季暂停居民供暖、淘汰使用十年的汽车等。有的地方政府在环保部门约谈的情况下，不再积极思考如何结合本地情况创新地改善环境，而是被动地执行上级命令，不仔细考量可能造成的长期负效。大气污染防治是长期工作，是社会经济发展的重要一环，要根据地方情况，综合考虑大气污染防治的成本和收益，才能平衡地方经济社会发展和环境质量改善，设计出长效、经济的政策工具，保证社会全面发展。

2.5.5 强化对不同政策工具组合的合法性、兼容性考量，避免执法矛盾

在"环境问题只能变好不能变坏"的指导思想下，在大气污染防治的不同任务中，有多项新兴的政策在短时间内施加到社会层面，这势必和社会中现有的政策发生交叉，其中是否有相悖的政策内容，是否产生政策工具之间的矛盾，新的工具是否有足够的合法性都需要在实践中发现和总结。在我们的研究中发现，越来越多的企业开始质疑发生红色雾霾预警时采用企业关停政策工具的合法性。现有的企业，如果不在发改委限制发展清单范围内，并通过了环境影响评估，符合其他法律要求，就都具有全天候运营的法律保证。行政部门要求企业在发生重度雾霾时停产，没有具体的执法依据，不仅会影响政策工具的执行力度，同时也会让企业对行政部门产生怀疑，引发后续的矛盾和问题。此外，对于很多城市在进一步优化空气质量过程中提出的"十年车限行和强制报废"的政策，公众也产生了强烈的反应。只要车辆通过年检，说明交通部门已经给予车辆正常行驶的认定，临时出台的政策工具虽然对空气质量改善有帮助，但是与现行的行政规章及制度有矛盾，会引发社会质疑。因此，不同政策工具、标准、规则之间的兼容性始终是新的政策设计需要重点考量的内容。

2.5.6 政策工具的有效实施需要配套相应的综合执法监督权

随着环保政策的推进和大气污染防治工作的深入，更多的工作成为不同政府部门的日常工作，但是大部分的执法功能还是依靠环保部门发挥。而环保部门在依法依规执行政策的时候，会牵扯到很多环境领域之外的政策工具。比如说，北京在其他污染物指标降下去后，建筑工地扬尘污染就成为占比较大的污染源。但是环保部门没有权力管理建筑部门，既不能对建筑资质进行审核，也不能对工业企业的运行资质进行审批。所以，在环保工作深化的情况下，其他政府部门也需要辅助环保部门进行相关政策工具的配合和调整，或者适当设立专门执法机构，跨领域执行环保政策。

同时，最下层政府政策执行能力的问题也需要考虑。地方政府常常面临多个部门的叠加任务，工作繁重。以河北省的数据为例，关于大气污染防治，省里的大原则、大政策有 20 多条，市里约有 20 条，到了县级层面，不同细化分解任务就多达 100 多条。如何适当合并不同政策工具中的任务，使得政策工具具有实际的可执行性也是当前地方政府面临的治理挑战。

2.6　参考文献

［1］CRANE K，MAO Z. Costs of Selected Policies to Address Air Pollution in China［M］. Santa Monica, CA：RAND Corporation, 2015.

［2］罗敏,朱雪忠.基于政策工具的中国低碳政策文本量化研究［J］.情报杂志,2014（4）:12-16.

［3］何精华.府际合作治理:生成逻辑、理论涵义与政策工具［J］.上海师范大学学报（哲学社会科学版）,2011（6）:41-48.

［4］郭少青.国外环境公共治理的制度实践与借鉴意义［J］.国外社会科学,2016（3）:54-63.

［5］思德纳.环境与自然资源管理的政策工具［M］.张蔚文,黄祖辉,译.上海:上海人民出版社,2005.

［6］杨华.中国环境保护政策研究［M］.北京:中国财政经济出版社,2007.

［7］THOMAS H. Emissions Trading：Principles and Practice ［M］. New York：Routledge, 2006.

［8］王辉.政策工具选择与运用的逻辑研究——以四川 Z 乡农村公共产品供给为例［J］.公共管理学报,2014（3）:14-23.

［9］张坤民,温宗国,彭立颖.当代中国的环境政策:形成、特点与评价［J］.中国人口·资源与环境,2007（2）:7-14.

［10］ROTHWELL R, ZEGVELD W. Reindusdilization and Technology［M］. London：Logman Group Limited, 1985.

[11] 李晓玉, 蔡宇庭. 政策工具视角下中国环境保护政策文本量化分析[J]. 湖北农业科学, 2017(12): 6-19.

[12] 黄萃, 苏竣, 施丽萍, 等. 政策工具视角的中国风能政策文本量化研究[J]. 科学学研究, 2011(6): 876-882.

[13] 贾秀飞, 叶鸿蔚. 秸秆焚烧污染治理的政策工具选择——基于公共政策学、经济学维度的分析[J]. 干旱区资源与环境, 2016(1): 36-41.

[14] KOH E, LEE S, KAOWN D, et al. Impacts of land use change and groundwater management on long-term nitrate-nitrogen and chloride trends in groundwater of Jeju Island, Korea[J]. Environmental Earch Sciences, 2017 (4): 176-189.

[15] HERZOG F, DREIER S, HOFER G, et al. Effect of ecological compensation areas on floristic and breeding bird diversity in Swiss agricultural landscapes [J]. Agriculture, Ecosystems & Environment, 2005 (3): 189-204.

[16] 官冬杰, 龚巧灵, 刘慧敏, 等. 重庆三峡库区生态补偿标准差别化模型构建及应用研究[J]. 环境科学学报, 2016(11): 4218-4227.

[17] 王翊, 哈里斯, 陈军才. 全球大气生态补偿: 国家间减排累退效应的改进[J]. 生态经济, 2015(09): 28-33.

[18] 杨展里. 水污染物排放权交易的市场模式[J]. 环境导报, 2001(4): 11-13.

[19] 马中, 杜德克, 吴健, 等. 论总量控制与排污权交易[J]. 中国环境科学, 2002(1): 89-92.

[20] 李永友, 文云飞. 中国排污权交易政策有效性研究——基于自然实验的实证分析[J]. 经济学家, 2016(5): 19-28.

[21] 刘承智, 杨籽昂, 潘爱玲. 排污权交易提升经济绩效了吗? ——基于 2003—2012 年中国省际环境全要素生产率的比较[J]. 财经问题研究, 2016(6): 47-52.

[22] CHAABANE A, RAMUDHIN A, PAQUET M. Design of sustainable supply chains under the emission trading scheme [J]. International Journal of Production Economics, 2012 (1): 37-49.

[23] 邹兰, 江梅, 周扬胜, 等. 京津冀大气污染联防联控中有关统一标准问题的研究[J]. 环境保护, 2016(2): 59-62.

[24] 陈建.统一标准是跨省重点区域大气污染治理的出路——基于邻避扩张的视角[J]. 江苏大学学报(社会科学版), 2017(2): 61-69.

[25] ROSENCRANZ A. Economic Approaches to Air Pollution Control[J]. Environment, 1981 (8): 25-30.

[26] WUSTER H. The convention on long-range transboundary air pollution: Its achievements and its potential[J]. Studies in Environmental Science, 1992: (50): 221-239.

[27] 魏巍贤,王月红.跨界大气污染治理体系和政策措施——欧洲经验及对中国的启示[J]. 中国人口·资源与环境, 2017(9):6-14.

第 3 章 我国"无废城市"建设的
政策及管理需求研究

李金惠 李玉爽 董庆银 刘丽丽

3.1 我国固体废物政策现状

中国实行"无废城市"建设试点之前，已经以试点或政策引导的形式，在固体废物减量化、资源化、无害化方面做了很多探索性工作，形成了大量好的经验和做法。但是这些工作都仅限于单个领域，范围很窄，而未将其融入整个城市的发展中。中国的很多官员和学者都认为，此次"无废城市"建设试点项目，主要是将之前的成功经验和做法进行系统集成，并应用到城市管理中，以无废理念引导城市绿色转型发展。

在循环经济领域，中国以试点的形式在不同的范围进行了小循环、中循环和大循环的探索。小循环是指在企业内实行清洁生产、原料循环利用、能量梯级利用，从而提高资源利用效率，减少污染物排放。中循环是指在园区层面，通过构建生态产业链和共建基础设施，实现资源共享，减少物质消耗，提高资源利用率。大循环是指在城市层面，构建静脉产业园或推行绿色消费、共享经济等，提高城市的资源产出效率。2018 年底前，已经确立两批百家资源综合利用示范基地和百家资源综合利用骨干企业（"双百工程"）；确定了 100 个园区循环化改造示范试点；确定了 62 个地区建设国家循环经济示范城市（县）。

在农业领域，2015 年中国制定了《全国农业可持续发展规划（2015—2030 年）》，并在农业废物资源化利用、打好农业面源污染防治攻坚战、发展农业循环经济、实施农业绿色发展等方面出台文件进行引导和规范。相关部门针对秸秆、畜禽养殖废弃物、农药包装废弃物、农膜等废物的资源利用都出台了相应的指导意见。2018 年底前，中国已经有 148 个农业清洁生产示范项目通过验收；投入 168 亿元用于推进农村沼气转型升级，重点支持规模化大型生物天然气工程试点项目，促进沼气工程由主要发展户用沼气向规模化沼气转变；已在 4 个县建立膜生产者责任延伸制度试点，地膜回收责任由使用者转向生产者，农民由买产品转为买服务，推动地膜生产企业回收废旧地膜；在 60 个玉米主产县探索秸秆综合利用；设立了 56 个畜牧业绿色发展示范县。

在工业领域，中国在"十二五"期间（2011—2015）主要是重视资源节约和环境友好，大范围推广了工业清洁生产先进技术，开展有毒有害原料替代，推进工业产品绿色设计，综合利用大宗工业固废 70 亿吨。2016 年中国开始执行《工业绿色发展规划（2016—2020 年）》，强调提升资源利用效率和清洁生产水平，发展绿色制造产业，建立绿色制造体系。此外，在矿业绿色转型发展、特定种类固体废物综合利用、生产过程协同资源化处理城市及产业废弃物、区域工业资源综合利用产业协同发展、推进环境污染第三方治理等方面，中国都已经开展了相应的工作。

在生活领域，在垃圾分类、再生资源回收体系建设、再生资源利用产业发展、重点产品再制造、绿色建筑设计和标准执行、绿色综合交通运输体系构建、餐厨废物资源化利用、绿色消费等方面，中国都进行了探索和尝试，并且提出实施大循环战略，构建循环型社会。中国已经安排 2.3 亿元支持贵州省开展水泥窑协同处置生活垃圾示范，目前水泥窑协同处置生活垃圾已经成为贵州省垃圾处理的重要方式，占贵州省垃圾处理能力近 1/3；投入 44.7 亿元支持建设 49 个城市矿产示范基地，整合升级了废弃物资源回收利用体系，促进了城市再生资源利用；确定五批 100 个餐厨废物资源化利用和无害化处理试点城市，每年处理利用餐厨废物 700 万吨。

在其他方面，中国政府通过产业政策、投资政策、价格和收费政策、财政政策、税收政策等支持清洁生产和循环经济的发展。例如，国家设立专项资金，支持循环经济重大工程、重点项目及能力建设；征收资源税，体现资源有偿使用；通过银行贷款，对企业绿色转型予以优惠；等等。2016 年中国提出了构建绿色金融体系，通过绿色信贷、绿色债券、绿色股票指数和相关产品、绿色发展基金、绿色保险、碳金融等金融工具和相关政策支持经济向绿色化转型的制度安排。

与"无废城市"建设有关的政策措施见表 3-1。

表 3-1 与"无废城市"建设有关的政策措施

政策措施	具体情况
规划引领	《循环经济发展战略及近期行动计划》《中国制造 2025》《循环发展引领行动》《工业绿色发展规划（2016—2020 年）》《绿色制造工程实施指南（2016—2020 年）》《大宗工业固体废物综合利用"十二五"规划》《金属尾矿综合利用专项规划（2010—2015 年）》《全国危险废物与医疗废物处置设施建设规划》《全国农业可持续发展规划（2015—2030 年）》《"十三五"全国城镇生活垃圾无害化处理设施建设规划》《生活垃圾分类制度实施方案》等
试点示范	矿产资源综合利用示范基地（40 个）、园区循环化改造（129 个）、城市矿产示范基地（49 个）、再制造产业化示范（35 个）、大宗固体废物综合利用基地（48 个）、资源循环利用基地（50 个）、工业资源综合利用基地（11 个）、再生资源回收体系建设试点（90 个）、餐厨废弃物资源化和无害化处理试点（100 个）、秸秆综合利用试点县（143 个）、地膜回收示范县（100 个）、水泥窑协同处置生活垃圾（6 家）、工业产品生态设计（158 个）、绿色矿山（661 个）等
财政支持	"十二五"期间，中央财政累计安排 275 亿元，支持农村环境综合整治； ● 设立循环经济发展专项资金，累计安排 136 亿元，用于支持园区循环化改造、城市矿产示范基地、餐厨废弃物资源化利用等循环经济重点项目； ●"十二五"以来，国家发展和改革委员会会同农业部（现为农业农村部）累计安排中央预算内投资 162 亿元用于农村沼气设施建设； ● 2011—2016 年累计安排中央预算内投资 300 亿元，支持地方多渠道融资，加快城镇垃圾收集、处理等设施建设； ● 2013 年建立废弃电器电子产品处理基金制度，累计支出 107 亿元，推动我国废弃电器电子产品回收处理和资源再利用工作； ● 自 2016 年起，中央财政专门安排资金 10 亿元，在河北、辽宁等农作物秸秆焚烧问题突出的地区，支持地方自主开展秸秆综合利用试点

（续表）

政策措施	具体情况
税收调节	• 《中华人民共和国资源税法》规定对从衰竭期矿山开采的矿产品，减征 30% 资源税；对从低丰度油气田、低品位矿、尾矿、废石中采选的矿产品，经国土资源等主管部门认定，减征 20% 资源税； • 《中华人民共和国环境保护税法》规定对煤矸石、尾矿、冶炼渣、粉煤灰、炉渣等固体废物排放征收 5~25 元/吨的环境保护税，对相应的固体废物开展综合利用的，暂予免征环境保护税； • 《资源综合利用企业所得税优惠目录》规定，企业综合利用粉煤灰、农作物秸秆等废弃物，满足一定条件后，计算企业应纳税所得额时，可享受减按 90% 计入当年收入总额； • 《资源综合利用产品和劳务增值税优惠目录》（财税〔2015〕78 号），规定对资源综合利用产品和劳务，可享受 50%~100% 增值税即征即退优惠政策
价格和收费机制	• 实行了农林生物质发电、垃圾焚烧发电上网优惠电价政策，其中农林生物质发电项目实行标杆上网电价政策，标杆上网电价 0.75 元/（kW·h）（含税）；垃圾焚烧发电上网电价执行全国统一标准 0.65 元/（kW·h）（含税）； • 对城镇生活产生的生活垃圾、城镇污水污泥、建筑垃圾等的处置，普遍采用收费制度，纳入行政事业性收费范畴，收取的费用主要用于支持相关处置设施的运行维护成本，其中污泥处理处置费用通过城镇污水处理费用征收
金融政策	• 在绿色信贷领域，截至 2016 年底，我国 21 家主要银行业金融机构绿色信贷余额 7.51 万亿元； • 在绿色债券领域，我国已成为全球最大的绿色债券市场，2016 年我国绿色债券发行规模超过 2 000 亿元，占全球当年发行量近 40%； • 在绿色基金领域，截至 2016 年底，全国已设立并在中国基金业协会备案的节能环保、绿色基金共 265 只，且呈明显上升趋势； • 在绿色保险领域，2007—2016 年，全国投保环境污染责任保险的企业累计超过 6 万家次，保险公司提供的风险保障金累计超过 1 300 亿元
第三方治理	• 2013 年《中共中央关于全面深化改革若干重大问题的决定》，首次从国家环境政策层面提出了"建立吸引社会资本投入生态环境保护的市场化机制，推行环境污染第三方治理"的理念； • 2014 年《关于推行环境污染第三方治理的意见》（国办发），从机制创新和政策支持等方面明确了环境污染第三方治理的基本框架； • 2019 年财政部、发改委及生态环境部发布《关于从事污染防治的第三方企业所得税政策问题的公告》，提出对符合条件的从事污染防治的第三方企业减按 15% 的税率征收企业所得税，从税收及资金政策方面对环境污染第三方治理予以鼓励； • 北京、上海、河北、黑龙江等 10 余个省市出台了环境污染第三方治理的实施方案，并在实际探索中取得了初步成效

（续表）

政策措施	具体情况
政府采购	• 2006 年 11 月，财政部、国家环保总局联合印发《关于环境标志产品政府采购实施的意见》，要求各级国家机关、事业单位和团体组织用财政性资金进行采购的，要优先采购环境标志产品，并建立环境标志产品清单； • 2009 年 4 月，国务院办公厅《关于进一步加强政府采购管理工作的意见》（国办发〔2009〕35 号）中强调了各地区、各部门要认真落实节能环保、自主创新、进口产品审核等政府采购政策，并加大强制采购节能产品和优先购买环保产品的力度，凡采购产品涉及节能环保和自主创新产品的，必须执行财政部会同有关部门发布的节能环保和自主创新产品政府采购清单（目录）； • 目前我国已发布 21 期"环境标志产品政府采购清单"和 23 期"节能产品政府采购清单"，为绿色政府采购的实务工作提供了采购依据
宣传教育	• 国家和地方层面，逐渐建立了完善的机构体系
公众参与	• 《环境信息公开办法（试行）》《关于推进环境保护公众参与的指导意见》《环境保护公众参与办法》为公众参与提供制度保障； • 2015 年起施行的新《中华人民共和国环境保护法》对"信息公开和公众参与"作了专章规定； • 各级政府通过"12369"环保投诉和举报热线，集合公众力量实施环境监督

3.1.1 存在的主要问题

1）农业领域

一是农药化肥使用过量。全国农药使用量已突破 130 万吨（成药），按照已播种面积计算，几乎是世界平均水平和发达国家用量的 2 倍；化肥年使用量超过4 000万吨，高居世界首位，单位播种面积化肥用量是世界平均水平的 3 倍。巨大的农药、化肥使用量，不仅影响食品安全，而且带来严重的农业面源污染。

二是畜禽粪污产生量巨大。随着畜禽养殖业集约化的程度越来越高，专业化特征越来越明显，养殖业与种植业的失衡脱节的问题日益严重，循环农业的链条中断。从事养殖的不种地，粪便不能当作肥料；种地的不再从事养殖业，农田靠施化肥，畜禽粪便用作农田肥料的比重大幅度下降，不能得到充分有效的处理与利用。

三是秸秆收储运体系不完善。秸秆的产生具有季节性，导致秸秆收集时间集中和紧迫。当前我国农作物秸秆收储运体系还不完善，尚处于起步阶段，相关技术和装备水平比较落后，没有形成规范、高效的收储运模式，已经成为严重制约农作物秸秆规模化、商品化、产业化利用的主要瓶颈。

四是废旧地膜产生量较大，回收处置难度较大。废旧地膜回收主要以人工捡拾为主，劳动强度大、回收效率低，而机械回收成本高、作业效率较低、难度大；同时废旧地膜收购网点少，回收渠道不畅通。在利用方面，以生产再生塑料产品为主，但相关加工企业数量少、规模小，企业分布与农膜生产分布相关性较差，回收加工总体能力不足。在可降解地膜推广方面，由于可降解地膜性能不及普通农膜并且价格较高等因素限制，目前我国可降解地膜覆盖率为 2 万~3 万亩，仅占全国地膜覆盖率的万分之一。

五是农药废弃包装物综合治理相对滞后。我国的农业种植多以农户家庭种植为主，农药包装废弃物产生的场所多在田间地头，回收管理难度大。再加上农药废弃包装物具有毒性，属于危险废物，需要有资质的单位进行处理，且涉及回收、运输、贮存、处置等多个环节和多个主体，使回收途径通畅存在困难。

农业固体废物环境管理存在的主要问题见图 3-1。

2）工业领域

一是在工业生产过程中，固体废物源头减量不足。我国每年产生的工业固体废物约 33 亿吨，且呈增长态势，主要集中在矿业、钢铁、化工、电力等行业，历年堆存的工业固体废物总量超过 600 亿吨。目前，我国现有的工业固体废物管理政策多侧重于末端治理，相关法律法规虽然对源头减量提出了有关规定，但多是鼓励性政策，如产品生态设计、绿色供应链管理、生产者责任延伸制度等，在实际执行过程中，由于缺少强制性、惩罚性措施，相关政策难以落地，导致企业采用先进适用技术改造传统产业、从源头减少工业固体废物产生的压力不够、动力不足。

二是综合利用产业支撑能力不足，产业发展不充分不均衡。一方面，综合利用企业数量少、规模小、层次低，大多数企业处于产业链初级低端，缺乏自主的先进

图 3-1　农业固体废物环境管理存在的主要问题

核心技术和创新能力；另一方面，技术创新水平不高，多以建材化利用为主，产品主要为路基材料、砖块、墙体材料和水泥添加剂等，产品附加值低、同质化竞争严重；钢渣、磷石膏、赤泥等一批工业固体废物重复利用的关键技术仍未取得实质性突破；科技成果应用、推广、转化率低。此外，质量基础支撑能力不足，技术和产品标准不完善，认证认可、检验检测手段缺失，导致产品市场认可度低，难以大规模推广。监管能力不足，无法实现固体废物全过程管理，表现为监管主体责任界定不清晰，职责分配不明确，统计体系不完善，信息共享机制不畅通等。

三是危险废物尚未实现全面安全管控。在源头产生环节，建设项目危险废物环评文件未能充分发挥源头预防作用，危险废物产生企业、类别、数量及利用处置去向不明，自行利用处置设施游离于监管之外。在收集运输过程环节，信息化监管手段应用缓慢，无法实时动态追踪废物流去向；交通、公安等部门联合监管缺位和信息共享机制不顺畅。在末端处置环节，"吃不饱""吃不完"现象并存，标准缺失致使危险废物利用出路受阻。

工业固体废物环境管理存在的主要问题见图 3-2。

```
                        ┌──────────┐
                        │  工业问题  │
                        └────┬─────┘
         ┌───────────────────┼───────────────────┐
┌────────┴────────┐ ┌────────┴────────┐ ┌────────┴────────┐
│  在生产过程中,    │ │ 综合利用产业支撑能力不足,│ │ 危险废物尚未实现  │
│ 固体废物源头减量不足│ │  产业发展不充分不均衡  │ │  全面安全管控    │
└────────┬────────┘ └────────┬────────┘ └────────┬────────┘
         │                   │                   │
    ┌────┴─────┐        ┌────┴─────┐        ┌────┴─────┐
    │ 侧重末端治理 │        │企业少、规模小、层次低│      │ 源头把关不严、│
    └──────────┘        └──────────┘        │产生情况不明确│
         │                   │              └──────────┘
  ┌──────┴──────┐      ┌────┴─────┐             │
  │源头减量措施以鼓励性│      │ 产品附加值低 │        ┌────┴─────┐
  │为主,缺乏强制性措施│      └──────────┘        │ 收运监管缺位 │
  └─────────────┘           │              └──────────┘
                      ┌────┴─────┐             │
                      │产品市场认可度低│        ┌────┴─────┐
                      └──────────┘        │ 处置能力不均衡│
                           │              └──────────┘
                      ┌────┴─────┐             │
                      │ 统计体系不完善│        ┌────┴─────┐
                      └──────────┘        │ 利用出路受阻 │
                                          └──────────┘
```

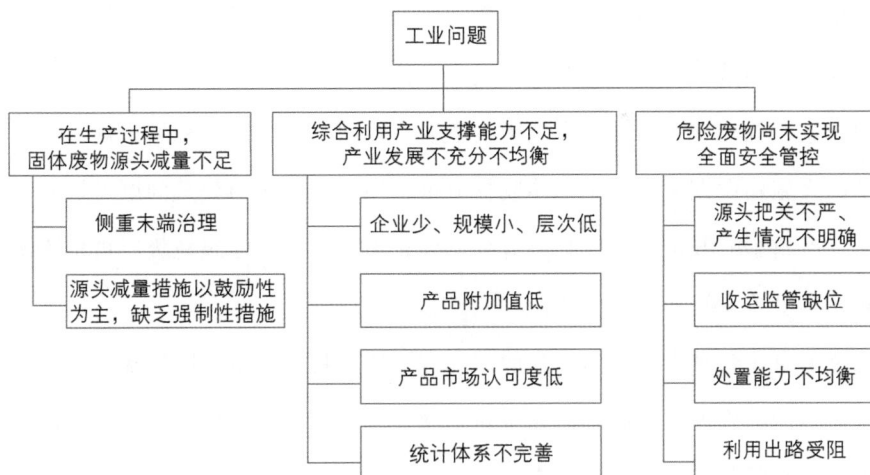

图 3-2 工业固体废物环境管理存在的主要问题

3) 生活领域

一是生活垃圾产生量大,垃圾围城问题严重。随着城镇化率的快速提高,城市垃圾量激增,各地垃圾处理压力越来越大。数据显示,我国人均生活垃圾日清运量为 1.12 千克,处于较高水平。目前,大多数城市解决生活垃圾的最主要方法是垃圾填埋。多数城市填埋场超负荷运行,填埋库容急剧消耗,面临垃圾无处可埋的窘境。

二是生活垃圾分类体系建设滞后。一方面,制度尚不完善。目前各地生活垃圾分类工作常处于探索阶段,关于如何分类、怎么分类,政府主要通过宣传引导的方式推进,强制性分类要求难以落实。另一方面,垃圾分类收运及处理设施配套不完善。农村、城乡接合部生活垃圾尚未实现全收集;收集、清运、利用、处置等环节在能力配置、流程衔接等方面系统设计不足,混装混运现象、重复建设、能力闲置与末端处置能力不足等矛盾较为突出。此外,有机易腐垃圾、大件垃圾、玻璃等低值废弃物、有害垃圾回收处置能力不足,资源化利用水平低。

三是新兴领域固体废物暂未引起足够重视。随着移动互联网技术的日臻成熟,我国电子商务、快递等新兴产业发展迅速,在全球范围内已形成领先优势。与此同时，大量废快递盒、废塑料袋、废胶带、废餐盒等引发一系列资源环境问题，引起了社会各界特别是媒体的广泛关注，成为亟待解决的焦点问题。

四是城市规划与固体处理设施衔接不畅。当前，部分地区在城市规划、产业布局、基础设施建设方面，对于固体废物减量、回收、利用与处置问题重视不够、考虑不足，严重影响城市经济社会可持续发展，出现污泥、建筑垃圾、再生资源等固体废物处理处置设施选址难问题。

五是信息化管理水平不高。当前，随着固体废物产生量不断增加，监管压力日益增大，传统的管理模式已难以完全满足固体废物现代化管理需要。虽然部分地区建立了信息化管理平台，但是尚未将所有固体废物种类纳入监管。由于信息化管理手段应用不足，城市固体废物管理水平和管理效率不高，导致部分固体废物存在底数不清、去向不明、监管不及时等问题。

六是跨区域协同处置机制和监管制度不完善。受资源禀赋、经济发展水平、市场环境、技术能力的影响，各地处理固体废物的能力不一、成本不一，导致资源浪费、重复建设，甚至出现了一些跨区域非法转运、非法倾倒、非法利用和非法填埋的违法犯罪事件。

生活固体废物环境管理存在的主要问题见图 3-3。

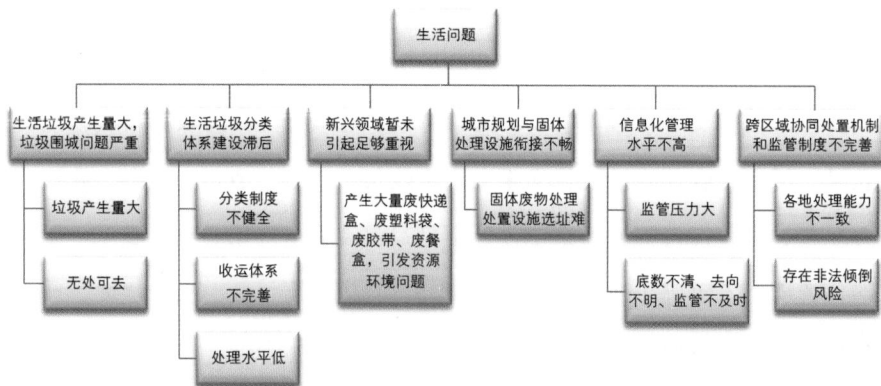

图 3-3 生活固体废物环境管理存在的主要问题

3.1.2 关键因素分析

中国在推行循环经济、提高资源利用率的过程中，针对废物的减量、再利用、再循环，不仅仅是按照生产者责任延伸制的原则，将其落实到生产领域，而且还通过"无废"理念，融入整个国民经济体系。主要的思路是分领域、分行业、分种类、分环节、分主体，从终端寻找问题，从生产、流通、消费、处理的每个环节中寻找解决办法，政府、企业、社区、组织、个人共同参与，从制度、市场、监管、技术、工程等方面寻找具体措施。

针对在农户农业生产中产生大量的废农膜、废弃农药包装物、畜禽粪污、秸秆等，在"无废"理念的引导下，首先通过改变种植模式，发展循环农业，使动物与植物共生，植物的秸秆直接为动物提供饲料，动物的粪便为植物提供肥料，因此减少农药化肥的使用，也减少畜禽粪污和秸秆的产生量。还可以通过农作物轮作的方式改善土壤肥力，减少农药化肥的使用。福建省光泽县将紫云英看作绿肥，通过"烟叶-水稻-紫云英-水稻-烟叶"两年五作的模式，不仅大幅减少农药化肥的使用，提高了土壤肥力，还发展了生态旅游业。

针对建筑废物，通过延长建筑物使用寿命、模块化设计提升资源利用率、共享使用空间减少需求、保障建筑垃圾再利用等方式，减少建筑废物的产生。已经有多项标准、规划在积极引导绿色建筑、装配式建筑的发展，增加使用后可拆卸的性能，提升资源利用率。在废物回收再利用方面，政府要求在市政工程中使用再生产品，为促进建筑垃圾的再利用提供保障。

对来源于餐馆和居民日常生活的有机废物，一方面，开展"光盘行动"，提倡适量点餐，杜绝浪费；另一方面，借助互联网平台，发展网上农贸市场，将供给端和消费端精准匹配，减少价值链上各环节上的浪费和损失，提升物流的有效性，同时优化食品储存、运输和加工流程，减少过程损耗和浪费。

废弃电子产品的使用量难以降低，因此着重从产品源头设计方面提升零部件的可回收性，以及使用后收集促进再循环。通过"闲鱼"等二手网站，进行再使用交易；通过提升维修服务质量，延长产品的使用寿命；通过组装或翻新等再制造方法，实现零部件再使用；通过拆解、破碎，进行金属、树脂、塑料、玻璃等材料的回收。

另外，其他领域也在通过影响传统的生产模式、商业模式、消费模式，不断减少废物的产生。在汽车使用方面，鼓励租赁而非购买，商家提供更多的是服务而非产品。在工业绿色设计和绿色供应链方面，通过资源交易平台和科研成果转化平台，将更多的信息或技术提供给企业。

即便如此，依然有大量的废物需要焚烧或填埋。为促进产业间废物循环利用，部分城市设立产业园区，将生活垃圾焚烧处理系统、餐厨垃圾处理系统、建筑垃圾处理系统放置于同一处，以便能量循环利用，进行物质协同处理。

3.1.3 "无废城市"建设需求分析

一是实现源头减量。在农业方面，鼓励发展"种养结合"的生态农业模式，根据土地承载能力确定畜禽养殖规模，实现畜禽粪污就近就地综合利用；鼓励通过生态设计或使用绿肥等方式提升土壤肥力、避免病虫害，从而减少农药化肥的使用。在工业方面，深化绿色矿山建设，构建绿色制造体系，结合经济鼓励或限制性措施，鼓励源头减量，减少原生材料的开采，提高资源产出率，同时增加固体废物在原材料中的比例。在生活方面，通过绿色生活引领，形成适度的消费模式和简约的生活方式，减少浪费。

二是完善回收体系建设。在农业方面，推动秸秆、废旧农膜、农药包装物等废物的收运体系建设，提升收集和转运过程的管理水平。在工业方面，加强工业固体废物分类指导，强化危险废物转运的风险控制，健全废物收集和转运体系建设，确保从废物到资源的简易对接。在生活方面，建立高效分类清运、运输、利用、处置的运营管理模式，确保分类后的垃圾分别处理；规范城乡生活垃圾运营管理，保障全部垃圾规范化处理。

三是推进资源化利用。加大科技奖励、税收优惠、金融扶持、首台（套）技术装备保险等政策力度,扶持资源综合利用产业,加大技术研发推广力度,提高固体废物资源化利用水平。完善固体废物再利用过程的污染控制规范,强化固体废物再利用生产产品的标准,增加产品中有毒有害物质含量限值,加大固体废物点对点利用的监管,确保固体废物资源化利用加工过程和产品使用过程的安全性。拓宽固体废物再制造产品的使用渠道,保障循环过程链条畅通。

四是确保规范化处置。统筹城市规划与固体废物管理,保障固体废物分类收集及无害化处置设施用地。因地制宜合理制定废物处置收费标准,倒逼固体废物源头减量。加强规范化处置的宣传引导,严厉打击非法转移、倾倒、利用、处置等行为,对违法犯罪分子进行有力的震慑。

五是强化信息化监管。通过固体废物信息化管理能力建设,加强各类固体废物产生、贮存、转移、利用、处置的全过程监管。对于资源化水平低的固体废物,尤其是危险废物,结合信息化管理方法,构建能定位、能查询、能追踪、能预警、能考核的全过程监管平台,实行"源头严防、过程严管、后果严惩"。

六是创新生产方式和消费模式。分领域、分行业、分种类、分环节、分主体,将固体废物的环境管理问题落实到价值链传递过程的各个环节,实现精准对接,减少整个链条中的物质损耗和浪费。通过转变商业模式,由传统的出售产品所有权转变为出售服务,减少产品占有需求,鼓励维修、再制造,延长产品使用寿命,从而减少废物的产生。发展共享经济提升产品使用频率,减少产品无效需求,进而减少废物产生。

3.2 国内外典型城市"无废"政策及管理实践

3.2.1 美国"无废"体系

由于美国是联邦制国家,国家和地方存在明显的事权划分,国家环境保护局与地方环境保护机构也不存在上下级关系。国家环境保护局负责制定法规,以及从事相关的科研事项；地方环境保护部门则根据本地的具体情况，制定本地的环境保护政策和计划，并采取相应的措施进行环境管理。

1）国家层面推出典型经验措施

美国"无废"的管理内容主要是城市生活中产生的固体废物（包括日常生活垃圾、餐厨垃圾、建筑废物等）。美国国家环境保护局在其网站上列出了 100 项"无废"措施，涉及相关目标和规划的制定、地方政府政策的执行、街边废物收集、食物垃圾处理、处理设施建设、回收体系建设、建筑废物处理、处置方式的限制要求、强制性措施、宣传教育等诸多方面。每项措施都链接了真实的实践案例，并对其进行了详细阐述和示范。网站还系统而完整地介绍了 10 个城市的"无废"实践案例，有助于地方政府从城市层面学习实现"无废"的综合性措施。

此外，美国国家环境保护局还开发了一个名为"管理和改造废物流"的政策选择评估工具。该工具集合了上述的 100 项措施及相关实践案例，并对每一项措施从使用部门、对应的废物种类、分类效果、对温室气体减排的贡献、可接受程度、适用范围、知识储备要求等方面进行了分类或分级。从事固体废物管理的相关人员可以通过该工具快速找到特定目标下的有效措施，为决策的制定提供有力的支撑。

2）地方层面注重构建全过程管理体系

以旧金山湾区的奥克兰市（Oakland City）的"无废"策略为例，其目标是到 2020 年，将需要处置的废物量从当前（2005 年）的 40 万吨/年，减少到 4 万吨/年。完成 90% 的减量目标不是某一项措施能够单独实现的，需要制定源头减量、过程循环、末端回收的综合策略，构建多方参与的"无废"管理体系。

奥克兰对产品实行全生命周期管理，对生产、消费、回收、处置行为实行全过程管理。在生产环节，推行生产者责任延伸制度，倡导生产商承担废物处理责任，杜绝使用非环境友好型材料，采用可拆解和方便回收的产品设计；在消费环节，通过教育和宣传，引导绿色消费，选择环境友好型产品，杜绝过度包装，提倡通过维修、再利用、捐赠等方式强化物品的使用；在回收环节，通过再制造、堆肥、梯级使用、能量回收等方式，提高资源利用率；在处置环节，通过合理的设计和规划，制定激励措施，发展绿色产业等方法，提高废物回收量，减少处置量。

3）具体措施注重与现有体系相协调

以加州的德尔诺特县（Del Norte County）推行生产者责任延伸制度为例。该县地广人稀，仅有 2 万多人口，若由生产者单独建立一套回收体系，则从产品使用和废物回收的规模上看，并不能弥补该体系建设的经济支出，且体系运行所带来的环境效益并不明显。因此，由产品的生产者直接参与回收体系建设，不具有可行性，也不具有可持续性。但是，生产者责任延伸制度可以将产品废弃后的处理责任落实到生产者，将废物的回收和处理成本体现在产品中，有助于废物处理成本的内部化，促使生产者在设计阶段就考虑产品生命周期后的回收利用和处理处置，从而制造环境友好型产品。在此背景下，德尔诺特县市政管理部门首先要求当地的回收企业对所有废物进行分类回收处理；若某些废物不能实现低成本有效处理，则责令产品的生产者建立该产品废弃后的回收体系，或者要求进行产品替代；如果这些措施依然无效，则按照当地的"无废"计划，采用押金、罚款、禁令等形式，禁止该废物进入本区域的回收体系。

4）充分发挥费用调节在垃圾处理市场中的作用

西雅图（Seattle）的环境主管部门通过与垃圾收集商和处理商分别签订合同，将垃圾收集业务委托给专业的公司，而非直接管理居民的垃圾分类行为。环境主管部门摒弃了按照垃圾收集量付费的模式，而是根据回收表现进行付费。该费用包括基础费和奖惩费。基础费包括最初签订合同时候的年费，即固定费用，并考虑到通货膨胀、劳动价格、油价浮动等方面的因素的调整费用。奖惩费主要是依据专业公司的垃圾分类程度、减量效果、回收比例等收集行为表现，增加或减少费用。

圣何塞（San Jose）也采用了此种垃圾回收付费方式，而且对奖励更加细化，当回收率超过 40% 时，对回收公司进行梯级奖励：回收利用率在 40%~42%，奖励 5.4 美元/户；42%~44%，6.5 美元/户；44%~46%，8.3 美元/户；46% 以上，9.2 美元/户。

5）第三方治理在环境管理中发挥重要作用

固体废物环境管理高度依赖第三方治理。其主要有两种形式：一是政府部门通过签订合同的形式，委托专业公司进行废物管理。通常在合同中除了提出具体的废物管理目标外，还会明确提出具体的要求。例如，使用新能源或低排放的运输车辆，优先使用再生机油、翻新轮胎、再制造的收集容器等再生产品，以及从本地供应商购买耗材和维修服务等。二是通过与非营利组织合作，对城市的企业进行绿色认证，督促企业进行绿色转型。主要从减少水资源的使用、节约能源、为员工提供便捷交通、防止污染（减少或者恰当处理有害化学品）、使用非毒性的清洁剂、避免废物产生（减少不必要的包装、印刷和购买）、回收材料（通过再使用、回收、堆肥等方式避免废物填埋）、雇用当地的劳动力（在当地工作意味着更少的交通工具的使用）等方面对企业进行绿色认证，同时帮助企业采取措施，向更节约资源、减少污染的方向发展。

3.2.2 欧盟循环经济引领绿色发展

2015 年，欧盟委员会通过了新循环经济行动方案《欧盟迈向循环经济行动计划》（EU Action Plan for the Circular Economy），旨在刺激欧洲向循环经济转型，提高全球竞争力，促进可持续经济增长，并创造新的就业机会。

这项计划提出了"闭合循环"的 54 项行动措施，覆盖了产品的生产、消费、废物管理、再制造等整个生命周期，旨在通过加大回收和再使用力度，促进产品生命周期的闭环循环，提高环境和经济效益。该计划中针对特定废物流和特定行业，如塑料、餐厨垃圾、关键原材料、建筑和拆除、生物质和生物制品等，提供了破除市场销售壁垒的解决方案，并提出了创新和投资等领域的相关保障措施，进一步畅通了"闭合循环"路径。此外，该计划还提出了一项关于废物的修法建议。修订的废物管理法于 2018 年 7 月生效，为减少废物制定了明确的目标（见表 3-2），并为废物管理和回收提供了可靠的长期路径，例如对生产者责任延伸制度规定最低要求，以提高政府管理和成本效率；要求成员国采取具体措施处理废物和海洋垃圾，以实现欧盟对联合国可持续发展目标的承诺；等等。

表 3-2   欧盟立法规定的废物减量目标

年份	目标
2022	垃圾分类收集拓展到危险家庭废物
2023	垃圾分类收集拓展到生物废物
2025	垃圾分类收集拓展到纺织品
2030	回收 70% 的包装废物（纸和纸板 85%，铁金属 80%，铝 60%，玻璃 75%，塑料 55%，木头 30%）
2035	回收 65% 的城市垃圾；减少生活垃圾填埋量至 10% 以下

截至 2018 年底，循环经济行动计划通过三年后，可以认为已经全部完成。它的 54 项行动现在已经执行或正在执行。

一是，探索出循环经济发展模式。具体表现在强化产品设计和制造过程的可循环性；为产品贴上生态标签，赋予消费者更明确的绿色消费权；通过一系列的管理措施，将废物变为资源；消除市场壁垒，促进可回收材料在价值链中的"闭合循环"；多方参与，提升欧洲塑料回收的质量和经济效益。

二是，加快整个欧洲地区向循环经济的转型。在科技创新方面，欧盟委员会于 2016—2020 年期间为创新和产业调整提供了超过 100 亿欧元的公共资金支持。所涉及的领域包括可持续生产、废物和资源管理、闭环制造、塑料循环、引进生态创新技术、支持欧盟废物立法，以及特定领域市场引导的创新和开发。多方参与方面，行动计划引发了各成员国发展循环经济的热情，很多国家已经通过了向循环经济过渡的国家战略，成为引导政府、投资者、公众等积极参与跨领域合作的战略框架。

三是，扩大就业。2016 年，欧盟循环经济相关行业从业人员超过 400 万人，比 2012 年增长 6%。未来几年，为了满足充分运转的再生原材料市场所产生的预期需求，将会创造更多的就业机会。

四是，带动经济发展。循环性也带来了新的商机，催生了新的商业模式，开拓了欧盟内外的新市场。2016 年，修理、再利用或循环利用等循环活动创造了近

1 470 亿欧元的增加值，而投资总额约为 175 亿欧元。

但是，仍然存在很大的挑战。2008—2016 年期间，城市垃圾的回收利用有所增加，回收材料对整体材料需求的贡献也在不断提高。然而，平均而言，回收材料只能满足欧盟材料需求的不到 12%。

此次行动计划后，欧洲尚有进一步完善政策的潜力，特别是在纺织品和家具等产品的循环设计方面。此外，还可以采取更多措施支持消费者和循环部门，如重复使用和维修。

2020 年 3 月，欧盟又提出了第二版欧洲循环经济行动计划（A New Circular Economy Action Plan for a Cleaner and More Competitive Europe），这是欧洲绿色协议的主要内容之一，也是欧洲可持续增长的新议程。新的行动计划注重在产品生命周期的各环节采取相关措施，包括产品设计示范、提升加工过程的可循环性、培养可持续消费、延长产品使用寿命。新的行动计划还针对能够通过欧盟层面的行动带来真正附加值的领域，引入立法和非立法措施，包括：让可持续产品成为欧盟的标准；赋予消费者和公众购买者权利；重点关注使用最多资源和循环潜力大的部门（电子和信息通信技术、电池和车辆、包装、塑料、纺织品、建筑、食物、水分和养分）；确保更少的浪费；让循环为人民、地区、城市服务；引领全球发展循环经济。

3.2.3　日本构建循环型社会

自 1950 年起到 2000 年前后，由于日本经济高速增长，废物产生量相应急剧增加。为了应对经济增长和人口增长导致的自然资源消耗和废物产生量的增加，日本率先提出建设循环型社会，并采取有力措施予以推进（见图 3-4）。2000 年后，采取一系列措施，包括建立法律体系（见表 3-3）、发展分类系统和先进的焚烧回收再利用技术、每五年制订一次"循环型社会形成促进基本计划"等，废物量逐年减少。

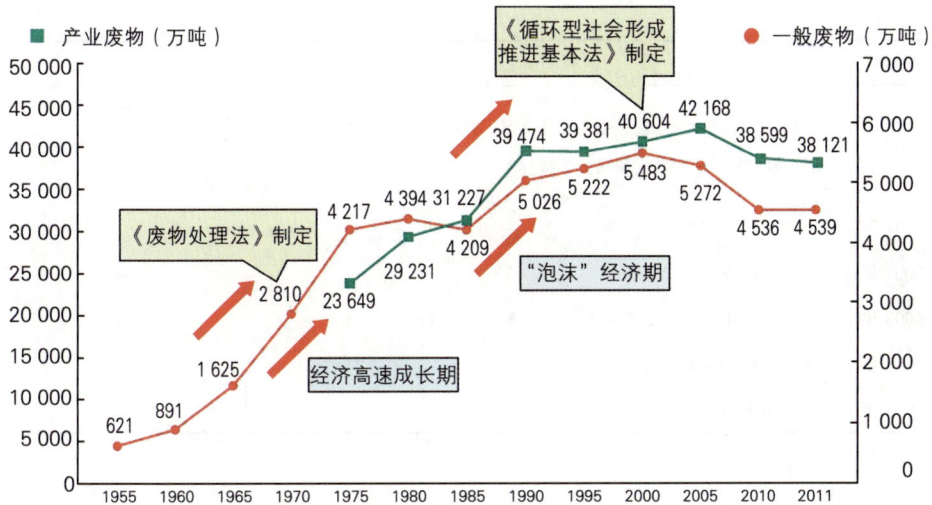

图 3-4 日本产业废物和一般废物产生情况图

表 3-3 日本法律体系

时间	法律	主题
1954 年	《清扫法》	·废物处理加入环境卫生对策 ·保持卫生、舒适的生活环境
1963 年	《生活环境设施配备紧急措施法》	·制定对公害污染问题的对策 ·废物处理加入环境保护对策
1970 年	《废物处理法》	
1976 年	《废物处理法》（修订）	
1981 年	《广域临海环境配备中心法》	·配备废物处理设施
1983 年	《净化槽法》	
1990 年	《废物处理法》（修订）	·制定处理有害废物的对策
1992 年	《产业废物处理特定设施配备法》《巴塞尔法》	·废物的排出限制和再生利用 ·建立各种回收系统
1993 年	《环境基本法》	
1995 年	《容器包装回收法》	
1997 年	《废物处理法》（修订）	
1998 年	《家电回收法》	
1999 年	《二噁英类对策特别措施法》	

（续表）

时间	法律	主题
2000 年	《循环型社会形成推进基本法》《建设回收法》《食品回收法》《废物处理法》（修订）	· 推进循环型社会形成 · 强化对不法丢弃的对策 · 强化对产业废物的处理对策
2001 年	《PCB 特别措施法》	
2002 年	《汽车回收法》	
2003 年	《产废特措法》《废物处理法》（修订）	
2010 年	《废物处理法》（修订）	
2013 年	《小型家电回收法》	

为了应对经济增长和人口增长导致的自然资源消耗和废物产生量的增加，《循环型社会形成推进基本法》率先提出建设循环型社会，并明确了以废物减量化、资源化为核心，旨在将自然资源消耗和环境负担降到最低程度，实现经济活动减少资源的消耗，资源利用减少对社会发展的影响，同时明确了固体废物管理的优先次序，源头抑制和减量为第一目标，其次是再使用、再生利用、能源回收，最后才为适当处置。在《循环型社会形成推进基本法》要求下，日本自 2003 年起，实施"循环型社会形成促进基本计划"，每 5 年为一个阶段，2018 年 6 月发布了"第 4 次循环型社会形成促进基本计划"，提出了具体目标：到 2025 年，资源产出率 49 万日元/吨（约为 2000 年的 2 倍），资源循环利用率 18%（比 2000 年的 10% 提高 8%），废弃物循环利用率 47%（比 2000 年的 36% 提高 11%），最终处置量 1 300 万吨（包括1 000 万吨产业废弃物，比 2000 年减少约 77%；100 万吨生活垃圾，比 2000 年减少70%）。截至 2016 年，取得的阶段性进展如下：资源产出率提高到 39.7 万日元/吨（与 2000 年相比，上升了约 64%），资源循环利用率达到 15.4%（比 2000 年提高5.4%），废弃物循环利用率达到 38.5%（比 2000 年提高 2.5%），最终处置量 1 400万吨（比 2000 年的 5 600 万吨减少了 75%）。

3.2.4 新加坡"无废"总体规划

新加坡首份零废物总体规划——《新加坡无废蓝图》规划了其建设一个可持续、资源高效、气候适应型国家的关键战略。这包括对废物和资源管理采取循环经济方法，并转向更可持续的生产和消费。

新加坡作为一个地势低洼的岛国，气候变化威胁着人们的生活方式和生存方式。为了应对挑战，新加坡认为要作出改变，一是提高应对气候变化特别是海平面上升威胁的气候适应能力，二是确保关键资源的安全供应，三是维持新加坡未来经济的竞争力，克服碳和资源的限制。总体规划将制定国家战略，为上述改变寻找具体路径，从而将线性的经济模式转变为循环的模式，最大限度地重复利用资源。新加坡设定了一个雄心勃勃的目标——到 2030 年，把送到垃圾填埋场的垃圾数量（人均）减少到 30%，达到 70% 的整体循环再使用。通过可持续的生产和消费，将垃圾转化为财富来实现这些目标。

可持续生产包括改变商业模式。气候变化、资源约束和消费者对可持续发展的需求日益增长，意味着企业将需要新的能力，以更少的成本生产更多的产品。产品必须更有效地设计，流程必须重新设计。还需要拓展应用科学的边界，开发新的循环经济解决方案。政府将与工业界和学术界密切合作，通过研究和开发来支持这一目标。简而言之，伴随气候变化而来的问题也是公司为其业务定位的机会。同时，可持续消费始于观念和行为的改变。新加坡将 2019 年定为"零废物年"，以树立保护环境的国民意识。另外，在制定《新加坡无废蓝图》时，政府调动了大众的积极性，争取到人们的广泛参与。政府充分认识到合作的重要性，试图通过共同创造来激发变化，成立了一个改善家庭回收的公民工作小组。

《新加坡无废蓝图》从七个方面进行无废建设，一是减少消费，构建无废国家。新加坡有一个高效的垃圾收集和处理系统。但是，新加坡认为，面对新的环境挑战，并想继续以可持续的方式增长，就需要改变公众看待废物管理的方式，鼓励每个人少消费，多保护。二是让资源闭环循环。通过有意识的设计、更有效的操作和养成少浪费的习惯,人们可以尽可能长时间地使用资源,以获取它们的最大价值。三是用循环经济的方法对三种资源采取闭环管理方式。集中精力关闭三个资源循环:食品、电子电气设备和包括塑料在内的包装。四是优化设施以最大化地利用资源。不断改进现有的废物管理技术,以加强废物处理和资源回收。五是提升环境服务水平。从采用技术到使清洁和废物管理工作更智能、更安全、更容易,再到帮助当地公司走向全球,环境服务行业正在转型,以提高生产率和能力。六是以科技缔造更绿色的未来。投资研发,并与行业专家合作,开发更高效、更环保的新方法,通过从废弃物中回收资源来支持循环经济。七是共同迈向零废物国家。人民团结起来共同努力,从个人到家庭和行业,每个人扮演好自己的角色,共同迈向无废国家。

3.2.5 中国"无废城市"建设实践

2018 年底,《国务院办公厅关于印发"无废城市"建设试点工作方案的通知》发布,明确了六大主要任务,标志着中国正式开始了"无废"探索。中国将"无废"理念延伸至"无废城市",定义其为以创新、协调、绿色、开放、共享的新发展理念为引领,通过推动形成绿色发展方式和生活方式,持续推进固体废物源头减量和资源化利用,最大限度减少填埋量,将固体废物环境影响降至最低的城市发展模式。与其他国家或组织的定义不同,中国官方并没有将"无废"定义为不产生废物,或者将全部废物进行资源化利用而最终实现零填埋,而是定义为一种城市管理理念,旨在达到整个城市固体废物产生量最小、资源化利用充分、处置安全的终极目标。在具体的成果评价方面,通过一整套的指标体系,从固体废物源头减量、资源化利用、最终处置、保障能力、群众获得感 5 个层次设置 59 个指标,对"无废城市"构建的成果进行量化评估。

与国外"无废城市"的管理范围不同,中国"无废城市"不仅包含了生活领域,还涵盖了农业和工业。所以,此项目确定管控的主要废物流包括了大宗工业固体废物、主要农业固体废物、生活垃圾和建筑垃圾、危险废物,相当于统筹了全部生产和消费领域。此外，中国政府的影响力也相对较强。国家的各部委可以通过在其职能范围内制定政策，对相关行业进行引导，而地市政府可以通过规划、税收、设施建设等措施，对辖区进行直接管理。本次"无废"试点建设项目是由国务院办公厅直接向各级政府和国家部委发文的，引起了全国的重视和各地的积极响应，有助于通过部委与政府的联动，将"无废"政策落实并融入城市发展中。

中国有 300 多个地级市，各地在经济总量、发展阶段、产业特点、固体废物环境管理等方面都存在很大的差异。生态环境部在综合考虑了城市政府积极性、代表性、工作基础及预期成效的基础上，最终选择 16 个试点开展先行先试。这些试点既有以工业为主的资源型、科技型、制造型模式，也有以农业为主的新农村、传统农业模式，还有以生活为主的旅游型、生态型模式等。虽然强调问题导向和因地制宜，突出特色，但是都需要从工业、农业、生活三方面制订"无废"试点建设实施的整体方案，一方面要坚持政府引导和市场主导相结合，提升固体废物综合管理水平与推进供给侧结构性改革相衔接（也就是根据市场需求对生产端进行结构性改革），推动实现生产、流通、消费各环节绿色化、循环化；另一方面要全民参与，坚持理念引领，形成简约适度、绿色低碳、文明健康的生活方式和消费模式（见表 3-4）。

3.2.6　国外无废实践对我国的启示

1）按照经济社会的发展阶段，梯次构建"无废城市"

受到城市的经济发展水平、产业结构、固体废物环境管理基础等因素的影响，我国各地"无废城市"建设的重点各不相同。建议根据城市发展情况，将"无废城市"建设划分为四个阶段，并优先采取不同的措施。第一阶段为污染控制阶段，主要是为了避免固体废物因随意倾倒和露天堆放而造成的直接环境污染，通过建设填埋、焚烧、堆肥等处置设施，对固体废物进行末端处理。第二阶段为废物资源化阶段，即限制原生材料的开采和使用，鼓励废物的分类回收和再生资源的利用，通

表 3-4 "无废城市"建设试点工作方案任务分解表

序号	任务名称	任务分解	重点领域	具体措施	相关部门	目的
1	强化顶层设计引领，发挥政府宏观指导作用	建立"无废城市"建设指标体系		• "无废城市"建设指标体系 • 健全固体废物统计制度，完善统计方法	1、2、3、4、5、6	发挥导向引领作用
		建立部门责任清单		• 明确部门职责边界	1、20	形成分工明确、权责明晰、协同增效的综合管理体制机制
		集成目前已开展的改革和试点示范政策、制度与措施		• 集成目前已开展的改革和试点示范政策、制度与措施	1、2、3、4、5、6、7、8、9、10、20	与城市建设与管理有机融合，明确改革试点的任务措施，增强相关领域改革系统性、协同性和配套性
		统筹城市发展与固体废物管理		• 严控项目准入条件； • 构建资源和能源梯级利用、循环利用体系； • 构建循环经济产业链运行机制； • 保障处置设施用地	1、2、3、4、5、8、9、20	优化产业结构布局
2	实施工业绿色生产，推动大宗工业固体废物贮存处置总量趋零增长	全面实施绿色开采	煤炭、有色金属、黄金、冶金、化工、非金属矿等行业	• 达到绿色矿山建设要求和标准	3、8、20	减少矿业固体废物产生和贮存处置量
		开展绿色设计和绿色供应链建设		• 推行绿色设计； • 推行绿色供应链管理； • 培育绿色设计和绿色供应示范企业； • 落实生产者责任延伸制，建设废弃产品逆向回收体系	1、2、3、9、12、20	促进固体废物减量和循环利用

（续表）

序号	任务名称	任务分解	重点领域	具体措施	相关部门	目的
2	实施工业绿色生产，推动工业大宗固体废物贮存处置零增长	健全标准体系	尾矿、煤矸石、粉煤灰、冶炼渣、工业副产石膏等大宗工业固体废物	• 完善综合利用标准体系 • 制定工业副产品、资源综合利用产品等产品技术标准； • 推广一批先进适用技术装备； • 推动大宗工业固体废物综合利用产业规模化、高值化、集约化发展	3、12、20	推动大宗工业固体废物资源化利用
		严格控制增量	磷石膏	• 探索实施"以用定产"政策，实现固体废物产消平衡； • 全面摸底调查和整治工业固体废物堆存场所	1、3、20	逐步解决工业固体废物历史遗留问题
3	推行农业绿色生产，促进主要农业废弃物全量利用	建立种养循环发展机制	规模养殖场	• 建立种养循环发展机制； • 推广先进的堆肥和有机肥生产技术； • 推广生态农业模式	5、20	逐步实现畜禽粪污就近就地综合利用
		推动区域农作物秸秆全量利用	收集、利用等环节	• 探索多种技术路线和多途径利用模式	2、5、20	到 2020 年，秸秆综合利用率达到 85% 以上
		提升废旧农膜及农药包装废弃物再利用水平	回收、处理等环节	• 建立回收利用体系 • 推广新技术； • 禁止生产和使用厚度低于 0.01 毫米的地膜； • 推进地膜机械化回收； • 建立农药包装废弃物回收奖励或使用者押金返还等制度	1、5、7、12、20	到 2020 年，重点用膜区当季地膜回收率达到 80% 以上

（续表）

序号	任务名称	任务分解	重点领域	具体措施	相关部门	目的
4	践行绿色生活方式，推动生活垃圾减量源头和资源化利用	践行绿色生活方式		● 发布绿色生活方式指南，引导公众在衣食住行等方面践行简约适度、绿色低碳的生活方式； ● 支持发展共享经济； ● 限制生产、销售和使用一次性不可降解塑料袋、塑料餐具，扩大可降解塑料产品应用范围； ● 推广使用可循环利用物品，限制使用一次性用品； ● 推进快递业绿色包装应用； ● 推动公共机构无纸化办公； ● 创建绿色商场，培育一批应用节能技术、销售绿色产品、提供绿色服务的绿色流通主体； ● 倡导"光盘行动"	1、2、4、9、12、13、14、15、20	生活垃圾减量
		生活垃圾资源化利用		● 推行生活垃圾计量收费； ● 建设资源循环利用基地； ● 强化垃圾发电统发电企业信息公开； ● 拓宽餐厨垃圾资源化产品出路	1、2、4、9、15、20	生活垃圾资源化利用
		开展建筑垃圾治理		● 建筑垃圾全过程管理； ● 规划引导，合理布局处理设施； ● 存量治理； ● 提高建筑垃圾资源化再生产品质量	2、3、4、20	建筑垃圾源头减量及提高资源化利用水平

（续表）

序号	任务名称	任务分解	重点领域	具体措施	相关部门	目的
5	提升风险防控能力，强化危险废物全面安全管控	筑牢危险废物源头防线	有色金属冶炼、石油开采、石油加工、化工、焦化、电镀等行业	● 落实建设项目危险废物环境影响评价指南； ● 强制推行清洁生产审核	1、20	防控环境风险
		过程规范化管理		● 将固体废物纳入排污许可"一证式"管理； ● 规范危险废物电子转移联单制度； ● 落实危险废物经营电子许可证制度试点； ● 促进医疗废物源头分类，促进规范化处置	1、10、16、20	防控环境风险
		完善相关标准规范		● 明确危险废物利用处置过程环境保护要求及资源化利用过程二次污染控制要求； ● 规定资源化利用产品中有毒有害物质含量限值； ● 严厉打击非法转移、非法利用、非法处置危险废物	1、12、20	以全过程环境风险防控为基本原则，促进危险废物安全利用
6	激发市场主体活力，培育产业发展新模式	提高政策有效性		● 企业环境信用评价，实施跨部门联合惩戒； ● 落实税收优惠政策，促进固体废物综合利用； ● 构建工业固体废物资源综合利用评价机制； ● 制定国家工业固体废物资源综合利用产品目录； ● 环境污染责任保险； ● 补贴； ● 政府绿色采购； ● 激励约束机制； ● 资源化利用产品强制使用制度	1、2、3、4、5、7、12、15、17、18、19、20	鼓励资源化利用

（续表）

序号	任务名称	任务分解	重点领域	具体措施	相关部门	目的
6	激发市场主体活力，培育产业发展新模式	发展"互联网+"固体废物处理产业		● 推广回收新技术、新模式； ● 优化逆向物流体系建设； ● 建立在线交易平台，完善线下回收网点，实现线上线下有机结合； ● 建立政府管理平台与市场交易平台信息交换机制； ● 运用物联网、全球定位系统等信息技术，提高监督管理效率和水平	1、9、11、20	培育新产业
		培育第三方市场		● 鼓励环境咨询服务； ● 打造一批固体废物资源化利用骨干企业； ● 工程项目； ● 探索第三方治理或政府和社会资本合作（PPP）等模式	1、2、3、7、20	培育新市场

注：1 生态环境部，2 国家发展和改革委员会，3 工业和信息化部，4 住房和城乡建设部，5 农业农村部，6 国家统计局，7 财政部，8 自然资源部，9 商务部，10 国家卫生健康委员会，11 供销合作总社，12 市场监督管理总局，13 国家邮政局，14 文化和旅游部，15 国家机关事务管理局，16 交通运输部，17 中国人民银行，18 中国银行保险监督管理委员会，19 国家税务总局，20 试点城市政府。

过建设废物回收设施，强化废物循环和能量转化，减少进入填埋场的废物量。第三阶段为绿色供应链阶段，主要是将固体废物的环境管理延伸到产品的生产、销售、使用等过程中，要求企业在生产时考虑到废物的问题，尽量减少有害物质的含量，同时提高使用后产品的可回收性。通过源头减量，推动循环经济的发展。第四阶段为全社会的绿色消费阶段，一方面，通过精细化管理，实现供销精准对接，减少资源损耗；另一方面，通过转变消费方式和商业模式，发展共享经济和执行经济，由购买产品转向购买服务，减少不必要的消费和占有，从而减少废物的产生。

2）培育市场体系，形成"无废城市"建设的长效机制

与一般商品的市场体系不同，"无废城市"建设的市场体系不是围绕某种特定的商品进行买卖，而是通过信息、技术、金融等要素的相互作用，形成一个有效的循环体系。建议围绕三个方面开展相应工作：一是建立循环体系。针对废物进行末端回收，以现阶段已有的回收体系为基础，通过差别化方法，落实生产者责任延伸制；充分运用大数据、互联网+等信息化技术，合理设计回收路径和回收方法，提高系统的有效性。二是依靠市场机制维持该体系的有效运行。通过合同要求（明确最低执行要求、执行政府采购标准）、服务费设置等方式，运用第三方治理模式，充分发挥专业公司的优势和特长；通过投融资、绿色债券、绿色信贷等方式，加强产品生产和废物循环环节的绿色引导，并为各行业企业绿色发展提供资金支持。三是规范和维护市场秩序。加强信用体系建设，加强市场监管，规范市场秩序；提升绿色认证服务工作，将绿色认证作为绿色金融的依据。

3）全面安全管控危险废物，提升"无废城市"的风险防控能力

非法排放、倾倒、处置危险废物，不仅对环境和人体健康造成极大危害，而且舆论关注度高、社会影响恶劣，已逐渐成为生态环境保护领域的"灰犀牛"事件。建议提升危险废物的精细化管理水平，全面降低"无废城市"的环境风险。首先，将危险废物分为产品生命周期后形成的危险废物（简称产品类危险废物，如废机油、印刷电路板）和生产过程中产生的危险废物（简称过程类危险废物，如蒸馏残渣、阳极泥等）。针对产品类危险废物，主要学习欧盟的管理经验，废弃后实行登

记管理，追踪再生产过程中有毒、有害物质的使用。有关部门应针对过程类危险废物，一方面，应用信息化技术手段，提升管理效率。借助互联网+、大数据等信息化措施，实行产生、转移、贮存、利用、处置的全过程"定位、查询、跟踪、预警、考核"一体化的信息化监管。另一方面，强化重点环节的监管，降低环境风险。引入危险性评价因子，根据风险等级，对危险废物进行快速分级分类，实行精细化管理。此外，还需平衡集中处置和自行利用处置的关系，在降低危险废物转移风险的同时，避免不规范的自行利用处置，甚至通过非法利用逃避处置责任。

3.3 "无废城市"建设的政策体系构建

3.3.1 "无废城市"的主要障碍和建设路径

在建设"无废城市"的过程中，我国遇到的主要障碍在于制度和市场的绿色引领不足，技术和管理的绿色支撑不够，尤其在产品绿色设计、企业绿色理念执行、市场绿色供应链管理、生产者责任延伸制落实等方面，缺乏足够的激励机制和惩罚措施。大多数资源开采过程的环境价值、原生材料的有限性、产品生命周期后的处理处置成本等未能体现在产品的价格中，致使投入大量科研、技术、人工、资金的绿色产品由于成本高、收入低，在市场竞争中处于劣势。

生产端绿色引领不足，导致"开采-使用-废弃"的线性发展模式依然占主导地位。对资源效率的提升和对固体废物的管理，仍然主要依赖末端的回收利用。但是，由于固体废物资源化过程涉及的废物种类多、领域复杂，大多数再生产品缺乏有害污染物含量限值的产品质量标准约束，而且制造过程中的污染控制标准和使用过程中的风险评价标准都处于缺位状态，导致资源化利用产品的安全性受到质疑，资源化利用产业的规范化发展受到限制，进一步影响了再生产品的市场接受度，从而形成恶性循环，致使资源化利用产业的萎缩。

固体废物回收利用的能动性受到影响，导致大量固体废物因产出低于投入而长期堆存,造成大气、土壤和地下水等环境污染,增加了非法倾倒和处置的风险。危险废物由于堆存时间限制严格,处置价格高,因此部分不法企业为了节省成本,将其制成所谓的"再生产品"逃避处置责任。大批危险废物制成的"再生产品"未去除其中的有害物质,也未对使用后可能造成的环境和安全风险进行科学评价,危害生态环境安全和人体健康。

在当前线性发展模式主导下,固体废物的资源性和污染性难以平衡。而且,根据熵增原理,从无序的废物状态变为有序的原材料状态,需要有外界能量的输入,也就是需要成本投入。因此,在末端进行废物回收利用,并不会带来较大的经济收益。现阶段,农村传统的耕作模式尚未改变,生活垃圾分类体系尚不完善,再利用产品质量标准和风险评价方法尚不健全,解决废物的问题首先应该注重源头减量和过程的再利用,提升产品使用强度和资源利用效率,减少进入回收和处置环节的废物数量。

综上,笔者认为,"无废城市"建设的具体措施应着重于三个方面,一是强化源头绿色引领。通过绿色设计,减少有毒有害物质的使用,使产品构造合理化,提升产品生命周期后的物质可回收性;强化核心企业的带头作用,构建绿色产业链,引领绿色发展。二是构建循环体系。优化宏观设计和产业布局,形成高效的生态循环系统(如生态工业园、生态农业园等),实现物质循环利用。三是减少消费端的浪费。倡导节约,创新消费模式,提升产品生命周期过程中的使用率,降低物质消耗,避免固体废物产生。

在宏观上,"无废城市"建设要注重"五位一体"。在政治方面,要在坚持和发展中国特色社会主义制度下,在工业、农业、生活三大领域,建设适合我国国情的"无废城市"模式。在经济方面,一要保障经济效益,"无废"模式要能在市场机制下长期有效运行;二要注重产业发展,通过创新发展模式、产学研结合,使绿色产业成为经济发展的新引擎。在文化方面,要注重从生活消费领域进行引导,坚持创新、协调、绿色、开放、共享的理念,形成"无废"文化。在社会方面,构建不同场景的"无废"模式,同时形成互相监督和互相促进的"无废"氛围。在生态文明方面,健全高效的资源循环利用体系,将环境影响体现在产品价格中,消除固体废物对环境的影响。

3.3.2 "无废城市"建设试点经验

由于各地发展情况不同，16 个试点可简单归类为资源型、旅游型、农业型、以新兴产业为主的综合发展型城市。资源型城市在早期发展过程中，有大量固体废物产生并留存下来，其主要的任务是工业固体废物的趋零增长和消除存量。旅游型城市以生活源固体废物为主，其主要的任务是在生活领域减少废物产生量，同时，实行垃圾分类，构建回收体系，提高资源回收率。农业型城市主要是推广生态农业生产模式（如种养结合），发展循环农业，减少农药化肥的使用，就地消纳畜禽粪污、秸秆等农业废物。

以新兴产业为主的综合发展型城市是建设"无废城市"的重点。此类城市通常人口较多，发展速度快，且注重产业转型升级，是我国大型城市发展的重要阶段。其特点是工业固体废物产生强度低，且重视绿色生产；生活领域固体废物种类复杂，除常见的生活垃圾外，还包括报废汽车、动力电池、废弃电子产品、快递包装物等新型固体废物。此类城市建设"无废城市"，要着眼于宏观布局和长远发展，加强顶层设计，调整产业结构，用绿色发展的理念指导城市运行和新兴产业发展，将固体废物环境管理彻底融入城市发展中。此外，这类城市由于发展新兴产业，是我国推进绿色制造体系建设、发展绿色生产、加强绿色设计、构建绿色产业链、落实生产者责任延伸制度、实现固体废物源头减量的关键。而且，人口的大量聚集也有助于从消费端提升资源效率，强化闲置品的回收和再使用，改变经营模式，发展循环或共享等新型经济，促进产业规模化发展。

深圳作为以新兴产业为主的综合发展型城市代表，基本形成了较为系统的"无废城市"建设范式，包括生活垃圾"源头分流减量化-分类收运资源化-全量焚烧无害化"模式，建筑垃圾"源头限排标准化-综合利用产业化"模式，一般工业固体废物"优化产业结构-建设绿色制造体系-打造示范基地"模式，危险废物"台账清单-网格化巡查-信息化监管"模式，医疗废物"全覆盖、全收集、全处理"

模式，市政污泥"厂内深度脱水-末端集中焚烧处置"模式，绿色快递包装"标准化-减量化-可循环利用"模式，动力电池、报废汽车"落实生产者责任"模式，固体废物全过程智慧监管平台建设模式，粤港澳大湾区固体废物区域协同处置模式，"无废文化"全方位科普教育模式等。

3.4 "无废城市"建设的管理机制解析与管理路径研究

3.4.1 "无废城市"建设的管理机制

2018 年底，我国启动"无废城市"建设试点以来，以城市为载体进行综合性制度改革创新试点，涉及了从固体废物产生、分类、转移、利用与处置等各个环节。各试点城市将国家统筹确定的重点任务与本地区城市发展目标定位和突出问题有机结合，制订并执行具有较强操作性和针对性的实施方案，形成上下联动合力，按照"国家授权、地方实践创新"的思路，协同推动（见图 3-5）。

在国家层面，生态环境部会同相关部门建立协调机制，共同推进"无废城市"建设试点工作，统筹研究重大问题，协调重大政策，指导各地试点实践，确保试点工作为宏观管理提供有效支撑。国务院相关部门推动试点城市加入已开展和正在开展的各项改革试点工作，并进一步深化创新和系统集成。

在地方层面，以城市为主开展，省级政府根据试点工作需要和自身意愿，在省级层面开展统筹协调和管理授权，保障试点任务顺利落实推进；试点城市的党委和人民政府是"无废城市"建设试点的主体，应充分发挥主动性、创造性，建立激励机制，营造良好环境，确保试点工作取得实效。

3.4.2 "无废城市"建设的推动形式

首先，确定试点城市。试点城市由省级有关部门组织推荐，生态环境部会同国家发展和改革委员会、工业和信息化部、财政部、自然资源部、住房和城乡建设

党的"十九大"报告提出"加强固体废弃物和垃圾处置"改革任务	《中共中央国务院关于全面加强生态环境保护坚决打好污染防治攻坚战的意见》中明确提出，要开展"无废城市"试点，推动固体废物资源化利用	生态环境部印发"无废城市"建设试点部际协调小组成立方案	生态环境部公布"无废城市"建设试点咨询专家委员会成员名单	"无废城市"建设试点启动会
2017.10.18	2018.6.16	2019.4.2	2019.5.7	2019.5.13
2018.1.23	2018.12.29	2019.4.30	2019.5.8	2019.9.16
中央深改委将"无废城市"建设试点列入2018年工作重点	国务院办公厅印发《"无废城市"建设试点工作方案》（国办发〔2018〕128号）	生态环境部公布了"11+5"个"无废城市"建设试点名单	生态环境部印发《"无废城市"建设试点实施方案编制指南》和《"无废城市"建设指标体系(试行)》	"11+5"个试点城市和地区的"无废城市"建设实施方案通过评审

图3-5 中国"无废城市"建设整体推进情况图

部、农业农村部、商务部、国家卫生健康委员会、国家统计局等部门组织筛选确定。优先选择国家生态文明试验区试点省份具备条件的城市、循环经济示范城市、工业资源综合利用示范基地、开展过或正在开展各类固体废物回收利用无害化处置试点的城市。

其次，制订实施方案。试点城市负责编制"无废城市"建设试点实施方案，明确试点目标，确定任务清单和分工，做好年度任务分解，明确每项任务的目标成果、进度安排、保障措施等。试点城市实施方案按程序报送生态环境部，经生态环境部会同有关部门组织专家评审通过后实施。2018年底前，试点城市党委和政府联合印发实施方案。然后，组织开展试点。试点城市人民政府是"无废城市"建设试点的责任主体，要把试点工作提上重要日程，完善工作机制，围绕试点内容，有力有序开展试点，确保实施方案规定的各项任务落地见效。生态环境部会同有关部门对试点工作进行指导和成效评估，发现问题及时调整和改进，适时组织开展"无废城市"建设试点经验交流。

最后，开展评估总结。试点城市人民政府对本地区试点总体情况、主要做法和成效、存在的问题及建议等进行评估总结，形成试点工作总结报告，报送生态环境部。生态环境部会同相关部门组织开展"无废城市"建设试点工作成效评估,对全面达到试点要求的城市向社会公告,对成效突出的城市给予通报表扬。同时,把试点城市行之有效的改革创新举措制度化、法治化,并提出"无废城市"建设普及推广建议,报国务院批转后在更大范围内实施。

中国"无废城市"建设框架图见图 3-6。

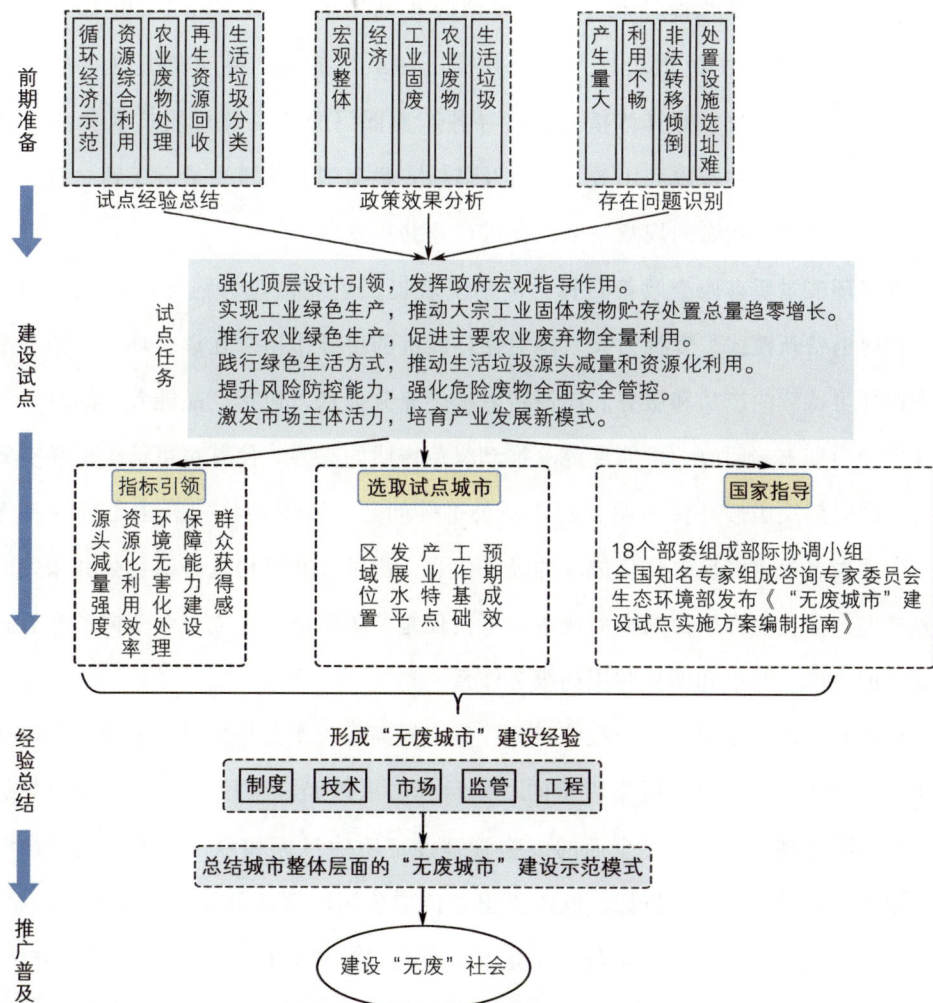

图 3-6 中国"无废城市"建设框架图

3.4.3 "无废城市"建设的管理路径

无废城市建设需要以问题为导向，梳理生产、消费、废物管理、资源再生等产品生命周期四个环节，设定优先发展领域和行动时间表。

生产环节主要有两项政策目标：一是产品设计环节的政策目标，即激励循环产品设计；二是生产过程环节的政策目标，即提高生产效率，提供示范并鼓励生产过程创新。在生产环节，设计和生产易于回收再利用的产品。修订"生态设计指令"，根据循环经济的原则设计产品，并提出一系列提高产品可修复性、可升级性、耐用性和可回收性的具体措施；指导各产业部门的"最佳可用技术参考"文件，涵盖废物管理和资源利用效率指南及最佳实践案例。欧盟委员会还确立有关副产品和废弃物终止状态的规章制度，促进产业共生发展。

消费环节主要有四个政策目标：向消费者提供可靠信息、强化产品维修和升级、创建消费新模式、发挥公共采购对循环经济的引导作用。在消费环节，帮助消费者选择可持续的产品和服务。向消费者提供充分信息，包括产品能效、原材料及产品生命周期末端回收的可能性等。推动绿色声明的完善，使其更可信，更易有效执行，同时解决虚假环保声明、商业不公平等问题。欧盟还将提高生态标签的效力，向消费者提供能反映环境成本的经济信号，鼓励公共机构选择绿色公共采购时特别考虑产品在全部生命周期的成本而不仅仅是购买价格，建立有利于向消费者提供完善的维修、共享和循环利用的服务体系。

废物管理环节主要有四个政策目标：确定提高回收率的长期目标、明确并简化有关废物的概念、确定降低填埋量的长期目标、采用经济手段进行有效的垃圾管理。在废物管理环节，为更全面的废物管理设定明确目标和手段。设定废物回收率、限制垃圾填埋的长远目标。欧盟提出了适应各国国情的具体政策手段。包括：（1）明确并简化废物、副产品等相关定义，优化废物终止标准和回收率计算方法，确保欧盟层面相关统计数据的可比性；（2）针对回收率较低的成员国制定特别规则，引入预警系统，监测目标执行情况；（3）使有害废弃物更具可追溯性；

（4）更多地使用经济手段（如填埋税）减少垃圾填埋数量；（5）扩大生产者责任制度的一般要求，把生产者对产品的责任扩展到产品消费后期；（6）为企业设计更环保的产品，建立修复、回收和循环系统提供直接的资金激励。

资源再生环节主要有四个政策目标：建立标准保证再生资源质量、增加再生资源的使用、安全处理化学品、加强资源流动研究。在变废物为资源方面，振兴再生资源市场。明确再生资源的质量标准，明确界定再生资源的范畴。专门针对有机废物和由其转化而来的有机肥料提出一套统一的标准。

3.4.4 建设"无废城市"的其他建议

将固体废物的环境管理融入城市管理中，用系统思维和战略布局建设"无废城市"。通过优化城市规划、调整产业结构、构建循环体系、形成绿色发展方式，降低固体废物产生的强度；改变传统的以售卖"物品所有权"为主的商业模式，鼓励发展"共享"或者"购买服务"的消费模式，强化产品和零部件在其生命周期内的使用，提升资源使用效率；发展循环经济，支持固体废物处理处置、资源循环利用、环境咨询服务等产业的发展，提升固体废物规范化处理水平，为经济社会可持续发展注入绿色动力；培育全民绿色生活的意识，养成环境友好行为习惯，自觉形成绿色生活方式，杜绝浪费，减少不必要的消耗，降低固体废物产生量。

以问题为导向，实行"一城一策"。从工业、农业、生活三个领域，逐一梳理固体废物的产生、贮存、利用、处置、堆存情况，总结当前固体废物环境管理存在的主要问题，找出影响高质量发展的薄弱环节；结合城市发展现状，分析产生问题的具体原因，研究当前已开展的治理工作的有效性，借鉴国内外先进的管理经验，因地制宜、查漏补缺，提出合理目标，制定具有针对性的可行性措施；加强组织领导，明确责任分工，将措施分解为具体任务，分配到职能部门或责任主体，通过建立清单、目标考核、绩效评价等方式，狠抓落实。

注重全链条管理，抓住关键环节。将固体废物环境管理融入"资源开采—生产加工—销售使用—废弃处理"的全过程管理体系，加强部门合作和区域协调，注重政策的协同增效。以问题为导向，突出重点领域和关键环节的管控——在农业领域，构建生态循环体系，就地消纳畜禽粪污，减少农药化肥的使用，引导秸秆的高值化利用；在工业领域，构建绿色制造体系和绿色产业链，推行清洁生产，降低固体废物产生强度，落实生产者责任延伸制度，提升固体废物的回收处理率；在生活领域，通过公益捐赠、维修维护、二手交易等措施，延长产品的生命周期。

健全现代化管理体系，建立长效机制。结合新修订的《固体废物污染环境防治法》，完善固体废物污染防治制度，健全固体废物污染防治手段，加大对固体废物违法行为的处罚力度；将固体废物环境行为纳入社会信用体系建设，对违法者实行多领域联合惩戒，形成自觉守法的良好氛围；将大数据和信息化技术应用于固体废物环境监管，为信息公开、决策支持、应急预警提供支撑，优化资源配置，提升监管水平，形成全过程可追溯的高效管理体系；制定"无废城市"建设系列标准，从固体废物污染控制、环境污染治理、废物循环利用、固体废物处理处置技术要求、行业发展、绿色金融、绿色信贷等方面，多维度形成"依标管理"的良好格局；综合运用税收优惠、产业政策、信贷支持、环境污染责任保险等措施，降低固体废物治理项目市场化运行成本，保障"无废城市"的可持续运行。

发挥各方的积极作用，共同建设"无废城市"。政府要加大财政投入，支持园区循环化改造、落后产能淘汰、信息化平台搭建、技术研发创新、绿色体系构建，还要充分发挥其在资源整合方面的作用（如通过政府招商会引进绿色产业、通过区域合作强化固体废物协同治理），调动各方力量建设"无废城市"；发挥专家或专业机构的技术指导作用，精准查找问题，科学制订实施方案；利用企业、学校、研究机构之间产学研结合的优势，精准解决固体废物处理处置的技术难点，推动科技创新，引领绿色转型；发挥金融机构的资金筹措作用，发展绿色金融，支持绿色项目；发挥媒体和社会组织的宣传引导作用，引起人们对绿色产品的青睐，引导社会对绿色产品的尊崇，推动形成绿色生活方式；发挥公众的监督作用，形成自觉守法的良好氛围。

第 4 章　我国"无废城市"建设的 绩效评价方法研究

温宗国　郑凯方　陈晨

4.1　研究背景

4.1.1　"无废城市"的理论与实践概述

　　城市是集中了大量人口，人类活动密集发生、资源大量消耗，同时也集中产生大量固体废弃物（简称固废）的区域[1]。对于城镇化迅猛推进、经济快速发展但基础设施有待完善的发展中国家城市来说，固废引发的环境污染问题往往对城市形成了艰巨的挑战。以我国为例，每年固废的产生总量约为 100 亿吨且一直在上升，历史堆存量为 600 亿~700 亿吨[2]；2018 年，我国 200 个大中型城市共计产生了 15.5 亿吨一般工业固废、2.115 亿吨生活垃圾、4 643 万吨工业危险废物（简称危废）和 81.7 万吨医疗废物（简称医废）[3]。不断增长的固废总量为我国城市有序发展和民众健康安全带来巨大的隐患。部分城市固废处置能力不足、处置设施常年超负荷运行、"垃圾围城"和非法倾倒等问题频出，造成环境污染和严重灾害[4]。

　　城市固体废物问题的根源在于社会经济发展模式和居民生活、消费模式的不可持续性。解决问题需要从促进城市绿色发展转型、探索城市固废的系统性解决方案入手[5]。"无废城市"是一种引入"无废（Zero Waste，ZW）"理念进行城市固废污染治理的系统性方案。实现"无废城市"的关键思路是将城市资源代谢由传统的线性模式转化为闭环模式，这种转变需要政策引导，更需要相关产业领域、新的行政管控机制、合适的技术和基础设施，以及有效的教育、研发和社会共识来共同支撑（如图 4-1 所示）[1]。

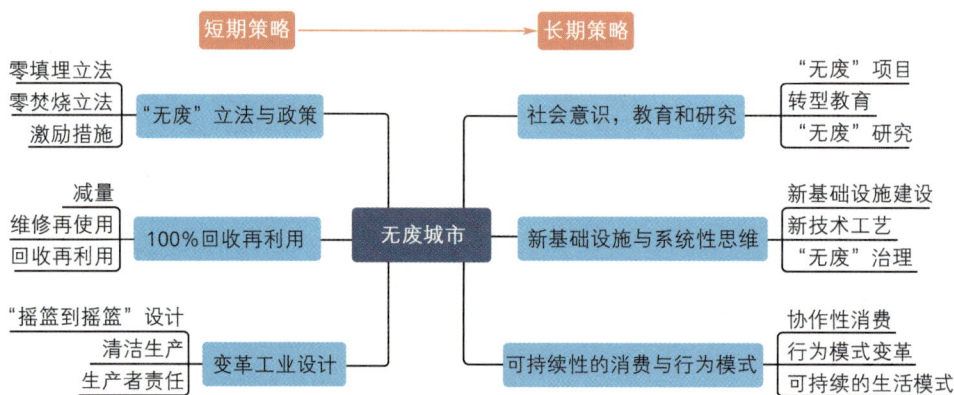

图 4-1　"无废城市"的短期和长期实施策略[1]

1996 年，澳大利亚首都堪培拉成为第一个提出"无废"目标的城市[6]；随后，美国、新西兰、意大利等国家的一些城市也确定了"无废"目标或方案（见表 4-1）。到今天，在城市固废管理上朝着"无废"目标努力已然成为全球的新趋势，许多城市制定了"无废"目标、"无废"政策或"无废城市"实施计划。地方社区、地方政府、研究机构和商业组织都在参与"无废"运动[1,7]。

表 4-1　　　　　　　　　　早期"无废城市"实践

城市或国家	"无废城市"标志性事件
堪培拉，澳大利亚	1996 年通过"No waste by 2010"的决议
新西兰	"无废新西兰"基金自 1997 年起开始推广"无废城市"的实践活动；到 2001 年，新西兰 74 个地方政府中有 40% 已经制定了到 2015 年实现垃圾零填埋的目标

（续表）

城市或国家	"无废城市"标志性事件
西雅图，美国	1998 年，将"无废"作为固废管理指导原则
旧金山，美国	2002 年作出"无废"承诺
卡潘诺里，意大利	2007 年成为欧洲首个签署"无废"协议的小镇

4.1.2 中国"无废城市"建设试点工作

2018 年底，国务院办公厅印发《"无废城市"建设试点工作方案》（以下简称《工作方案》）[8]。从固废污染防治的角度看，"无废城市"试点建设工作旨在集成固体废物领域的工作成果，进一步深化固体废物综合管理机制体制改革，探索固体废物源头产生量最少、资源充分循环利用、排放量趋零的系统性解决方案。从城市可持续发展的角度看，我国政府将"无废"作为一种创新的城市管理思路，建设"无废城市"的目的并不是字面意义上的追求实现没有废弃物或者废弃物全量利用，而是推动形成绿色发展方式和生活方式、探索固废环境影响最低的城市可持续发展和管理模式。这一点也体现在了《工作方案》提出的试点城市建设工作的关键目标上，包括大宗工业固废贮存处置总量趋零增长、主要农业废弃物全量利用、生活垃圾减量化与资源化水平全面提升、危废全面安全管控，非法转移倾倒固废事件零发生，培育一批固废资源化利用骨干企业，形成可复制、可推广的"无废城市"建设经验与模式等。

该试点工作的组织管理模式如图 4-2 所示。该工作由生态环境部牵头，协同国家发改委等 17 个国家部委①组建"无废城市"建设试点部际协调小组，共同研究重大问题和重要政策，指导、监督"11+5"个试点开展"无废城市"建设。此外，为指导试点方案编制和建设实施，生态环境部成立了"无废城市"建设试点咨询专家委员会，组建技术帮扶工作组，为各试点提供包括管理政策、技术方案、

---

① 这 17 个部委包括：生态环境部、国家发展和改革委员会、工业和信息化部、财政部、自然资源部、住房和城乡建设部、农业农村部、商务部、国家卫生健康委员会、国家统计局等。

资金等方面的建议和支持。

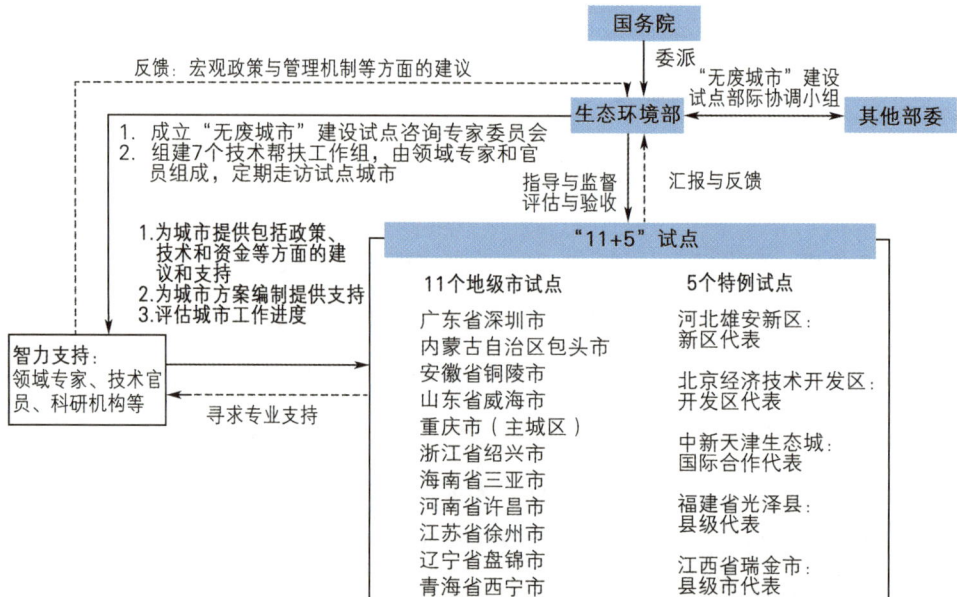

图 4-2　我国"无废城市"建设试点工作推进示意图

图 4-3 展示了"无废城市"建设试点工作推进的重要时间点。2019 年 5 月，生态环境部公布了包括 11 个地级市和 5 个非地级市的特例区域在内的"11+5"试点名单，印发了《"无废城市"建设试点实施方案编制指南》和《"无废城市"建设指标体系（试行）》，为期两年的"无废城市"建设试点工作正式进入实施探索阶段。2019 年 9 月，各试点完成《"无废城市"建设实施方案》编制并开始推进"无废城市"建设。按《工作方案》的要求，各试点将于 2021 年 3 月底前对两年的"无废城市"建设工作成效和经验进行总结和评估，形成报告/报道报送生态环境部；生态环境部将组织相关部门、专家开展评估验收工作，并把试点城市行之有效的改革创新举措制度化。

4.1.3　"无废城市"绩效评价方法的研究意义

开展"无废城市"绩效评价方法的研究对我国"无废城市"建设试点工作的

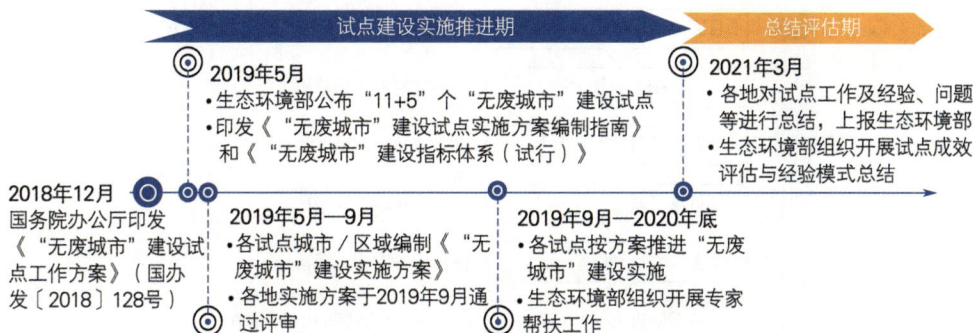

图 4-3 我国"无废城市"试点实施推进时间节点梳理

推进有重要应用价值。第一,"无废城市"建设绩效评价方法的构建更是"无废城市"试点建设的主要任务之一。通过对"无废城市"试点建设的进展和绩效进行评价,可以更好地把握"无废城市"试点建设进展及突出短板,总结试点经验做法,有针对性地制定帮扶计划与激励政策。《工作方案》指出,要通过"无废城市"建设试点的实施,"到 2020 年,系统构建'无废城市'建设指标体系",并对试点城市在固体废物重点领域和关键环节取得的进展、成效进行评估。第二,"无废城市"绩效评价方法也是对生态文明绩效评价考核制度的重要补充。《生态文明体制改革总体方案》指出,构建充分反映资源消耗、环境损害和生态效益的生态文明绩效评价考核制度是生态文明体制改革的目标之一。

对"无废城市"实施进展和成效评估是十分必要的。Song 等人(2015)提出的"无废"系统性实现路径(图 4-4)[9],以及 Zaman(2015)提出的推进"无废"发展的总体指导方针[7],都认为对"无废"进展和成效的评价、评估是不可或缺的环节。Pietzsch 等人(2017)指出使用环境绩效评估工具进行过程监控是"无废"的关键成功因素之一[10];特别是在城市、地区或国家层面实施"无废"策略,其成功与否取决于在识别、收集、监视和评估相关数据方面的能力[10]。因此,开发和应用合适的绩效评估工作和方法对于评价"无废城市"在环境、社会、经济多方面的表现非常重要;但在目前"无废"相关主题的研究文献中,涉及"无废"评价方法和工具的较为少见[7]。

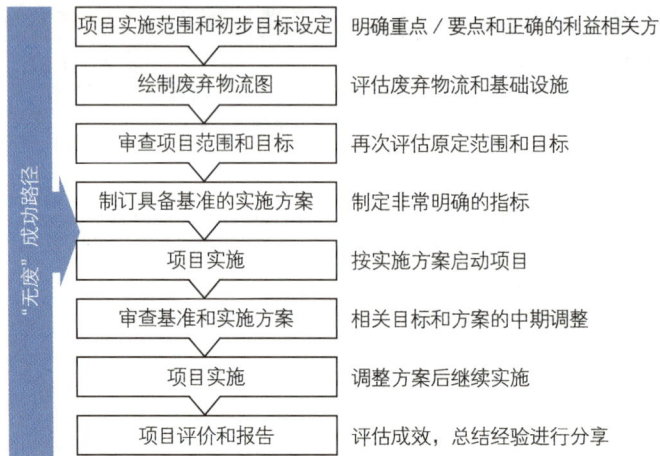

图 4-4   "无废"（涵盖从产品到城市等实施范围）的系统性实现路径[9]

在我国城市环境管理实践中，大气环境方面有以空气质量指数（AQI）① 作为定量描述空气质量状况的无量纲指数；水环境方面也有相应的评价标准和方法，如《地表水环境质量评价办法（试行）》《水环境承载力评价方法（试行）》等；唯独还没有对城市固废管理成效进行评价的统一标准或方法。因为各城市产业结构、资源禀赋和发展水平不一样，同时城市的固废监测和管理体系还在不断完善中，因此始终无法提出一个指标或方法来反映城市固废的综合管理水平。合理设计的评价指标和方法可以用以分析固废管理模式以及特定的技术、实践的绩效表现，支持和指导决策过程，从而对城市固废管理的各个方面产生积极影响[11]。"无废城市"是实现城市固废可持续管理的新模式、新思路，因此对"无废城市"绩效评估体系的研究将填补我国城市固废管理系统评价方法上的空白。

"无废城市"绩效评估工具与评估指标的设计应考虑到我国"无废城市"建设所面临的固废管理挑战和目标。由于我国与发达国家处于不同的经济和城镇化发展阶段（表 4-2），因此 在固废管理上着面临不同挑战。以生活垃圾的产生为例（图 4-5），美国、英国、日本等发达国家近年来由于消费的边际需求减少[12]，生活垃

_____

① 《环境空气质量指数（AQI）技术规定（试行）》（HJ633-2012）。

表 4-2 中国与其他国家/区域经济和城镇化指标对比（2018 年）*

指标		中国	欧盟	英国	美国	日本
经济指标	人均 GDP（美元）	9 977	35 660	43 043	62 997	39 159
	人均 GDP 年增长率（%）	6.27	2.00	0.73	2.65	0.53
城镇化指标	城镇化率（%）	59.2	74.5	83.4	82.3	91.6
	城镇人口年增长率（%）	2.49	0.43	0.91	0.76	-0.11

*数据来源：世界银行数据库（https：//data.worldbank.org/indicator）。

圾产生量增长较慢，日本和欧洲一些国家甚至出现负增长；目前我国的生活垃圾人均产生量远低于发达国家的水平，但自 2006 年以来稳步攀升。从生活垃圾的处置情况来看（图 4-6），发达国家越来越多地通过回收、堆肥等方式实现资源回收利用，有效减少了垃圾填埋甚至焚烧处置的比例；而我国的生活垃圾分类和回收工作尚未全面展开，填埋仍是最主要的处置途径，无害化处置率约为 97%（2017 年），还存在倾倒、堆存等不规范处置现象。因此针对我国"无废城市"建设，更应该设计出一套科学合理的评估工具、方法模型及应用流程，以监测试点建设工作进展和成效，动态地指导和引领我国"无废城市"建设近期和中期发展方向。

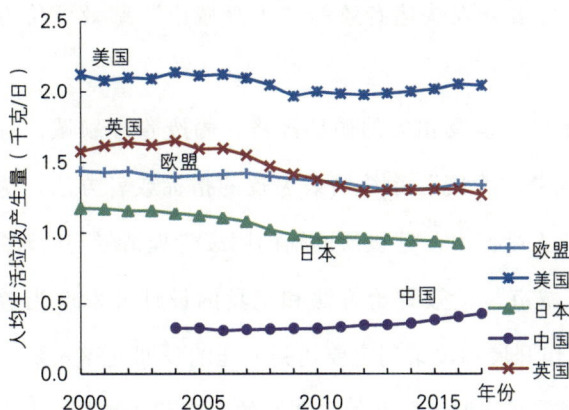

图 4-5 中国与其他国家/区域人均生活垃圾产生量对比（2000—2017 年）

数据来源：中国数据来自中国统计年鉴；其他国家数据来自 OECD 数据库（https：//stats.oecd.org/Index.aspx? DataSetCode=MUNW）。

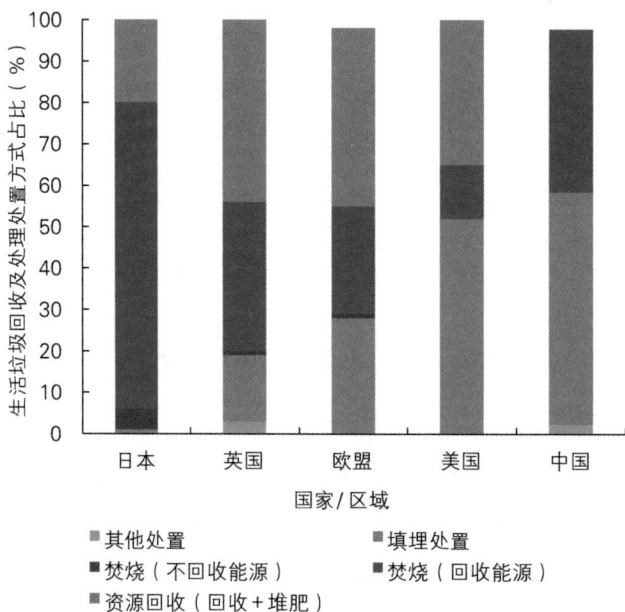

图 4-6 中国与其他国家/区域生活垃圾回收及处理处置情况对比（2017 年）

数据来源：同图 4-5。

因此，以协助全国各个城市识别固废管理薄弱环节、次第推进"无废城市"建设为应用目标，需要开发快速有效的"无废城市"绩效评价方法。本章需要回答如下几个问题：

第一，在"无废"以及相关的循环经济、固废管理领域，有哪些可以系统评估"无废城市"或者"无废"系统绩效表现的指标或者方法？这些评价指标和方法是否契合我国"无废城市"建设所面临的固废管理情景与管理需求？

第二，"无废城市"绩效评价方法和工具的设计开发应当遵循哪些原则？对"无废城市"的工作开展和政策制定要达到怎样的预期支撑效果？

第三，基于当前我国城市层面的可获取的固废相关数据，如何设计出合适的评价指标体系以及评价方法以满足如下需求：（1）定量反映城市固废综合管理水平；（2）兼顾城市之间发展水平和固废产排特征的差异；（3）面向固废管理人员和政策制定者的快速有效的评价方法,评价工具易上手,评价结果直观易解读,不用受限于专业知识以及大量可靠的数据;(4)可以识别出城市当前的固废管理薄弱环节,支撑"无废城市"实施方案的制订。

4.2 "无废城市"绩效评价研究与应用综述

目前与"无废"主题相关的研究很少对"无废"实施成效和进展开展评估,或者对评估方法与工具进行研究[7]。因此,对"无废城市"管理绩效进行的评价研究尚处于起步阶段。但在过去 20 多年的"无废"管理实践的过程中,政府的决策者和固废领域的专家针对各个实施领域和范围的具体需求开发了一些指标、工具来衡量固废管理系统的绩效表现。无论是企业组织、城市层面的"无废"行动计划,还是更宏观的区域或国家层面的"无废"策略,都是在可持续发展及循环经济的框架下,在固废管理的不同实施范围提出减废、无废的目标及实施策略。因此本节还包含了对循环经济、可持续发展等与"无废"内涵相关领域的评估方法及工具的研究和应用综述。

4.2.1 国际"无废"及相关领域评价方法综述

1)企业、社区或设施层面的"无废"评估

一些第三方机构推出了一系列"无废"认证程序,为各个社区、企业、设施、组织等提供"无废"认证服务,帮助它们评估与固废相关的环境可持续实践方案的进展,明确其可持续发展目标。代表性的"无废"认证程序有:

①主要面向企业的"零填埋认证(Zero Waste to Landfill, ZWTL 认证)"。绿圈认证(Green Circle Certified)、NSF 国际、Underwriters Laboratory(UL)、美国零废弃商业委员会(U. S. Zero Waste Business Council, USZWBC)和德国莱茵 TUV 等机构可为增加回收利用和减少垃圾填埋的企业提供第三方认证服务。

②自 2012 年起,无废国际联盟(Zero Waste International Alliance, ZWIA)开

发了“无废”认证程序，包括无废商业认证（Zero Waste Business Certification）和无废社团认证（Zero Waste Community Certification）。这两项认证为ZWIA定义的“无废”原则并实现至少减废90%的企业、社团、机构或设施等进行“无废”成果认证提供了一个框架，并被应用于评估一定设施范围内的固废管理系统。

③2017年，绿色商业认证公司（Green Business Certification Inc，GBCI）和美国零废弃商业委员会推出TRUE“无废设施认证”项目（Total Resources Use and Efficiency Zero Waste Facility Certification）及配套的“无废设施”评级系统。该认证适用于任何有形设施及其运营，包括企业、社区物业、学校、政府机构和非营利组织拥有的建筑物。通过对15类共81项得分点进行打分，总分在31分以上的即通过认证，得分由低到高还可分为认证级、银级、金级、铂金级（见图4-7）。加州州立大学（洛杉矶分校）的“无废”规划就使用该认证系统的打分表来评估校园固废管理设施的基准情景。

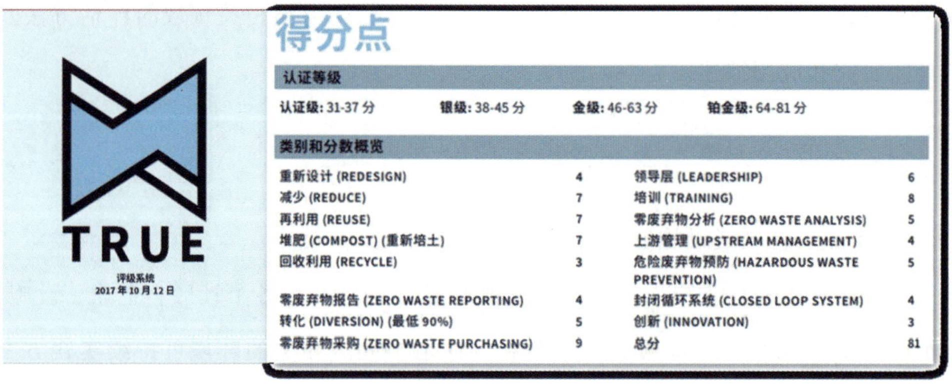

得分点

认证等级

认证级：31-37分　银级：38-45分　金级：46-63分　铂金级：64-81分

类别和分数概览

重新设计 (REDESIGN)	4	领导层 (LEADERSHIP)	6
减少 (REDUCE)	7	培训 (TRAINING)	8
再利用 (REUSE)	7	零废弃物分析 (ZERO WASTE ANALYSIS)	5
堆肥 (COMPOST) (重新培土)	7	上游管理 (UPSTREAM MANAGEMENT)	4
回收利用 (RECYCLE)	3	危险废弃物预防 (HAZARDOUS WASTE PREVENTION)	5
零废弃物报告 (ZERO WASTE REPORTING)	4	封闭循环系统 (CLOSED LOOP SYSTEM)	4
转化 (DIVERSION) (最低 90%)	5	创新 (INNOVATION)	3
零废弃物采购 (ZERO WASTE PURCHASING)	9	总分	81

图4-7　TRUE无废设施认证评级系统及打分表（部分）①

2）城市层面的“无废”评估

在城市层面，政策制定者以及环境领域专家使用了不同的评价工具或方法来衡

① 数据来源：https：//true. gbci. org/true-program-zero-waste-certification。

量当前实施的"无废"管理策略（或固废管理、循环经济等相关策略）的绩效，主要有以下三类。

第一类评估工具是基于城市资源代谢的单项指标。比如人均废弃物产生量、废弃物最终处置量、垃圾从填埋或焚烧中分离出来的比率（waste diversion rate from landfill or incineration）等都是各个城市常用来设置或评估其"无废"目标的指标[1,9]。图 4-8 汇总了一些城市"无废城市"方案中提到的考核指标，可见这些"无废城市"方案的关键目标是用一些具体的指标来评估的，包括"人均垃圾填埋量""废弃物最终处置量""每人每天生活垃圾产生量"等。对指标的定义，如"人均垃圾填埋量减少""固废最终处置量减少""分类回收率上升""累计减少25%的一次性塑料制品使用量""废弃食物量降至10%"等目标的设置，说明这些"无废城市"的实施目标指向固废的绝对减量，实施路径主要是回收和实现关键废物流（如塑料包装垃圾、餐厨垃圾）的源头减量。

第二类是量化的指标或指数，比如 Zaman 和 Lehmann（2013）提出的"无废指数（Zero Waste Index，ZWI）"[1]，以及 Deus 等人（2020）提出的"固废管理综合指数（Waste Management Aggregate Indicator，WMAI）"[11]，可以用来衡量城市案例的"无废城市"实施进展或固废管理系统的整体水平。但这两个指数目前仅被应用于城市居民生活垃圾和生活垃圾中可回收废弃物的管理体系研究。

① 无废指数（ZWI）。ZWI 的中心思想是衡量城市"无废"管理体系抵消自然资源消耗的潜力，可以看出该工具的开发者认为"无废"理念不应止步于"零填埋"，而要以"自然资源零消耗"为目标。ZWI 的计算需要量化城市固废管理各子系统的原材料、能源、水的消耗，并衡量各环节中可再生资源对自然资源的替代率。计算见公式（1）的描述：

$$ZWI = \frac{\sum_{1}^{N} WMS_i \times SF_i}{\sum_{1}^{N} GWS} \tag{1}$$

其中，i 指代城市的各废弃物管理子系统；WMS_i 是各子系统中得到管理处置的废弃

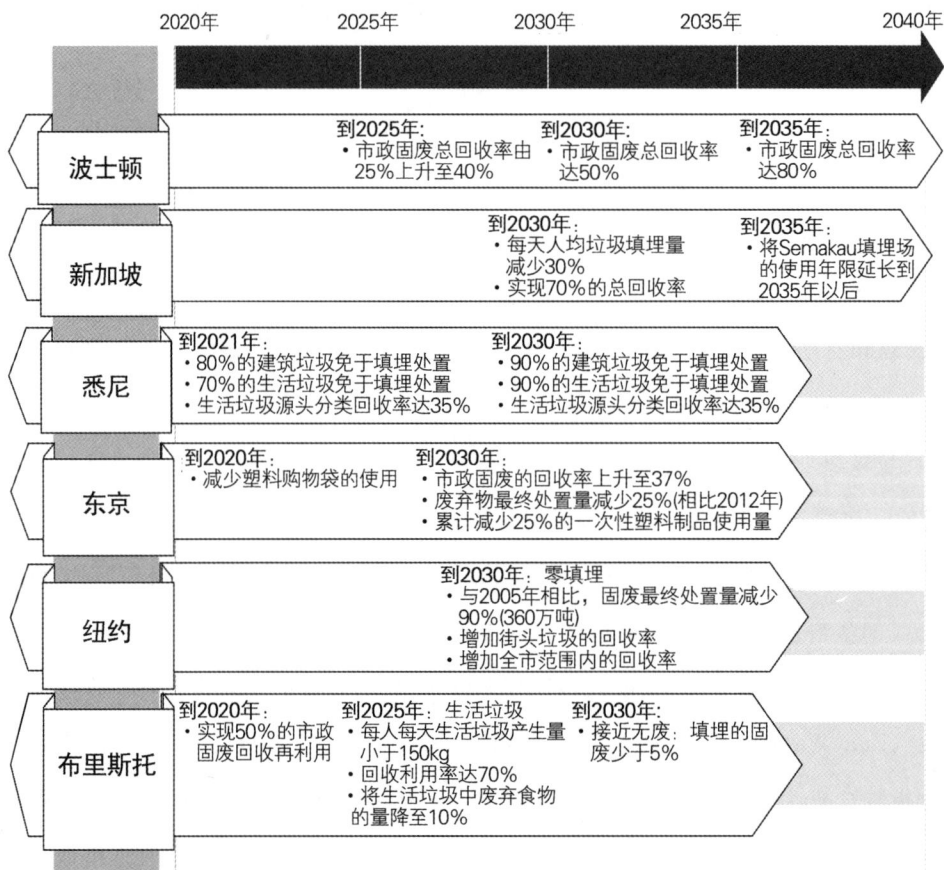

| 2020年 | 2025年 | 2030年 | 2035年 | 2040年 |

波士顿
到2025年：
• 市政固废总回收率由25%上升至40%
到2030年：
• 市政固废总回收率达50%
到2035年：
• 市政固废总回收率达80%

新加坡
到2030年：
• 每天人均垃圾填埋量减少30%
• 实现70%的总回收率
到2035年：
• 将Semakau填埋场的使用年限延长到2035年以后

悉尼
到2021年：
• 80%的建筑垃圾免于填埋处置
• 70%的生活垃圾免于填埋处置
• 生活垃圾源头分类回收率达35%
到2030年：
• 90%的建筑垃圾免于填埋处置
• 90%的生活垃圾免于填埋处置
• 生活垃圾源头分类回收率达35%

东京
到2020年：
• 减少塑料购物袋的使用
到2030年：
• 市政固废的回收率上升至37%
• 废弃物最终处置量减少25%(相比2012年)
• 累计减少25%的一次性塑料制品使用量

纽约
到2030年：零填埋
• 与2005年相比，固废最终处置量减少90%(360万吨)
• 增加街头垃圾的回收率
• 增加全市范围内的回收率

布里斯托
到2020年：
• 实现50%的市政固废回收再利用
到2025年：生活垃圾
• 每人每天生活垃圾产生量小于150kg
• 回收利用率达70%
• 将生活垃圾中废弃食物的量降至10%
到2030年：接近无废，填埋的固废少于5%

图 4-8　国际"无废城市"案例的考核指标设置

来源：作者整理。

物总量；SF_i 是各子系统的替代系数，指代系统中原材料替代的比例；GWS 是各类废弃物总产生量。Zaman 和 Lehmann（2013）还将"无废指数"用于评估旧金山、斯德哥尔摩和阿德莱德三个国际无废城市案例的实施成效。结果显示，旧金山"无废指数"得分最高，相较于另外两个城市回收利用废弃物的比例更高，也节约了更多能源、水并减少了温室气体排放；斯德哥尔摩尽管人均固废产生量最小，但由于垃圾焚烧的比例太高、回收利用率较低，导致资源浪费，得分较低。

② 固废管理综合指数（WMAI）。该指数也是基于城市代谢的思路，综合考虑城市的废弃物产生量、固废管理实践中的温室气体排放、固废管理实践中的能源消耗和固废最终处置场所的质量指数（Waste Quality Index，WQI）这四个指标，计算

过程如下图 4-9 所示。该方法被应用于巴西圣保罗州的 150 个中小城镇固废管理体系的环境影响综合评价。

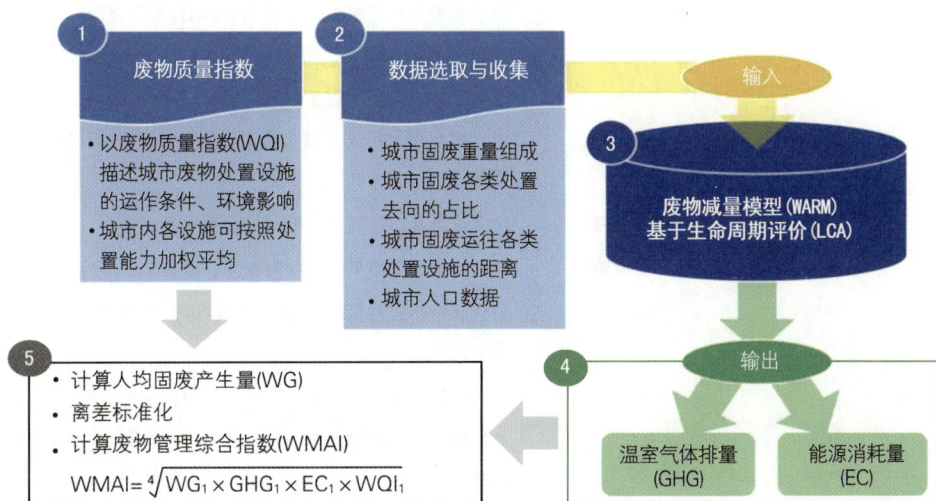

图 4-9 固废管理综合指数（WMAI）的计算思路示意[11]

第三类是综合了定性和定量指标的指标体系。定性和定量结合的综合指标体系可以从环境因素、经济因素、社会因素等多方面对城市"无废"管理或者固废管理系统的表现进行更加综合全面的评估。

①Zaman（2014）综合既有文献的研究成果以及废物管理专业人士的意见，最终确定了 165 项指标作为"无废"管理系统的潜在评估指标；其中 7 大类，19 个小类，共 56 项指标被识别为"无废"管理系统的关键评估指标（见表 4-3）[14]。这项研究为开发"无废"管理系统评估工具提供了较为全面的指标清单。

表 4-3 识别出的"无废"管理系统的关键评估指标

无废管理中关注的领域	优先领域	关键指标
地缘行政	人口和行政	地理行政区域；废物服务覆盖区域；服务区人口
	建设环境	建筑物数（房屋，机构等）；路网长度
	家庭收入	家庭购买能力；家庭支出
社会文化	消费	食物消耗；资源消耗；消费支出

（续表）

无废管理中关注的领域	优先领域	关键指标
管理	特性	废物类型（城市生活垃圾，商业及工业废物，建筑垃圾，电子废物，其他固体废物等）；废物性质（密度、水分含量和化学成分）
	避免废物产生	避免废弃的方案；物品交换/转售；物品重新使用；废物流（城市生活垃圾、商业及工业废弃物、建筑垃圾）；浪费量
	储存与分离	垃圾箱数量；垃圾桶类型；垃圾箱大小
	收集与运输	单独收集的废物类型；收集频率；收集渠道/非正式
	回收	公众可将回收物驱逐出境；回收/盖；回收效率；正式/非正式回收
	工艺与处理	在不同设施中加工的材料；材料回收；分选效率
	处置方式	受控处置；存放/封顶；转移率；垃圾填埋场的寿命；非法倾销
环境因素	环境负担和利益	环境排放；节约环境；网络环境；负担/利益
经济	经济成本/收益	经济成本；收入；净成本收益
组织	人力资源	员工人数/吨废料管理；培训计划数；员工健康与安全设备；废物管理中的事故数量；与废物有关的健康疾病人数
	废物信息学	中央废物数据；时间序列数据；废物预报
治理与政策	治理与政策	监管方案和计划（CP，EPR）；监管法律和法规（禁止，限制）；激励措施（税收激励措施）
	合规与审计	公众满意度；审计与监督
	外部性	废物出口；废物进口

②Wasteaware 综合可持续废物管理（Integrated Sustainable Waste Management, ISWM）指标体系则是在联合国人居署制定的 ISWM 基准指标的基础上加以改进，形成由"硬"物理组件和"软"治理方面的指标构成的指标集（见图 4-10，左图）[15,16]。指标集包括基本的定量指标和综合性定性指标。这套经过更新和修订的 Wasteaware ISWM 基准指标体系适用于对收入水平和固体废物管理实践差异很大的城市进行绩效评估和比较（见图 4-10，右图）。

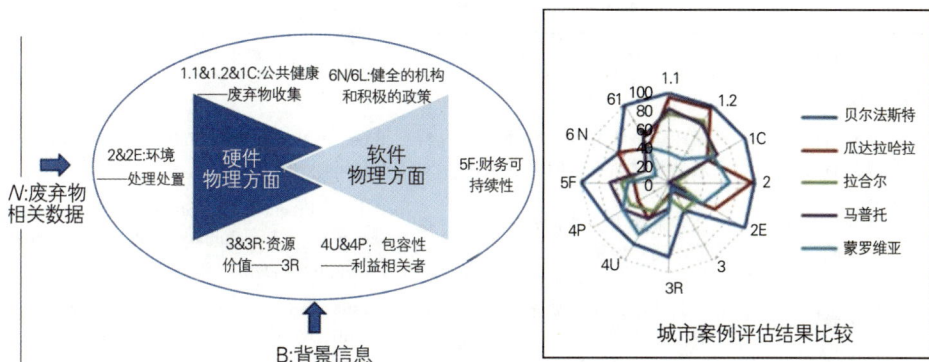

图 4-10 Wasteaware 城市固废和资源管理基准指标框架（左）及城市案例评估结果（右）[15]

3）国家或区域层面的"无废"评估

目前各个国家或者国际组织针对较宏观层面的循环经济、固废管理等相关领域政策措施的实施成果和进展评估，也开发了各类指标体系或评价工具，比如欧盟的"循环经济监测框架"指标体系和日本循环型社会建设的指标体系。这些评估工具多是综合定量与定性指标的指标体系。定量评价指标的度量，主要依赖于物质流核算和废弃物统计数据；对定性指标的评估，如社会共识、可持续商业模式等，则存在着如何获取数据和准确衡量评价的难题。

"欧盟循环经济行动计划"（EU Action Plan for the Circular Economy）旨在通过产品、物质和资源的价值来使经济增长的持续时间最长化、最终废物的产生量最小化，将欧盟打造成可持续、低碳、资源高效且具竞争力的经济体[17]。2018 年，欧盟敲定了"循环经济监测框架（monitoring framework for the circular economy）"的提案。该框架设计了一套指标体系，包括"生产和消费""废物管理""再生资源""竞争力和创新"四类大指标，共 10 项指标（见表 4-4）[18]。"循环经济监测框架"旨在通过这些关键指标，评估欧盟和其成员国这个级别循环经济的进展情况，确定具体领域的最佳做法和业绩差异，以及可能需要采取的进一步行动。这些指标考察范围覆盖资源、产品和服务的全生命周期阶段，大体上对应了欧盟循环经济行动计划的逻辑和实施中的欧盟循环经济政策体系。

表 4-4   欧盟循环经济监测框架中的指标体系设置

序号	指标名称	指标与循环的关联性	对应的欧盟政策
生产和消费			
1	欧盟原材料自给自足	循环经济应有助于解决原材料特别是关键原材料的供应风险	Raw Materials Initiative; Resource Efficiency Roadmap
2	绿色公共采购*	公共采购占消费的比重大,可以带动循环经济	Public Procurement Strategy; EU support schemes and voluntary criteria for green public procurement
3a-c	废物产生	在循环经济中,要最大限度地减少废物的产生	Waste Framework Directive; Directives on Specific Waste Streams; Strategy for Plastics
4	食物废弃*	食物的浪费会对环境、气候和经济造成负面影响	General Food Law Regulation; Waste Framework Directive; various initiatives (e.g. Platform on Food Losses and Food Waste)
废物管理			
5a-b	总回收率	提高回收率是向循环经济过渡的一项重要内容	Waste Framework Directive
6a-f	特定废弃物的回收率	反映主要废弃物的回收进展	Waste Framework Directive; Landfill Directive; Directives on Specific Waste Streams
再生资源			
7a-b	回收材料满足原材料需求的比例	在循环经济中,回收二次原料用于制造新产品	Waste Framework Directive; Eco-design Directive; EU Ecolabel; REACH; initiative on the interface between chemicals, products and waste policies; Strategy for Plastics; quality standards for secondary raw materials;
8	再生资源交易量	再生资源交易量反映了国内市场和全球参与循环经济的重要性	Internal Market Policy; Waste Shipment Regulation; Trade policy
竞争力和创新			
9a-c	私人投资、就业与附加值	反映了循环经济对创造就业和经济增长的贡献	Investment Plan for Europe; Structural and Investment Funds; InnovFin; Circular Economy Finance Support Platform; Sustainable Finance Strategy; Green Employment Initiative; New Skills Agenda for Europe; Internal Market Policy
10	专利	与循环经济相关的创新技术提升了欧盟的全球竞争力	Horizon 2020

*表示指标正在开发完善中。

日本的"循环型社会"建设已经进入第四个阶段。2018 年 6 月日本公布了"第 4 次循环型社会形成推进基本计划"(2020—2025)[19],按照中长期行动方向对目标指标体系重新做了梳理，将指标群整合为衡量循环型社会总体情况的"物质流指标"（见表 4-5 的梳理）和反映循环型社会建设行动的"行动指标"两大类。重新修订后的指标体系由 50 个代表性指标和 100 个辅助指标构成，其中新增指标达 95 个[20]。"物质流指标"将资源生产率、资源循环利用率、废弃物循环利用率和废弃物最终处置量作为四个核心的考核指标（图 4-11），用于定量评估"循环型社会"的总体实施进展情况。

表 4-5　　　　　　　　　　　日本循环型社会建设物质流指标体系设置*

项目	指标种类	指标	数值目标	目标年	备注
循环型社会的总体情况	入口 物质流指标	**资源生产率**	约 49 万日元/吨	2025 年	
		剔除非金属矿物质资源投入以后的资源生产率	约 70 万日元/吨	2025 年	
		初次资源等价换算的资源生产率	—	2025 年	
		*天然资源消耗量	—	2025 年	与 SDGs 指标的比较验证
		人均初级资源造价换算的资源生产率	—	2025 年	与 SDGs 指标的比较验证
	循环 物质流指标	**入口侧（资源）循环利用率**	约 18%	2025 年	
		出口侧（废弃物）循环利用率	约 47%	2025 年	
		一般废弃物出口侧循环利用率	约 28%	2025 年	废弃物处理基本方针
		*产业废弃物出口侧循环利用率	约 38%	2025 年	废弃物处理基本方针
	出口 物质流指标	**最终处置量**	约 1 300 万吨	2025 年	
		*一般废弃物的排放量	约 3 800 万吨	2025 年	废弃物处理基本方针
		*一般废弃物的最终填埋量	约 320 万吨	2025 年	废弃物处理基本方针
		*产业废弃物的排放量	约 3.9 亿吨	2025 年	废弃物处理基本方针
		产业废弃物的最终填埋量	约 1 000 万吨	2025 年	废弃物处理基本方针

注：字体加粗是代表性指标，未加粗是辅助指标，*是第 4 次推进计划新增的指标。

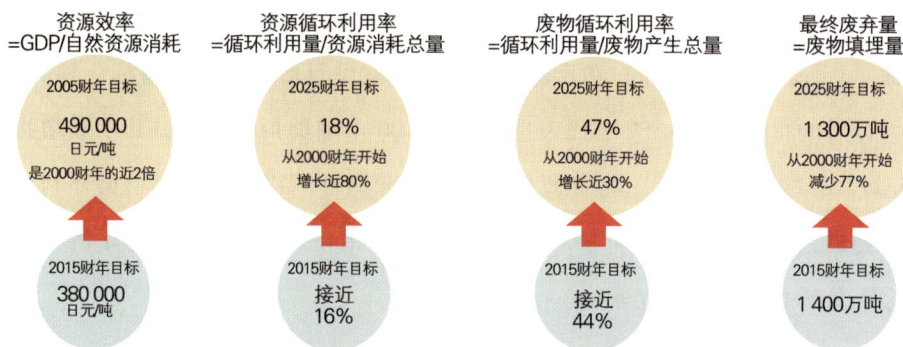

图 4-11　日本"第 4 次循环型社会形成推进基本计划"的核心物质流指标

4.2.2　我国"无废城市"及相关领域的评价方法综述

我国对"无废城市"的建设实践刚刚起步，对相关工作的考核、评估、验收的方法仍在摸索中。生态环境部于 2019 年 5 月发布的"无废城市"建设指标体系（试行）是我国"无废"领域目前唯一投入应用的评估指标体系。到目前为止，也仅有两项有关"无废城市"绩效评价的相关研究：邹权和王夏晖（2020）提出了基于"无废城市"建设指标体系（试行）构建"无废指数"的计算方法[21]，但没有用试点城市的数据来做验证；温湖炜等人（2020）运用 TOPSIS-熵权法对我国各省"无废城市"发展水平的时空演变趋势和影响因素进行了探索[22]。因此本部分还参考了我国循环经济和生态文明的示范试点正在应用的评价和考核指标体系，这些指标体系在城市"无废"管理、循环经济和生态文明等工作的发展方向上起到了积极的引领作用。

1）"无废城市"建设指标体系

"无废城市"建设指标体系由三级指标系统组成，其中一级指标 5 个、二级指标 18 个、三级指标 59 个（见表 4-6）。五个一级指标指示了无废城市建设的五个重点工作思路。其中"固体废物源头减量""固体废物资源化利用""固体废物最终处置"三个一级指标体现了固废从源头到末端的全过程管理理念；"保障能力"等体现对"无废城市"长效促进机制的探索；"群众获得感"指标是全民参与无废文化的体现。二、三级指标则体现了工业、农业、建筑业、生活等细分领域的任务，用于进一步明确、评价试点任务，对城市编制任务清单有典型的带动意义及参考意义。最底层的 59 个三级指标进一步分为 3 类：

（1）必选指标共 22 项（表 4-6 中带★的指标），是所有试点城市均需开展调查的指标。必选指标反映了试点工作的核心任务，聚焦现阶段城市固废管理的突出共性问题。

（2）可选指标共 37 项，试点城市结合城市类型、特点及试点任务安排从可选指标中选择对应指标，反映试点在专项领域的突出问题及任务安排。

表 4-6　　　　　　　　　　"无废城市"试点建设指标体系（试行）

序号	一级指标	二级指标	三级指标	指标值	
				基准值	目标值
1	固体废物源头减量	工业源头减量	工业固体废物产生强度★（吨/万元）		
2			实施清洁生产工业企业占比★（%）		
3			开展生态工业园区建设、循环化改造的工业园区数量★（个）		
4			开展绿色工厂建设的企业数量（个）		
5			开展绿色矿山建设的矿山数量		
6		农业源头减量	开展生态农业示范县、种养结合循环农业示范县建设数量		
7			农药、化肥使用量（万吨）		
8			绿色食品、有机农产品种植推广面积占比		
9		建筑业源头减量	绿色建筑占新建建筑的比例（%）		
10		生活源头减量	人均生活垃圾日产生量★（kg）		
11			生活垃圾分类收运系统覆盖率（%）		
12			开展"无废城市细胞"建设的单位数量（个）		
13			快递绿色包装使用比例（%）		

（续表）

序号	一级指标	二级指标	三级指标	指标值	
				基准值	目标值
14	固体废物资源化利用	工业固废资源化利用	一般工业固废综合利用率★（%）		
15			工业危废综合利用率（%）		
16		农业废弃物资源化利用	农业废弃物收储运体系覆盖率★（%）		
17			秸秆综合利用率（%）		
18			畜禽粪污综合利用率（%）		
19			地膜回收率（%）		
20		建筑垃圾资源化利用	建筑垃圾综合利用率★（%）		
21		生活领域固废资源化利用	生活垃圾回收利用率★（%）		
22			再生资源回收量增长率（%）		
23			餐厨垃圾回收利用量增长率（%）		
24			主要废弃产品回收利用量增长率（%）		
25			医疗卫生机构可回收物资回收率★（%）		
26	固体废物最终处置	危废安全处置	工业危废安全处置量★（%）（万吨/年）		
27			医废收集处置体系覆盖率★（%）		
28			社会源危废收集处置体系覆盖率（%）		
29		一般工业固废贮存处置	一般工业固废贮存处置量★（万吨）		
30			开展大宗工业固废堆存场所（含尾矿库）综合整治的堆场数量占比（%）		
31		农业废弃物处置	病死猪/动物集中专业无害化处理率（%）		
32			农药包装废弃物回收处置量（吨）		
33		建筑垃圾消纳处置	建筑垃圾消纳处置量（万吨，万立方米/年）		
34		生活领域固废处置	生活垃圾填埋量★（万吨，吨/天）		
35			农村卫生厕所普及率★（%）		
36			有害垃圾收集处置体系覆盖率（%）		
37			非正规垃圾填埋场整治完成率（%）		
38	保障能力	制度体系建设	"无废城市"建设地方性法规或政策性文件制定★		
39			"无废城市"建设协调机制		
40			"无废城市"建设成效纳入政绩考核情况★		

（续表）

序号	一级指标	二级指标	三级指标	指标值	
				基准值	目标值
41	保障能力	市场体系建设	固废回收利用处置投资占环境污染治理投资总额比重★		
42			纳入企业环境信用评价范围的固废相关企业数量占比（%）		
43			危废经营单位环境污染责任保险覆盖率（%）		
44			"无废城市"建设相关项目绿色信贷余额（亿元）		
45			固体废物回收利用处置骨干企业数量★		
46			资源循环利用产业工业增加值占区域生产总值的比重		
47		技术体系建设	大宗工业固废减量化、资源化、无害化技术示范		
48			农业废弃物全量利用技术示范		
49			生活垃圾减量化和资源化技术示范★		
50			危废全面安全管控技术示范★		
51			固废回收利用处置关键技术工艺、设备研发及应用示范（个）		
52		监管体系建设	固废监管能力建设		
53			危废规范化管理抽查合格率（%）		
54			发现、处置、侦破固废环境污染刑事案件数量★（基本改成了案件查处率）		
55			固废相关环境污染事件数量（基本改成了响应率）		
56			涉及固废信访、投诉、举报案件办结率（%）		
57	群众获得感	群众获得感	"无废城市"建设宣传教育培训普及率（%）		
58			政府、企事业单位、公众对"无废城市"建设的参与程度（%）		
59			公众对"无废城市"建设成效的满意程度★（%）		
60		试点城市自选指标（额外加分项）	自选指标 1		
—			⋮		
—			自选指标 n		

（3）自选指标若干，不限数目，由试点城市结合自身发展定位、发展阶段、资源禀赋、产业结构、经济技术基础等差异性自行设置补充，突出试点的特色及突出成效，同时也为完善我国固体废物统计制度提供支撑。

各试点城市结合自身城市发展定位、固废管理的实际情况，参考该建设指标，科学筛选确定能够充分反映其"无废城市"建设目标的指标，合理设定各项指标于 2020 年拟达到的目标值，最终形成各自不同的"无废城市"建设指标目标体系。

2）我国循环经济评价指标体系

2016 年 12 月发改委、财政部、环保部、国家统计局联合发布"循环经济发展评价指标体系（2017 年版）"，用以指导和评估全国、省、城市、园区各个层面的循环经济实践的进展和成果。该指标体系设计分为综合指标、专项指标和参考指标三类（见表 4-7）。综合指标 2 项，是"主要资源产出率"和"主要废弃物循环利用率"，通过对多个单项统计指标按一定方法计算得出。专项指标 11 项，是在单项重点领域内重点关注的统计指标。参考指标 4 项，主要用于考察废弃物末端处理处置情况，但在循环经济发展评价考核工作中并不作为评价指标使用。该项指标体系广泛应用于国家级各个循环经济示范项目的绩效评估，如 Wang 等人（2018）用该指标体系对国家 40 个循环经济示范市（县）的成果进行了评估[23]，我国园区循环化改造试点项目的进展评估也应用了该指标体系[24]。

但该指标体系在国家非循环经济试点的城市较难应用推广。这是由于我国现有统计技术体系中资源实物消费量统计范围没有覆盖到省级以下区域（比如地级市、县、乡镇），因此开展城市层面的资源产出率指标统计计算仍存在技术困难①。

3）我国生态文明示范市县建设指标体系

2013 年，国家环境保护部发布了"国家生态文明建设试点示范区指标（试

---

① 40 个国家循环经济示范市的建设从开始到验收需要提交"实施方案""中期报告""验收自评估报告"，并在报告中对各项指标进行测算。这些城市会聘请该领域专家或第三方机构来测算资源消耗，但大部分城市没有对资源代谢的相关数据进行统计。

行)",用指标考评生态文明示范区建设工作。这套指标在 2017 年、2019 年进行了修订并最终形成"国家生态文明建设示范市县建设指标"。在这一指标体系中,共设立了生态制度、生态安全、生态空间、生态经济、生态生活和生态文化 6 大领域共计 40 项指标;指标还分为约束性指标和参考性指标,并且详细设定了验收所应达到的指标值范围及指标适用范围(见表 4-8)。这套指标适用于申报以及实施国家级生态文明示范市县建设的单位进行自我评估和考察验收。

表 4-7   循环经济发展评价指标体系(2017 年版)

分类	指标	单位
综合指标	主要资源产出率	元/吨
	主要废弃物循环利用率	%
专项指标	能源产出率	万元/吨标煤
	水资源产出率	元/吨
	建设用地产出率	万元/公顷
	农作物秸秆综合利用率	%
	一般工业固废综合利用率	%
	规模以上工业企业重复用水率	%
	主要再生资源回收率	%
	城市餐厨垃圾资源化处理率	%
	城市建筑垃圾资源化处理率	%
	城市再生水利用率	%
	资源循环利用产业总产值	亿元
参考指标	工业固体废物处置量	亿吨
	工业废水排放量	亿吨
	城镇生活垃圾填埋处理量	亿吨
	重点污染物排放量(分别计算)	万吨

表 4-8　国家生态文明建设示范市县指标设置示例（以生态制度类指标为例）

领域	任务	序号	指标名称	单位	指标值	指标属性	适用范围
生态制度	（一）目标责任体系与制度建设	1	生态文明建设规划	–	制定实施	约束性	市县
		2	党委政府对生态文明建设重大目标任务部署情况	–	有效开展	约束性	市县
		3	生态文明建设工作占党政实绩考核的比例	%	≥20	约束性	市县
		4	河长制	–	全面实施	约束性	市县
		5	生态环境信息公开率	%	100	约束性	市县
		6	依法开展规划环境影响评价	% –	市：100 县：开展	市：约束性 县：参考性	市县
生态安全	（二）生态环境质量改善	7	环境空气质量 ·优良天数比例 ·PM$_{2.5}$浓度下降幅度	%	完成上级规定的考核任务；保持稳定或持续改善	约束性	市县
		8	水环境质量 ·水质达到或优于Ⅲ类比例提高幅度 ·劣Ⅴ类水体比例下降幅度 ·黑臭水体消除比例	%	完成上级规定的考核任务；保持稳定或持续改善	约束性	市县
		9	近岸海域水质优良（一、二类）比例	%	完成上级规定的考核任务；保持稳定或持续改善	约束性	市
	（三）生态系统保护	10	生态环境状况指数 ·干旱、半干旱地区 ·其他地区	%	≥35 ≥60	约束性	市县
		11	林草覆盖率 ·山区 ·丘陵地区 ·平原地区 ·干旱、半干旱地区 ·青藏高原地区	%	≥60 ≥40 ≥18 ≥35 ≥70	参考性	市县
		12	生物多样性保护 ·国家重点保护野生动植物保护率 ·外来物种入侵 ·特有性或指示性水生物种保持率	% – %	≥95 不明显 不降低	参考性	市县
		13	海岸生态修复 ·自然岸线修复长度 ·滨海湿地修复面积	千米 公顷	完成上级管控目标	参考性	市县
	（四）生态环境风险防范	14	危废利用处置率	%	100	约束性	市县
		15	建设用地土壤污染风险管控和修复名录制度	–	建立	参考性	市县
		16	突发生态环境事件应急管理机制	–	建立	约束性	市县

（续表）

领域	任务	序号	指标名称	单位	指标值	指标属性	适用范围
生态空间	（五）空间格局优化	17	自然生态空间 ·生态保护红线 ·自然保护地	–	面积不减少，性质不改变，功能不降低	约束性	市县
		18	自然岸线保有率	%	完成上级管控目标	约束性	市县
		19	河湖岸线保护率	%	完成上级管控目标	参考性	市县
生态经济	（六）资源节约与利用	20	单位地区生产总值能耗	吨标准煤/万元	完成上级规定的目标任务；保持稳定或持续改善	约束性	市县
		21	单位地区生产总值用水量	立方米/万元	完成上级规定的目标任务；保持稳定或持续改善	约束性	市县
		22	单位国内生产总值建设用地使用面积下降率	%	≥4.5	参考性	市县
		23	碳排放强度	吨/万元	完成上级管控目标	约束性	市
		24	应当实施强制性清洁生产企业通过审核的比例	%	完成年度审核计划	参考性	市
	（七）产业循环发展	25	农业废弃物综合利用率 ●秸秆综合利用率 ●畜禽粪污综合利用率 ●农膜回收利用率	%	≥90 ≥75 ≥80	参考性	县
		26	一般工业固废综合利用率	%	≥80	参考性	市县
生态生活	（八）人居环境改善	27	集中式饮用水水源地水质优良比例	%	100	约束性	市县
		28	村镇饮用水卫生合格率	%	100	约束性	县
		29	城镇污水处理率	%	市≥95 县≥85	约束性	市县
		30	城镇生活垃圾无害化处理率	%	市≥95 县≥80	约束性	市县
		31	城镇人均公园绿地面积	平方米/人	≥15	参考性	市
		32	农村无害化卫生厕所普及率	%	完成上级规定的目标任务	约束性	县

（续表）

领域	任务	序号	指标名称	单位	指标值	指标属性	适用范围
		33	城镇新建绿色建筑比例	%	≥50	参考性	市县
		34	公共交通出行分担率	%	超、特大城市≥70 大城市≥60 中小城市≥50	参考性	市县
生态生活	（九）生活方式绿色化	35	生活废弃物综合利用 • 城镇生活垃圾分类减量化行动 • 农村生活垃圾集中收集储运	–	实施	参考性	市
		36	绿色产品市场占有率 • 节能家电市场占有率 • 在售用水器具中节水型器具占比 • 一次性消费品人均使用量	% % 千克	≥50 100 逐步下降	参考性	市
		37	政府绿色采购比例	%	≥80	约束性	市县
生态文化	（十）观念意识普及	38	党政领导干部参加生态文明培训的人数比例	%	100	参考性	市县
		39	公众对生态文明建设的满意度	%	≥80	参考性	市县
		40	公众对生态文明建设的参与度	%	≥80	参考性	市县

4.2.3 现有评价方法的适用性分析

通过梳理我们可以看出，"无废城市"以及相关领域的评价方法和工具以各类指标、指标体系为代表；指标和指标体系的应用一般有两种目的：一种是衡量系统的整体绩效表现，另一种是评价项目或任务的进展或完成度。在这些评价的基础上，指标可以对不同的无废城市或无废管理系统进行客观比较，并随着时间的推移跟踪其绩效表现，以实现持续改进。

不论从学术研究还是从实践应用上看，基于物质流的分析指标或城市代谢指标最常被作为评价"城市"或者更宏观层面（如国家、区域、省域）的资源与固废管理系统的绩效表现的工具。例如，无废指数（ZWI）、固废管理综合指数（WMAI）、日本"循环型社会推进计划"的物质流指标、我国循环经济发展评价指标体系中的定量指标等。但基于物质流的分析指标或城市代谢的指标评价方法对于资源和废弃物管理各环节的数据要求较高，在固废管理系统、数据统计和信息收集系统尚待完善的发展中国家，可能不易获得计算指标的可靠数据[25]；因此这些评价方法在"无废城市"或城市固废管理系统实践中的应用受到一定限制，其结果通常只被科学家和专家使用[26]。我国现有统计技术体系中，省级以下区域没有资源消耗流通量的统计渠道，计算城市层面的资源消耗量、投入产出率以及可再生资源的替代量存在困难。另外，我国大多数城市的固废监管体系仍在不断完善的过程中，某些类别的固废产排情况还存在统计渠道不明、底数不清的情况，如社会源危废、建筑垃圾、园林农贸废弃物、农业废弃物、电子垃圾等。

对于"无废设施认证指标体系""Wasteaware 综合可持续废物管理指标体系""国家生态文明建设示范县、市指标""循环经济评价指标体系""绿色发展指标体系"等定量和定性指标相结合的综合性指标体系，在应用中，因为要对定性指标赋值、要确定各项指标的权重，因此需要特定的经验和知识，高度依赖领域专家或第三方机构的参与。另外，在评估样本数目较大时，因为主观性的存在，会影响评价标准的一致性以及评价结果的可信程度。

而我国目前正在试行的"'无废城市'建设指标体系"，在指标设置上考虑到了按照国内现行统计技术在城市层面收集到数据的可行性。但这套指标更适用于对各城市所设置的"无废城市"建设任务进行进度监控，并不能在整体上衡量城市固废管理体系、处理处置系统和固废综合利用情况的整体发展水平。同时，由于各试点选择的可选指标与自选指标不同，最终各个试点城市都有其独特的建设目标指标体系，不利于进行试点之间的横向比较。

4.2.4 我国"无废城市"绩效评价工作面临的挑战

1）城市层面的固废监管统计系统不完善，缺乏数据

城市层面固废数据的可用性、准确性和一致性是我国"无废城市"绩效评价工作面临的最大挑战。我国大多数城市的固废管理体系仍在不断完善的过程中，监管统计上因此出现的空白直接导致所需要的固废数据无法准确获取，或者各个城市

同一指标的计算标准无法统一，影响绩效评价的准确性。在城市层面，一般工业固废底数不清、去向不明的问题普遍存在；快递包装废弃物、园林农贸垃圾、农药包装废弃物等领域的固废由于监管不足更是缺乏统计数据；部分废弃物的统计口径、统计单位不统一，如建筑废弃物；智能化监管手段不足，固废产生、转运、利用处置全流程管控体系不健全。

2）城市发展水平及产业结构差异导致评价标准难统一

我国各城市发展水平不均衡，产业结构差异明显，这些问题导致在固废管理上也存在巨大的差异，对同一个指标的评价可能无法遵循同一标准。如"人均生活垃圾产生量"这个指标，尽管生态环境部下发的指标计算说明中期望试点城市能实现人均生活垃圾产生量的逐年降低，但在我国只有少数发达城市已经达到人均垃圾产生量的峰值，大部分城市还处于城市化发展进程中，正常趋势下人均生活垃圾产生量随城市经济水平的提升而逐年增长才符合城市发展规律。在这种情况下，如何来量化评估不同发展阶段下的试点城市在生活垃圾源头减量上取得的进展，就成为一个棘手的问题。

4.3 我国"无废城市"绩效评价方法设计

基于以上分析，我国"无废城市"绩效评价方法和工具的设计、开发要从当前我国城市固废管理的实际情况和需求出发，实现以下目标：

第一，评价指标的选取和计算应该考虑到当前统计体系下数据的可获得性和准确性；

第二，指标和评价结果容易解读，客观并明确地将结果传达给专业及非专业受众；

第三，评价实施成本较低，可以由城市固废系统的管理人员稍经培训后上手使用，而不用依赖于第三方专家；

第四，评价方法及指标的设计要预留扩充指标和进一步完善的空间，为未来固废管理系统不断完善、升级，统计数据不断更新做准备；

第五，评价方法既可以衡量城市固废管理系统的整体绩效水平，也可以公平客观地进行城市之间的横向比较；

第六，评价方法还要能识别出需要解决的薄弱环节，以支撑城市固废管理系统和"无废城市"建设的"后续步骤"决策。

因此，本节提出一个适用于我国城市层面快速评价"无废城市"建设绩效的方法——城市固废管理绩效指数。该方法充分考虑了现阶段我国城市层面可获得的官方统计数据，以及城市发展水平不均衡、固废产排特征有区别的情况。如图4-12所示，该评价方法的构建分为三步：第一步是根据城市的社会经济发展特征和固废产排特征对城市进行聚类，以便在后面步骤中把同类城市放在一起进行对比评估；第二步是根据现有可用数据构建城市固体废物管理绩效评价指标体系；第三步是将同类城市的数据用 TOPSIS-熵权法计算出"城市固体废物管理绩效指数"，进行讨论、分析。

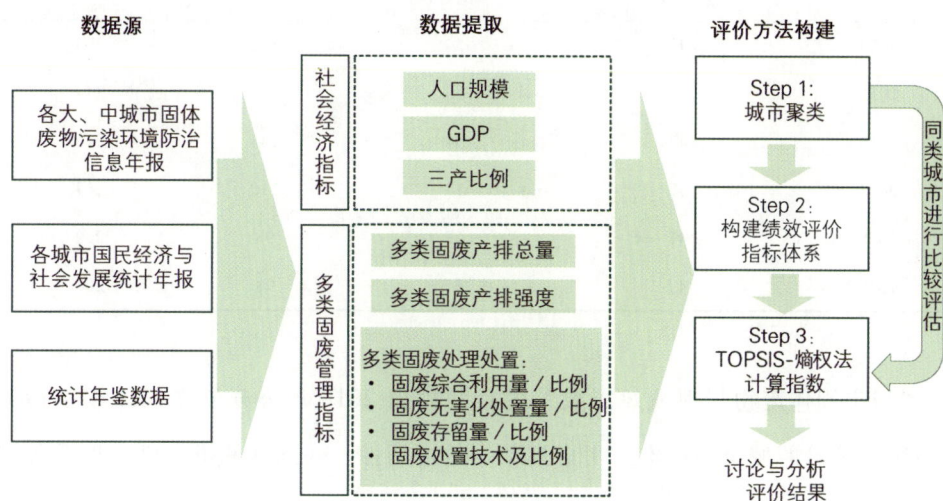

图 4-12 "城市固体废物管理绩效指数"的绩效评价方法示意图

4.3.1　城市数据收集与整理

按《大中城市固体废物污染环境防治信息发布导则》（国家环保总局 2006 年第 33 号公告）① 要求，我国各大、中城市应当定期发布固体废物污染环境防治信息，包括工业固体废物、危险废物、医疗废物、居民生活垃圾等固体废弃物的产生、处置、利用、贮存的信息；条件成熟的大、中城市应当发布本市市政污泥、农业废弃物、建筑垃圾、餐厨垃圾、非传统产品类废物（电子废弃物、铅酸电池、废弃轮胎等）的信息。自 2014 年起，环保部/生态环境部开始汇总城市固废污染数据并发布全国大、中城市固体废物污染环境防治年报；2014—2019 年自愿发布固体废物污染环境防治信息的城市数量如表 4-9 所示，据作者统计，其中只有 165 个城市在这 6 年间都发布了该信息。

表 4-9　　2014—2019 年发布固废污染环境防治信息的城市数量（个）[3]

发布年份	强制发布城市		自愿发布城市	总数
	重点城市	模范城市		
2014	47	54	162	263
2015	47	56	141	244
2016	47	56	143	246
2017	47	57	110	214
2018	47	57	98	202
2019	47	55	98	200

"城市固体废物管理绩效指数"的计算即以 2018 年公开发布固体废物污染环境防治信息的城市为样本。考虑到数据的可用性、一致性和准确性，以及各城

---

① http://www.mee.gov.cn/gkml/zj/gg/200910/t20091021_171640.htm.

市目前固废管理体系关注的重点固废品类，现阶段暂时用样本城市的一般工业固废、工业危废、生活垃圾这三类主要废弃物[①]的数据来开发城市固体废物管理绩效评价指标体系和指数算法。另外，用《2018 年城市建设统计年鉴》中城市级别的数据来对各城市的固废公开信息进行核实和补充。为了对城市进行聚类，以及计算固废产生强度等指标，还需要如城市常住人口、地区生产总值、三产比例等社会经济指标，这些指标从各城市的《2018 年国民经济与社会发展统计公报》以及《统计年鉴》中获得。

本研究共收集到 162 个城市的 2018 年固体废物污染环境防治信息公报；由于数据缺失（如没有常住人口数据）、数据存疑等原因剔除了部分城市样本，最后整理出总计 142 个城市样本用作研究数据。

4.3.2　评价方法构建

1）城市聚类

K-means 是基于距离划分思想的无监督聚类算法，将离散数据点利用 k 个质心分成 k 簇，不断更新数据点的质心归属，最终收敛到最优解。为了更公平地对样本城市的固废管理系统绩效表现进行横向比较，首先根据 142 个样本城市的社会经济和固废产排特征共 10 个指标（见表 4-10）进行 K-means 聚类，以便识别出在属性上具有相似性的同类型的城市。将指标数据标准化后使用 SPSS v25 进行 K-means 聚类，最终识别出六个城市聚类，见表 4-11。下一步将分别对各个城市聚类中的城市样本进行对比评估。

---

① 暂时不考虑医疗废物的信息是因为：第一，城市医疗废物的产生量在城市产生的所有固废中占比极小；第二，所有城市样本都对已收运的医疗废物实现 100% 的无害化处置（但不涉及是否 100% 收运了所产生的医疗废物）。

表 4-10 城市聚类参考的指标（2018 年数据）

类别	指标名	单位	数据来源
社会经济指标	常住人口	万人	统计数据
	全年地区生产总值	亿元	统计数据
	全年人均地区生产总值	万元/人	全年地区生产总值/常住人口
	第二产业占比	%	统计数据
	第三产业占比	%	统计数据
固废产排特征指标	一般工业固废产生总量	万吨	统计数据
	工业危废产生总量	万吨	统计数据
	生活垃圾清运总量	万吨	统计数据
	工业固废产生强度	吨/万元	（一般工业固废产生总量+工业危废产生总量）/工业增加值
	人均生活垃圾产生量	吨/人	生活垃圾清运总量/常住人口

表 4-11 城市聚类结果

编号	个案数	包含城市样本
C1	10	重庆，浙江宁波，浙江杭州，四川成都，上海，陕西西安，湖北武汉，深圳，广东广州，北京
C2	6	江苏溧阳，江苏海门，湖南湘潭，广东湛江，广东惠州，福建福州
C3	8	四川攀枝花，陕西渭南，内蒙古乌海，内蒙古呼伦贝尔，内蒙古鄂尔多斯，内蒙古赤峰，内蒙古巴彦淖尔，广西百色
C4	9	浙江湖州，云南昆明，四川宜宾，四川泸州，四川巴中，陕西咸阳，陕西宝鸡，山东潍坊，湖北咸宁
C5	38	新疆乌鲁木齐，新疆库尔勒，天津，四川自贡，四川资阳，四川遂宁，山东青岛，山东临沂，山东聊城，山东济南，山东即墨，内蒙古包头，辽宁大连，江西南昌，江苏连云港，江苏张家港，江苏宜兴，江苏盐城，江苏宿迁，江苏南京，江苏常州，湖南株洲，湖南长沙，湖南张家界，河南郑州，河北石家庄，河北秦皇岛，河北廊坊，海南三亚，贵州遵义，贵州贵阳，广西梧州，广西柳州，广东中山，广东肇庆，甘肃庆阳，甘肃平凉，甘肃兰州

（续表）

编号	个案数	包含城市样本
C6	71	浙江义乌，浙江温州，浙江绍兴，新疆克拉玛依，四川内江，四川南充，四川绵阳，四川眉山，四川乐山，四川广元，四川广安，四川德阳，四川达州，陕西铜川，陕西汉中，陕西安康，陕西榆林，山西太原，山东烟台，山东威海，山东乳山，山东日照，山东平度，山东胶州，山东东营，青海西宁，宁夏银川，内蒙古乌兰察布，内蒙古通辽，内蒙古呼和浩特，江苏镇江，江苏扬州，江苏徐州，江苏吴江，江苏无锡，江苏泰州，江苏太仓，江苏苏州，江苏南通，江苏昆山，江苏金坛，江苏淮安，江苏常熟，湖南岳阳，湖南永州，湖南益阳，湖南怀化，湖南衡阳，湖南郴州，湖北宜昌，湖北襄阳，湖北十堰，湖北荆州，湖北荆门，海南海口，广西玉林，广西南宁，广西桂林，广西贵港，广西防城港，广西北海，广东珠海，广东汕头，广东江门，甘肃天水，甘肃定西，福建厦门，福建泉州，安徽合肥，安徽马鞍山，西藏拉萨
总计	142	

2）构建城市固废综合管理绩效评价指标体系

"无废城市"建设指标体系（试行）提供了包含 5 个大类，共计 57 项指标的三级指标体系（见 4.2 节介绍）。五大类指标（即 5 个一级指标）是"固体废物源头减量""固体废物资源化利用""固体废物最终处置""保障能力""群众获得感"。考虑到城市层面公开数据的可获得性和样本之间指标评价标准的一致性，本研究从"固废源头产生强度""固废资源化利用""固废末端处置"三个维度构建城市固体废物管理绩效评价指标体系，如表 4-12 所示，底层指标均是定量指标，可从当前城市级别的统计数据获得或计算得到。"固废源头产生强度"的相关指标反映城市增长模式的资源效率，以及面临的固废处置压力；"固废资源化利用"的相关指标反映了对各类固废进行资源综合利用，回收物质或能源的绩效表现；"固废末端处置"的指标体现了各类固废最终处置了多少、排放了多少，以及处置模式更优的环境效益。

该评价指标体系的设计涵盖了固废由源头到资源化利用再到末端处置的全过程，而且只关注主要类别固废的处理处置数据，不考虑具体的管理措施和支撑保障机制的构建。因此，计算绩效指数时，可以直接应用现有固废统计体系获得的数据，结果也能直观表征城市主要固废是否得到有效的处理处置。

表 4-12　　　　　　　　　城市固废管理绩效评价指标体系

一级指标	编号	底层指标	计算方法	属性
固废源头产生强度	I1	一般工业固废产生强度（kg/万元）	一般工业固废产生总量/工业增加值	负
	I2	危废产生强度（kg/万元）	工业危废产生总量/工业增加值	负
	I3	人均生活垃圾产生量（t/人/年）	生活垃圾清运总量/常住人口	负
固废资源化利用	I4	一般工业固废综合利用率	一般工业固废综合利用量/一般工业固废产生总量	正
	I5	工业危废综合利用率	工业危废综合利用量/工业危废产生总量	正
	I6	生活源垃圾综合利用率	（可回收物总量+资源化利用的餐厨垃圾总量+堆肥与厌氧消化处置的生活垃圾量+其他资源化处置的生活垃圾量）/（各种模式分离出的生活源垃圾清运总量+生活垃圾清运总量）	正
	I7	生活垃圾回收率	分离出的可回收物总量/（可回收物总量+生活垃圾清运总量）	正
固废末端处置	I8	一般工业固废利用处置率	（一般工业固废综合利用量+处置量）/一般工业固废产生总量	正
	I9	一般工业固废贮存率	一般工业固废贮存量/一般工业固废产生总量	负
	I10	一般工业固废排放率	一般工业固废排放量/一般工业固废产生总量	负
	I11	工业危废利用处置率	（工业危废综合利用量+处置量）/工业危废产生总量	正
	I12	工业危废贮存率	工业危废贮存量/工业危废产生总量	负
	I13	工业危废排放率	工业危废排放量/工业危废产生总量	负
	I14	生活垃圾无害化处置率	生活垃圾无害化处置总量/生活垃圾清运总量	正
	I15	生活垃圾填埋处置率	卫生填埋处置的生活垃圾总量/生活垃圾清运总量	负
总计		15 个评价指标		

3）TOPSIS-熵权法计算城市固废综合管理绩效指数

基于如表 4-12 所示的城市固废管理绩效评价指标体系，这一步采用 TOPSIS-熵权法来对归属于不同聚类的样本城市的固废综合管理绩效进行评估。TOPSIS 的原理是通过评估备选方案与理想解之间的欧几里得距离来进行多目标决策或综合评估[27]。不同于专家经验法等赋权方法，熵权法是根据样本数值的差异化程度来计算指标权重，避免了主观偏见；样本的指标取值差异越大，说明该指标对结果的影响越大，相应的权重值越大[22,23,27]。TOPSIS-熵权法的指数计算过程具体分为四步：

（1）对指标矩阵进行标准化，避免不同指标取值范围的差异对结果造成影响。用 p_{ij} 代表第 i 个城市的第 j 个指标的取值，则各个城市聚类的评价指标矩阵表示为：

$$EI_{Cl} = \begin{pmatrix} p_{11} & \cdots & p_{1n} \\ \vdots & \ddots & \vdots \\ p_{m1} & \cdots & p_{mn} \end{pmatrix} (Cl = C1, C2, \cdots, C6)$$

标准化后的指标取值：

$$p'_{ij} = \begin{cases} \dfrac{p_{ij} - \min(p_{ij})}{\max(p_{ij}) - \min(p_{ij})} & p_{ij} \text{ 为正向指标，且 } \max(p_{ij}) \neq \min(p_{ij}) \\[4mm] \dfrac{\max(p_{ij}) - p_{ij}}{\max(p_{ij}) - \min(p_{ij})} & p_{ij} \text{ 为负向指标，且 } \max(p_{ij}) \neq \min(p_{ij}) \end{cases}$$

若某项指标取值完全一致（即 $\max(p_{ij}) = \min(p_{ij})$）或者均无明确数据，说明该项指标无比较意义，去掉该指标。得到标准化后的修订评价指标矩阵：

$$SEI_{Cl} = \begin{pmatrix} p'_{11} & \cdots & p'_{1n'} \\ \vdots & \ddots & \vdots \\ p'_{m1} & \cdots & p'_{mn'} \end{pmatrix}$$

其中，$Cl = C1, C2, \cdots, C6$；m 是每个聚类中的城市样本数目；n' 是去掉无效指标后的评价指标个数。

（2）计算信息熵，确定指标权重。首先将指标矩阵的每一列进行归一化处理，

归一化后 $p''_{ij} = p'_{ij} / \sum_{i=1}^{m} p'_{ij}$。其次计算每个指标的信息熵：

$$E_j = -\frac{1}{\ln m} \times \sum_{i=1}^{m} (p''_{ij} \times \ln(p''_{ij}))$$

当 $p''_{ij} = 0$ 时，$p''_{ij} \times \ln(p''_{ij})$ 值为 0。最后各个指标的权重 $w_j = \dfrac{1 - E_j}{n' - \sum_{j=1}^{n'} E_j}$。

（3）计算指标的正负理想解。首先代入熵权 w_j 得到替代绩效矩阵：

$$AP = (AP_{ij}) \ , \ AP_{ij} = w_j \times p'_{ij}$$

接着确定正理想解 IS^+ 和负理想解 IS^-：

$$IS^+ = \max_{i \in m}(AP_{i1} \ , \ AP_{i2} \ , \ \cdots \ , \ AP_{in'})$$

$$IS^- = \min_{i \in m}(AP_{i1} \ , \ AP_{i2} \ , \ \cdots \ , \ AP_{in'})$$

（4）计算正负理想解 D_i^+ 和 D_i^-：

$$D_i^+ = \sqrt{\sum_{j=1}^{n'} (AP_{ij} - IS^+)^2} \ , \ D_i^- = \sqrt{\sum_{j=1}^{n'} (AP_{ij} - IS^-)^2}$$

最后计算各个样本与正理想解的相对接近度 $RC_i = \dfrac{D_i^-}{D_i^+ + D_i^-}$。在本研究中，$RC_i$ 值即为该城市样本的固废综合管理绩效指数。较高的相对接近度 RC_i 值（即绩效指数）意味着样本与正理想解点的距离更近，与负理想解点的距离更远；根据本研究可以认为，最贴近理想解点的样本城市是其所在城市聚类中具有最佳固废综合管理绩效的实践范例。

4.3.3 我国城市推进"无废城市"建设的绩效评价结果及改进建议

对编号为 C1、C2、C3、C4、C5 和 C6 的城市聚类按 TOPSIS-熵权法进行评价指标的修订、赋权和绩效指数计算。在使用 TOPSIS-熵权法进行评价时，每个聚类中评价指标的权重以及正负理想解的位置取决于聚类中待评估样本的真实数据。因此该方法能够识别出不同类型的城市中，相对最优的固废管理实践样本，以及各城市固废管理系统中相对于同类型城市的薄弱环节等信息。图 4-13 展示了 6 个城市聚类应用熵权法进行指标修订和赋权的结果（每个聚类中被剔除的指标以"权重取值为 0"表示）。

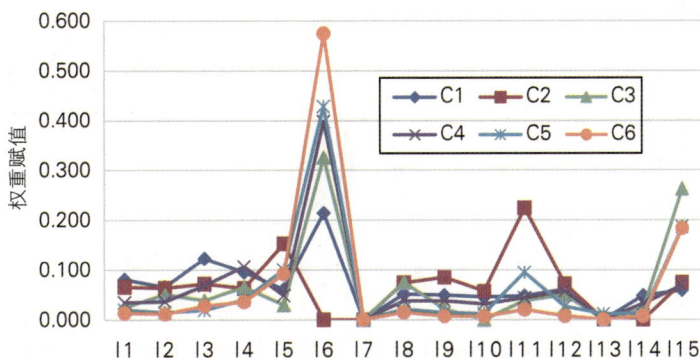

图 4-13　6 个城市聚类的各项评价指标权重

从整体上看，这 6 个城市聚类中，指标 I6（生活源垃圾综合利用率）、I11（工业危废利用处置率）和 I15（生活垃圾焚烧处置比例）被赋予了相对较高的权重，说明样本城市在这三个指标所反映的固废管理环节上差异较大，该环节是决定城市固废管理绩效表现相对水平的关键环节。指标 I7（生活垃圾回收率）在 6 个城市聚类的评估中都被剔除了，这是因为样本城市在 2018 年的固废污染环境防治公报或其他可查询年鉴数据、公开报道中均未披露推行生活垃圾分类后分流的可回收物的确切数据。同样被剔除的还有指标 I13（工业危废排放率），因为大部分样本城市加大了对工业危废的监管和违法事件的处置力度，从固废污染防治信息披露的情况来看，基本没有工业危废排放到自然环境中，因此除 C5 之外的其他 5 个城市聚类都剔除了该指标，而且在 C5 中 I13 也取得了最低权重。

下面将选取比较有代表性的城市聚类 C1 和 C3 的固废管理系统评价结果进行进一步讨论。图 4-14 是 C1 和 C3 的评价指标赋权结果。C1 聚类最后剔除了指标 I7 和 I13，形成了包含 13 个指标的评价指标体系；C3 聚类最后剔除了指标 I7、I10 和 I13，最后基于 12 个指标进行评分。城市聚类 C1 和 C3 的城市固废管理综合绩效评价指数计算结果和各环节评价指标得分分别见表 4-13 至表 4-16。

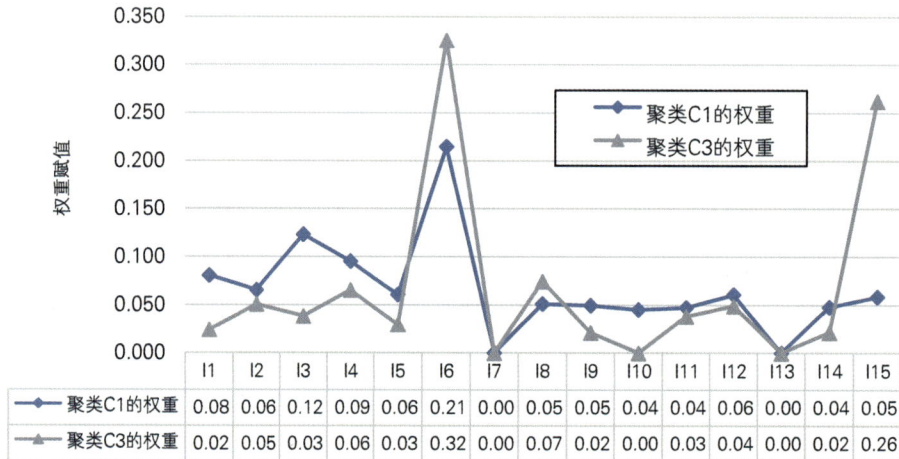

	I1	I2	I3	I4	I5	I6	I7	I8	I9	I10	I11	I12	I13	I14	I15
聚类C1的权重	0.08	0.06	0.12	0.09	0.06	0.21	0.00	0.05	0.05	0.04	0.04	0.06	0.00	0.04	0.05
聚类C3的权重	0.02	0.05	0.03	0.06	0.03	0.32	0.00	0.07	0.02	0.00	0.03	0.04	0.00	0.02	0.26

图 4-14　C1 和 C3 的各项评价指标修订与赋权结果

表 4-13　　　　　　　城市聚类 C1 的城市固废管理综合绩效评价指数计算结果

城市	综合绩效	不同管理环节的绩效评分					
		固废源头	固废资源化	固废末端处置	一般工业固废	工业危废	生活源垃圾
西安	0.355	0.549	0.211	0.464	0.606	0.692	0.151
杭州	0.366	0.415	0.223	0.637	0.727	0.370	0.240
宁波	0.391	0.202	0.319	0.814	0.674	0.466	0.255
广州	0.406	0.358	0.294	0.743	0.665	0.642	0.254
重庆	0.438	0.611	0.312	0.420	0.000	0.518	0.519
武汉	0.491	0.510	0.399	0.775	0.629	0.744	0.391
成都	0.571	0.616	0.480	0.771	0.666	0.777	0.493
深圳	0.587	0.438	0.663	0.692	0.647	0.580	0.569
北京	0.653	0.504	0.695	0.757	0.529	0.856	0.675
上海	0.724	0.394	0.928	0.800	0.700	0.699	0.737

表 4-14   城市聚类 C1 的各环节评价指标得分

城市	各环节评价指标得分								
	I1	I2	I3	I4	I5	I6	I8, I9, I10	I11, I12	I14, I15
重庆	0.000	0.674	1.000	0.000	0.491	0.339	0.000	0.454	0.724
宁波	0.245	0.000	0.217	1.000	0.557	0.000	0.935	0.672	1.000
杭州	0.637	0.428	0.305	0.676	0.000	0.000	0.935	0.438	0.778
成都	0.873	0.852	0.471	0.401	0.754	0.473	0.982	0.745	0.668
上海	0.425	0.374	0.385	0.807	1.000	1.000	0.934	0.889	0.664
西安	0.775	1.000	0.348	0.443	0.684	0.000	0.677	0.564	0.000
武汉	0.284	0.817	0.523	0.845	0.697	0.260	0.756	0.729	0.861
深圳	1.000	0.814	0.000	0.324	0.374	0.786	0.946	0.566	0.653
广州	0.704	0.564	0.055	0.496	0.628	0.202	0.901	0.704	0.660
北京	0.669	0.997	0.296	0.130	0.886	0.886	0.935	0.797	0.585

表 4-15   城市聚类 C3 的城市固废管理综合绩效评价指数计算结果

城市	综合绩效	不同管理环节的绩效评分					
		固废源头	固废资源化	固废末端处置	一般工业固废	工业危废	生活源垃圾
攀枝花	0.425	0.039	0.537	0.960	0.437	0.858	0.319
渭南	0.545	0.831	0.843	0.095	0.935	0.086	0.649
百色	0.554	0.821	0.536	0.122	0.796	0.038	0.677
赤峰	0.564	0.854	0.352	0.059	0.199	0.073	0.672
巴彦淖尔	0.567	0.939	0.449	0.059	0.297	0.118	0.677
鄂尔多斯	0.568	0.948	0.611	0.047	0.670	0.170	0.673
呼伦贝尔	0.573	0.895	0.549	0.048	0.625	0.037	0.682
乌海	0.573	0.973	0.625	0.000	0.413	0.146	0.681

表 4-16 　　　　　　　　　　城市聚类 C3 的各环节评价指标得分

城市	各环节评价指标得分								
	I1	I2	I3	I4	I5	I6	I8, I9	I11, I12	I14, I15
攀枝花	0.676	0.308	0.552	0.210	0.462	1.000	0.017	0.999	0.676
渭南	0.859	0.942	1.000	0.137	1.000	0.000	0.854	0.713	0.859
乌海	0.889	0.490	0.000	0.813	0.532	0.000	0.983	0.982	0.889
呼伦贝尔	0.507	1.000	0.233	0.000	0.435	0.000	1.000	0.000	0.507
鄂尔多斯	1.000	0.985	0.278	1.000	0.431	0.000	0.947	0.274	1.000
赤峰	0.000	0.000	0.392	0.120	0.835	0.000	0.885	0.439	0.000
巴彦淖尔	0.696	0.038	0.406	0.630	0.501	0.000	0.956	0.977	0.696
百色	0.712	0.901	0.703	0.201	0.000	0.000	0.840	0.299	0.712

1）C1 的城市综合固废管理绩效评价结果分析

如表 4-11 所示，C1 的 10 个城市包括在我国排名靠前的超一线或一线城市，人口最多、经济体量最大，第三产业占比及发展水平较高，基础设施建设较完善，生活垃圾的产排强度大。图 4-15 显示了该聚类中 10 个城市样本与正理想解的相对接近度，即城市的固废管理绩效评价指数得分。该聚类中各城市综合得分区间范围从 0.34 到 0.74，差异较大。我国超一线以及一线的 10 个城市中，上海、北京、深圳的固废管理绩效评分最高，杭州、西安得分最低。要解释这个综合得分的结果，我们对 13 个评价指标按其所表征的固废类别和固废管理环节进行分类（见表 4-17），并重新计算不同类别的指标与各自正理想解的相对接近度，即得到城市在固废管理的细分环节的绩效得分（见图 4-15）。

（1）提升城市固废管理绩效表现的关键途径

如图 4-16 所示，从管理环节的评分分析，综合绩效评分更多地取决于固体废弃物资源化环节的表现；从固废类别的评分分析，生活垃圾的处置管理绩效评分则很大程度上决定了综合绩效评分的走势。这与表 4-17 中有关资源化利用环节或生活垃圾管理的指标复合权重最高的情况相符合。结果表明，在经济体量和固废产排

表 4-17 聚类 C1 的绩效评价指标细分类

评价指标分类		指标	复合权重
按管理环节分类	源头产生环节指标	I1+I2+I3	0.269
	资源化利用环节指标	I4+I5+I6	0.371
	末端处置环节指标	I8+I9+I10+I11+I12+I14+I15	0.361
按固废类别分类	一般工业固废管理指标	I1+ I4+ I8+I9+I10	0.322
	工业危废管理指标	I2+ I5+ I11+I12	0.234
	生活垃圾管理指标	I3+I6+ I14+I15	0.444
3 * 3 细分类	源头：一般工业固废	I1	0.080
	源头：工业危废	I2	0.065
	源头：生活垃圾	I3	0.123
	资源化：一般工业固废	I4	0.095
	资源化：工业危废	I5	0.061
	资源化：生活垃圾	I6	0.214
	末端：一般工业固废	I8+I9+I10	0.146
	末端：工业危废	I11+I12	0.108
	末端：生活垃圾	I14+I15	0.107

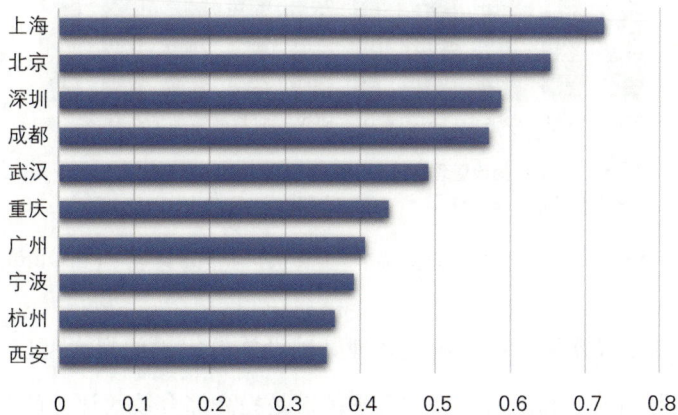

图 4-15 C1 中 10 个城市的固废管理绩效评价指数得分

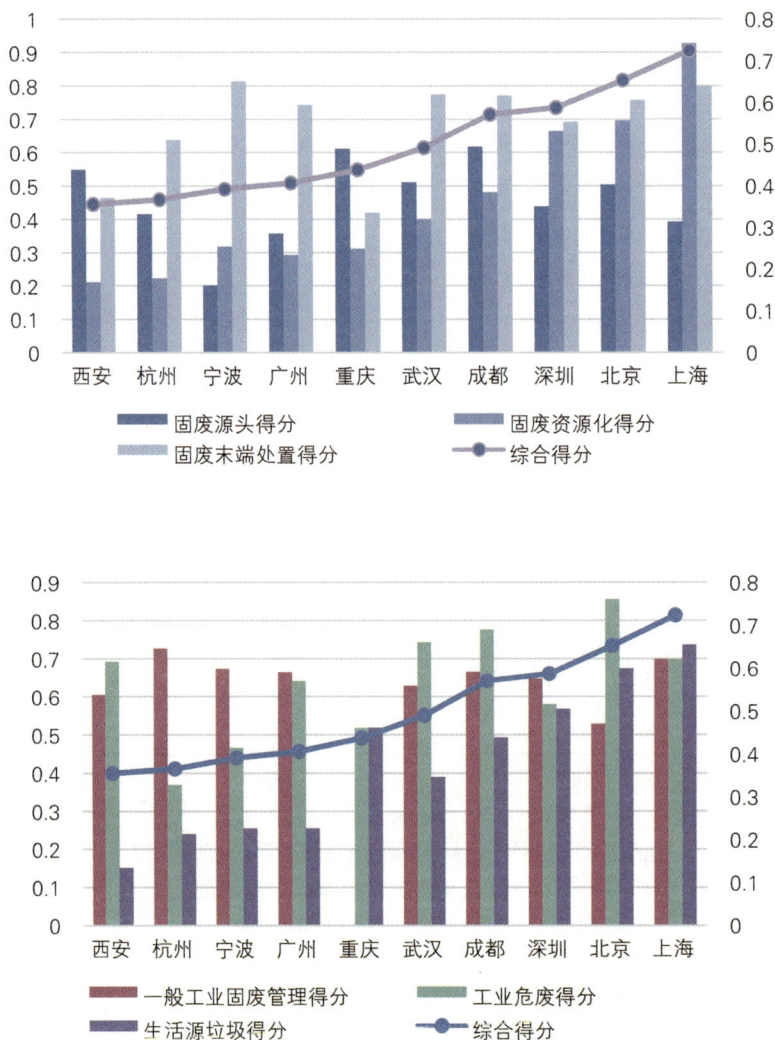

图 4-16　本聚类 10 个城市的不同管理环节（上图）、不同固废类别（下图）的绩效评分

规模较大、城市建设水平较高、固废管理基础设施较完善的超大型以及大型城市，固废的资源化利用绩效和生活垃圾的管理绩效是提高综合绩效评分的关键环节。因此，未来城市固废管理系统的发展方向是依托大型城市的规模优势和产业优势，进一步推进资源循环利用产业的发展，提高大宗固废的回收利用率，扩展延伸再生产品价值链；同时要加快生活垃圾处置和管理设施的改造提升，推进环卫精细化管理

和生活垃圾分类,提升餐厨垃圾、可回收物、园林绿化垃圾、电子废弃物等多类可资源化利用的垃圾分类分流处理比率,探索并推广生活源垃圾的资源化利用的可行技术和运营模式。

(2)固废管理中的薄弱环节识别

进一步将 13 个评价指标分为 3(3 个有关的固废类型)×3(3 个固废管理环节)共 9 类指标,图 4-17 的雷达图展示了每个城市各项指标的得分。该雷达图有助于同类城市之间针对不同的指标表征的固废管理领域进行比较,并识别各个城市可能需要改进的薄弱环节。

上海市的固废管理绩效综合评分最高,但三类固废源头产生强度的指标得分都较低,同时生活垃圾末端处置的绩效指标还有进一步提升的空间。因此上海还需要通过推进产业结构优化升级、生活垃圾分类分流、生活垃圾末端处置能力建设来进一步提升固废管理绩效。

北京市固废管理系统的薄弱环节,一是一般工业固废资源化利用率低;二是生活垃圾人均产生量大,末端处置压力大,处置能力也需要提高。

从指标得分上看,深圳人均固废产生强度得分最低,一般工业固废和工业危废资源化指标得分较低,工业危废和生活垃圾的末端处置还有提升的潜力。这与深圳土地资源有限,导致多类固废处置利用设施选址困难,处置能力紧张有关。深圳的工业危废大多送往外地处置,同时贮存比例较高。另外生活垃圾仍以填埋处置为主,距离"原生垃圾零填埋"的目标实现仍有一段距离。

相较于其他 9 个城市,重庆一般工业固废的各个管理环节的绩效评分都是最低的。因此重庆需要进一步完善一般工业固废的全过程管理处置能力:第一要从工业生产源头入手,推进产业结构优化升级和清洁生产;第二要加大对大宗工业固废循环利用产业的建设;第三要开展工业固废专项治理和执法监督行动,以杜绝工业固废的非法倾倒、转运和不规范贮存。

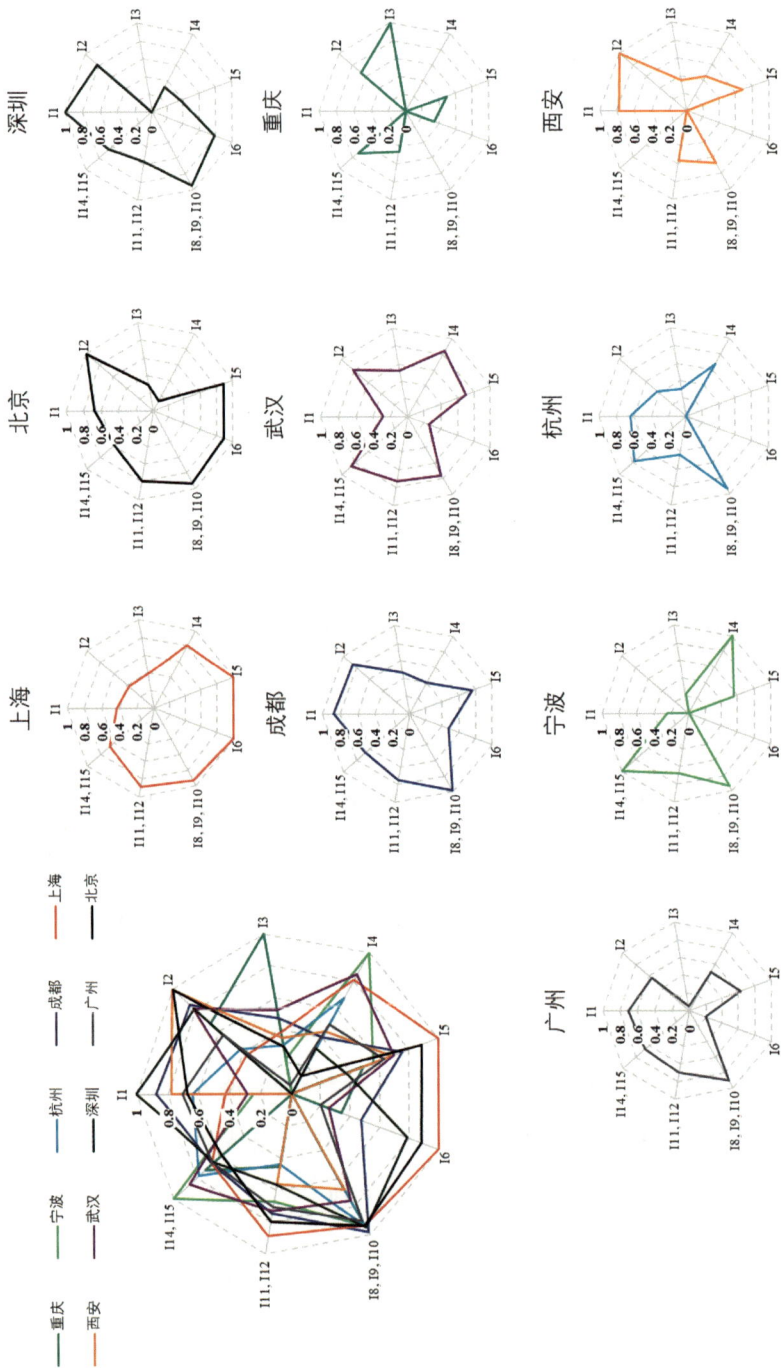

图 4-17　本聚类 10 个城市的细分类绩效指标评分雷达图，按综合得分由高（上海）到低（西安）排列

西安是固废管理绩效综合得分最低的城市,它的薄弱环节在于对生活垃圾的处理处置上。首先,西安是这 10 个城市中唯一对生活垃圾全部实行填埋处置的;其次,西安生活垃圾分类推行较为滞后,对餐厨垃圾等也没有分流处置。"无废城市"的目标之一是实现原生生活垃圾的"零填埋",因此西安的当务之急是逐步构建生活源垃圾"大分流、细分类"的精细化管理体系,规划并落地垃圾焚烧项目、餐厨垃圾回收与资源化利用项目、大件垃圾拆解中心等项目,以提高生活源垃圾的资源化处置比率,逐步减少填埋比例。

2)C2 的城市综合固废管理绩效评价结果分析

(1)各城市综合绩效表现

C3 的 8 个城市都是位于西部地区的中型资源型城市,其中有 7 个城市被列入全国资源型城市名单(2013 年)(见表 4-18)。这些城市经济体量较小,城市建设相对滞后,但有着丰富的矿产资源贮备;它们的一般工业固废和工业危废产排总量大,产排强度更是全国最高。这 8 个城市都处于产业结构优化调整、城市扩张和基础设施建设推进的关键时期。城市的固废管理绩效综合评分如图 4-18 所示,攀枝花取得最低分 0.425,其他 7 个城市得分在 0.545~0.574 之间。从各项指标的权重分布来看(见表 4-19),与生活垃圾相关的指标的权重较高,这说明这些城市在生活垃圾清运、资源化利用和处置上的差距较大,在现阶段,对生活垃圾利用处置设施及管理体系的完善将有效提升城市固废管理的综合绩效表现。

(2)识别固废管理中的薄弱环节

该聚类中的城市得分最高不到 0.6,而且城市之间得分的差异较小,说明聚类中没有一个城市在多数指标上的表现比较好。从图 4-19 可以看出,除攀枝花外的 7 个城市在一般工业固废、工业危废相关的指标上绩效表现(评分)较好,但生活垃圾相关指标得分接近 0,因此综合绩效相差不大;尽管攀枝花在涉及生活垃圾的指标上取得了最高分,但由于一般工业固废相关指标的绩效得分最低,因此绩效矢量偏离正理想解点最远,综合评分最低。结合图 4-20 的雷达图,分析各个城市的薄弱环节以及未来改善固废管理绩效的切入点如下:

表 4-18 本聚类中 7 个列入国家资源型城市名单的城市①

城市	特点
内蒙古乌海	矸石山污染综合治理试点，衰退型资源城市
内蒙古呼伦贝尔	煤炭后备基地，成长型资源城市
内蒙古鄂尔多斯	天然气、煤炭后备基地，成长型资源城市
内蒙古赤峰	重要的贵金属和有色金属基地之一，成长型资源城市
广西百色	铝土矿后备基地，成熟型资源城市
陕西渭南	尾矿库污染综合治理试点，成长型资源城市
四川攀枝花	钢铁、煤炭矿业为攀枝花的支柱产业，成熟型资源城市

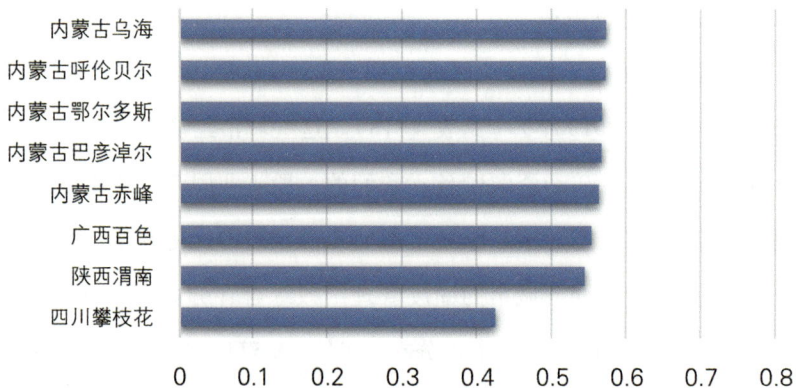

图 4-18 C3 中 8 个城市固废管理绩效评价指数得分

表 4-19 聚类 C3 的绩效评价指标细分类

	评价指标类别	指标	复合权重
按管理环节分类	源头产生环节指标	I1+I2+I3	0.113
	资源化利用环节指标	I4+I5+I6	0.421
	末端处置环节指标	I8+I9+I10+I11+I12+I14+I15	0.466
按固废类别分类	一般工业固废管理指标	I1+ I4+ I8+I9+I10	0.185
	工业危废管理指标	I2+ I5+ I11+I12	0.168
	生活垃圾管理指标	I3+I6+ I14+I15	0.647

---

① 《国务院关于印发全国资源型城市可持续发展规划（2013—2020 年）的通知》，http://www.gov.cn/gongbao/content/2013/content_2547140.htm.

（续表）

评价指标类别		指标	复合权重
细分类	源头：一般工业固废	I1	0.024
	源头：工业危废	I2	0.051
	源头：生活垃圾	I3	0.039
	资源化：一般工业固废	I4	0.065
	资源化：工业危废	I5	0.030
	资源化：生活垃圾	I6	0.325
	末端：一般工业固废	I8+I9	0.096
	末端：工业危废	I11+I12	0.087
	末端：生活垃圾	I14+I15	0.283

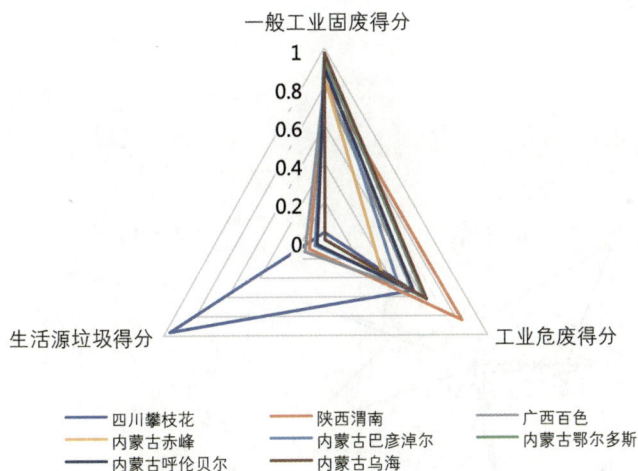

图 4-19　本聚类 8 个城市不同固废类别相关绩效指标的评分

　　首先，除攀枝花以外的 7 个城市在生活垃圾资源化利用（I6）和生活垃圾末端处置（I14、I15）的绩效得分约为 0，需要进一步完善生活垃圾的收运、处置设施和能力的建设。本聚类的 8 个城市中，只有攀枝花建立起了相对完善的餐厨垃圾收运处置体系，可以分流约 19% 的生活源垃圾；同时还有一半以上的生活垃圾通过焚烧处置，进一步降低了生活垃圾的填埋量。其他 7 个城市，在 2018 年还没有建

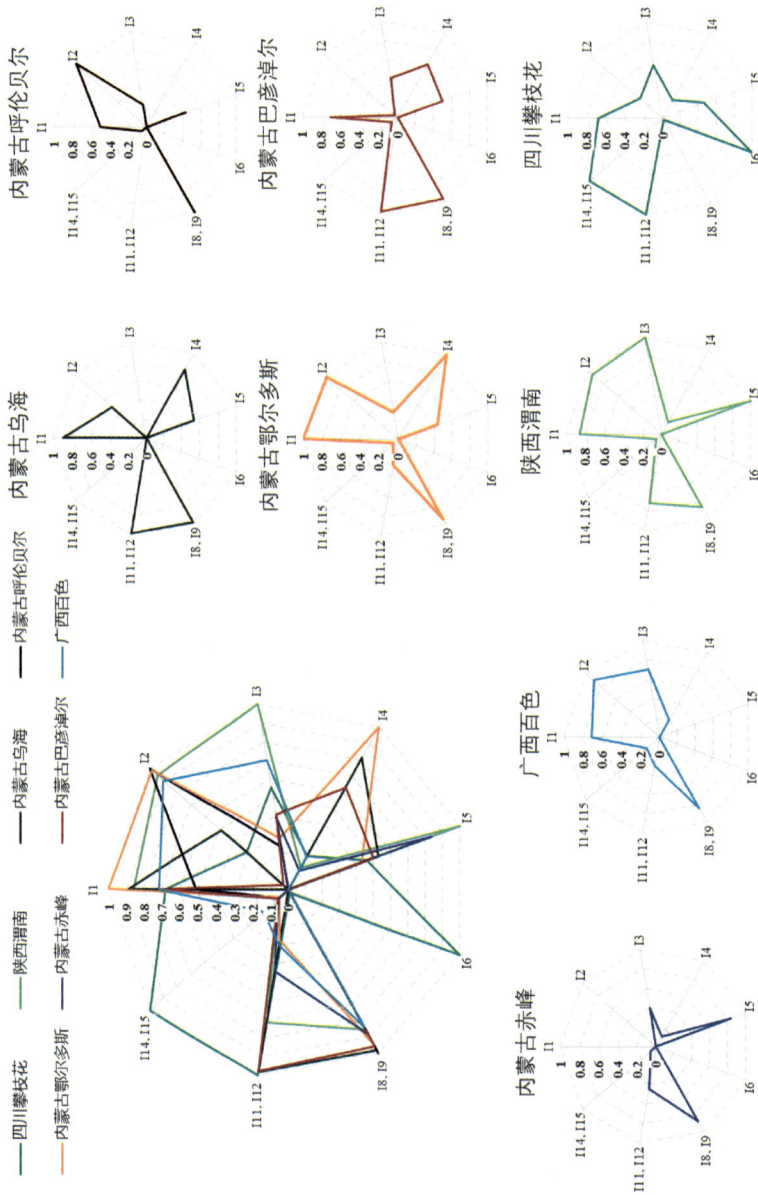

图 4-20　本聚类 8 个城市细分类绩效指标评分雷达图，按综合得分由高（乌海）到低（攀枝花）排列

立起餐厨垃圾收运处置体系，全部生活垃圾通过卫生填埋进行处置；乌海、呼伦贝尔和鄂尔多斯还未实现生活垃圾 100% 无害化处置。这些城市在未来除了进一步完善生活垃圾收运处置体系，考虑到经济性，还可以探索利用当地工业设施协同处置部分生活垃圾，以填补生活垃圾无害化处置能力的空白、降低生活垃圾填埋量。

再看一般工业固废和工业危废。从工业固废源头产生强度的得分看，赤峰、巴彦淖尔和乌海需要通过产业结构优化调整、推进清洁生产和产业循环共生等措施来突破一般工业固废和工业危废产生强度过大的问题。攀枝花、赤峰、百色、渭南、呼伦贝尔这五个城市的一般工业固废综合利用率不足（指标 I4 得分低）；同时攀枝花还有 4 亿吨的工业固废历史囤积量，末端处置能力严重不足——因此，探索一般工业固废的资源化利用和无害化处置途径，是这些城市的当务之急。

4.3.4 该评价方法的实用性讨论及进一步完善建议

本部分基于全国各城市按《大中城市固体废物污染环境防治信息发布导则》规定发布的固废污染公开信息，利用 TOPSIS-熵权法开发了城市固废管理综合绩效评价指数。为了更公平地进行城市之间的横向比较，还应用 K-means 聚类识别出具有不同固废产排特征的城市，在同类城市之间进行比较，也有利于识别出同类城市中的最佳实践案例。该方法基于当前固废管理系统下城市层面可获取的数据来衡量城市固废管理系统的整体绩效水平；评价指标和评价结果容易解读；同时该评价方法实施成本低，不需要额外的数据采集和数据处理工作；评价指标还可以进一步扩充和完善。

为进一步完善该评价方法，使各城市能应用该方法来进行"无废城市"建设的自我评估和横向比较，有如下建议：

（1）在解决数据问题的前提下，目前评价指标还可以进一步扩展和完善。比如，涉及的固废种类可以扩展，将农业固废、建筑垃圾、市政污泥等纳入评价范围；固废资源化利用指标可以进一步细化为物质回收和能源回收；固废末端处置形成的二次污染物，如渗滤液、填埋气、灰渣等的处理处置也可以纳入考核范围。

（2）修订《大中城市固体废物污染环境防治信息发布导则》，规范和细化各类固废信息的上报内容，以便尽可能收集到全面、精确、一致的数据，用来完善评价指标体系。

（3）城市聚类的依据指标，以及聚类使用的方法需要进一步完善。在实践中可以由领域专家按城市规模、产业特点、发展水平等因素进行经验型分类（可参考第二次污染源普查的生活污染源产排污系数手册中的城市/农村分类）。

（4）由生态环境部牵头，开发大、中城市固废污染环境信息公开系统，并将该绩效评价方法集成到系统里，实现评价结果的可视化显示。

4.4 对我国"无废城市"绩效评价工作的建议

合理设计的评价指标和方法可以用以分析"无废城市"建设实施的绩效表现，识别城市固废管理的核心问题和薄弱环节，用以支持和指导决策过程，从而对"无废城市"的持续推进产生积极影响。同时，绩效评价方法和工具的应用及准确性离不开城市层面多源固废的数据支撑，但我国城市层面固废数据的可用性、准确性和一致性是目前绩效评价工作顺利进行的最大障碍。但由于城市层面固废监管统计系统存在缺口，很多关键性数据缺失。除了固废的监管能力和统计基础较差，会导致固废流向和底数不清且监管无序以外，固废管理涉及的职能部门分散、协调机制不畅，也会对部门之间的信息共享形成制度性障碍。为保证我国"无废城市"绩效评价工作的顺利进行，并对"无废城市"进一步推进形成有力支撑，有如下建议：

4.4.1 完善城市固废"闭环式"全覆盖监管体系

首先，完善城市固废管理机制，构建并完善城市多源固废"闭环式"全覆盖管理模式，从根本上解决绩效评价中数据可靠性、准确性、一致性的问题，并有效拓展数据覆盖面。

以徐州市打造工业源固废危废"闭环式"全覆盖管理系统为例(见图 4-21),固废"闭环式"全覆盖管理系统框架的构建应从完善顶层立法开始,结合市场激励手段和技术保障措施的支撑,打造固废"产生—贮运—处置利用—违规处罚"全过程管理和保障体系。围绕该"闭环式"全覆盖管理系统的构建,徐州市在2019—2020 年设置了 8 项任务:强化《徐州市危险废物贮存规范化管理专项整治行动工作方案》等制度体系任务 2 项、监管体系任务 2 项;建立市危废环境管理智慧应用平台和一般工业固废分类代码 2 项技术体系任务;探索环境污染责任保险制度和"一证式"排污许可 2 项市场体系任务。

图 4-21 徐州市工业源固废危废"闭环式"全覆盖管理系统框架示意图

4.4.2 "以智管废"的智慧平台辅助固废精细化统筹管理

除了通过不断完善固废全过程管理系统以求从根本上解决绩效评价中的信息缺失问题外,还需要建立一个强大的多源固废统计数据库系统,将各个部门分散的数据整合起来,强化系统集成,充分应用信息技术。利用大数据和物联网等技术手段进行辅助,开发城市多源固废产排特征的时空图谱,对官方统计数据进行补充或验证,逐步实现各类固体废物信息可追溯、可查询,服务于城市固废智慧监管体系建设,促进固体废物资源化利用(图 4-22)。

还可以进一步开发集固废追踪溯源、全过程监控、任务监测考核、统筹优化管理等功能于一体的智慧化平台,作为无废城市建设过程的抓手、评估验收展示成果

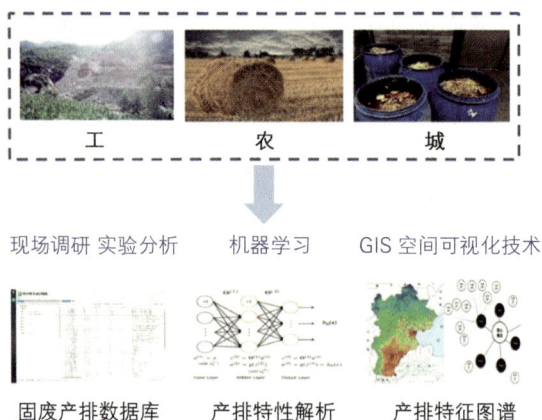

工　　　　　农　　　　　城

现场调研 实验分析　　　机器学习　　　GIS 空间可视化技术

固废产排数据库　　　产排特性解析　　　产排特征图谱

图 4-22　多源固废产排特征图谱开发示意图

的窗口（见图 4-23）。

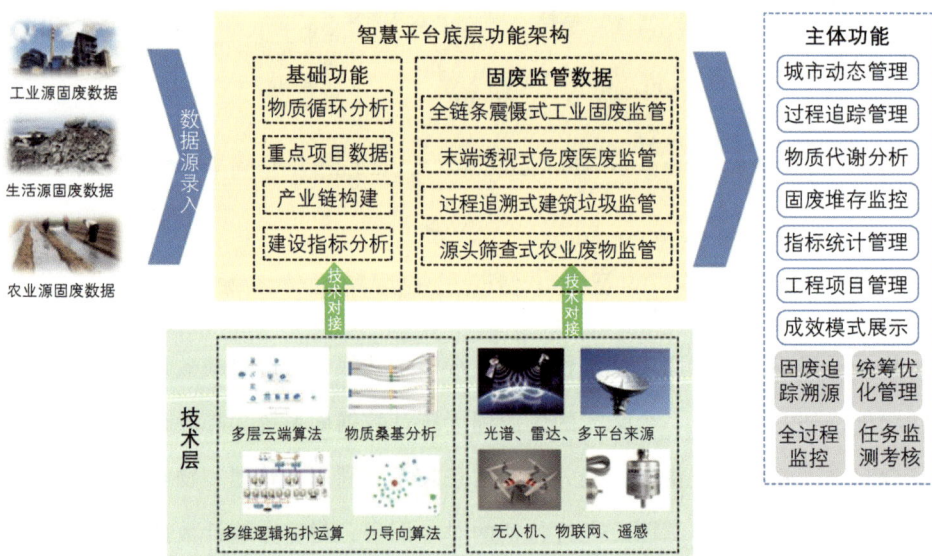

图 4-23　集成多种技术辅助手段的固废智慧管理平台功能架构示意图

4.4.3 建立区域信息共享机制

构建覆盖区域内多个城市的固废智能监控溯源系统,作为区域固体废物污染联防联控的技术支撑。基于不同地区固体废物管理系统的升级完善,实现信息的兼容和共享,构建固体废物监管大数据平台。对固体废物产生的种类、数量、处置需求、去向、处置方式,以及处置单位的即时能力、运行状况、停产检修维护等信息实行共享,及时进行宏观调度,有利于固体废物非法处置行为的监控和预警,有利于固废管理数据体系的完善,也有利于固体废物跨省转移程序简化和处置效率的提升。

4.5 参考文献

[1] ZAMAN A U, LEHMANN S. The zero waste index: a performance measurement tool for waste management systems in a 'zero waste city'[J]. Journal of Cleaner Production, Elsevier Ltd, 2013, 50: 123-132.

[2] ZHANG D. Report to the National People's Congress (NPC) Standing Committee on investigating the implementation of the Law of the Prevention and Control of Solid Waste Pollution(in Chinese)[R]. 2017.

[3] 生态环境部. 2019 年全国大、中城市固体废物污染环境防治年报[R]. 2019.

[4] DUAN N, LI D, WANG P, et al. Comparative study of municipal solid waste disposal in three Chinese representative cities[J]. Journal of Cleaner Production, 2020, 254: 120-134.

[5] 李干杰. 开展"无废城市"建设试点提高固体废物资源化利用水平[J]. 中国环境报, 2019: 1.

[6] CONNETT P, SHEEHAN B. A citizen's agenda for zero waste: a strategy that avoids incinerators and eventually eliminates landfills[R]. 2001(October).

[7] ZAMAN A U. A comprehensive review of the development of zero waste management: lessons learned and guidelines[J]. Journal of Cleaner Production, Elsevier Ltd,

2015, 91: 12-25.

[8] 国务院办公厅. "无废城市"建设试点工作方案[EB/OL]. [2020-04-15]. http://www. gov. cn/zhengce/content/2019-01/21/content_5359620. htm.

[9] SONG Q, LI J, ZENG X. Minimizing the increasing solid waste through zero waste strategy[J]. Journal of Cleaner Production, 2015, 104: 199-210.

[10] PIETZSCH N, RIBEIRO J L D, DE MEDEIROS J F. Benefits, challenges and critical factors of success for Zero Waste: a systematic literature review[J]. Waste Management, 2017, 67: 324-353.

[11] DEUS R M, MELE F D, BEZERRA B S, et al. A municipal solid waste indicator for environmental impact: Assessment and identification of best management practices [J]. Journal of Cleaner Production, Elsevier Ltd, 2020, 242: 118-433.

[12] KAZA S, YAO L, BHADA-TATA P, et al. What a Waste 2. 0: a global snapshot of solid waste management to 2050[M]. Washington, DC: The World Bank, 2018.

[13] ZAMAN A U. Measuring waste management performance using the ' Zero Waste Index ': the case of Adelaide , Australia[J]. Journal of Cleaner Production, Elsevier Ltd, 2014, 66: 407-419.

[14] ZAMAN A U. Identification of key assessment indicators of the zero waste management systems[J]. Ecological Indicators, 2014, 36: 682-693.

[15] WILSON D C, RODIC L, J. COWING M, et al. Wasteaware benchmark indicators for integrated sustainable waste management in cities[J]. Waste Management, 2015, 35: 329-342.

[16] WHITEMAN A, WILSON D C, QIAN M, et al. Wasteaware benchmark indicators for integrated sustainable waste management in Chinese cities[R]. 2019.

[17] EUROPEAN COMMISSION. Closing the loop— An EU action plan for the Circular economy[EB/OL]. [2020-04-15]. https://eur-lex. europa. eu/legal-content/EN/TXT/? uri =CELEX: 52015DC0614.

[18] EUROPEAN COMMISSION. A monitoring framework for the circular economy [J]. COM/2018/29 final, 2018.

[19] MOEJ. The 4th foundamental plan for establishing a sound material-cycle society

[S]. Japan's ministry of the environment, 2018.

[20] 杭正芳，徐波．日本《第 4 次循环型社会形成推进基本计划》概览[J]．世界环境，2019，1：78-80.

[21] 邹权，王夏晖．"无废指数"："无废城市"建设成效定量评价方法[J]．环境保护，2020，48(08)：46-50.

[22] 温湖炜，吕风，曹志凯．中国省域"无废城市"发展水平及影响因素研究[J]．环境污染与防治，2020，42(05)：628-633.

[23] WANG N, LEE J C K, ZHANG J, et al. Evaluation of urban circular economy development: an empirical research of 40 cities in China[J]. Journal of Cleaner Production, Elsevier Ltd, 2018, 180: 876-887.

[24] WEN Z, HU Y, LEE J C K, et al. Approaches and policies for promoting industrial park recycling transformation (IPRT) in China: Practices and lessons[J]. Journal of Cleaner Production, Elsevier Ltd, 2018, 172: 1370-1380.

[25] GENG Y, FU J, SARKIS J, et al. Towards a national circular economy indicator system in China: an evaluation and critical analysis[J]. Journal of Cleaner Production, 2012, 23(1): 216-224.

[26] RIGAMONTI L, STERPI I, GROSSO M. Integrated municipal waste management systems: An indicator to assess their environmental and economic sustainability[J]. Ecological Indicators, 2016, 60: 1-7.

[27] WANG Y, WEN Z, LI H. Symbiotic technology assessment in iron and steel industry based on entropy TOPSIS method[J]. Journal of Cleaner Production, Elsevier Ltd, 2020, 260: 120-900.

第 5 章 中国城镇化过程中人口迁移对大气污染物排放的影响

鲁玺 时光 张中华

5.1 引言

5.1.1 中国城镇化发展现状及问题

城镇化是指由以乡村为主体的社会逐渐转变成为以城镇为主体的社会的过程，其发展过程伴随着农业向工业和服务业的结构转型，人口居住地点由乡村转变为城市以及农村规划用地转变为城镇土地等，是一种综合性的区域功能结构转变的过程[1]。

从全世界历史发展进程来看，城镇化是社会进步、经济增长的自发且必然的选择。中国自改革开放以来，城镇化进程快速推进，特别是自 21 世纪以来城镇化以超过 1 个百分点的年均增速迅速发展[2]。中国的城镇化率由新中国成立之初 1949 年时的 10.6%，到改革开放初期 1980 年时的 19.4%[3]，再到新中国成立 70 周年 2019 年时的 60.6%[4]，中国的城镇化水平正在飞速提升，并且在 2011 年时城镇化率突破 50%，达到 51.3%，进入了新的历史发展阶段。国务院总理李克强在十三届全国人大四次会议的政府工作报告中指出，"十四五"期间要深入推进以人为核心的新型城镇化战略，加快农业转移人口市民化，常住人口城镇化率提高到 65%。

中国的快速城镇化为工业化的快速发展提供了丰富的劳动力资源，工业化也通过提供物质基础带动着城镇化的发展[5]。到 2012 年，我国第一产业在国民经济中的比重已经下降到约 10%，基本实现工业化。城镇化和工业化还起到带动农村发展和实现农业现代化的重要作用，肩负着协调区域发展的重任。然而，以人口迁移为主要特征的城镇化进程，在为中国经济飞速发展释放人口红利、提供充足劳动力资本的同时，也带来了诸多的社会经济问题[6]。

1）流动人口的社会经济影响

新中国成立以来，为稳定我国社会经济生活结构，中国一直实行"城乡二元"发展结构，该结构直接割裂了中国城乡之间的经济关联[7, 8]。户口制度的设立长期限制了我国农村人口前往城市地区就业的意愿。城乡投资长期失衡的经济发展模式，在牺牲农村经济活力的条件下，为城市经济发展提供更多的资源、政策与基础条件[9]。20 世纪 80 年代后期，不断松动的城乡人口政策与城市地区多元化经营的不断探索与尝试，刺激了农村流动人口涌入城市寻找就业机会。然而，由于教育资源的分配不合理，城乡居民受教育程度的差异以及城市地区对流动人口未作出妥善安置，导致了一大批迁移到城市的农村流动人口，长期在城市边缘从事高污染、高健康风险的经济生产活动，对城市生态环境、绿色发展提出了巨大的挑战。大量外来人口的涌入加剧了中国特色的"城市病"现象的出现[10]。

从 20 世纪 90 年代初开始，大量适龄劳动力人口从农村流入城市（见图 5-1），为城市地区经济社会发展带来活力的同时，也在能源需求与生产生活污染物排放需求方面对城市提出了巨大的系统性挑战。十九大报告提出未来将继续推进新型城镇化进程，到 21 世纪中叶把中国建成富强民主文明和谐美丽的社会主义现代化强国。联合国预测则显示到 2030 年中国城镇化水平将达到 70%，即约有 3 亿人口从农村流动至城镇[11]。未来大量人口迁移将对城镇能耗及排放系统带来诸多挑战，如能源安全及城市环境治理方面供需矛盾突出、城市现有能源消费结构急需调整、能源利用创新发展、污染排放分配公平等问题。因此，深入分析中国城镇化进程中能源消费及污染排放足迹的影响，将有助于新时期科学推进中国城镇化进程，了解其对能源系统进一步完善带来的机遇与挑战，制定与新型城镇化发展相匹配的国家和省级层面能源系统发展战略，缓解新形势下中国现阶段社会主要矛盾。

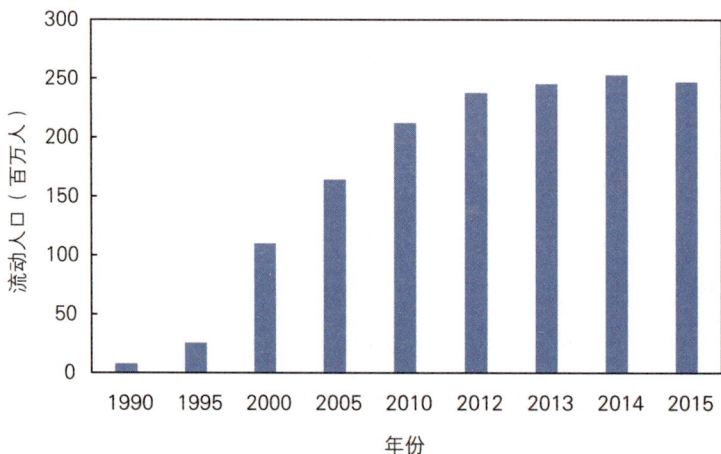

图 5-1   1990—2015 年中国流动人口趋势图

2）城市地区环境问题突出

经过近 40 年的改革开放，我国经济在持续高速增长之后于 2012 年进入"新常态"发展新阶段，经济增长速度的改变反映了我国经济增长的客观趋势与必然转变，进入 7% 左右的中高速增长之后，中国成功跨越了中等收入陷阱，进入了供给侧改革调整和蓄积经济发展活力与策略阶段，充分体现了中国政府对经济发展的宏观调控与微观调控相结合的新目标的取向。2011—2014 年中国国内生产总值年均增长为 8%，这表明中国经济由高速增长逐渐转变为中高速增长的客观现实。回顾改革开放 40 多年来我国长期存在的粗放式经济增长，在牺牲生态环境与非可再生资源的前提下发展经济，这一行为使得中国社会生态环境付出了较大的代价，其主要特点为中国的生态环境形势日益严峻、环境污染复杂化、解析程序更为烦琐、城市层面重大污染事件频发、污染物源汇分离程度较高[12]。从图 5-2 中可以看出，中国城市层面环境基础设施建设投资呈现逐年波动式增长趋势。我国城乡人口结构的调整与再分配在过去的 40 年中发生了重大改变，人口在城市群落、城市带以及大城市不断积聚的现象加剧了中国城市层面应对复杂多变的生态环境问题的难度与复杂程度。

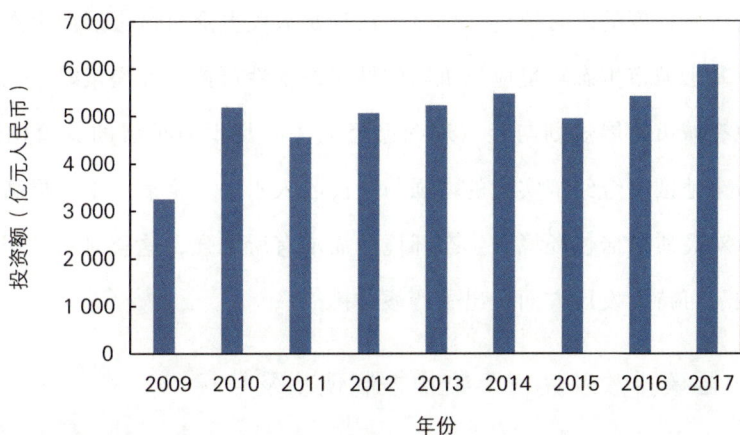

图 5-2　中国城市环境基础设施建设投资趋势图

　　流动人口不断迁入城市地区带来的环境问题主要表现在以下几个方面。首先，城市地区能源需求消耗迅速上升。随着流动人口的到来，不断增长的生产生活用能需求不断攀升，20 世纪 90 年代初，我国城市地区经常发生断水断电问题，我国农村地区经常断电，为邻近区域内关系国家命脉的重工业、轻工业企业能源需求让路，给我国城市居民的生活带来了极大的不便。其次，生活垃圾排放量不断上升。城市人口规模、建设用地规模、生活排污规模不断上升的过程伴随着我国不断发展的城镇化进程。东部特大型城市的生活垃圾未能得到合理安置，出现了垃圾围城，大城市病，城市空气、水、土壤受到严重污染的重特大环境污染事件，严重影响了中国城镇化的高质量发展。最后，新增外来人口给城市地区的生态环境承载能力提出了较多的挑战。城市原有能源供求系统被人为打破，城市中不断增加的外来人口与城市人口交往，发生生产生活关系，在丰富城市社会经济生活的同时，呈现出"双刃剑"效应，既有正向效应产生，也有负面影响出现。比如，城市社会经济运行成本增加、公共交通压力增大、城市卫生管理难度较大，这些因素综合影响了城市能耗系统，为未来城市规模的合理规划以及城市系统的健康发展提出了较大挑战[13]。

外来人口的不断激增给城市规模带来的问题主要体现在政府开展工作的自主性能力下降，特别是在出现极端污染天气事件时，城市地区的应急反应能力虽有所加强，但相较污染程度的改善速度，仍然无法满足人民群众对城市层面生态环境的需求。此外，基于城市生态环境应急机制的城市系统性可持续发展策略，也受到了较大冲击。原有城市发展规划与经营理念已经无法满足不断扩展的城镇化进程的需求。随着城市地区综合经济实力的增强与人民收入水平、生活水平的提高，城市地区居住人口对高质量居住环境、生态环境的需求有所增强，这就对新时期我国城市在绿色发展、可持续发展方面提出了严峻的挑战。

5.1.2　中国碳排放及大气污染物控制现状及目标

2008 年中国二氧化碳排放量达到 83.3 亿吨，是世界第一大二氧化碳排放国。2000 年以来，中国二氧化碳排放量年均增速达到 10%[14]。除了日益增长的能源需求外，中国高度依赖煤炭的特点，以及煤炭消费带来的碳排放，使得中国碳排放量达到世界第一。巨大的碳排放总量和持续高速增长的态势使得中国面临的减排任务更为艰巨。

为减少温室气体对自然环境的进一步影响，调整经济发展模式，共同应对气候变化，在丹麦哥本哈根举行联合国气候变化会议前夕，中国公布了温室气体减排计划，首次宣布温室气体减排清晰量化目标，承诺 2020 年为止单位国内生产总值（GDP）二氧化碳排放比 2005 年下降 40%~45%。而在最新公布的中国国家自主贡献（INDC）目标中，中国将进一步引导经济发展与碳排放逐步脱钩。中国承诺要在 2030 年前后使二氧化碳排放量达到峰值并争取尽早达峰；同时要求单位 GDP 的二氧化碳排放水平比 2005 年降低 60%~65%，把非化石能源提升到一次能源消费总量的 20% 左右。预计到 2020、2030 和 2050 年，中国人均 GDP 分别约是 2005 年水平的 3.2 倍、5.2 倍和 11 倍；而通过实施 INDC，同期中国碳排放强度要分别降到相当于 2005 年水平的约 1.8 倍、2 倍和 0.84 倍[15]。在第七十五届联合国大会一般性辩论上，国家主席习近平提出中国将进一步提高国家自主贡献力度，采取更加有力的政策和措施，争取 2030 年前实现碳达峰，2060 年前实现碳中和[16]。随着中国经济与碳排放进一步脱钩，中国经济发展对碳排放的依赖将日益减轻，中国的低碳发展道路将充满机遇与挑战。

随着 1972 年世界上第一次国际环保会议——联合国人类环境会议通过《斯德哥尔摩宣言》，中国也开启了大气污染防治的征程，并且由于社会经济发展的各个阶段中遇到的大气环境问题的不同而不断地调整和深化。到目前为止，我国的大气污染治理事业经历了消烟除尘构建大气环境容量理论（1972—1990 年）、分区管控防治酸雨和二氧化硫污染（1991—2000 年）、总量控制二氧化硫排放量见顶下降（2001—2010 年）、攻坚克难打赢蓝天保卫战（2011—2020 年）四个阶段。我国大气重污染成因和来源已经初步弄清，大气污染综合防治的思路和方向已经基本明确，环境空气质量管理体系已经日渐完善，综合防治的方向也已经从国家向地方延伸。然而，以 $PM_{2.5}$ 和臭氧为代表的复合型大气污染物的防治形势依然十分严峻，多种大气污染物同温室气体的协同减排将成为未来大气污染治理工作的重点[17]。

5.1.3 研究现状

过往的研究主要依靠具有面板数据的计量经济学回归模型来分析城镇化与空气污染和碳排放之间的关系。Sun 等人通过对 2001—2018 年 841 个面积超过 100 km^2 的大城市新增面积的分析，发现中低收入国家的城镇人口增长最快，并且中高收入国家的城市新增面积超过高收入国家的 3 倍[18]。Shan 等人的研究通过对 2000—2014 年全覆盖 $PM_{2.5}$ 遥感数据和人口密度遥感数据的分析，发现 $PM_{2.5}$ 浓度和人口密度都在 2000—2014 年快速增长，尤其是中国中东部地区和各地主要城市，同时暴露在 $PM_{2.5}$ 污染下的人数由 2000 年的 1.05 亿增长到 2014 年的 7.23 亿[19]。Li 等选择城市人口比例作为城镇化指标，并基于对 1999—2011 年中国 337 个地级市面板数据的分析，发现城镇化提高了 $PM_{2.5}$ 浓度[20]。Du 等比较了 2000 年和 2010 年人口、经济和土地城镇化对"京津冀"$PM_{2.5}$浓度的影响，发现城镇化加重了空气污染，其中经济城镇化的影响最大，人口城镇化的影响最小[21]。Larkin 等建立了城市扩张和城市特征的指标体系，研究了 2000—2010 年东亚地区 830 个城市的城市特征变化与 NO_2 和 $PM_{2.5}$ 的相关性，发现夜间灯光变化与 NO_2 和 $PM_{2.5}$ 的变化高度相关[22]。Qi 等基于人口流出地和人口流入地人均能源消费和碳排放强度的不同，利用 2010 年的人口普查数据和能源平衡表，将人口迁移分成农村到城镇，农村到农村，城镇到城镇和城镇到农村四种模式，发现中国非户籍人口流动增加了全国总居民碳排放，并且最大的转移是从中部到东部沿海地区[23]。Munoz 等以奥地利为例，通过对 8 000 多个来自城镇地区、半城镇地区和农村地区家庭碳足迹的分析，发现城镇居民有着最少的碳足迹，得出高收入国家的城镇化将带来相应的碳减排的结论[24]。Liang 等人的研究量化了国际移民的碳足迹，发现国际移民的碳足迹从1995 年的 1.8 Gt 持续增长到了 2015 年的 2.9 Gt，但碳排放强度的降低弥补了这一部分的增长[25]。Wang 等人通过对 2000—2016 年 50 个中国城市二氧化碳排放量的核算，发现每个城市的人均碳排放和人均 GDP 都有较强的相关性，并且符合环境库兹涅茨曲线。研究还发现中国将在 2021—2025 年间实现碳达峰，年均 CO_2 排放为 13~16 Gt，预计比 2030 年碳达峰的《巴黎协定》目标提早 5~10 年[26]。然而，这些基于计量经济学方法的经验分析无法呈现城镇化对空气污染的影响路径，也无法量化城镇化对各国民经济部门空气污染物排放的影响。只有少数研究将城镇化导致的人口迁移与家庭能源消耗联系起来，并评估了人口迁移对空气质量和公共卫生的影响。例如，Shen 等人最近的一项研究将城镇化导致的人口迁移与直接居民能源消费和交通能源消耗联系起来，并认为人口迁移减少了中国全国 $PM_{2.5}$ 的净暴露值[13]。然而，这项研究并未考虑家庭消费和投资中所包含的空气污染物的间接排放，以及对各国民经济部门排放的相关影响。

本研究采用新开发的一种综合方法，将人口迁移模型与环境扩展的多区域投入产出分析相耦合，并结合排放清单数据库来研究城镇化导致的迁移对中国空气污染物排放的影响。本研究结果不仅量化了三种空气污染物（NO_x、SO_2 和一次源

$PM_{2.5}$）的总排放量随省际农村到城镇和城镇到城镇迁移路径的不同空间迁移，而且追溯了排放的部门来源。本研究最后讨论了持续的城镇化对中国未来空气污染控制的影响。

5.2　研究框架构建及数据来源

5.2.1　研究框架简述

本研究耦合了人口流动矩阵、环境扩展的多区域投入产出模型（Environmentally-extended Multi-regional Input-output model，EE-MRIO）和污染物排放清单，从城镇化人口迁移导致的居民生活方式以及排放水平变化的角度出发，以 2012 年为例评估了人口迁移对我国大气污染排放及其空间分布的影响。首先，我们采用人口普查和人口抽样调查数据，评估了中国 30 个省、自治区和直辖市（数据所限，不包括西藏自治区、香港和澳门特别行政区，以及台湾地区）内部及其之间的人口迁移，构建了 30 个省级行政区之间的人口流动矩阵，并结合户籍数据，对我国占比较小的户籍迁移进行了简要估算。其次，我们结合污染物排放清单和环境拓展的投入产出模型，计算了中国各省城乡人口与消费、投资相关的 NO_x、SO_2 和一次源 $PM_{2.5}$ 排放，并对不同地区的城乡人均排放水平、来源构成等进行对比分析。最后，结合前两部分计算结果，我们假设所有流动人口返回户口所在地且排放水平相同，计算不发生人口迁移的情景下中国大气污染物排放；并将假设情景与现实情景在排放总量、部门结构等方面进行对比，得到人口迁移对大气污染物排放的影响。本研究框架如图 5-3 所示。

5.2.2　人口迁移评估及流动人口矩阵构建

1）流动人口

本研究中我们选取流动人口作为评估人口迁移的主要指标，并作为后续计算的

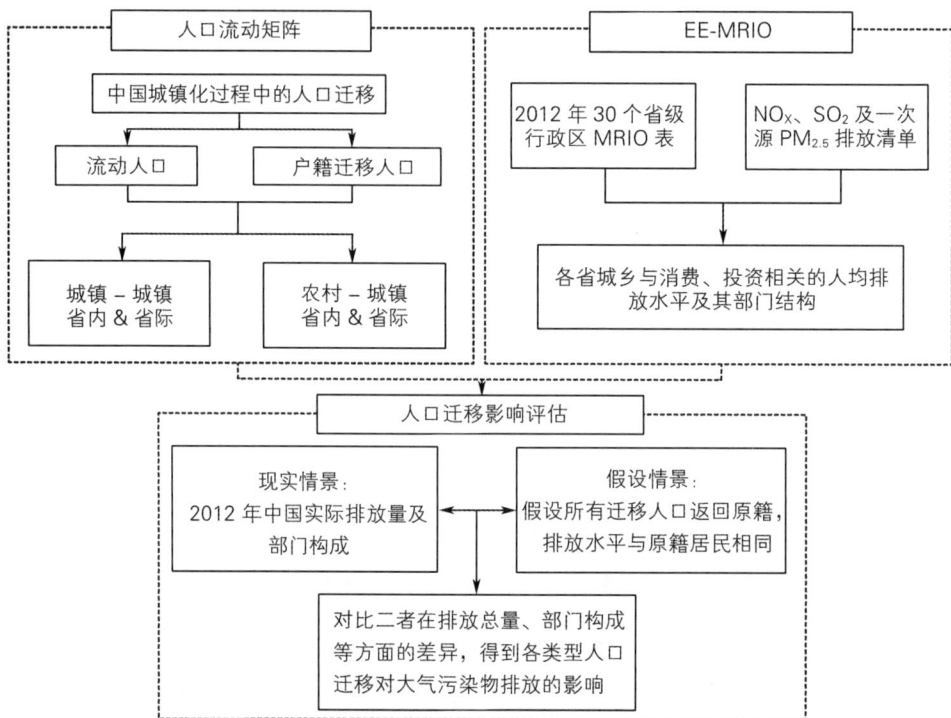

图 5-3　研究框架

基础。根据国家统计局的定义，流动人口指居住在非户口登记地 6 个月及以上的人口[27, 28]。根据中国户籍系统的相关定义，我国的人口可以依据户籍和常住地情况大致分为三类：（1）短期居住人口，指前往户口登记地以外的地区居住、停留 6 个月以内的人口；（2）流动人口；（3）户口登记地与现住地一致的人口，或户口登记的乡、镇、街道信息虽与现住地不一致，但仍在同一市辖区内的人口[28]。在城镇化过程中，人口往往会在这三种类型之间进行变动，而流动人口则是中国城镇化进程中人口迁移的主体[29, 30]。此外，由于流动人口在现住地居住至少 6 个月，其生活方式和消费模式将向现住地人口的情况转变，从而影响与之相关的排放。就理论而言，我国城乡之间的人口流动包括 4 个方向：农村-城镇，城镇-城镇，农村-农村，以及城镇-农村。但由于后两种流动人口数量较少，且本研究着重考察城镇人口和经济规模增加对环境的影响，故这两类流动人口在本研究中未予考虑。

本部分流动人口数据来源为 2000、2010 年人口普查[31, 32]及 1995、2005、2015 年 1% 人口抽样调查[33-35]。在掌握原有数据库中流动人口流向矩阵的基础上，本研究将农村定义为"乡"与"镇的村委会"之和，将城镇定义为"镇的居委会"与"街道"（或者"城市"与"镇"）之和，整理得到全国 30 个省级行政区之间的农村-城镇以及城镇-城镇人口流动矩阵。将矩阵中的省内、省际流动人口加总，得到全国层面的流动人口总数。对于尾数为"0""5"之外的年份，本研究基于人口普查数据中在"0"与"5"年之间的每年流动人口比重来推算相应年份的流动人口变化情况，假设每个省份的流动人口变化规律与国家层面相同，得出 1990 年以来逐年的农村-城镇、城镇-城镇流动人口矩阵。针对不同统计资料口径的差异，分别进行数据处理和调整，具体如下：

（1）1995 年中华人民共和国 1% 人口抽样调查数据。《1995 年全国 1% 人口抽样调查数据》中全国按现住地分的户口登记地在外县、市、区的人口表，统计了截至 1995 年底全国 30 个省份的省内和省际流动人口。由于 1995 年抽样调查数据尚未细分流动人口迁出地和迁入地的地域类型，因此采用 2000 年的由农村迁入城镇占总迁出的比例和由城镇迁入城镇占总迁出的比例，拆分得到 1995 年农村-城镇和城镇-城镇流动人口矩阵。

（2）2000 年中华人民共和国第五次人口普查数据。《中国 2000 年人口普查资料》中列有"长表数据资料"，其中全国按现住地、迁出地类型分的人口表统计了截至 2000 年底全国 31 个省份的省内和省际流动人口。采用与前述相同的城镇和农村地域类型归并方式，对流动人口迁出地进行城乡地域划分。由于五普数据尚未细分流动人口迁入地的地域类型，因此采用 2005 年的由农村迁入城镇占农村迁出的比例和由城镇迁入城镇占城镇迁出的比例，拆分得到 2000 年农村-城镇和城镇-城镇流动人口矩阵。为统一研究范围，去除西藏数据。

（3）2005 年中华人民共和国 1% 人口抽样调查数据。《2005 年全国 1% 人口抽样调查资料》中全国按现住地、户口登记地类型分的迁移人口表统计了截至 2005 年底全国 31 个省份的省内和省际流动人口。采用与前述相同的城镇和农村地域类型的归并方式，得到 2005 年农村-城镇和城镇-城镇流动人口矩阵。为统一研究范围，去除西藏数据。

（4）2010 年中华人民共和国第六次全国人口普查数据。《中国 2010 年人口普查资料》中列有"长表数据资料"，其中全国按现住地、户口登记地类型分的户口登记地在外乡镇街道人口表统计了截至 2010 年底全国 31 个省份的省内和省际流动人口。采用与前述相同的城镇和农村地域类型的归并方式，得到 2010 年农村-城镇和城镇-城镇流动人口矩阵。为统一研究范围，去除西藏数据。

（5）2015 年中华人民共和国全国 1% 人口普查数据。《中国 2015 年全国 1% 人口普查资料》中有全国按现住地、户口登记地类型分的迁移人口表，统计了截至 2015 年底全国 31 个省份的省内和省际流动人口。由于原始数据未区分迁出地类型，因此采用 2010 年由农村迁入城镇占城镇迁入的比例以及由城镇迁入城镇占城镇迁入的比例，拆分得到 2015 年农村-城镇和城镇-城镇流动人口矩阵。为统一研究范围，去除西藏数据。

此外，我们整合了国家卫生健康委员会流动人口服务中心的流动人口调查数据，用该数据提供的总流动人口来约束人口模型中 2010 年以来的全国层面流动人口数据。研究还参考历年《中华人民共和国国民经济和社会发展统计公报》（1995—2015）中有关城镇化阶段和流动人口增减的数值，对中国城镇化的发展趋势进行简要分析。

2）户籍迁移人口

除流动人口外，部分人口在更换常住地的同时改变户口登记地，这部分人口即户籍迁移人口。为评估这部分人口迁移对大气污染物排放的影响，本研究以目标年 2012 年为例，估算了各省份迁入城市的户籍迁移人口。与流动人口数据不同，目前尚无公开统计资料直接提供户籍迁移数据，本研究根据《中国人口和就业统计年鉴》[36, 37]中"各地区非农业人口"和"各地区人口自然增长率"指标进行推算，如式（5-1）所示：

$$G_{migration} = G_{total} - G_{natural} = (P_{2012} - P_{2011}) - P_{2011} \cdot R_{2012} \qquad (5-1)$$

式中，$G_{migration}$ 为 2012 年户籍迁移人口；$G_{total} = P_{2012} - P_{2011}$ 为 2012 年各省份非农业人口总增长，其中 P_{2012}、P_{2011} 分别表示 2012 和 2011 年各省份非农业人口总数；$G_{natural} = P_{2011} \cdot R_{2012}$ 为 2012 年各省份非农业人口的自然增长，其中 R_{2012} 为各省份 2012 年的人口自然增长率。本研究假定户籍迁移人口的城乡来源结构与流动人口相同，按照各省农村-城镇以及城镇-城镇流动人口的来源比例将户籍迁移拆分为 30 个省级行政区之间的迁移矩阵。由于本研究对户籍迁移进行了较为简单的假设，且仅在现有可获得数据的基础上进行估算，结果可能存在不确定性，故在结论部分仍主要围绕流动人口的影响进行分析；户籍人口迁移的影响作为不确定性分析的结果进行展示。

5.2.3　城乡人口消费、投资相关排放核算

本研究核算了 2012 年各省级行政区与居民消费和投资相关的 NO_x、SO_2 及一次源 $PM_{2.5}$ 排放。本研究中，投资驱动的排放指隐含在投资活动所需的产品、服务生产过程中的排放，属于城乡居民的间接排放。消费驱动的排放包括两部分，一部分为居民生活直接排放，指为满足炊事、室内采暖、私家交通等需求使用化石能源、生物质能源等导致的排放；另一部分为隐含在消费的产品和服务生产过程中的全部排放，属于居民生活间接排放。居民生活直接排放数据来源于清华大学环境学院编制的排放清单[38, 39]，该清单基于各排放单元的活动水平、排放因子和控制效率对大气污染物排放进行核算，排放源涵盖工业、交通、城乡居民生活等。由于排放清单中交通源部分并未区分商业运营车辆和居民私家车辆，本研究采用了《中国汽车市场年鉴》[40] 中的商业用车和私家车数据以及中国排放核算数据库（CEADs）[19, 41] 的城乡居民能源使用数据，拆分得到城乡私家车排放数据。

城乡居民隐含在消费和投资中的间接排放采用 EE-MRIO[42-46] 进行核算，使用的 2012 年 MRIO 表为 Mi 等[47] 编写。表 5-1 展示了多区域投入产出表的结构，模型包含 n 个地区（本研究中为 30 个省级行政区），通过上标 r、s 进行区分；涵盖 m 个国民经济部门（在 Mi 等的原始 MRIO 表中为 30 个），通过下标 i、j 进行区分。表 5-1 中，Z^{rs} 为中间投入矩阵，其中元素 zrs_{ij} 表示 r 地 i 部门为满足 s 地 j 部门的生产过程提供的商品和服务投入；矩阵 F^{rs} 表示最终需求矩阵，其中元素 frs_i 表示 r 地 i 部门为满足 s 地最终需求提供的商品和服务。x^r 表示 r 地经济总产出列向量，其要素 xr_i 为 r 地 i 部门生产的作为中间投入和最终需求的全部产出；$(x^s)'$ 表示 s 地总投入行向量，其

要素 xs_j 为 s 地 j 部门为满足生产过程所需中间投入和初始投入之和，各个地区每一部门的总产出均等于总投入。$\mathbf{v}^s$ 表示 s 地经济增加值向量。

表 5-1   多区域投入产出表结构图

		中间使用					最终需求					总产出
		C^1	C^2	C^3	$\cdots$	C^n	C^1	C^2	C^3	$\cdots$	C^n	
中间投入	C^1	Z^{11}	Z^{12}	Z^{13}	$\cdots$	Z^{1n}	F^{11}	F^{12}	F^{13}	$\cdots$	F^{1n}	$\mathbf{x}^1$
	C^2	Z^{21}	Z^{22}	Z^{23}	$\cdots$	Z^{2n}	F^{21}	F^{22}	F^{23}	$\cdots$	F^{2n}	$\mathbf{x}^2$
	C^3	Z^{31}	Z^{32}	Z^{33}	$\cdots$	Z^{3n}	F^{31}	F^{32}	F^{33}	$\cdots$	F^{3n}	$\mathbf{x}^3$
	$\vdots$	$\vdots$	$\vdots$	$\vdots$	$\ddots$	$\vdots$	$\vdots$	$\vdots$	$\vdots$	$\ddots$	$\vdots$	$\vdots$
	C^n	Z^{n1}	Z^{n2}	Z^{n3}	$\cdots$	Z^{nn}	F^{n1}	F^{n2}	F^{n3}	$\cdots$	F^{nn}	$\mathbf{x}^n$
其他初始投入		$\cdots$										
附加值		$\mathbf{v}^1$	$\mathbf{v}^2$	$\mathbf{v}^3$	$\cdots$	$\mathbf{v}^n$						
总投入		$(\mathbf{x}^1)'$	$(\mathbf{x}^2)'$	$(\mathbf{x}^3)'$	$\cdots$	$(\mathbf{x}^n)'$						

注：表中大写黑体字母表示矩阵；小写黑体字母表示向量。

本研究中，城乡人口间接排放按照式（5-2）计算：

$$E_{emb} = \widehat{EF}\,(I - A)^{-1}Y \tag{5-2}$$

式中，E_{emb} 表示隐含在消费和投资中的间接排放；$\widehat{EF}$ 为各部门排放强度的对角矩阵，其中要素表示各部门单位经济产出的直接排放；I 为单位矩阵；A 为直接消耗系数矩阵，其中要素 $ars_{ij} = zrs_{ij}/xs_j$，表示 s 地 j 部门单位产出对 r 地 i 部门产品投入的直接需求；$L = (I - A)^{-1}$ 为列昂惕夫逆矩阵，其中要素 lrs_{ij} 表示为满足 s 地对 j 部门产品的单位最终需求所需要的 r 地 i 部门的全部上游投入；Y 为最终需求矩阵，在本研究中为各省份城乡居民消费及投资。式（5-2）将终端需求导致的排放追溯至实际产生排放的上游部门，即将排放责任划分给"生产者"部门[48]。这种核算方式有助于识别出受城镇化人口迁移影响较大的实际排放源，为削减相关负面环境影响提供切入点。

各部门排放数据来自上述清华大学环境学院编制的排放清单。我们将原始

MRIO 表中的 30 个部门合并为 26 个部门，以使清单与 MRIO 表相匹配。排放清单中部分排放源整合程度较高（如工业锅炉），无法直接匹配至相关部门，我们同样采用《中国汽车市场年鉴》的汽车保有量数据与 CEADs 数据库的能源消费数据作为参考进行拆分。为进一步简化结论和图表展示，我们将 26 个部门划分为 6 个类别，分别为：农业、轻工业、重工业、公共事业、建筑及服务业。具体的匹配和分类如图 5-4 所示。

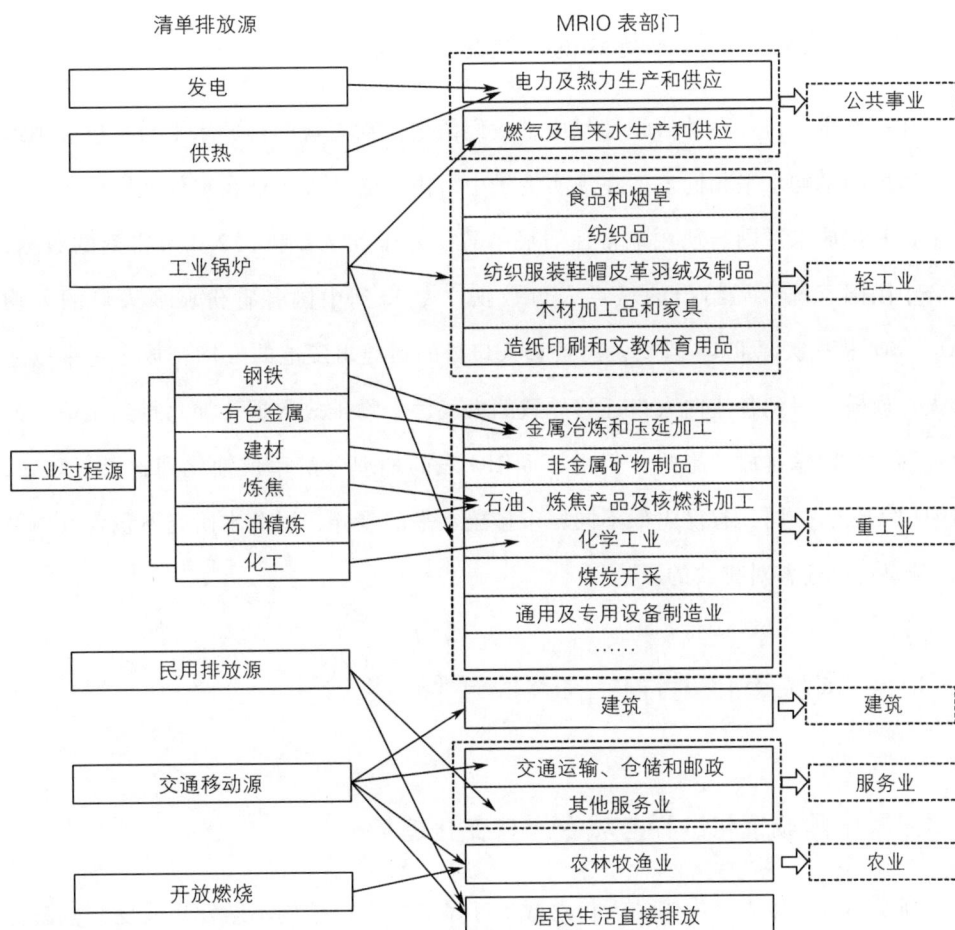

图 5-4　排放清单与 MRIO 表部门匹配示意图

城乡最终需求数据来自 MRIO 表。原始表中单独给出了城乡居民消费数据，但是并未区分城乡投资，而是给出了全国固定资本形成规模。本研究采用《固定资产投资统计年鉴》中的城乡投资数据拆分 MRIO 表中的投资数据[49, 50]。自 2011 年起，年鉴针对农村地区仅单独统计农村农户的投资，而将农村非农户的投资与城镇投资合并统计，如果直接采用 2012 年的原始数据将会明显低估农村的投资规模。因此，我们采用年鉴中 2009 年和 2010 年城乡投资的平均占比拆分 2012 年 MRIO 表中的固定资本形成，得到最终的城乡投资规模。

5.2.4 城镇化人口迁移导致的大气污染物排放评估

在不发生人口迁移的假设情景中，我们假定流动人口的排放水平与户口登记地常住居民的平均水平相同。而在现实情景中，由于流动人口已在现住地居住 6 个月以上，其排放水平则与现住地常住居民一致。基于 5.2.2 和 5.2.3 节得到的数据，结合中国国家统计局给出的城乡人口数据[51]，得到中国各省份城乡人口的人均 NO_x、SO_2 及一次源 $PM_{2.5}$ 排放。将迁移人口目的地与出发地的人均排放之差乘以迁移人口规模，得到各流向人口迁移导致的大气污染物排放数据，加总得到城镇化人口迁移对全国总排放的影响。但由于 MRIO 表的地理分辨率仅细化到省级行政区，研究中无法区分同一省份内部不同城市排放水平的差异，因此本研究不包含省内城镇-城镇人口迁移对排放的影响。

5.3 中国城镇化进程中的人口迁移

5.3.1 中国城镇化进程与城乡人口变化趋势

新中国成立以来，中国的人口总数不断攀升，人口结构不断发生改变，城镇化进程持续推进。我国总人口从 1949 年的 5 亿多增长到了 2019 年的 14 亿；由于城镇化进程的不断推进以及新中国成立后长达 40 年的城乡二元发展结构，使得城市

与农村人口都在不断增长的同时，城市人口远远多于农村人口。1978 年改革开放
之后，由于城市地区的产业发展需要大量劳动力，加之户籍制度逐渐松动，大量农
村剩余劳动力流入城市，农村人口于 1994 年之后开始出现下降趋势。劳动力资源
得到释放，刺激了城市投资与消费；人力资源从欠发达地区流向发达地区，不仅促
进了发达地区的经济社会发展，也推动了中国的城镇化进程。

图 5-5 展示了 1949 年以来中国的城镇化发展及城乡人口变化趋势，大致可分
为三个阶段：第一阶段为低速发展阶段（10%～20%），即 1949—1960 年，主要得
益于中国这一时期较为积极的经济政策。第二阶段为迂回发展阶段（20%～25%），
即 1961—1978 年，这一时期中国经济发展出现一定停滞状态，城镇化进程也出现
波动。第三阶段为高速发展阶段（25%～60%），即 1979 年至今，本时期中国实行
改革开放，采取了包括引进外资、调控城乡关系、释放人口红利、提高经济效率等
一系列举措，促进了城市的发展。特别在 1992 年确立非公有制经济在中国特色社
会主义初级阶段的定位之后，市场经济在中国得以发展，在解放中国生产关系、刺
激经济发展的同时，也推动了城镇化进程。2011 年，中国城市人口超过了农村人
口。联合国人口司预测，在中国未来的城镇化进程中农村人口将不断减少，城市人
口将不断增加。预计到 2050 年城镇化率将达到 75%，饱和城镇化率将达到 75%
～80%[52]。

5.3.2　2012 年中国人口迁移概况

图 5-6 展示了自 2000 年以来中国的流动人口总量。自 2000 年以来，中国的流
动人口数量以较快的速度增长，2010 年以来历年的人口流动规模均超过 2 亿人。
2014 年，全国流动人口总量达到峰值 2.53 亿人，随后连续两年下降。这一现象的
出现主要有以下两个原因：一是中国进行了户籍制度改革，使部分流动人口在现住
地落户[53]；二是部分地区出现了人口回流。2013 年 11 月 15 日，中央政府发布了
《中共中央关于全面深化改革若干重大问题的决定》，提出"加快户籍制度改革，
全面开放建制镇和小城市落户限制，有序开放中等城市落户限制，合理确定大城市

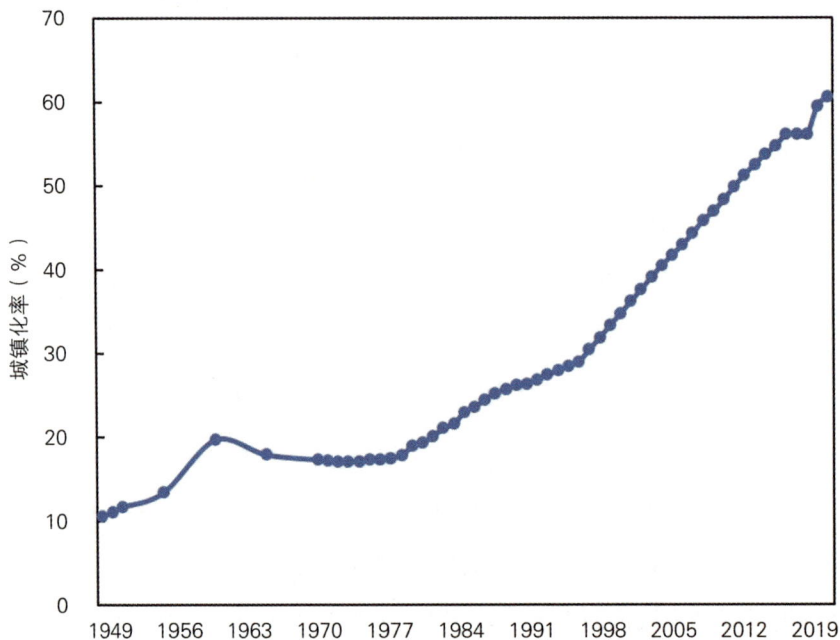

图 5-5　中国城镇化进程中城乡人口变化趋势

落户条件"[54]，这一举措取得了良好的效果。同时，中国也加大了对中西部省份和农村地区的建设投入。2009 年，国务院常务会议讨论并原则通过了《促进中部地区崛起规划》，全面提升中部地区的经济发展水平和可持续发展能力[55]；2016 年12 月，国家发展和改革委员会进一步制定了《促进中部地区崛起"十三五"规划》，为后续工作作出指示[56]。"十二五"规划以来，国家大力推动西部地区发展，针对很多行业实施税收优惠政策，放开外资利用限制，鼓励第三产业发展[57]。这些措施使部分产业转移至中西部省份，其经济发展水平和质量也有所提高，对居民的吸引力随之增强。此外，国家也实行了一系列惠农政策，加大对农村地区的财政投入，实施税收减免、生活保障制度等政策，这也吸引了部分农村户籍的流动人口返回户籍所在地[57, 58]。

本研究以 2012 年为目标年份，故着重分析了 2012 年的人口流动情况。图 5-7展示了 2012 各省、自治区和直辖市的农村-城镇、城镇-城镇流动人口迁入迁出规

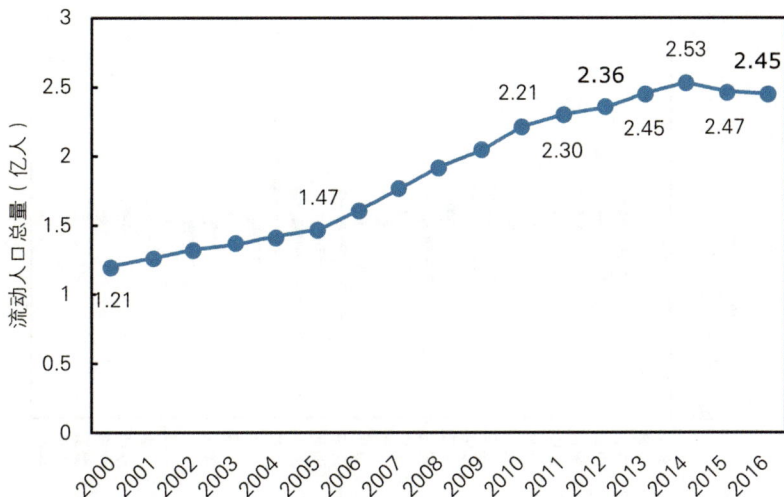

图 5-6 2000 年以来中国流动人口总量

数据来源：中国统计年鉴[49]。

模。2012 年全国城镇－城镇流动人口为 1.07 亿人，其中 78.2% 为省内迁移，21.8% 为跨省迁移。经济发展程度较高的省份和直辖市如广东、北京、上海等，跨省迁入占比较高。全国农村－城镇流动人口数量为 1.25 亿人，其中 59.6% 为省内迁移，跨省迁移占比较城镇－城镇流动人口高。迁入广东、浙江、江苏、新疆、北京、上海、天津等省份城市地区的外省农村流动人口较多，高于省内的农村－城镇流动人口。与之相反，安徽、江西、湖南、河南、广西、贵州、湖北、四川等中西部省份农村地区迁往其他省份城镇的流动人口较多，亦多于省内的农村－城镇流动人口。2012 年广东、上海、浙江、北京及江苏为人口迁入最多的省份，迁入人口规模分别为 1 935 万、761 万、709 万、581 万和 280 万人；安徽、河南、湖南、四川和江西是人口迁出最多的省份，迁出规模分别为 710 万、651 万、587 万、579万和 449 万人。

图 5-8 展示了 2012 年各省迁入城镇的户籍迁移人口与流动人口之比。全国层面上，2012 年户籍迁移人口总量为 419 万，仅为流动人口的 2.8%，这表明流动人口仍旧是我国人口迁移的主体。大多数省份户籍人口迁移规模较小，与全国层面的

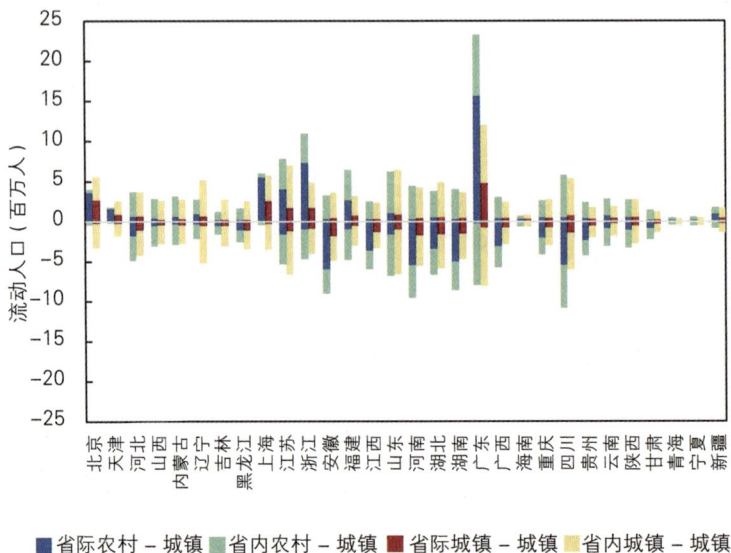

图 5-7　2012 年各省级行政区流动人口数

规律较为一致；但吉林、江苏、重庆、四川和云南等省份户籍迁移的影响较大。除江苏外，上述其他省份在 2012 年都存在较大规模的人口外流，因此相较于主要的人口迁入地而言其户籍限制较为宽松。另外，中西部以及东北一些省份的市民化公共成本（指政府为保障城市协调发展在基础设施、生态环境和公共管理等方面投入的成本）较低，从而进一步便利了这些地区迁入人口的市民化[59]。吉林省迁入城镇的总人口降低了 22.1%，这一现象的主要原因为东北地区的经济下行趋势[60]，使得较多人口选择去其他省份寻求更好的发展机会。与之相反，云南的户籍迁移则进一步加剧了流动人口的迁入趋势，使迁入城镇的人口在流动人口迁入的基础上增加了 32.2%。

5.3.3　农村-城镇人口流动的时空规律

在中国的城镇化发展过程中，农村-城镇的流动人口规模更大，且对城镇化率的提高贡献较大，因此本部分着重分析农村-城镇流动人口的时空变化规律。图 5-9

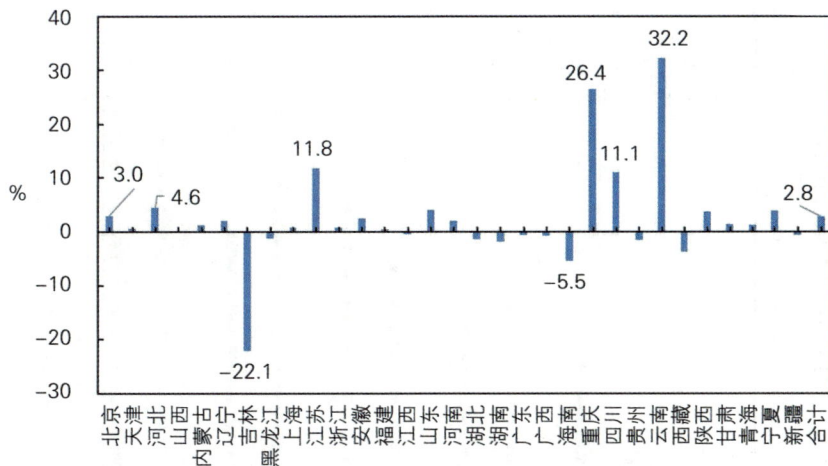

图 5-8　2012 年各省级行政区迁入城镇的户籍迁移人口与流动人口之比

展示了中国农村-城镇人口流动的变化趋势，其从 1990 年的不到千万人增加至 2014 年的接近 1.6 亿人。这一过程可大致分为三个阶段：第一阶段为低速发展阶段（1990—1995 年），该阶段农村流动人口开始初步迁移，主要原因为市场经济的非公有制经济体制在中国得到认可，沿海省份地区生产关系得到解放，刺激了劳动力在地区之间的流动，此举优化了劳动力资源配置，促进了我国社会经济结构转型，并提升了我国工业化、城镇化和现代化水平。第二阶段为中速发展阶段（1995—2005 年），该阶段省内省际流动人口较前一阶段都有明显的增加，这得益于 20 世纪 90 年代末我国实行国有企业改革并在 21 世纪初加入 WTO，使包括劳动力在内的市场要素流动更加自由；同时外部国际市场需求进入中国市场，刺激中国国内经济不断升级、扩大产能、提高产量，使劳动力进一步向城市地区集中。第三阶段为高速发展阶段（2005—2014 年），该阶段流动人口规模进一步扩大，这源于中国入世的经济刺激计划的乘数效应和中国经济的后发优势，以及两次金融危机之后中国经济刺激政策的影响。规模庞大的流动人口在城镇化进程中为经济的快速增长提供了人力保障，为经济社会发展作出了极大贡献。2014 年以来，由于户籍制度改革以及人口回流现象的出现，农村-城镇流动人口规模有所下降。

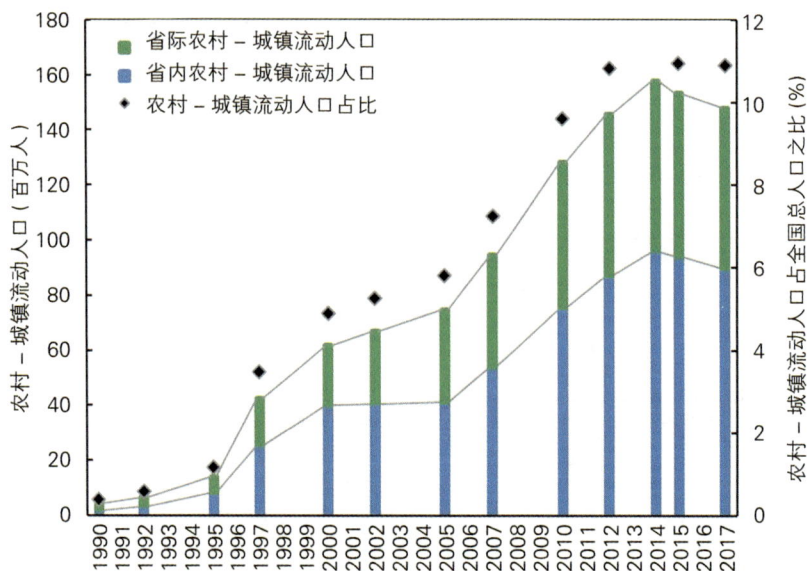

图 5-9 中国农村-城镇流动人口变化趋势

图 5-10 展示了农村-城镇流动人口主要迁出省份，包括安徽、江西、河南、湖南、四川等。人口迁出最多的省份在 2005 年之前为四川省，2005 年之后为安徽省。从数据分析可得出，四川省、安徽省的流动人口主要流向了广东、上海两地。图 5-11 展示了农村-城镇流动人口主要迁入省份，包括北京、上海、江苏、浙江、广东等经济较为发达的地区，其中广东人口迁入规模最大，遥遥领先于北京、上海、江苏等地。主要原因在于广东省为面积较大的省份，而北京、上海为直辖市，人口消纳能力有限；此外，由于经济开放程度较高，广东省对迁移人口的吸引力较强，20 世纪 90 年代兴起的"南下打工潮"即为例证。

5.4 城镇化人口迁移对大气污染物排放的影响

5.4.1 各省城乡居民与消费及投资相关的人均排放

图 5-12 展示了 2012 年各省城乡消费及投资驱动的人均直接、间接排放。全国

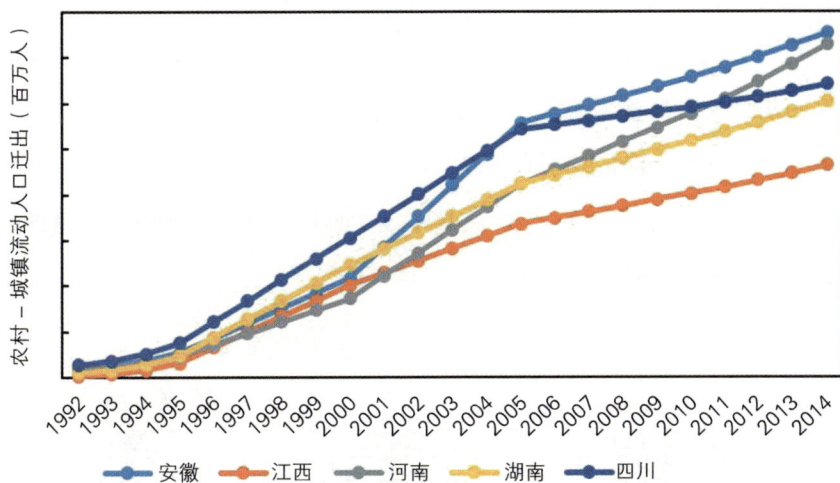

图 5-10　农村-城镇流动人口主要迁出省

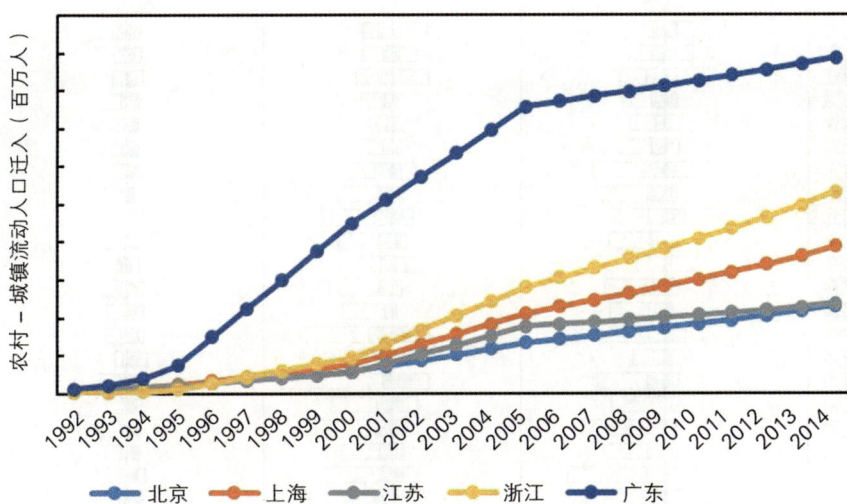

图 5-11　农村-城镇流动人口主要迁入省

层面上，城镇人口消费和投资驱动的 NO_x 及 SO_2 人均排放远高于农村，2012 年城镇人口的这两类污染物排放水平分别为 21.4 千克/人及 21.7 千克/人，而农村排放仅为 7.6 千克/人及 8.4 千克/人。这两类污染物的城乡排放结构较为相似，主要来源均为隐含在居民消费和投资中的间接排放。以 NO_x 为例，就全国而言，与投资相关的间接排放分别占农村和城镇人均总排放的 58.1% 和 70.1%，隐含在消费中的间接排放占比分别为 30.8% 和 28.3%，而能源使用导致的居民生活直接排放则占比较小；城镇居民较高的整体消费水平及较大的城镇投资规模[61]导致了城乡排放的巨大差距。在部分社会经济发展水平较高的省份，如浙江、广东、北京、上海，农村人均投资间接排放高于城镇，反映出这些发达地区的城镇基础设施建设投资已趋于饱和，农村地区逐渐成为投资建设重点。

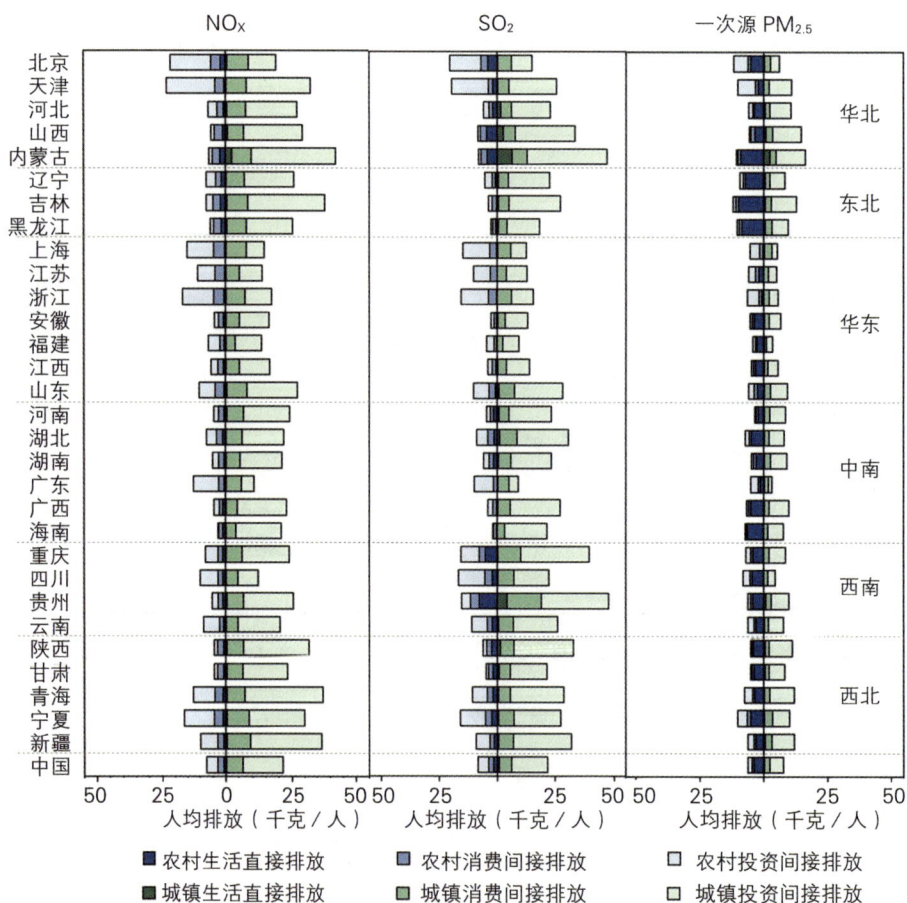

图 5-12　2012 年中国各省级行政区城乡人均 NO_x、SO_2 及一次源 $PM_{2.5}$ 排放

居民生活直接排放方面，城乡人均 NO_x 及 SO_2 直接排放水平均较低。农村排放（0.8 千克 NO_x/人，1.6 千克 SO_2/人）略高于城镇（0.4 千克 NO_x/人，0.7 千克 SO_2/人），主要反映了城镇居民较为清洁、高效的能源使用结构[61, 62]。农村 NO_x 直接排放主要来源于室内采暖（41.5%）及炊事（46.2%）需求，而城镇居民生活直接排放则主要来自室内采暖（38.1%）及私家交通（54.7%），主要原因为城镇人口的汽车保有量及机动车出行需求较高。室内采暖（53.6%）及炊事活动（46.0%）对农村 SO_2 直接排放的贡献较为接近，而城镇居民的 SO_2 直接排放则主要来自室内采暖（76.0%），炊事活动的贡献较小（22.0%）。

一次源 $PM_{2.5}$ 排放则呈现出与其他两类污染物不同的规律。全国平均农村人均排放与城市较为接近，其中农村为 6.3 千克/人，城镇为 7.7 千克/人。城镇一次源 $PM_{2.5}$ 排放结构与 NO_x 和 SO_2 较为类似，其中 70.6% 为投资间接排放，26.3% 为消费间接排放，其余为居民生活直接排放。与之相反，农村一次源 $PM_{2.5}$ 排放中有 59.9% 为居民生活直接排放，主要原因是农村居民为满足室内采暖及炊事需求消耗了较多的煤炭、生物质（如秸秆、木材）等排放系数较高的固体燃料[63-65]；其余 26.1% 为投资间接排放，13.9% 为消费间接排放。较高的农村直接排放缩小了城乡排放的差距，使二者在排放总量上较为接近。Zhao 等人的一项研究表明，农村家庭使用固体燃料不仅排放了大量一次源 $PM_{2.5}$，还导致了高浓度的室内暴露，从而带来了较高的健康风险[66]。从这个角度来说，农村-城镇人口迁移不仅能够降低一次源 $PM_{2.5}$ 排放，还能够直接减少大气污染物暴露，从两方面同时削减健康风险。

三类大气污染物的排放呈现出一定的空间规律。根据地理位置，全国 30 个省级行政区被划分为 6 个区域，分别为华北、东北、华东、中南、西南以及西北地区。城镇人均排放最低的区域为华东地区，人均 NO_x、SO_2 及一次源 $PM_{2.5}$ 排放分别为 17.9、16.5 和 6.1 千克/人，均明显低于全国平均水平；主要原因是华东大部分地区经济发展较快，现阶段城市基础设施相对完善，人均投资间接排放较低。城镇人均 NO_x 排放较高的区域主要集中在"三北"地区，其中西北地区城镇人均排放为 31.1 千克/人，华北地区为 29.1 千克/人，东北地区为 28.7 千克/人；主要原因为这三个地区的煤电较为集中，重工业分布广泛，且投资活动较为活跃。早在 2000 年，中国政府为了推动西部地区的经济、社会发展决定实施"西部大开发"战略，促进了基础设施建设及第二产业的快速提升[67, 68]。此举相应地增加了针对西北等地区的投资及资源投入，从而导致了较高的大气污染物排放水平。鉴于"西部大开发"战略为 2000—2050 年的长期发展规划[68]，预计西北地区的投资将继续增加，可能会进一步导致投资间接排放的升高。出于类似的原因，"三北"地区的城镇人均一次源 $PM_{2.5}$ 排放也很高。另外，SO_2 排放与煤炭的使用高度相关，因此煤炭消费主要为高硫煤的西南地区[69, 70]呈现出了较高的城乡人均 SO_2 排放，其中农村为 14.9 千克/人，城镇为 30.4 千克/人，均远高于全国平均水平。贵州的城镇人均 SO_2 排放为全国最高，为 47.6 千克/人，超过全国平均排放的 2 倍。此外，由于西北和华北地区有较为充足的煤炭供应和使用，城镇人均 SO_2 排放也相对较高。东北地区和内蒙古自治区的农村一次源 $PM_{2.5}$ 排放水平为全国最高，其中东北三省平均为 10.5 千克/人，内蒙古为 10.8 千克/人；由于天气寒冷，这些省份冬季采暖需求较大，农村居民需要使用大量固体燃料以满足采暖需求，导致了较高的 $PM_{2.5}$ 排放。

5.4.2 人口迁移对大气污染物排放空间分布的影响

2012 年农村-城镇及城镇-城镇流动人口合计为 2.3 亿人，其中 54% 为农村-城镇流动人口，46% 为城镇-城镇流动人口；68% 为省内迁移，32% 为跨省流动。主要的人口迁出省位于中部地区，安徽、河南、湖南、四川和江西是人口迁出最多的省份，迁出规模分别为 710 万、651 万、587 万、579 万和 449 万人。与人口流动格局不同，除四川、江西和安徽外，其他省份——包括其他人口净迁出的省份——需求侧 NO_x 和 SO_2 排放均有增加，主要原因为省内的农村-城镇人口流动导致了排放的显著增长。NO_x 及 SO_2 排放增长的热点地区集中在广东、浙江、上海、北京、内蒙古、山东等地；以广东省为例，其 NO_x 排放增加了 188.1 千吨，SO_2 排放增加了 164.8 千吨。一方面这些地区大多是主要的农村-城镇流动人口迁入地，不仅接纳了本省的农村流动人口，更有大规模的跨省迁入；另一方面其中部分省份的城乡排放差距很大，城镇排放水平远高于农村地区，尤其是在内蒙古，因此即便农村-城镇流动人口的规模相对较小，其导致的排放增长依然很剧烈。在四川、江西和安徽，需求侧 NO_x 排放分别下降了 45.0 千吨、7.5 千吨及 6.9 千吨；四川和江西的需求侧 SO_2 排放也有所下降，分别降低了 69.7 千吨及 4.1 千吨，安徽的 SO_2 排放也仅增长了 0.1 千吨。在上述省份，由于跨省迁出的规模较大，且城乡排放差距相对较小，人口迁出对排放的降低作用超过或者基本抵消了省内农村-城镇人口流动对排放的增加作用，从而使该省的总排放有所下降。以四川省为例，包含居民生活直接排放、消费间接排放及投资间接排放的农村人均 NO_x 总排放为 9.7 千克/人，城镇人均排放为 12.0 千克/人，仅略高于农村。作为对比，内蒙古的城乡人均排放分别为 42.1 千克/人和 6.4 千克/人，城乡差距高达 35.7 千克/人。因此，四川省较小的城乡排放差距导致省内农村-城镇人口流动对排放的增长作用较为有限，但大规模的人口外流带走了较多的需求侧排放。

与 NO_x 及 SO_2 不同，需求侧一次源 $PM_{2.5}$ 排放的空间变化格局与省际人口迁移较为相似。主要原因为城乡人均一次源 $PM_{2.5}$ 排放差距较小，省内农村-城镇人口流动的作用较为有限，不再对总排放的变化起决定性作用，因此各省需求侧一次源 $PM_{2.5}$ 排放的变化主要取决于省际人口迁移。如前所述，农村一次源 $PM_{2.5}$ 排放为 6.3 千克/人，城镇为 7.7 千克/人，农村由于较多煤炭、生物质燃料消费导致的高水平直接排放与城镇大规模投资和消费导致的间接排放基本达成了平衡。与之对比，NO_x 的主要驱动因素即居民消费和投资的城镇规模远高于农村，故农村排放仅为 7.6 千克/人，远低于城镇的 21.4 千克/人。一次源 $PM_{2.5}$ 排放增长较多的省份为主要的人口迁入地，包括广东、上海、浙江、北京、天津等，排放分别增加了 41.8 千吨、40.1 千吨、36.0 千吨、32.4 千吨及 23.4 千吨。与之类似，主要的人口迁出地如四川、安徽、湖北、江西和黑龙江，其一次源 $PM_{2.5}$ 排放减少较为明显，分别降低了 66.1 千吨、35.5 千吨、26.8 千吨、21.6 千吨及 19.3 千吨。

5.4.3 各路径人口迁移对大气污染物排放总量及部门结构的影响

2012 年人口流动使全国 NO_x、SO_2 及一次源 $PM_{2.5}$ 排放分别增加了 1.42 兆吨、1.30 兆吨及 0.05 兆吨，分别占全国总排放的 5.4%、4.8% 及 0.4%。如图 5-13（a）（c）（e）所示，排放增长的主要驱动因素为省际和省内农村-城镇人口流动导致的投资增加，在现阶段中国农村的平均投资仍旧明显落后于城镇地区。农村-城镇人口流动增加了与消费相关的 NO_x 及 SO_2 排放（包括居民能源消费导致的直接排放和隐含在商品和服务消费中的间接排放），但却使一次源 $PM_{2.5}$ 排放降低了 0.3 兆吨，主要原因为一次源 $PM_{2.5}$ 的城乡排放特征与另两类污染物有较大不同。农村人口迁入城镇之后整体消费水平升高，使三类污染物的消费间接排放增加；但同时由于能源结构的大幅度改善[61,62]，能源消费导致的一次源 $PM_{2.5}$ 居民生活直接排放下降明显，抵消了消费提升的作用，从而使与消费相关的排放总量下降。另外，省际城镇-城镇人口流动使与投资相关的三类污染物排放有所下降，主要原因为此类流动人口的迁移方向主要是从经济发展程度较低的城镇地区迁往经济较为发达的城市，后者的基础设施建设相对完善，且第三产业占比相对更高，因此现阶段的人均投资低于处于迅速扩张阶段的欠发达城镇。上述结果表明，在我国大规模人口迁移的背景下，以城市为排放控制重点、提升绿色城市发展水平将在削减大气污染物排放、降低大气污染暴露等方面起到重要作用。随着全国范围内——尤其是沿海发达省份——减排工作的持续推进，省际城镇-城镇人口流动的减排作用将可能进一步加强，农村-城镇人口流动导致的排放增量将得到削减。此外，大规模的省内农村-城镇人口迁移也将放大内陆地区以城市为重点的空气污染控制政策成效。

图 5-13（b）（d）（f）展示了各排放源排放量的变化情况，三类污染物的居民生活直接排放下降，尤其是一次源 $PM_{2.5}$ 排放，下降幅度高达 0.44 兆吨。农村人口迁入城市后，室内采暖、炊事等活动将更多地采用集中供暖、电力、天然气等能源形式，煤炭和生物质等固体燃料的消耗将大幅降低[61,62]，从而使居民生活直接排放明显下降。相较而言，NO_x 居民生活直接排放的下降幅度最小，主要原因为城

市人口的私家交通需求更高,更多的机动车出行导致了较高的城市人均直接排放,城乡差距相对较小。需要注意的是,近年中国政府在北方省份(如北京、山西、天津等)大力推行农村"煤改气""煤改电"项目,推动农村地区冬季清洁采暖[63]。此举降低了农村居民的人均直接排放,因此未来人口迁移降低居民生活直接排放的作用将有所减弱甚至消失。

如图 5-13(b)(d)(f)所示,人口迁移主要增加了重工业(尤其是非金属矿物制品业、金属冶炼及压延加工业、石油精炼及炼焦等)和公共事业(包括发电、供热等)部门的排放。一方面,相较于农村居民,城镇居民在日常生活中消费了更多的电力及集中供热服务,因此农村-城镇人口流动将直接增加公共事业部门的排放。另一方面,重工业及发电部门为其他最终产品和服务的生产提供了大量中间投入,因此消费和投资增多带来的额外排放压力沿生产链最终传递至重工业及公共事业部门。对于 NO_x 及 SO_2 来说,来自重工业和公共事业部门的排放增长较为接近,而一次源 $PM_{2.5}$ 排放的增加则几乎全部来自重工业,发电等公共事业部门的排放仅增加了 0.05 兆吨。主要原因为中国大部分电厂均安装了完备的除尘设施,因此电厂的一次源 $PM_{2.5}$ 排放接近于零[71, 72]。在以 2018—2020 年为实施年份的《打赢蓝天保卫战三年行动计划》中,重工业及发电供热部门成为进一步削减大气污染物排放的重点[73]。为进一步降低发电部门的 NO_x 及 SO_2 排放,中国政府大力推动风能、光伏等可再生能源的发展,并在燃煤电厂推广超低排放改造[74]。在非电重工业部门,一些针对性的减排措施也得到了实施,如淘汰过剩产能(钢铁、水泥等)、关停污染严重排放超标的中小企业、推动水泥冶金部门进行超低排放改造等[73]。控制上述两个部门的排放不仅能够直接降低大气污染,同时可以削减人口迁移的负面环境影响。

5.4.4 不确定性分析

1)户籍迁移人口的影响

如前文所述,流动人口迁移使全国 NO_x、SO_2 及一次源 $PM_{2.5}$ 排放分别增加了

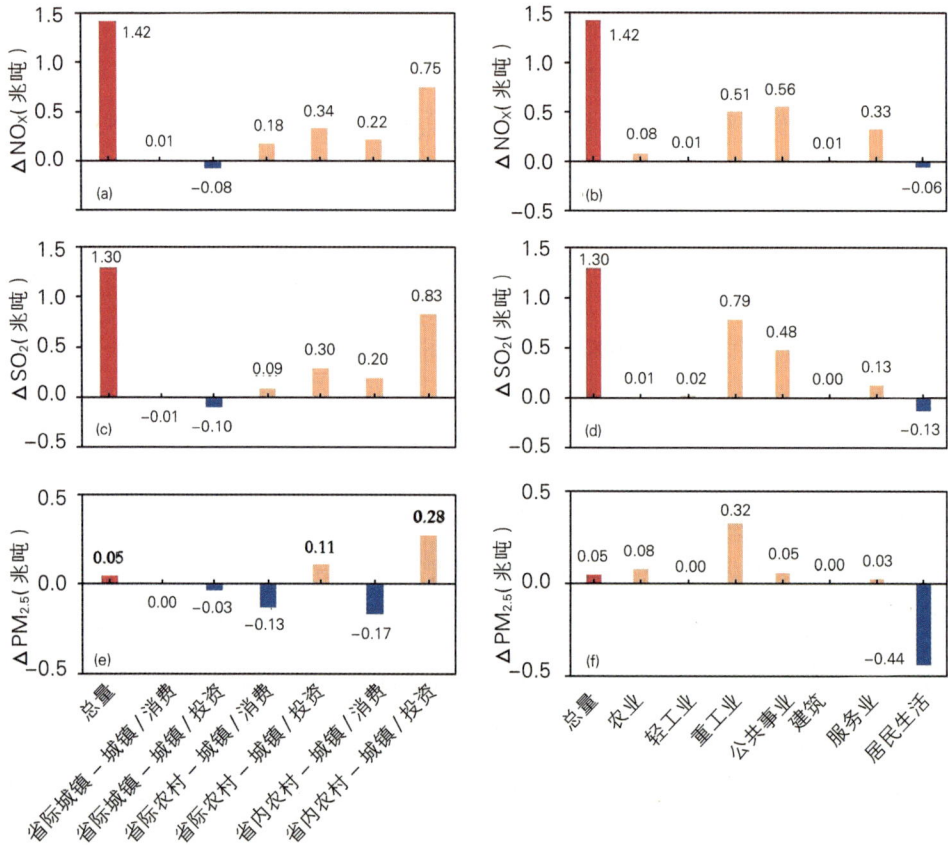

图 5-13　2012 年各路径人口流动对各部门 NO_x、SO_2 及一次源 $PM_{2.5}$ 排放的影响

1.42 兆吨、1.30 兆吨及 0.05 兆吨；而户籍迁移人口的影响远远小于流动人口，其使三类污染物分别增加了 32.3 千吨、43.1 千吨和 0.7 千吨，仅为流动人口影响的 2.3%、3.3% 和 1.4%。表 5-2 展示了各路径户籍迁移人口排放量及与流动人口影响之比。表 5-3 展示了受户籍迁移影响的各部门排放量及与流动人口影响之比。

2）蒙特卡洛分析

本研究采用蒙特卡洛分析评估计算结果的不确定性。不确定性的来源主要为排放清单、由 MRIO 表得到的直接消耗系数矩阵、城乡投资比例以及人口迁移数据。本研究参考 Zhao 等人对排放清单不确定性的分析[75]，分别得到 NO_x、SO_2 及一次

表 5-2   各路径户籍迁移人口排放量及与流动人口影响之比

	NO_x		SO_2		一次源 $PM_{2.5}$	
	排放（千吨）	比例（%）	排放（千吨）	比例（%）	排放（千吨）	比例（%）
省际城镇-城镇/消费	-0.2	-2.3	0.2	-0.6	-0.2	12.4
省际城镇-城镇/投资	-1.8	2.1	-0.4	0.4	-0.6	1.7
省际农村-城镇/消费	2.9	1.6	1.9	2.2	-2.7	2.1
省际农村-城镇/投资	8.5	2.5	10.3	3.5	3.1	2.9
省内农村-城镇/消费	6.3	2.9	4.9	2.5	-4.9	2.9
省内农村-城镇/投资	16.6	2.2	26.2	3.2	6.0	2.2
总量	32.3	2.3	43.1	3.3	0.7	1.4

表 5-3   受户籍迁移影响各部门排放量及与流动人口影响之比

	NO_x		SO_2		一次源 $PM_{2.5}$	
	排放（千吨）	比例（%）	排放（千吨）	比例（%）	排放（千吨）	比例（%）
农业	1.9	2.5	0.3	2.5	1.7	2.2
轻工业	0.0	0.1	0.5	2.6	0.0	-0.1
重工业	11.9	2.3	28.4	3.6	8.7	2.7
公共事业	12.0	2.2	16.7	3.5	0.9	1.7
建筑	0.1	1.3	0.0	1.6	0.0	1.4
服务业	8.2	2.5	4.6	3.6	0.6	2.2
居民生活	-1.8	2.8	-7.4	5.6	-11.2	2.5
总量	32.3	2.3	43.1	3.3	0.7	1.4

源 $PM_{2.5}$ 排放清单数据的 95% 置信区间（见表 5-4）。假设排放清单数据符合正态分布，中间值为排放清单给出的数值，得到各类排放源排放量的概率分布。由于 Zhao 等人的研究未包含农业、服务业及居民生活排放，本研究假设上述三类排放源的数据不确定性与工业总排放的不确定性相同。

参考 Lin 等人[76]和 Zhao 等人[77]的研究，本研究假设由 MRIO 表得到的直接消耗系数矩阵符合正态分布，中间值为由原始 MRIO 表得到的数据，95% 置信区间为 [-10%，10%]。假设城乡投资比例数据符合均匀分布，中间值为按照 5.2 节 "研

表 5-4　　　　　　　排放清单 95% 置信区间（表示为波动范围与中间值的比值）

	NO$_x$	SO$_2$	一次源 PM$_{2.5}$
电厂	[−28%, 28%]	[−71%, 71%]	[−60%, 60%]
水泥	[−74%, 74%]	[−55%, 55%]	[−197%, 197%]
钢铁	[−57%, 57%]	[−90%, 90%]	[−63%, 63%]
其他工业过程排放	[−43%, 43%]	[−36%, 36%]	[−55%, 55%]
其他工业燃烧排放	[−151%, 151%]	[−59%, 59%]	[−256%, 256%]
工业总排放	[−35%, 35%]	[−37%, 37%]	[−54%, 54%]

究框架构建及数据来源"中所述方法得到的城乡比例，假定均匀分布的上下界围绕中间值波动 [−5%, 5%]。假设人口迁移数据符合均匀分布，下界为只包含流动人口的迁移矩阵，上界为同时包含流动人口和户籍迁移人口的迁移矩阵。

本研究基于上述数据的不确定性，采用蒙特卡洛分析方法对每类大气污染物分别进行 500 000 次模拟，得到最终结果的整体不确定性。人口迁移导致的 NO$_x$ 排放为 1.42 兆吨，95% 置信区间为 [1.35, 1.52] 兆吨，即 [−5.1%, 6.9%]。人口迁移导致的 SO$_2$ 排放为 1.30 兆吨，95% 置信区间为 [1.21, 1.42] 兆吨，即 [−6.7%, 9.2%]。人口迁移导致的一次源 PM$_{2.5}$ 排放为 0.05 兆吨，95% 置信区间为 [−0.03, 0.12] 兆吨，即 [−160.6%, 156.1%]。有关一次源 PM$_{2.5}$ 结论的不确定性远高于另两类污染物，且其下界为负值，与原始结论相反。这一现象的出现是因为人口迁移导致的排放变化在数值上与零值较为接近，数值一旦波动即会导致结果出现较大的差异。另外，一次源 PM$_{2.5}$ 排放清单的不确定性也相对较高，因此研究中有可能低估了人口迁移对一次源 PM$_{2.5}$ 居民生活直接排放的削减作用。

5.5　结论及政策建议

本研究耦合了人口迁移评估模型、环境扩展的投入产出模型以及排放清单，评估了中国城镇化进程中人口迁移对大气污染物排放的影响。结果表明由于城乡人均排放差距较大，城镇化背景下的人口迁移对环境确实造成了负面影响，增加了大气污染物排放。农村-城镇人口迁移促进了投资规模的扩大，导致了大部分的新增排放。随着中国城镇化进程的持续推进，这可能会对进一步的大气环境质量改善带来额外的挑战。但人口迁移也起到了一定改善排放结构的作用，其减少了农村居民生活散源的排放，将其转化为发电部门等较为集中的工业排放，不仅减少了居民室内暴露，更为集中采取末端控制技术实现高效减排提供了契机。

为减少人口迁移带来的排放增长，本研究提出以下建议。首先，经济发达省市（如广东、上海、北京等）是主要的人口跨省迁移目的地，针对这些地区的大气污染控制措施应当继续推进，从而降低城市人均排放水平及大气污染暴露。中国政府已经实施了包括《大气污染防治行动计划》《打赢蓝天保卫战三年行动计划》等在内的一系列大气污染控制策略，其中以城市群作为控制重点，包括位于沿海省份的多个大型城市及城市群[43]。这些措施改善了城市空气质量，降低了空气污染健康风险，但大部分城市地区的 $PM_{2.5}$ 浓度仍旧高于国家环境空气质量标准。同时，大城市较高的人口密度有助于能源利用效率的提升和环境政策的有效实施[78]，可能为未来进一步的大气污染减排提供便利。现阶段中国东部地区大部分城市的经济结构较为完善，基础设施相对完备，较高的人均排放主要源于高水平消费。因此，这些经济较为发达的大城市应当注重引导居民减少不必要的商品及服务消费，倡导绿色生活方式，约束城市人均排放。

其次，新兴的中小型城市主要接纳了省内的农村迁出人口，也应当作为未来长期环境管理的重点。与发展较为完善的大型城市不同，这些中小型城市的基础设施仍有较大发展空间，但环境保护与管理较为薄弱。由于缺乏科学的土地使用规划，部分新兴的城市地区存在无序扩张、土地利用效率低下等问题[79]。这些问题导致了不必要的投资和消费（如交通需求），进一步驱动了更多的大气污染物排放。这也解释了为何从欠发达省份的城市迁往发达地区的大城市会使排放有所降低。这些中小型新兴城市的发展需要进行尤为科学的规划，以避免城市建成后难以进行布局调整，出现高排放的"锁定效应"[26]。2014 年，国务院发布了《国家新型城镇化规划（2014—2020）》[80]，以解决上述城镇化发展过程中出现的问题，具体措施包括城镇科学及可持续规划、发展公共交通、倡导绿色可持续的消费模式等。2018年，一项针对全国新型城镇化质量的指标化评价表明，内陆地区的城镇化质量仍旧明显落后于东部发达地区[81]。因此，内陆地区的新兴中小型城市应当作为未来环境治理的重点。

党的十九大报告指出，应当"以城市群为主体构建大中小城市和小城镇协调发展的城镇格局"[82]，与之相关的一系列政策提升了内陆中小城市对迁移人口的吸引力。此外，中国近年也在进行户籍制度改革，放宽了中小城市的落户限制，使得更多农村人口及居住在大城市的流动人口选择前往中小城市落户[83]。与中小型城市分散、零星发展不同，城市群的集约发展可以协调不同规模的城市，促进城市内部及城市之间的科学布局，从而避免额外的投资及消费与相关的污染排放。从这个角度来说，此类人口和城市规划新政策有助于降低中小城市的排放，削减人口迁移对排放的影响。

本研究的分析方法及以城市为中心的大气污染控制政策也可为其他发展中国家如印度、孟加拉国等提供借鉴。这些发展中国家同样处于城镇化快速发展的阶段[84,85]，且以城乡人口迁移为主要的驱动力[86,87]。因此针对这些国家，亦可通过从人口迁移入手，评估城镇化对二氧化碳及大气污染物排放的影响。

5.6 参考文献

［1］姚学宁，刘嘉茵. 中国城镇化发展历程分析［J］. 河北企业，2014（8）：45-6.

［2］魏冶，修春亮，孙平军.21 世纪以来中国城镇化动力机制分析［J］.地理研究,2013（9）.

［3］姚士谋，薛凤旋，燕月.推进我国城镇化健康发展的重大策略问题［J］.城市观察，2013,23（1）：5-15.

［4］国家统计局.城镇化水平不断提升 城市发展阔步前进——新中国成立 70 周年经济社会发展成就系列报告之十七［R］.2019.

［5］孔凡文，许世卫.我国城镇化与工业化发展关系分析与判断［J］.调研世界，2006（7）：45-7.

［6］BAI X M, SHI P J, LIU Y S.Realizing China's urban dream［J］.Nature, 2014, 509（7499）：158-60.

［7］王春光.新生代农村流动人口的社会认同与城乡融合的关系［J］.社会学研究，2001，016（3）：63-76.

［8］王春光.农村流动人口的"半城市化"问题研究［J］.社会学研究，2006（5）：107-22.

［9］ROZELLE S, TAYLOR J E, DEBRAUW A.Migration, remittances, and agricultural productivity in China［J］.Am Econ Rev, 1999, 89（2）：287-91.

［10］朱婉莹，赵伟宏，汪明峰.城中村拆迁与外来人口居住选择的影响因素研究——以上海市联明村为例［J］.人文地理，2018，33（4）：26-32.

［11］LIU J F.The influence of key socioeconomic and health factors on rural migrants' health satisfaction in China［J］.2015.

［12］韦荣贵.新生代农民工流动经历与社会网络变迁关系研究——基于柳州市 Y 村庄的调查［D］.杭州：浙江大学，2019.

［13］SHEN H Z, TAO S, CHEN Y L, et al.Urbanization-induced population migration has reduced ambient $PM_{2.5}$ concentrations in China［J］.Sci Adv, 2017, 3（7）：13.

［14］刘占成，王安建，于汶加，等.中国区域碳排放研究［J］.地球学报，2010，31（5）：727-32.

［15］HE J K.China's INDC and non-fossil energy development［J］.Advances in Climate Change Research, 2015, 6（3-4）：210-5.

［16］新华网.习近平在第七十五届联合国大会一般性辩论上的讲话［EB/OL］.［2021-03-15］.https：//www.ccps.gov.cn/xxsxk/zyls/202009/t20200922_143558.shtml.

［17］柴发合.我国大气污染治理历程回顾与展望［J］.环境与可持续发展，2020（03）：7-17.

［18］SUN L, CHEN J, LI Q, et al.Dramatic uneven urbanization of large cities throughout the world in recent decades［J］.Nat Commun, 2020, 11（1）：5366.

［19］SHAN Y, GUAN D, ZHENG H, et al.China CO_2 emission accounts 1997—2015［J］.Sci Data, 2018, 5（170201）.

［20］LI G D, FANG C L, WANG S J, et al.The Effect of Economic Growth, Urbanization, and Industrialization on Fine Particulate Matter（PM$_{2.5}$）Concentrations in China［J］.Environ Sci Technol, 2016, 50(21)：11452-9.

［21］DU Y, WAN Q, LIU H, et al.How does urbanization influence PM$_{2.5}$ concentrations? Perspective of spillover effect of multi-dimensional urbanization impact［J］.Journal of Cleaner Production, 2019, 220：974-83.

［22］LARKIN A, VAN DONKELAAR A, GEDDES J A, et al. Relationships between Changes in Urban Characteristics and Air Quality in East Asia from 2000 to 2010［J］.Environ Sci Technol, 2016, 50(17)：9142-9.

［23］QI W, LI G.Residential carbon emission embedded in China's inter-provincial population migration［J］.Energy Policy, 2020, 136(111065).

［24］MUNOZ P, ZWICK S, MIRZABAEV A.The impact of urbanization on Austria's carbon footprint［J］.Journal of Cleaner Production, 2020, 263(121326).

［25］LIANG S, YANG X, QI J, et al.CO$_2$ Emissions Embodied in International Migration from 1995 to 2015［J］.Environ Sci Technol, 2020, 54(19)：12530-8.

［26］WANG H, LU X, DENG Y, et al.China's CO$_2$ peak before 2030 implied from characteristics and growth of cities［J］.Nature Sustainability, 2019, 2(8)：748-54.

［27］AI T, ZHOU M, TIAN J, et al.Origin-destination（OD）of the interprovincial floating population of China［J］.Journal of Maps, 2016, 12(sup1)：577-83.

［28］中华人民共和国国家统计局.人口和就业［EB/OL］.［2021-03-10］.http://www.stats.gov.cn/tjzs/cjwtjd/201308/t20130829_74322.html.

［29］干放."五普"至"六普"期间中国城镇人口的增长构成［J］.人口与发展, 2014, 20(5)：16-27.

［30］王桂新, 黄祖宇.中国城市人口增长来源构成及其对城市化的贡献:1991—2010［J］.中国人口科学, 2014, 34(2)：2-16.

［31］中华人民共和国国家统计局.中国 2000 年人口普查资料［M］.北京：中国统计出版社, 2002.

［32］中华人民共和国国家统计局.中国 2010 年人口普查资料［M］.北京：中国统计出版社, 2012.

［33］中华人民共和国国家统计局.1995 年全国 1%人口抽样调查数据［M］.北京：中国统计出版社，1996.

［34］中华人民共和国国家统计局.2005 年全国 1%人口抽样调查资料［M］.北京：中国统计出版社，2007.

［35］中华人民共和国国家统计局.2015 年全国 1%人口抽样调查资料［M］.北京：中国统计出版社，2016.

［36］中华人民共和国国家统计局.中国人口和就业统计年鉴［M］.北京：中国统计出版社，2012.

［37］中华人民共和国国家统计局.中国人口和就业统计年鉴［M］.北京：中国统计出版社，2013.

［38］CAI S, WANG Y, ZHAO B, et al.The impact of the "Air Pollution Prevention and Control Action Plan" on $PM_{2.5}$ concentrations in Jing-Jin-Ji region during 2012-2020［J］.Sci Total Environ, 2017, 580：197-209.

［39］WANG S X, ZHAO B, CAI S Y, et al.Emission trends and mitigation options for air pollutants in East Asia［J］.Atmos Chem Phys, 2014, 14(13)：6571-603.

［40］中国汽车流通协会.中国汽车市场年鉴［M］.北京：中国商业出版社，2013.

［41］China Emission Accounts & Datasets (CEADs).Provincial energy inventory［DB/OL］.［2018-03-10］.https：//www.ceads.net/data/province/energy_inventory/ .

［42］MILLER R E, BLAIR P D.Input-Output Analysis：Foundations and Extensions［M］.New York：Cambridge University Press, 2009.

［43］WANG H, ZHANG Y, ZHAO H, et al.Trade-driven relocation of air pollution and health impacts in China［J］.Nat Commun, 2017, 8(1)：738.

［44］STEEN-OLSEN K, WEINZETTEL J, CRANSTON G, et al.Carbon, land, and water footprint accounts for the European Union：consumption, production, and displacements through international trade［J］.Environ Sci Technol, 2012, 46(20)：10883-91.

［45］OITA A, MALIK A, KANEMOTO K, et al.Substantial nitrogen pollution embedded in international trade［J］.Nature Geoscience, 2016, 9(2)：111-5.

［46］GUO S, SHEN G Q.Multiregional input-output model for China's farm land and water use［J］.Environ Sci Technol, 2015, 49(1)：403-14.

［47］MI Z, MENG J, ZHENG H, et al.A multi-regional input-output table mapping China's economic outputs and interdependencies in 2012［J］.Scientific Data, 2018, 5：155.

［48］PETERS G P.From production-based to consumption-based national emission inventories［J］.Ecological Economics, 2008, 65(1)：13-23.

［49］中华人民共和国国家统计局.中国固定资产投资统计年鉴［M］.北京：中国统计出版社, 2010.

［50］中华人民共和国国家统计局.中国固定资产投资统计年鉴［M］.北京：中国统计出版社, 2011.

［51］中华人民共和国国家统计局.中国统计年鉴［M］.北京：中国统计出版社, 2017.

［52］顾朝林, 管卫华, 刘合林.中国城镇化 2050：SD 模型与过程模拟［J］.中国科学(地球科学), 2017, 47(7)：818-32.

［53］新民晚报.中国流动人口发展报告 2017：我国流动人口规模为 2.45 亿人 总量连续两年下降［N/OL］.［2018-03-10］.http://shanghai.xinmin.cn/xmsq/2017/11/10/31332612.html.

［54］新华社.中共中央关于全面深化改革若干重大问题的决定［EB/OL］.(2013-11-15).［2018-03-10］.http://www.gov.cn/jrzg/2013-11/15/content_2528179.htm.

［55］劳昕, 沈体雁, 张远.人口回流 vs.人口外流："空巢"城市群的发展新契机［J］.经济社会体制比较, 2017(4)：10-20.

［56］中华人民共和国国家发展和改革委员会.国家发展改革委关于印发促进中部地区崛起"十三五"规划的通知［EB/OL］.［2018-03-10］.http://www.yiyang.gov.cn/fgw/2476/2478/content_266733.html.

［57］张凯博.西部农民工回流的成因及影响分析——基于劳动经济学人口流动理论［J］.经济研究导刊, 2013 (19)：75-6.

［58］喻佳.农村流动人口"回流"动因的社会学分析［J］.武汉职业技术学院学报, 2016, 15 (3)：115-20.

［59］刘锐, 曹广忠.中国农业转移人口市民化的空间特征与影响因素［J］.地理科学进展, 2014, 33(6)：748-55.

［60］魏后凯.东北经济的新困境及重振战略思路［J］.社会科学辑刊, 2017, (1)：26-32.

［61］ZHANG H, LAHR M L, BI J.Challenges of green consumption in China: a household energy use perspective ［J］.Economic Systems Research, 2016, 28(2): 183-201.

［62］ZHENG X, WEI C, QIN P, et al.Characteristics of residential energy consumption in China: Findings from a household survey ［J］.Energy Policy, 2014, 75: 126-35.

［63］TAO S, RU M Y, DU W, et al.Quantifying the rural residential energy transition in China from 1992 to 2012 through a representative national survey ［J］.Nature Energy, 2018, 3 (7): 567-73.

［64］HUO H, ZHANG Q, GUAN D, et al. Examining air pollution in China using production- and consumption-based emissions accounting approaches ［J］. Environ Sci Technol, 2014, 48(24): 14139-47.

［65］WU S, ZHENG X, WEI C. Measurement of inequality using household energy consumption data in rural China ［J］.Nature Energy, 2017, 2(10): 795-803.

［66］ZHAO B, ZHENG H, WANG S, et al.Change in household fuels dominates the decrease in $PM_{2.5}$ exposure and premature mortality in China in 2005-2015 ［J］.Proc Natl Acad Sci U S A, 2018,

［67］ZHENG H, FANG X M. An Evaluation on the Effects of the Policy of the Great Campaign of Western Development of China in the First 10 Years Based on the Kuznets Regional Inverted-U Theory ［J］.Chinese Business Review, 2013, 12(10): 661-72.

［68］LI W, LIU Y J, YANG Z.Preliminary Strategic Environmental Assessment of the Great Western Development Strategy: Safeguarding Ecological Security for a New Western China ［J］.Environmental Management, 2012, 49(2): 483-501.

［69］DUAN P P, WANG W F, LIU X H, et al.Distribution of As, Hg and other trace elements in different size and density fractions of the Reshuihe high-sulfur coal, Yunnan Province, China ［J］.International Journal of Coal Geology, 2017, (173): 129-41.

［70］ZHAO Y Y, ZENG F G, LIANG H Z, et al.Chromium and vanadium bearing nanominerals and ultra-fine particles in a super-high-organic-sulfur coal from Ganhe coalmine, Yanshan Coalfield, Yunnan, China ［J］.Fuel, 2017, (203): 832-42.

［71］SHI Z, LI J, HUANG L, et al.Source apportionment of fine particulate matter in

China in 2013 using a source-oriented chemical transport model [J].Sci Total Environ, 2017, 601-602：1476-87.

[72] LI M, LIU H, GENG G, et al.Anthropogenic emission inventories in China：a review [J].National Science Review, 2017, 4(6)：834-66.

[73] 中华人民共和国国务院.打赢蓝天保卫战三年行动计划［EB/OL］.（2018-07-04）. [2021-03-15].http：//www.mee.gov.cn/zcwj/gwywj/201807/t20180704_446068.shtml.

[74] 环境保护部，国家发展和改革委员会，国家能源局.全面实施燃煤电厂超低排放和节能改造工作方案［EB/OL］.（2015-12-15）. [2021-03-15].http：//www.mee.gov.cn/gkml/hbb/bwj/201512/t20151215_319170.htm.

[75] ZHAO Y, ZHOU Y, QIU L, et al.Quantifying the uncertainties of China's emission inventory for industrial sources：From national to provincial and city scales［J].Atmospheric Environment, 2017, 165：207-21.

[76] LIN J, PAN D, DAVIS S J, et al.China's international trade and air pollution in the United States［J].Proc Natl Acad Sci U S A, 2014, 111(5)：1736-41.

[77] ZHAO H, GENG G, ZHANG Q, et al.Inequality of household consumption and air pollution-related deaths in China［J].Nat Commun, 2019, 10(1)：4337.

[78] PARRISH D D, ZHU T.Clean Air for Megacities［J].Science, 2009, 326(5953)：674-5.

[79] World Bank. Urban China ： Toward Efficient, Inclusive, and Sustainable Urbanization［M].Washington, DC：World Bank, 2014.

[80] 新华社.国家新型城镇化规划(2014-2020 年)［EB/OL].（2014-03-16).［2021-03-18].http：//www.gov.cn/zhengce/2014-03/16/content_2640075.htm.

[81] 新华社.2018 年度全国新型城镇化质量百强区名单揭晓 苏浙粤占比过半［EB/OL]. [2021-03-18].http：//cx.xinhuanet.com/2018-10/14/c_137528216.htm.

[82] 新华社.习近平：决胜全面建成小康社会 夺取新时代中国特色社会主义伟大胜利——在中国共产党第十九次全国代表大会上的报告［EB/OL].（2017-10-27).［2021-03-18]. http：//www.xinhuanet.com//politics/19cpcnc/2017-10/27/c_1121867529.htm.

[83] LU Y L, ZHANG Y Q, CAO X H, et al.Forty years of reform and opening up：

China's progress toward a sustainable path [J].Science Advances, 2019, 5: 941-3.

[84] NAGENDRA H, BAI X, BRONDIZIO E S, et al. The urban south and the predicament of global sustainability [J].Nature Sustainability, 2018, 1(7): 341-9.

[85] BAKLANOV A, MOLINA L T, GAUSS M.Megacities, air quality and climate [J]. Atmospheric Environment, 2016, 126: 235-49.

[86] COHEN B.Urbanization in developing countries: Current trends, future projections, and key challenges for sustainability [J].Technology in Society, 2006, 28(1-2): 63-80.

[87] ZHOU T, JIANG G, ZHANG R, et al. Addressing the rural in situ urbanization (RISU) in the Beijing-Tianjin-Hebei region: Spatio-temporal pattern and driving mechanism [J].Cities, 2018, 75: 59-71.

第 6 章 "污染避难所"新说：国际贸易与企业环境污染

曹静 翁旸勤

6.1 引言

自改革开放以来，对外开放和经济全球化的格局对中国经济的发展产生了深远影响。图 6-1 展示了 1970—2019 年全球以及中国、美国的外国直接投资（FDI）流入走势情况。从图中可以看出，FDI 流入规模基本呈现稳固上升趋势，其中 1992 年邓小平南方谈话之后以及 2001 年中国正式加入世界贸易组织（WTO）之后，FDI 同比增速明显加快。据世界银行 2016 年年底的统计数据，当年中国 FDI 约为 1 700 亿美元，世界占比排名第二。联合国贸易和发展会议（UNCTAD）2021 年 1 月发布报告指出，即使 2020 年全球暴发新冠肺炎疫情，中国仍吸引了 1 630 亿美元 FDI 流入，而同期美国只有 1 340 亿美元流入[①]，我国 FDI 流入历史上首次超过美国。总体来说，坚持改革开放是我国成为外商资本的主要输入国的最重要原因（Liu et al.，2001；Branstetter and Feenstra，2002）。2012 年之后虽然由于我国对外投资和国内产业结构变化，FDI 流入略有下降，而关键要素——出口关税的变动

[①] https://cn.reuters.com/article/china-fdi-inflow-0125-idCNKBS29U03Z

（Zhang，2001）也在悄然改变着我国的贸易结构，但近年来仍基本稳定在 1 400 亿美元~1 700 亿美元的水平。总体来说，中国正在不断成为一个资本、技术、人才、出口密集型的国家（Cheng and Kwan，2000）。外商投资不仅解决了发展初期资金短缺的问题，同时也带来了更多先进的生产、经营理念，加快了中国的产业升级和市场化进程。

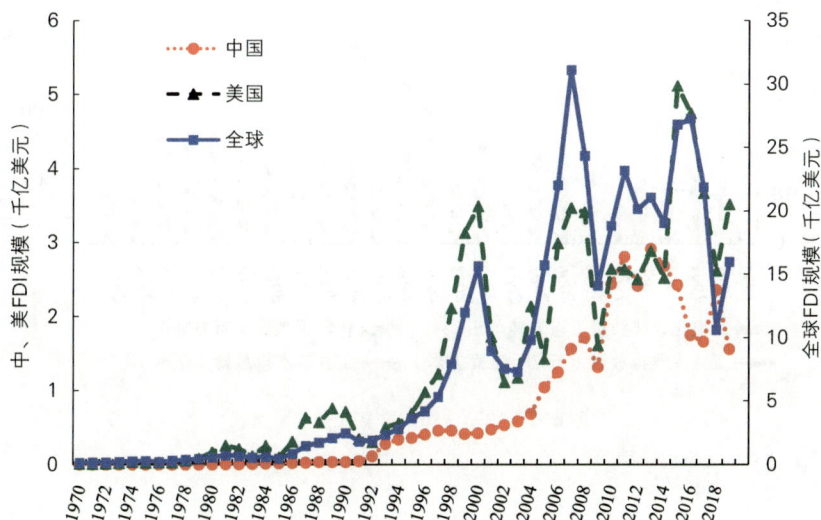

图 6-1　1970—2019 年 FDI 走势图

数据来源：世界银行。

　　然而，伴随着外商投资规模的不断扩大，贸易活动逐渐频繁，中国的环境问题也呈现出日益严重的态势。图 6-2 展示了 1993—2017 年工业废气、废水及二氧化硫和化学需氧量的排放情况。从图中可以看出，工业废水的排放均值呈现增长趋势；而工业废气排放量也一直呈现增长趋势，在 2001 年之后增长趋势加快；工业废气中的二氧化硫排放量也在 2001 年之后出现增长。环境问题不仅严重影响了本国民众的健康和本国经济的发展，还反作用于全球的贸易活动（Eisenbarth，2017）。贸易全球化的加速，以及随之而来的污染跨境转移，使得污染排放也呈全球化趋势。国际贸易的发展将商品的生产和消费环节分离开来，出口产品在生产过程中产生的污染留在了生产国，而消费这些商品的进口国却成为清洁低碳的国家。出口商品的转移排放，给包括我国在内的发展中国家带来了巨大的环境压力。

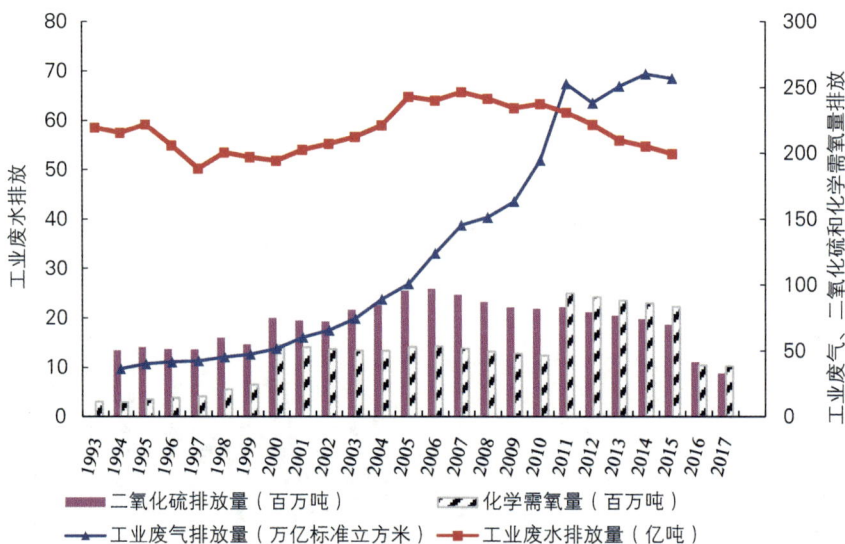

图 6-2　1993—2017 年污染物排放情况

数据来源：国家统计局。

当前国际贸易与环境污染关系的讨论主要围绕"污染避难所"假说而展开，该假说认为发达国家往往会将污染产业转移到环境管制相对宽松的发展中国家。从数据来看，我国在 2001 年 12 月 11 日加入 WTO 之后，污染物排放一直呈增长趋势，似乎印证了这一假说，中国逐渐成为"世界工厂"，为世界生产产品，但污染却留在了国内。此外，我国近十年来对外经贸的模式开始转变，开始对其他国家进行投资，2019 年我国对外直接投资达 1 369.1 亿美元，比美国的对外直接投资高出 120.1 亿美元，全球占比 10.4%。截至 2019 年年末，我国对"一带一路"沿线 63 个国家累计直接投资 1 795 亿美元，其中制造业比重在 1/3 以上[①]。

————————————

① 中华人民共和国商务部. 中国对外投资合作发展报告（2020）[EB/OL]. [2021-02-02]. http://images. mofcom. gov. cn/fec/202102/20210202162924888. pdf.

2020 年受新冠肺炎疫情影响，全球经济下行压力加大，贸易投资持续低迷，单边主义和贸易保护主义持续蔓延。在此背景下，我国更要坚定不移地贯彻新发展理念，继续对外开放，在吸引外资和对外投资合作两方面取得更好的成效，破除保护主义思潮。因此，需要进一步阐述、分析贸易与环境污染之间的内在关系，科学论证二者之间的因果关系，从而有助于协助政府制定更加合理和有效的贸易与环境政策。

虽然大量的针对"污染避难所"假说的文献已经从国际和国内的角度进行了理论和实证的探讨，例如研究外商直接投资与选址数据、出口贸易变化与污染之间的关系，但是目前关于"污染避难所"假说的争论在实证方面尚未得出一致的结论。

通常，外商投资和出口贸易是全球化背景下形成的两种国际分工形式，是表现一国与多国之间国际经济关系的重要行为。FDI 和对外贸易之间存在密不可分的关系。FDI 和对外贸易之间可能存在替代或互补等关系，FDI 扩张的同时可能伴随着对应的贸易往来（Mundell，1957；Liu et al.，2001；李思敏，2017）。图 6-3 展示了 1978 年以来中国进出口总额与贸易顺差的变化趋势。从整体的趋势来看，与图 6-1 中 FDI 的变化趋势高度吻合，也与图 6-2 中工业废气的排放趋势保持一致。这与李思敏（2017）的研究结论保持一致，即外商投资对于出口贸易具有促进作用。

因此，除了外商直接投资与环境之间的关系外，出口贸易与环境之间的关系也是经济学家们考察的重点。苏桔芳等（2011）分析了 1999—2008 年的省级面板数据后发现，导致中国环境恶化的主要原因并非外商直接投资而是自由贸易。图 6-4 详细地展示了工业制成品的出口占比变化趋势。周靖祥和曹勤（2007）将中国的出口贸易分为四个阶段：第一阶段是 1980 年之前，初级产品和工业制成品比例相当；第二阶段是 1985 年，两种产品的出口比例开始出现差距；第三阶段是 1986—1999 年，工业制成品的出口占比迅速从 45% 提升到 90%；第四阶段是 1999 年之后，工业制成品的贸易结构发生改变，高科技产品占比逐渐提高。

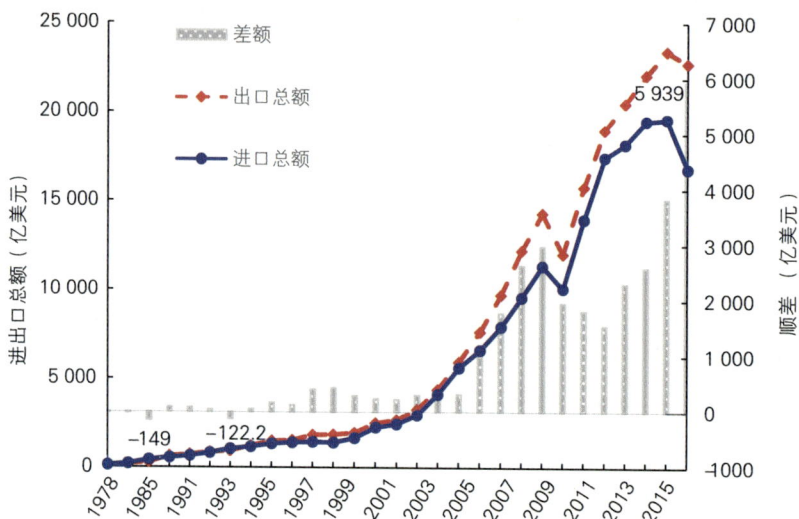

图 6-3　中国进出口总额与贸易顺差走势

数据来源：国家统计局。

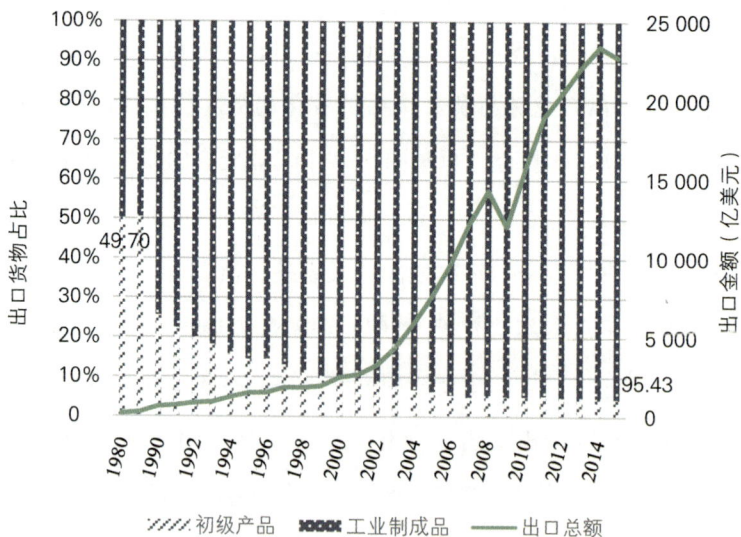

图 6-4　中国出口货物占比与总额走势

数据来源：国家统计局。

因此，中国大量的出口和持续贸易顺差，以及工业制成品占比提高与环境恶化是否必然存在一定的因果关系？这是一个非常值得研究的实证问题。正确看待出口贸易和环境之间的关系也有利于帮助政府在当前复杂的经贸关系下，制定更加合理和有效的贸易和环境政策。

6.2 贸易与污染关系的相关经济学研究

很早以来，学者们就在讨论贸易与污染之间的关系问题了，也产生了很多经济学理论。Grossman 和 Krueger（1993）最早提出研究环境质量和经济增长的关系，其初衷就是担心美国、加拿大和墨西哥之间实行自由贸易之后可能会带来环境状况的恶化。伴随着地球村概念的传播发展，国际或地区间的贸易对于环境质量的影响问题始终是学界和政界关注的要点。在自由贸易支持者的眼中，自由贸易和经济增长对于环境而言是有益的，如果我们假设环境质量为一类正常商品，那么由自由贸易带来的收入增长会增加一国对于环境质量的需求，从而带动政府进行更多成本高昂的环境保护方面的投资。

部分环保主义者或者反对自由贸易的学者则认为，贸易可能鼓励污染性产业从环境政策严格的国家或地区转移到那些政策管制不那么严格的国家或地区（Copeland and Taylor，1994），贸易也可能通过企业选址进行污染源转移。这种影响机制可能反过来加剧全球污染，并对各国或地区的环境政策产生寒蝉效应，因为各国或各地区出于保护自身国际竞争力考虑，在没有强制外力约束的情况下都不愿意收紧环境法规，以免造成社会福利损失。

关于自由贸易和环境污染的研究在理论上很难得出一致的结论，因此实证方面的研究就变得非常关键了，迄今为止这方面的实证研究主要体现在以下三个假说中。

第一个也是最有争议的假说就是"污染避难所"效应（Pollution Heaven Effect，PHE）假说，即一个较弱的环境监督体系可能增加该国或地区的污染密集型产品的净出口。这个假说更为强化的版本就是大家熟知的"污染避难所"假说，又称为"污染天堂"假说（Pollution Heaven Hypothesis，PHH），由 Copeland 和 Taylor（1994）在介绍南北贸易模型的论文中首次提出。该假说与波特假说对于环境管制的态度不同，Copeland 等认为 PHE 的效用可能甚至于抵消了污染商品贸易的其他动机。基于 Copeland 等 PHH 的论点，可以引申出某些国家或地区污染密集型的企业会由于较为严格的环境管制而转移到环境管制不那么严格的别国或地区的结论。因为发达国家通常具有比发展中国家更完善的环境监管体系，如果"污染天堂"假说成立，那么发达国家中污染强度大的产业就会向发展中国家转移。

Levinson 和 Taylor（2008）研究了环境法规对双边贸易的影响。1977—1986 年，美国与墨西哥以及加拿大维持贸易往来，他们利用局部均衡模型的结果说明采用间接的环境管制措施（例如提高污染减排成本，Pollution Abatement Cost）对贸易往来有显著的促进作用——墨西哥和加拿大的污染减排成本每增加 1%，就会导致进口量分别增加 0.4% 和 0.6%。Aichele 和 Felbermayr（2013）研究了 1995—2007 年间《京都议定书》对 40 个国家 15 个行业碳排放的影响。通过匹配双边贸易伙伴的模型分析，他们同样发现了显著的 PHE：与非会员国相比，《京都议定书》的参与国家会增加 5% 的进口。

关于中国"污染避难所"的论证主要集中在三个方面：一是直接研究外商直接投资是否引起更高程度的环境污染。王文治和陆建明（2012）从产业关联的角度，通过对中国制造业出口商品的碳含量分析，发现中国基本符合"污染天堂"假说。不少文献也从区域发展不平衡的角度考察，He 等（2014）认为"污染天堂"假说仅在西部地区成立。二是通过研究环境规制与出口的关系判断是否存在"污染避难所"现象。Dean 等（2009）利用 1993—1996 年的省级面板数据发现，中国大陆（内地）较弱的水环境政策管制会吸引更多的港澳台（资）企业进入。Hering 和 Poncet（2014）利用中国海关数据研究两控区政策对于出口企业的影响，他们发现严格的环境政策的确会降低出口总额，然而这种降低主要来自环境政策对民营企业的影响，而非国有企业，这主要源自不同类型企业和当地部门之间的协商能力不同。Cai 等（2016）同样利用两控区作为准自然实验发现：严格的环境政策会减少以降低减排成本为目的的 FDI 流入。三是通过研究区域间的污染转移判断在发展中国家内部是否存在污染转移的现象。董琨和白彬（2015）发现地区之间不同的环境规制强度导致污染密集型产业从东部地区向中西部地区转移。

第二类假说作为"污染避难所"假说的替代者，认为污染密集型产品的贸易方向主要是由各国或地区的要素禀赋和技术差异决定的。此时，PHE 的动机的作用就远小于其他类型的贸易动机，自由贸易会改变全球的产业布局，资本密集型国家或地区会生产更多的污染密集型产品，而资本稀缺型国家或地区则会选择放弃生产该类产品。因此，一个显而易见的推论就是污染水平在资本密集型国家会提高，在资本稀缺型国家会降低。Antweiler 等（2001）在 Grossman 和 Krueger（1993）的基础上同样从三条影响途径分析贸易对于环境的作用：规模效应、技术效应和结构效应。他们发现结构效应带来的环境污染变化特别小，而技术和规模效应则有利于减少污染，因此得出贸易有利于环境改善的结论，从而提出了与"污染避难所"假说截然不同的假说——要素禀赋假说（Factor Endowment Hypothesis）。要素禀赋假说和"污染避难所"假说的一个本质区别在于要素价格的变化，以 Copeland 和 Taylor（1994）提出的南北贸易模型为例，假设通常高收入国家倾向于更严格的环境保护，因此更专注于生产清洁产品，而低收入国家由于对经济发展有迫切需求，容易忽视环境保护。如果南方的环境监管趋严导致污染产业向北方转移，那么北方的污染密集型产品价格会上升，而南方的同类产品价格会下降，导致北方污染上升和环境恶化，而南方污染减少和环境改善，然而实际上 1965—2000 年北方排名前五的污染型产品价格并不支持"污染避难所"假说[1]。傅京燕和李丽莎（2010）从要素禀赋与国际竞争力的角度考察并发现了我国的污染密集型行业相比发达国家而言并不存在比较优势，因此我国并不是所谓的污染避难所。傅京燕和赵春梅（2014）还利用 2002—2010 年的面板数据发现适当地提高环境规制强度有利于污染密集型行业出口竞争力的提升。

---

① 技术进步可能是一个影响产品价格的因素，这里假设污染行业的技术进步率和其他行业保持一致。

最后，除了以上两类比较常见的假设之外还有一部分文献主要研究贸易对于环境质量的直接影响。这些文献研究的范围广泛，从简单地将开放贸易作为一种附加的解释变量放在环境库兹涅茨曲线的回归中，到尝试估计贸易的规模、技术和构成对于环境质量的影响均包括其中。Copeland 和 Taylor（2004）建立了一个综合的贸易-环境模型来描述贸易对环境的影响机制。Cui 等（2012）通过研究微观企业环境表现和出口决策发现，生产率较高的企业更倾向于采用清洁的技术，从而更多地出口。他们的研究主要得出两个结论：首先，出口和污染排放强度之间存在明显的负相关。其次，在相同的生产率和环境规制强度下，出口企业的污染排放水平比非出口企业更低。随后，Cui 等（2016）继续分析 2002、2005 和 2008 年的美国国家排放清单数据发现，在相同的生产率水平上出口企业比非出口企业的排污密度更低（26.2%~29.5%）。Forslid 等（2015）利用瑞典 2000—2011 年的工业企业二氧化硫和氮氧化物的排放数据同样发现出口和污染排放之间的负向关联，在控制生产率水平、行业和年份固定效应之后，出口企业的二氧化碳排放强度比非出口企业低 11.4%，氮氧化物排放强度低 18.7%，而二氧化硫的排放强度则低 26.7%。Forslid 和 Okubo（2016）还发现出口规模越大，企业的环境表现越好。但是以往大部分的研究并没有考虑内生性问题，出口其实是一种看到的结果而非企业外生的属性（Lileeva and Trefler，2010），因此出口可能与企业内部的很多因素存在交叉关系，而忽略内生性的分析也容易推导出有偏差的估计结果。本章将参考李宏彬等（2011），以人民币实际有效汇率作为出口的工具变量，研究出口规模对于企业环境表现的影响。代丽华等（2015）利用 2003—2011 年省级面板数据，同样构造汇率冲击工具变量，发现外贸依存度每提高 1%，单位产值的工业二氧化硫排放将会减少 2.5%~3.2%，从宏观层面论证贸易开放对我国的污染减排将起到正向作用。虽然他们从宏观层面对贸易行为的环境绩效改善进行论证，但是由于缺少中国的微观企业数据，因此并没有从微观层面对贸易行为的影响机制进一步分析。本章则将利用环境统计数据对这一方面的研究进行补充和完善，从微观企业层面研究贸易对环境质量关键指标的影响，并重新阐述国际贸易与环境污染之间的关系。

6.3 企业出口与污染排放的实证分析

6.3.1 计量模型

首先，本章从以下的基准模型出发，参考 Holladay（2016）的模型设计，估计企业出口规模对于企业污染排放指标（污染排放总量和排放强度）的影响：

$$\ln Pollutant_{it} = \beta_1 + \beta_2 \ln Export_{it} + \beta_3 X_{it} + \eta_i + \theta_t + \varepsilon_{it} \qquad (6\text{-}1)$$

其中，$Pollutant_{it}$ 代表污染物的排放强度，即企业 i 在 t 期的二氧化硫和化学需氧量排放强度，在模型中取其对数形式；$\ln Export_{it}$ 是企业 i 在 t 期汇报的出口规模，同样取其对数形式；X_{it} 表示企业 i 随时间变化的特征，例如销售额、资本密集度（固定资本除以雇佣人数）、劳动生产率（工业增加值除以雇佣人数）等；η_i 表示企业难以观测到的不随时间变化的特征；θ_t 为难以观测到的随时间变化的变量；β_1 表示截距项；ε_{it} 为残差项。考虑到遗漏变量问题可能导致估计存在偏差的情况，同时 OLS 无法排除出口决策和污染排放之间互为因果的内生性，因此实证分析需要通过选取合适的工具变量来克服这类问题。

李宏彬等（2011）使用中国 2000—2006 年的进出口企业数据估算进出口关税弹性，他们发现人民币实际有效关税每提高 1%，会减少企业 0.99% 的出口交货值和 0.71% 的进口值，其中，民营企业、高科技和资本密集型企业以及东南沿海地区加工贸易企业受到的冲击最大。余淼杰和王雅琦（2015）同样发现人民币名义有效关税变动是解释企业出口决策的重要因素。人民币汇率与企业出口规模之间的强相关性，以及与企业遗漏变量的弱相关性决定了工具变量的可行性。此外，根据贸易额进行调整的人民币汇率数据可以反映不同行业的实际出口情况，因此基于大量文献的分析和论证，我们选用人民币实际有效汇率（REER）作为工具变量，并参考李宏彬等（2011）对于企业所在当期的人民币实际有效汇率进行加权标准化，其定义如下：

$$REER_t = 100 \times \prod_{j=1}^{n} \left(\frac{E_{jt}}{E_{j0}} \times \frac{CPI_t}{CPI_{jt}} \right) w_{jt} \qquad (6\text{-}2)$$

对于任意 t 期，

$$\sum_{j=1}^{n} w_j = 1$$

其中，E_{jt} 表示外币 j 在 t 期的人民币价格，即间接标价法，也就是一单位人民币对应的外币价值；E_{j0} 表示基期外币 j 的人民币价格，我们将 1990 年定义为基期。CPI_t 表示中国 t 期的居民消费价格指数，CPI_{jt} 表示 t 期 j 国的居民消费价格指数。w_j 代表贸易权重，由于我们研究的是出口问题，因此以企业 t 期出口到 j 国的出口值占当期总出口值的比重表示贸易权重。基期的人民币实际有效汇率为 100，如果该数值上升，则表示人民币实际有效汇率上升，即人民币升值，外币贬值，人民币购买力增强；如果该数值下降，则表示人民币实际有效汇率下降，即人民币贬值，外币升值，人民币购买力减弱。参考李宏彬等（2011）的调整方法，本章同样采用 14 种货币对人民币汇率进行计算[①]。参考以往文献，预期得到人民币实际有效汇率和出口交货值之间的负相关性。

本章采用两阶段最小二乘法的回归设计。

第一阶段先利用人民币实际有效汇率对出口指标进行回归：

$$\ln Export_{it} = \beta_0 + \beta_1 \ln REER_{it} + \beta_2 X_{it} + \varepsilon_{it} \tag{6-3}$$

其中，β_0 为常数项，$\ln Export_{it}$ 代表企业是否出口的虚拟变量以及出口规模连续标量，$\ln REER_{it}$ 为当期该企业适用的人民币实际有效汇率数据，X_{it} 为控制的其他变量，ε_{it} 是均值为 0 的误差项。

将第一阶段回归得到的出口预测值 $\ln Export_{it}$ 代入第二阶段回归方程：

$$PollutionIndex_{it} = \delta_0 + \delta_1 \ln Export_{it} + \delta_2 X_{it} + \nu_{it} \tag{6-4}$$

其中，δ_1 就是我们所关注的出口行为对于污染排放的影响系数。如果该系数计量上显著为负，则表明出口越多，污染强度越低，反之亦然。

6.3.2　数据说明

我们采用 2005—2009 年中国环境统计数据库和工业企业数据库匹配的微观数据进行研究分析，工具变量的构造采用根据出口贸易额调整的人民币实际有效汇率数据。中国环境统计数据库主要来自中华人民共和国环境保护部（简称环保部，

---

① 14 种货币包括美元、欧元、英镑、港币、日元、韩元、新台币、新加坡元、马来西亚林吉特、印度尼西亚卢比、泰铢、菲律宾比索、澳大利亚元和加拿大元。

现为中华人民共和国生态环境部）指定的污染样本企业[①]，主要用于反映中国环境保护和改善事业的发展情况，涉及水污染、大气环境、固体废弃物、生态环境、自然灾害以及环境污染治理投资情况等内容[②]。环境统计数据的收集流程是：地方各级环保局先向重点调查企业单位逐个发放调查表格，指导如何填报并进行数据审核汇总，最后上报至环保部。国家统计局则会对部分核心指标进行汇总、分析并形成统计年鉴中"资源与环境"章节对应的数据内容。与工业企业数据库选取样本的方式不同，重点调查单位主要是指排污量占总量 85% 以上的工业企业单位。重点调查单位筛选原则包括两点：（1）排放国家实施总量控制污染物（例如废水、化学需氧量、二氧化硫、工业粉尘、氮氧化物、烟尘以及固体废弃物等）的工业企业单位；（2）工业废水排放中含有重金属等有害物质以及排放危险废物的工业企业单位。而非重点调查单位的排放估算主要采取比率估算法，得出的排放量与重点调查单位的排放量相加得到当年的污染总排放数据。下一年重点调查单位的计算基数则是基于本年最终计算的污染总排放数据进行筛选。在实际的数据收集过程中，环保部和地方各级环保局会对数据填写、上报以及汇总环节进行抽查和监督，以确保环境统计数据的真实性和有效性。本章采用的分析样本显示 2005 年的原始样本数据量约为 7 万，2009 年的原始样本数据量增长到 11 万，基本的变化趋势表明：单个调查单位的排放量呈降低趋势。

表 6-1 列举了主要变量的描述性统计结果，（1）～（2）列是总样本的统计描述，（3）～（4）列和（5）～（6）列分别对应的是非出口企业样本和出口企业样本的统计描述。其中出口企业相比于非出口企业而言，工业总产值、注册资本、雇佣人数、投资收益、研发支出等生产和财务指标都明显更好，但是非出口企业的二氧化硫排放量、排放强度，化学需氧量排放强度以及粉尘排放量和排放强度高于出口企业。根据相关资料，出口企业中约 43% 是港澳台企业和外资企业，36% 是私营企业；而非出口企业中，私营企业的占比高达 59%，完全在本地生产销售产品的港澳台企业和外资企业占比仅 12%。企业分布地区数据显示，出口企业超过 70%分布在东部地区，远高于非出口企业 50% 的占比，我们可以初步判断，出口企业

[①] 自 2000 年开始，环保部每隔一年进行一次环境统计数据收集工作，由环保部总量司下属统计部门进行监测和最终汇总。与环境统计相对应的还有一套污染普查数据库，自 2007 年开始，每 10 年统计一次，但是这套数据将企业划分为固定的几类，不适合用于微观层面的实证分析。2018 年 3 月，第十三届全国人民代表大会第一次会议批准了《国务院机构改革方案》，组建生态环境部，不再保留环境保护部。

[②] 根据环保部公开的《关于如何进行污染统计的简要说明》相关文件整理。

出于运输成本、交通设施等因素的考量，更愿意建在四通八达的东部地区。

表 6-1 主要变量描述性统计 金额单位：百万元

项目	总样本		非出口企业		出口企业	
	均值	标准差	均值	标准差	均值	标准差
工业总产值	341.12	2135.06	195.85	1 032.84	687.89	3 566.94
注册资本	70.41	434.19	41.70	273.56	138.93	673.22
雇佣人数（人）	601	2 176	398	1 396	1 087	3 325
企业年限（年）	9.4	5.98	8.94	6.07	10.5	5.63
投资收益	1.06	33.57	0.42	15.02	2.61	57.81
研发支出	1.52	24.32	0.42	9.46	4.14	42.23
资本密集度	3.76	1.41	3.66	1.4	4.01	1.41
劳动生产率	4.28	1.08	4.27	1.08	4.3	1.08
加工贸易（出口额/销售额）（%）	13	27	0	0	42	35
港澳台（资）企业（%）	11		6		21	
国有企业（%）	12		12		12	
合资企业（%）	15		17		9	
外资企业（%）	11		6		22	
私营企业（%）	52		59		36	
东部地区（%）	57		50		73	
中部地区（%）	20		23		12	
西部地区（%）	16		19		9	
华北地区（%）	7		8		6	
取对数的出口交货值	3.02	4.79	0.00	0.00	10.23	1.96
取对数的二氧化硫排放量	8.57	3.82	8.84	3.60	7.94	4.22
二氧化硫排放强度（吨/万元）	1.16	2.78	1.45	3.14	0.47	1.42
取对数的化学需氧量排放量	7.55	3.57	7.25	3.69	8.25	3.14
化学需氧量排放强度（吨/万元）	0.59	1.80	0.70	2.02	0.33	1.08
样本量	97 252		68 539		28 713	

6.4 实证分析结果

6.4.1 出口企业是否更污染环境？

表 6-2 展示了模型（6-1）的估计结果，其中（1）~（2）列表示出口对二氧化硫排放强度的弹性估计，（3）~（4）列表示出口对于化学需氧量排放强度的弹性估计。第（1）列和第（3）列的回归中未控制全要素生产率，结果显示出口规模扩张 1%，会使得二氧化硫的排放强度降低 0.0305%，而化学需氧量的排放强度增加 0.00378%，该结果在 1% 水平上显著。因此，如果简单地使用 OLS 估计，且选择化学需氧量作为衡量指标，就可能得出"污染避难所成立"的结论。将第（2）列和第（4）列分别加入企业全要素生产率进行重新估计，回归结果显示出口规模对二氧化硫排放强度的影响方向和显著程度均未发生改变，其估计系数负向变大；但是当控制了与全要素生产率相关的因素之后，出口规模扩张对化学需氧量排放强度的影响由正转负，且在 1% 水平上显著。如果强波特假说成立[1]，环境绩效改善的同时也伴随着企业竞争力、生产率的提升，那么，全要素生产率与污染物排放强度之间应该存在负向关联。第（2）列和第（4）列中控制全要素生产率前的回归系数恰好印证了本章的设想，而且表 6-2 的回归结果显示，遗漏变量引起的估计偏差会直接影响对于出口作用的准确判断。其他控制变量的回归结果显示，资本密集度越高的行业污染排放强度越高，而全要素生产率对于降低排放强度的作用十分显著，符合强波特假说的设定。余淼杰（2012）从对外贸易投资的角度研究

---

[1]　波特假说是指"适当的环境管制将刺激技术革新"。适当的环境规制可以促使企业进行更多的创新活动，而这些创新将提高企业的生产率，从而抵消由环境保护带来的成本并且提升企业在市场上的盈利能力，提高产品质量，这样有可能使国内企业在国际市场上获得竞争优势，同时有可能提高产业生产率。在此之前，人们认为"环境管制是企业费用增加的主要因素，对提高生产率和竞争力将产生消极影响"。波特假说的主张与此形成鲜明对比。Jaffe and Palmer（1997）将"波特假说"分为三个层面，分别是"狭义波特假说"、"弱波特假说"和"强波特假说"。"强波特假说"则认为环境规制能够促进企业创新，且创新所带来的收益大于额外的监管成本，即环境规制能够促进企业增强竞争力，提高企业绩效。

发现，全要素生产率更高的企业更有动机和能力实现"走出去"的战略目标，同时他利用浙江省企业数据发现，大部分资本都流入富裕国家。而浙江省同时作为一个出口大省，学习曲线效应[①]对企业发展的影响不可否认。

表 6-2　　　　　　　　　　出口对污染物排放强度的影响（最小二乘法）

项目	（1）	（2）	（3）	（4）
	二氧化硫排放强度		化学需氧量排放强度	
出口规模 对数值	-0.0305^{***}	-0.0371^{***}	0.00378^{*}	-0.00454^{*}
	（0.00171）	（0.00203）	（0.00194）	（0.00233）
资本密集度	0.0321^{***}	0.0121^{*}	0.0542^{***}	0.0177^{**}
	（0.00560）	（0.00685）	（0.00663）	（0.00822）
单位增加值劳动投入	-0.327^{***}	0.0210	-0.410^{***}	-0.0187
	（0.00832）	（0.0151）	（0.00978）	（0.0179）
全要素生产率		-0.666^{***}		-0.794^{***}
		（0.0209）		（0.0247）
企业特征变量	是	是	是	是
年份固定效应	是	是	是	是
企业固定效应	是	是	是	是
常数	6.315^{***}	7.745^{***}	4.501^{***}	5.281^{***}
	（0.264）	（0.320）	（0.306）	（0.378）
样本量	62 902	41 840	63 204	41 947
R^2	0.435	0.469	0.362	0.396

注：括号内为稳健性标准误差，$*$表示10%的显著水平，$**$表示5%的显著水平，$***$表示1%的显著水平。

受学习曲线效应影响，出口行为有可能促进企业全要素生产率的提升（张杰等，2009；余淼杰和袁东，2016）。Bernard（2008）也发现出口企业比非出口企业

---

① 学习曲线效应是指当个人或组织重复地做某一产品时，做单位产品所需的时间会随着产品数量的增加而逐渐减少，然后才趋于稳定。

的生产率、雇佣人数、平均工资以及资本密集度都更高。由于出口行为和全要素生产率、资本密集度、雇佣人数以及工资水平等均存在关联，因此，简单地在两阶段最小二乘法（2SLS）估计中加入全要素生产率会使出口的估计结果出现偏差，本章将按照模型（6-3）和模型（6-4）的研究设计，采用工具变量法解决可能存在的内生性问题。

表 6-3 显示了模型（6-3）和模型（6-4）使用按出口贸易额调整的人民币实际有效汇率（REER）数据作为工具变量进行两阶段最小二乘法估计的结果。表中奇数列中的结果是第一阶段的估计结果，人民币汇率前的估计系数可以认为是出口汇率弹性，虽然每一列的绝对数值大小存在一定差异，但是估计结果基本介于 0.76% 与 0.99% 之间，十分接近李宏彬等（2011）估计的人民币出口弹性。戴觅和余淼杰等（2014）提出加工贸易程度高的企业出口规模大，但是生产率水平低，因此为了刻画出口规模和全要素生产率之间的非线性关系，我们在第（5）列和第（6）列的回归中还加入了全要素生产率的平方项。通过工具变量克服了可能存在的内生性，回归结果的数量级显著增加，但是作用机制依旧和表 6-2 中的结论相似，即出口有利于降低二氧化硫和化学需氧量的排放强度。

以第（6）列为例，出口规模每增加 1%，会使得企业的二氧化硫和化学需氧量的排放强度分别降低 0.386% 和 0.446%，不过随着研究人员加入更多的控制变量，出口对于污染的减排作用不断降低。但是，即便控制了全要素生产率变量，出口规模依旧对污染物排放强度的降低具有显著的促进作用，这可能与出口企业其他非生产因素相关。

6.4.2 异质性分析

为了更加深入地探究出口企业的排污异质性，本章参考了李宏彬等（2011）的研究成果，并且根据下列模型，区分企业所在地区、企业所有制和行业属性来估计不同的出口污染弹性。

$$\ln Pollutant_{it} = \alpha_1 + \alpha_2 \ln Export_{it} + \gamma T_{jr} + \tau \ln Export_{it} \times T_{jr} + \eta_i + \theta_t + \varepsilon_{it} \quad (6-5)$$

表 6-3　出口对于污染物排放强度的影响（两阶段最小二乘法）

项目	(1) 第一阶段 出口规模	(2) 第二阶段 二氧化硫排放强度	(3) 第一阶段 出口规模	(4) 第二阶段 二氧化硫排放强度	(5) 第一阶段 出口规模	(6) 第二阶段 二氧化硫排放强度
人民币实际有效汇率对数值	-0.766*** (0.0389)		-0.946*** (0.0479)		-0.953*** (0.0478)	
出口规模对数值		-0.428*** (0.0297)		-0.390*** (0.0275)		-0.386*** (0.0271)
全要素生产率			-0.557*** (0.0510)	-0.845*** (0.0313)	2.142*** (0.217)	0.905*** (0.131)
全要素生产率平方					-0.255*** (0.0199)	-0.165*** (0.0127)
样本量	62 036	62 036	41 161	41 161	41 161	41 161
R^2	0.343		0.374	0.053	0.376	0.069
第二阶段被解释变量	出口规模	化学需氧量排放强度	出口规模	化学需氧量排放强度	出口规模	化学需氧量排放强度
人民币实际有效汇率对数值	-0.771*** (0.0435)		-0.972*** (0.0538)		-0.990*** (0.0537)	
出口规模对数值		-0.534*** (0.0409)		-0.462*** (0.0364)		-0.446*** (0.0350)
全要素生产率			-0.632*** (0.0523)	-1.071*** (0.0408)	2.335*** (0.222)	1.402*** (0.164)
全要素生产率平方					-0.280*** (0.0204)	-0.232*** (0.0162)
样本量	62 477	62 477	41 377	41 377	41 377	41 377
R^2	0.355		0.387		0.390	
控制变量						
企业特征变量	是	是	是	是	是	是
年份固定效应	是	是	是	是	是	是
企业固定效应	是	是	是	是	是	是

注：括号内为稳健性标准误差，* 表示 10% 的显著水平，** 表示 5% 的显著水平，*** 表示 1% 的显著水平。

其中，T_{jr} 表示 $1 \times j$ 的虚拟变量。以估计企业在不同地区的污染出口弹性为例，T_{jr} 代表不同企业所在地的虚拟变量向量，包括 j 中企业所在地类型。在模型（6-5）中，出口指标前面的系数 α_2 和交叉项前面的系数 τ 是本章关注的核心内容。为了克服内生性，这部分模型回归同样如同模型（6-1）的回归策略采用企业固定效应并控制时间效应。

1) 出口对于不同所有制企业的排污影响

"污染天堂" 假说认为由于东道国宽松的环境政策，FDI 的流入会恶化东道国的生态环境状况。而 FDI 实现 "污染天堂" 的途径之一是东道国的产品将会返回本国或者出口别国，因此如果 "污染天堂" 假说成立，港澳台企业和外资企业的污染排放强度出口弹性应该为正且显著高于其他类型企业。表 6-4 的第（1）列和第（2）列是利用模型（6-5）估计不同所有制的出口排污强度弹性的回归结果；第（3）列展示了对模型（6-3）估计的第一阶段的结果；第（4）列和第（5）列展示了以人民币汇率为工具变量，按照模型（6-5）估计的出口规模对二氧化硫和化学需氧量排放强度影响的回归结果。第（1）列出口规模前的回归系数显示港澳台（资）企业的出口规模对二氧化硫排放强度的降低作用（-0.0462%）高于全国平均水平（-0.0371%），而出口规模和国有企业之前的回归系数为 0.0419，且在 1% 的显著水平上显著，由于估计中的控制组为港澳台（资）企业，因而出口对于国有企业的弹性为 -0.0043%（-0.0462+0.0419）。但是当利用工具变量法重新估计时，出口规模对于港澳台（资）企业的二氧化硫排放强度的降低作用增大，扩大 1% 的出口规模从降低 0.0462% 的二氧化硫排放强度增长到降低 0.282%，此时国有企业和出口规模前的估计系数转变为负，且在 1% 的水平上显著，出口规模对降低国有企业的二氧化硫排放强度的作用更强。

表 6-4 　　　按照企业所有制类型估计出口影响（港澳台（资）企业为控制组）

项目	(1)	(2)	(3)	(4)	(5)
	OLS		IV		
			第一阶段	第二阶段	
	二氧化硫排放强度	化学需氧量排放强度	出口规模	二氧化硫排放强度	化学需氧量排放强度
出口规模对数值	-0.0462***	-0.0188***		-0.282***	-0.313***
	(0.00349)	(0.00375)		(0.0186)	(0.0238)
出口规模*国有企业	0.0419***	0.0661***		-0.0986***	-0.0779***
	(0.00530)	(0.00585)		(0.0162)	(0.0199)
出口规模*合资企业	0.0101*	0.00310		-0.195***	-0.265***
	(0.00581)	(0.00650)		(0.0222)	(0.0264)
出口规模*外资企业	-0.0348***	0.00704		-0.0285***	0.0156*
	(0.00425)	(0.00446)		(0.00771)	(0.00807)
出口规模*私营企业	0.0139***	0.00707		-0.129***	-0.191***
	(0.00403)	(0.00441)		(0.0152)	(0.0187)
全要素生产率	-0.652***	-0.803***		-0.848***	-1.075***
	(0.0208)	(0.0245)		(0.0314)	(0.0405)
人民币实际有效汇率对数值			-0.977***		
			(0.0577)		
企业特征变量	是	是	是	是	是
年份固定效应	是	是	是	是	是
企业固定效应	是	是	是	是	是
常数	7.784***	5.063***	1.902*	5.647***	2.616***
	(0.319)	(0.376)	(1.000)	(0.448)	(0.554)
样本量	41 840	41 947	39 187	41 161	41 377
R^2	0.469	0.396	0.388	0.064	

注：括号内为稳健性标准误差，*表示 10% 的显著水平，**表示 5% 的显著水平，***表示 1% 的显著水平。

为了更直观地对比回归结果，表 6-5 计算了不同所有制类型企业的出口减排弹性。最小二乘法的估计结果显示：在所有企业所有制类型中，二氧化硫排放强度的出口弹性均为负数；但是在国有企业中出口规模对于化学需氧量排放强度的弹性显著为正，估计结果似乎说明在国有企业中，出口规模扩张对环境是不友好的，这也将环境污染的矛头指向了国有企业。但是当利用工具变量法重新进行回归估计时，有意思的现象产生了：在国有企业中，出口规模对于二氧化硫和化学需氧量排放强度同时具有较强的降低作用，且降低作用比所有港澳台企业和外资企业还大。相比于所有港澳台企业和外资企业，合资企业和私营企业的出口规模扩张带来的减排效果也更显著，其中对于合资企业的影响最大。其实，这样的估计结果更符合现实，因为对于港澳台企业和外资企业而言，商品进出口属于常规的业务范围，因此扩张或者缩减出口规模对企业环境绩效的作用应该并不明显，但是对于其他所有制类型的企业而言，想要进入国际市场并且扩大市场份额，企业本身受到更多条款的约束和限制，国际市场对企业提出了更高的要求，因此即便控制了全要素生产率、资本密集度和劳动生产率等因素之后，出口份额更高的本土企业依旧对环境更加友好。

表 6-5　　　　　　　　　　　　　按企业所有制类型估算的出口弹性

项目	二氧化硫排放强度	化学需氧量排放强度	二氧化硫排放强度	化学需氧量排放强度
	OLS		IV	
港澳台（资）企业	-0.046***	-0.019***	-0.282***	-0.313***
国有企业	-0.004***	0.047***	-0.381***	-0.391***
合资企业	-0.036***	-0.016	-0.477***	-0.578***
外资企业	-0.081***	-0.012	-0.311***	-0.297***
私营企业	-0.032***	-0.011	-0.411***	-0.504***

2）出口对于不同区域企业的排污影响

区域发展不平衡是客观存在的，近年来大部分东部沿海地区经济蓬勃发展，但是由于各种复杂的因素，中西部地区的经济发展相对滞后。按照要素规模报酬递减的收敛理论，地区之间的差异会随着区域经济的增长而收敛，但是中国的发展情况似乎和理论存在一定差异。王小鲁和樊纲（2004）通过多种指标测算发现，中国的地区经济差距在 20 世纪 80 年代有所收敛，但是 20 世纪 90 年代之后持续扩大，整体呈现 V 字形走势。许召元和李善同（2006）同样发现地区差距存在先减小后扩大的变化趋势，然而相比于 20 世纪 90 年代的扩大速度，2000 年之后的差距虽然仍在扩大，但是扩大速度有所减缓。由区域发展不平衡带来的劳动力聚集、产业结构调整等导致的出口对环境质量方面的影响也不尽相同，表 6-6 的第（1）列和第（2）列是利用模型（6-5）估计不同地区的出口排污强度弹性的回归结果；第（3）列展示了对模型（6-3）估计的第一阶段的结果；第（4）列和第（5）列展示了以人民币实际有效汇率为工具变量，按照模型（6-5）估计的出口规模对于二氧化硫和化学需氧量排放强度影响的回归结果。

其中，第（1）列出口规模前的回归系数显示东部地区企业的出口规模对于二氧化硫排放强度的降低作用（-0.0461%）高于全国平均水平（-0.0371%），而出口规模和中部地区之前的回归系数为 0.0268，且在 1% 的显著水平上显著，由于估计中的控制组为东部地区，因而出口对于中部地区企业排放强度的作用为 -0.0193%（-0.0461+0.0268）。但是，当利用工具变量重新估计时，出口规模对于东部地区企业的二氧化硫排放强度的降低作用增大，且仍在 1% 的水平上显著。

为了更直观地对比回归结果，表 6-7 计算了不同地区企业的出口减排弹性。最小二乘法的估计结果显示：除了东北地区外，二氧化硫排放强度的出口弹性均为负数，但是除了东部地区外，其余地区企业的出口规模对于化学需氧量排放强度的弹性均显著为正。当直接采用最小二乘法时，本书也得出了"出口有利于降低东部地区污染水平，但是会增加落后地区的污染水平"的结论，从而支持了区域间的"污染避难所"假说。但是当利用工具变量法重新进行回归估计时，所谓的区域间"污染避难所"现象消失了，无论是东部、中部、西部还是东北地区，出口规模扩大都有利于降低企业二氧化硫和化学需氧量的排放强度。表 6-7 的估计结果似乎与以往的研究结论并不一致，但是和所有制的逻辑一致，对于准入门槛更高地区的企业而言，如果能在国际市场上占据一席之地，那么出口导向的企业会比非出口导向的企业更加清洁，而且这种差距在发展程度落后的地区更显著。

表 6-6 按照企业所在地区估计出口影响：东部地区为控制组

项目	（1）	（2）	（3）	（4）	（5）
	OLS		IV		
			第一阶段	第二阶段	
	二氧化硫排放强度	化学需氧量排放强度	出口规模	二氧化硫排放强度	化学需氧量排放强度
出口规模对数值	−0.0461***	−0.0117***		−0.332***	−0.435***
	（0.00231）	（0.00262）		（0.0272）	（0.0495）
出口规模*中部地区	0.0268***	0.0257***		−0.318***	−0.163
	（0.00529）	（0.00629）		（0.0821）	（0.147）
出口规模*西部地区	0.0296***	0.0148**		−0.225***	−0.501***
	（0.00584）	（0.00691）		（0.0740）	（0.156）
出口规模*东部地区	0.0472***	0.0571***		0.0460	−1.702***
	（0.00711）	（0.00864）		（0.141）	（0.505）
全要素生产率	−0.666***	−0.796***		−0.861***	−1.087***
	（0.0209）	（0.0247）		（0.0332）	（0.0572）
人民币实际有效汇率对数值			−0.977***		
			（0.0577）		
企业特征变量	是	是	是	是	是
年份固定效应	是	是	是	是	是
企业固定效应	是	是	是	是	是
常数	7.652***	5.139***		6.451***	6.915***
	（0.320）	（0.378）		（0.502）	（1.038）
样本量	41 794	41 912		41 123	41 344
R^2	0.470	0.397			

注：括号内为稳健性标准误差，*表示10%的显著水平，**表示5%的显著水平，***表示1%的显著水平。

表 6-7   按企业所在地区估计的出口弹性

项目	二氧化硫排放强度	化学需氧量排放强度	二氧化硫排放强度	化学需氧量排放强度
	OLS		IV	
东部	−0.046***	−0.012***	−0.332***	−0.435***
中部	−0.019***	0.014***	−0.65***	−0.598
西部	−0.017***	0.003***	−0.557***	−0.936***
东北	0.093***	0.045***	−0.286	−1.746***

注：***表示 1%的显著水平。

3）出口对于不同加工贸易程度企业的排污影响

2018 年政府工作报告指出要培育贸易新模式，推动加工贸易向中西部梯度转移，基本确立了加工贸易在中国对外开放和贸易中的重要地位。加工贸易作为外商直接投资在我国的主要参与形式，可以在增加外汇收入、解决就业问题的同时帮助我国企业实现技术和产业升级（Barney，1996；Kandogan，2003；Lloyd，2004）。加工贸易还可以通过技术溢出效应、劳动力流动效应以及垂直联系效应等多个角度促进中国的产业发展（Klibanoff and Morduch，1995；Poyago and Theotoky，1995；Hagedoorn and Duysters，1996）。

Hummels 等（1999）认为中国已经成为全球贸易的主要参与国家，Lemoine 等（2004）发现中国的出口企业大多是通过加工贸易的方式加入到全球价值链的分工合作中。图 6-5 展示了改革开放以来加工贸易出口、普通贸易出口的基本走势。其中，加工贸易占比自 1982 年开始不断攀升，并在 1997 年之后稳定在 50%以上。加工贸易已经逐渐成为中国参与国际分工的一种重要形式。戴觅和余淼杰（2014）认为加工贸易的生产率水平较低，当剔除加工贸易企业之后，出口企业的整体生产率水平较高，出口企业生产率之谜消失。Dean 和 Lovely（2010）以及 Hanson（2016）则指出中国的出口贸易结构在不断变化，原先处于加工贸易行业的企业逐渐转型为普通出口企业，而又会有新的企业进入加工贸易行业，这也为加工贸易企业的动态学习、提高生产率并实现转型提供了支撑。

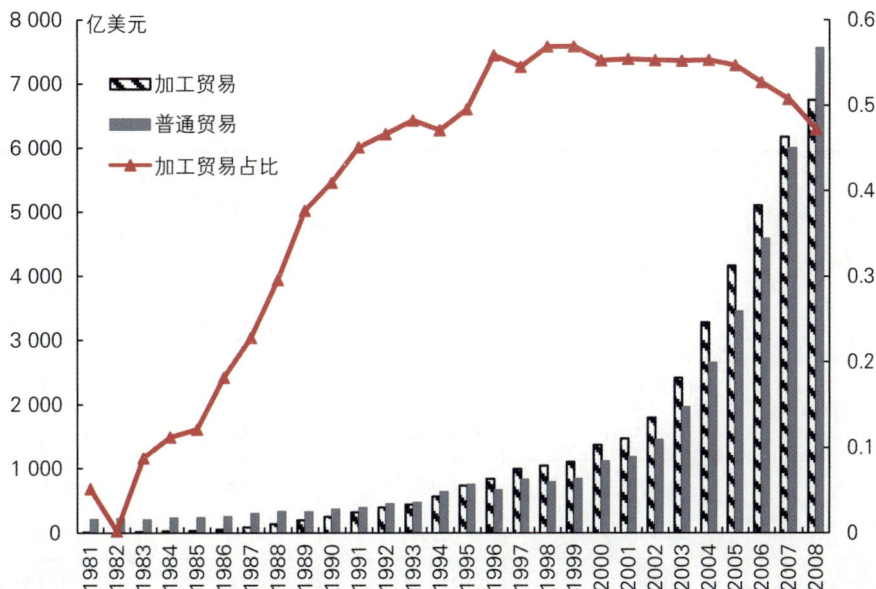

图 6-5　中国加工贸易占出口贸易总额的情况

数据来源：国家统计局。

那么，加工贸易是不是导致环境污染问题的罪魁祸首呢？本章根据 Hanson（2016）的计算结果，将所有行业区分为 3 类：低加工贸易行业（加工贸易额占行业出口总额低于 30%），中等加工贸易行业（加工贸易额占行业出口总额在 30%~70% 之间）以及高加工贸易行业（加工贸易额占行业出口总额高于 70%）。低加工贸易行业包括农副食品加工业、食品制造业、酒饮料和精制茶制造业、烟草制品业、木材加工业、石油加工及炼焦业、化学原料和制品业以及有色金属冶炼和压延业；中等加工贸易行业包括纺织业、皮革等制造业、家具制造业、造纸和纸制品业、印刷和记录媒介复制业和化学纤维制造业；高加工贸易行业包括橡胶和塑料制品业、计算机、通信和其他电子设备制造业和仪器仪表制造业。表 6-8 第（1）列和第（2）列是利用模型（6-5）估计不同加工贸易程度的出口排污强度弹性的回归结果；第（3）列和第（4）列显示了以人民币实际有效汇率为工具变量，按模型（6-5）估计的出口规模对于二氧化硫和化学需氧量排放强度影响的回归结果。

表 6-8　　　　　按照加工贸易行业估计出口影响（低加工贸易行业为控制组）

项目	OLS		IV	
			第二阶段	
	二氧化硫排放强度	化学需氧量排放强度	二氧化硫排放强度	化学需氧量排放强度
出口规模	-0.0350***	0.0193***	-0.320***	-0.436***
	(0.00300)	(0.00369)	(0.0311)	(0.0433)
出口规模*中等加工贸易行业	-0.0114*	-0.0764***	0.0727	0.181
	(0.00637)	(0.00754)	(0.332)	(0.380)
出口规模*高加工贸易行业	-0.0406***	-0.0299***	-0.328***	-0.129
	(0.00759)	(0.00793)	(0.106)	(0.0924)
全要素生产率	-0.684***	-0.846***	-0.851***	-1.108***
	(0.0261)	(0.0326)	(0.0712)	(0.0979)
企业特征变量	是	是	是	是
年份固定效应	是	是	是	是
企业固定效应	是	是	是	是
常数	6.986***	3.976***	8.050***	6.701***
	(0.383)	(0.479)	(0.828)	(1.206)
样本量	27 099	25 812	27 074	25 756
R^2	0.468	0.391	0.183	

注：括号内为稳健性标准误差，*表示 10% 的显著水平，**表示 5% 的显著水平，***表示 1% 的显著水平。

第（1）列出口规模前的回归系数显示即便在低加工贸易行业，扩大出口规模也同样有利于降低二氧化硫排放强度，但是降低水平（−0.035%）低于全国平均水平（−0.0371%）；第（2）列出口规模的回归系数显示扩大出口规模会提高化学需氧量的排放强度，从而恶化水环境。加工贸易程度和出口规模之前的交叉系数显示，加工贸易程度越高，二氧化硫和化学需氧量的排放强度越低。回归结果似乎支持加工贸易更清洁的结论，但是当利用工具变量法重新估计后发现，除了高加工贸易行业对二氧化硫排放强度产生明显的降低作用之外，加工贸易程度似乎并不对出口的减排作用造成显著影响。

为了更直观地对比回归结果，表 6−9 计算了不同加工贸易程度的出口减排弹性。最小二乘法的估计结果显示：加工贸易程度越高的行业，出口对于二氧化硫排放强度的降低作用越大；对于化学需氧量，不同加工贸易程度的出口减排弹性呈 U 形曲线，即在中等加工贸易行业内，企业出口规模对于化学需氧量排放强度降低作用最大。当利用工具变量法重新进行回归估计时，化学需氧量中的U 形曲线关系消失了，出口的作用在不同加工贸易程度的行业中并没有本质的差异。但是，在高加工贸易行业中，出口规模对于二氧化硫排放强度的降低作用依旧最大。

表 6−9   按加工贸易程度估计的出口弹性

项目	二氧化硫排放强度	化学需氧量排放强度	二氧化硫排放强度	化学需氧量排放强度
	OLS		IV	
低加工贸易水平	−0.035***	0.0193***	−0.320***	−0.436***
中等加工贸易水平	−0.0464***	−0.0571***	−0.2473	−0.255
高加工贸易水平	−0.0756***	−0.0106***	−0.648***	−0.565

6.4.3　稳健性检验

不少文献从环境政策影响企业出口的角度论证"污染避难所"假说的存在性（Lu et al.，2012；Hering and Poncet，2014），虽然本章并没有探讨环境规制政策是否会直接影响出口行为，但本书还是认为环境政策规制会通过改变企业的成本函数来影响企业的生产决策，因此，受到环境政策规制的企业会通过调整生产（例如减少生产）来减少污染排放。"十一五"期间两项比较重要的节能减排政策是"千家企业节能行动"和"国家重点监控政策"。为了在"十一五"期间实现能源强度下降20%的目标，国务院颁布并实施的一项重要措施是千家企业节能行动。"千家企业"是指钢铁、有色金属、石油石化、化工、建材、煤炭、电力、造纸、纺织等九个重点耗能行业2004年企业综合能源消费量18万吨标准煤以上的企业，2004年国家发展和改革委员会公布之初该类企业共计1 008家。随后，国家发展和改革委员会会同国家能源办、国家统计局等五部门于2006年4月正式启动了千家企业节能行动。为了在"十一五"期间更好地完成减排目标，2005年环保部发布了《关于加强和改进环境统计工作的意见》（环保部，2005），着重指出要筛选重点污染企业实行季报制度。因此，环保部按照"主要污染物排放量占全部企业排放量65%以上"的筛选标准，确定了国家重点监控企业名单，并于2007年公布并实施了重点监控措施。

为了剔除这部分因素的影响，本章剔除了在"十一五"期间成为"千家企业节能行动"和"国家重点监控政策"管制对象的出口企业，重新对模型（6-3）和模型（6-4）进行估计。表6-10显示了估计结果，其中（3）～（4）列是加入全要素生产率平方项的估计结果。对比表6-3中第（4）列和第（6）列的回归系数，剔除受到环境政策规制的样本后，出口对于二氧化硫和化学需氧量排放强度的降低作用依旧显著存在，但是绝对值略小于全样本的估计值。

表 6-10 　　出口对于污染物排放强度的影响（剔除受环境政策影响的样本）

项目	（1）第一阶段	（2）第二阶段	（3）第一阶段	（4）第二阶段
	出口规模	二氧化硫排放强度	出口规模	二氧化硫排放强度
人民币实际有效汇率对数值	-0.935***		-0.941***	
	(0.0519)		(0.0518)	
出口规模对数值		-0.364***		-0.362***
		(0.0290)		(0.0288)
全要素生产率	-0.597***	-0.740***	2.444***	0.493***
	(0.0525)	(0.0321)	(0.227)	(0.138)
全要素生产率平方			-0.288***	-0.117***
			(0.0209)	(0.0137)
样本量	38 497	38 497	38 497	38 497
R^2	0.369	0.106	0.372	0.114
	出口规模	化学需氧量排放强度	出口规模	化学需氧量排放强度
人民币实际有效汇率对数值	-0.960***		-0.977***	
	(0.0578)		(0.0577)	
出口规模对数值		-0.437***		-0.425***
		(0.0386)		(0.0374)
全要素生产率	-0.669***	-1.013***	2.517***	1.163***
	(0.0535)	(0.0424)	(0.231)	(0.172)
全要素生产率平方			-0.302***	-0.205***
			(0.0212)	(0.0174)
样本量	39 187	39 187	39 187	39 187
R^2	0.385		0.388	
	控制变量			
企业特征变量	是	是	是	是
年份固定效应	是	是	是	是
企业固定效应	是	是	是	是

注：括号内为稳健性标准误差，*表示 10% 的显著水平，**表示 5% 的显著水平，***表示 1% 的显著水平。

6.5　结论及政策建议

我们根据中国微观企业环境数据对"污染避难所"假说进行了新的实证分析，并集中对出口规模对于企业污染排放强度的影响进行了探讨。随着改革开放的推进和经济全球化进程的加快，中国在国际分工合作中发挥着越来越重要的作用，出口作为拉动 GDP 的重要因素，其经济地位不容置疑。但是与出口规模扩大结伴而来的还有日益严重的环境问题，"污染避难所"假说认为发达国家的污染企业为了规避本国严格的环境政策管制，会将污染型产业转移到环境规制强度更弱的发展中国家。FDI 和贸易都属于国际分工的表现形式，因此除了从 FDI 的角度验证"污染避难所"假说，部分文献也从贸易的角度直接研究贸易对于环境质量的直接影响。

根据 2005—2009 年微观企业的污染排放数据，我们采用按照贸易额调整的人民币汇率数据作为出口的工具变量，选择两阶段最小二乘法识别出口对于企业二氧化硫和化学需氧量排放强度影响的因果关系，解决了以往文献采用最小二乘法可能存在的内生性和遗漏变量造成的估计偏差。

实证研究结果发现，在"十一五"期间，出口规模可能提高总体污染水平，但能够降低二氧化硫和化学需氧量的排放强度。具体而言，当不考虑全要素生产率的影响时，出口规模每扩大 1%，二氧化硫和化学需氧量排放强度分别降低 0.428% 和 0.534%。当控制全要素生产率之后，出口规模对于污染排放强度降低的作用虽然减弱但是依旧显著：出口规模每扩大 1%，二氧化硫和化学需氧量排放强度分别降低 0.386% 和 0.446%，所有结果均在 1% 水平上显著。以往文献认为出口企业的生产率水平较高是导致企业环境绩效表现较好的主要因素，但是当控制了全要素生产率之后，出口对于污染物排放强度的降低作用下降了 10%~15%，剩下的部分可能与企业其他非生产因素相关。Cui 等（2012）也得出类似结论，他们通过研究微观企业环境表现和出口决策发现，生产率较高的企业更倾向于采用清洁的技术，从而更多地出口。他们的研究主要得出两个结论：首先，出口和污染排放强度之间存在明显的负相关关系；其次，控制相同的生产率和环境规制强度后，出口企业的污染排放水平仍然比非出口企业低。随后，Cui 等（2016）继续分析 2002、2005 和 2008 年的美国国家排放清单数据后发现，在相同的生产率水平下出口企业比非出口企业的排污密度更低（26.2% ~ 29.5%）。Forslid 等（2015）利用瑞典 2000—2011 年工业企业二氧化硫和氮氧化物的排放数据也同样发现出口和污染排放之间的负向关联，在控制生产率水平、行业和年份固定效应之后，出口企业的二氧化碳排放强度比非出口企业低 11.4%，氮氧化物排放强度低 18.7%，而二氧化硫的排放强度则低 26.7%。

进一步地，我们还进行了异质性分析，通过区分所有制、所在地区以及加工贸易程度深入研究出口对于污染物排放强度的影响。其中，出口规模对合资和私营企业，对中部和西部等相对落后地区的企业发挥的减排作用最大，出现这种现象的原因可能是国际市场准入门槛更高，对各所有制企业和各地区企业而言，出口规模扩大带来的平均减排效用也相应更大。我们并没有发现任何支持加工贸易企业更污染环境的证据，相反，高加工贸易水平的行业中，出口规模扩大带来的二氧化硫排放强度降低的幅度更大。加工贸易行业作为参与国际分工的重要手段，能够接受国外母公司的先进技术培训，可以了解到海外产品的最新动态，因此学习曲线更加陡峭。根据 Hanson（2016）的测算数据，"十一五"期间中国加工贸易程度较高的行业主要为电力机械、计算机和电子通信设备等行业，相比于 20 世纪的纺织和服装、皮革、石油化工等贸易结构发生了巨大的改变。最后，我们进一步通过稳健性检验剔除环境规制的影响，回归结果显示出口扩大对于污染物排放强度的降低作用依旧显著存在。

综上所述，以我国"十一五"期间的贸易与环境污染为例，我们发现传统文献中支持"污染避难所"理论，即贸易恶化生态环境的现象在中国并不成立。虽然相比于投资和消费，货物和服务净出口对于 GDP 的贡献度在逐年走低（2014 年为 4.3%，2015 年为 -1.3%；2016 年为 -6.8%），但是随着"开放的大门越开越大"，以及国内消费结构的调整，中国的出口贸易始终会成为拉动 GDP 的重要因素，因此研究出口在新时期、新阶段对于生态环境的真实作用对于未来的贸易政策和环境政策制定具有重要意义。

在我国当前大力发展国际经贸关系的背景之下，一味认为我国作为世界工厂承纳全世界生产污染，成为发达国家的"污染避难所"并没有确凿的证据，另一方面，我们坚持对外投资，推动对"一带一路"倡议相关国家的绿色投资，需要内外联动，制定合适的环境政策与贸易政策，保证高质量、可持续的海外投资建设。在国家政策层面、经济外交层面、投资促进层面引导我国企业向海外开展绿色投资的产业链布局，用好国内外两个市场、两种资源，促进我国和投资目的地国双方的绿色经济发展。此外在国际化发展过程中，我国国内对 FDI 的投资也要开展严格的环保评估，企业要坚持高质量与可持续发展的原则，注重出口产品质量与环保标准，打造企业核心竞争力，这样才能在国际竞争中立于不败之地。

6.6 参考文献

［1］AICHELE R, FELBERMAYR G. Estimating the effects of Kyoto on bilateral trade flows using matching econometrics［J］. World Economy, 2013,36(3)：303-330.

［2］ANTWEILER W, COPELAND B R , TAYLOR M S . Is free trade good for the environment?［J］. Nber Working Papers, 2001,91(4)：877-908.

［3］BARNEY J B. The resource-based theory of the firm［J］. Organization Science, 1996, 7(7)：469-469.

［4］BERNARD A B, et al. Firms in international trade［J］. Scientific Management Research, 2008,21(3)：105-130.

［5］BRANSTETTER L G, FEENSTRA R C. Trade and foreign direct investment in China：a political economy approach［J］. Journal of International Economics, 2002,58(2)：335-358.

［6］CAI X, et al. Does environmental regulation drive away inbound foreign direct investment? evidence from a quasi-natural experiment in China［J］. Journal of Development Economics, 2016(123)：73-85.

[7] CHENG L K, KWAN Y K. What are the determinants of the location of foreign direct investment? the Chinese experience[J]. Journal of International Economics, 2000,51(2): 379-400.

[8] COPELAND B R, TAYLOR M S. North-south trade and the environment[J]. Quarterly Journal of Economics, 1994,109(3): 755-787.

[9] CUI J, LAPAN H, MOSCHINI G C. Are exporters more environmentally friendly than non-exporters? theory and evidence[J]. Staff General Research Papers Archive, 2012.

[10] CUI J, LAPAN H, MOSCHINI G C. Productivity, export, and environmental performance: air pollutants in the United States [J]. American Journal of Agricultural Economics, 2016,98(3): aav066.

[11] DEAN J M, LOVELY M E, WANG H. Are foreign investors attracted to weak environmental regulations? evaluating the evidence from China[J]. Social Science Electronic Publishing, 2009,90(1): 1-13.

[12] EISENBARTH S. Is Chinese trade policy motivated by environmental concerns? [J] Journal of Environmental Economics and Management, 2017,82(Supplement C): 74-103.

[13] FORSLID R, OKUBO T. Big is beautiful when exporting[J]. Review of International Economics, 2016,24(2).

[14] FORSLID R, OKUBO T, KAREN H U. Why are firms the export cleaner? [R]. International Trade, Abatement, and Environmental Emissions, 2015.

[15] GROSSMAN G M, KRUEGER A B. Environmental impacts of a North American Free Trade Agreement[J]. Social Science Electronic Publishing, 1993, 8(2): 223-250.

[16] HAGEDOORN, et al. Exploring the potential transition from strategic technology partnering to mergers and acquisitions[J]. Research Memoranda, 1996,184(1): 475-492.

[17] HE C, HUANG Z, YE X. Spatial heterogeneity of economic development and industrial pollution in urban China[J]. Stochastic Environmental Research & Risk Assessment, 2014, 28(4): 767-781.

[18] HERING L, PONCET S. Environmental policy and exports: evidence from Chinese cities[J]. Journal of Environmental Economics and Management, 2014, 68(2): 296-318.

[19] HOLLADAY J S. Exporters and the environment [J]. Canadian Journal of

Economics/Revue Canadienne Déconomique, 2016,49(1): 147-172.

[20] HUMMELS D, ISHII J, YI K M. The nature and growth of vertical specialization in world trade[R]. Social Science Electronic Publishing, 1999.

[21] KANDOGAN Y. Intra-industry trade of transition countries: trends and determinants [J]. William Davidson Institute Working Papers, 2003,4(3): 273-286.

[22] KLIBANOFF P, MORDUCH J. Decentralization, externalities, and efficiency [J]. Review of Economic Studies, 1995, 62(2): 223-247.

[23] LEMOINE F, ÜNAL-KESENCI D. Assembly trade and technology transfer: the case of China[J]. World Development, 2004,32(5): 829-850.

[24] LILEEVA A, TREFLER D. Improved access to foreign markets raises plant-level productivity: for some plants[J]. Quarterly Journal of Economics, 2010,125(13297): 1051-1099.

[25] LIN J, PAN D, DAVIS S, et al. China's international trade and air pollution in the United States[J]. PNAS, 2014,111: 1736-1741.

[26] LIU X, WANG C, WEI Y. Causal links between foreign direct investment and trade in China[J]. China Economic Review,2001,12(2): 190-202.

[27] LLOYD P J, MACLAREN D. Gains and losses from regional trading agreements: a survey[J]. Economic Record, 2004,80(251): 445-467.

[28] LU Y, WU M, YU L. Is there a pollution haven effect? evidence from a natural experiment in China[R]. Social Science Electronic Publishing, 2012.

[29] MUNDELL R A. International trade and factor mobility [J]. American Economic Review, 1957,47(3): 321-335.

[30] POYAGO-THEOTOKY J. Equilibrium and optimal size of a research joint venture in an oligopoly with spillovers[J]. Journal of Industrial Economics, 1995,43(2): 209-226.

[31] Zhang Z. Real exchange rate misalignment in China: an empirical investigation [J]. Journal of Comparative Economics, 2001,29(1): 80-94.

[32] 汉森. 中国的出口模式:似曾相识[J]. 经济学(季刊),2016,15(3): 1275-1302.

[33] 代丽华,金哲松,林发勤. 贸易开放是否加剧了环境质量恶化——基于中国省级面板数据的检验[J]. 中国人口·资源与环境, 2015, 25(7): 56-61.

[34] 戴觅，余淼杰，Maitra. 中国出口企业生产率之谜：加工贸易的作用[J]. 经济学（季刊），2014（1）：675-698.

[35] 董琨，白彬. 中国区域间产业转移的污染天堂效应检验[J]. 中国人口·资源与环境，2015，183（S2）：46-50.

[36] 傅京燕，李丽莎. 环境规制、要素禀赋与产业国际竞争力的实证研究——基于中国制造业的面板数据[J]. 管理世界，2010（10）：87-98.

[37] 傅京燕，赵春梅. 环境规制会影响污染密集型行业出口贸易吗？——基于中国面板数据和贸易引力模型的分析[J]. 经济学家，2014（2）：47-58.

[38] 国家环境保护总局. 国家环境保护总局关于加强和改进环境统计工作的意见[J]. 环境经济，2005（B11）：26-30.

[39] 李宏彬，马弘，熊艳艳，等. 人民币汇率对企业进出口贸易的影响——来自中国企业的实证研究[J]. 金融研究，2011（2）：1-16.

[40] 李思敏，中国外商直接投资与对外贸易之间的关系[D]. 济南：山东大学，2017.

[41] 苏梽芳，廖迎，李颖. 是什么导致了"污染天堂"：贸易还是FDI？——来自中国省级面板数据的证据[J]. 经济评论，2011（3）：97-104.

[42] 王文治，陆建明. 要素禀赋、污染转移与中国制造业的贸易竞争力——对污染天堂与要素禀赋假说的检验[J]. 中国人口·资源与环境，2012，22（12）：73-78.

[43] 王小鲁，樊纲. 中国地区差距的变动趋势和影响因素[J]. 经济研究，2004（1）：33-44.

[44] 许召元，李善同. 近年来中国地区差距的变化趋势[J]. 经济研究，2006（7）：106-116.

[45] 余淼杰. 全要素生产率高低决定企业能否"走出去"[N]. 中国社会科学报，2012-01-11（B02）.

[46] 余淼杰，袁东. 贸易自由化、加工贸易与成本加成——来自我国制造业企业的证据[J]. 管理世界，2016（9）：33-43，54.

[47] 张杰，李勇，刘志彪. 出口促进中国企业生产率提高吗？——来自中国本土制造业企业的经验证据：1999—2003[J]. 管理世界，2009（12）：11-26.

[48] 周靖祥，曹勤. FDI与出口贸易结构关系研究（1978—2005年）——基于DLM与TVP模型的检验[J]. 数量经济技术经济研究，2007（9）：24-36.

第 7 章　日本氢能发展战略及对中国的启示研究

顾阿伦　刘滨

7.1　国际氢能发展现状

　　氢能优势突出，是未来全球绿色能源体系中的重要组成部分，作为一种战略性的高效清洁能源，氢能产业发展一直以来备受世界各国的广泛关注和重视。20 世纪 70 年代，美国就成功地将燃料电池应用于双子星五号太空船和阿波罗号宇宙飞船上，成为第一个实现氢能源技术应用的国家。然而 20 世纪末至 21 世纪初，因纯电动汽车相对更为经济，得到快速发展，氢燃料电池汽车因成本居高不下，相关氢能源技术的发展几乎停滞。直至 20 世纪初，尤其是 2014 年日本燃料电池技术的突破，以及石油、煤炭等一次能源储量逐渐减少导致能源紧缺，各国构建"氢能社会"的愿景才又被重拾，氢能源也重新受到重视。

7.1.1　什么是氢能

　　氢为无色、无味和无臭的气体，密度小，是空气比重的 0.0695 倍，扩散速度快，燃烧无火焰，在 $-252.6℃$ 下可液化。宇宙物质的 70% 都是由氢元素构成的，地球上的氢主要以化合物形式储存于水、化石燃料和有机化合物等物质中。

氢能源属于二次能源，是一种清洁型能源，具有巨大的开发潜力。其热值远高于除核燃料以外的传统化学燃料及生物燃料，达到 142 千焦/克。在空气中燃烧会生成少量水以及氮化氢，少量的氮化氢经过相应的处理后对环境造成的污染极为微弱。

7.1.2 氢能在能源系统中的作用

国际社会已经逐渐形成共识，清洁的氢能将在世界范围内的能源转型和向可持续能源发展的过程中发挥关键作用。特别是在碳排放等污染物较为集中的工业和重型交通运输领域中发挥重要作用，并提供长期的大规模能源储存。2020 年国际能源署（IEA）最新发布的零碳能源转型路线图显示，到 2050 年实现全球净零排放将需要大约 5.2 亿吨的低碳氢气，其中约 3.06 亿吨绿氢来自可再生能源，1.976 亿吨蓝氢来自结合 CCS 技术的天然气和煤炭；1 600 万吨低碳电解氢由核能和有 CCS 的化石燃料发电厂进行电解生产。

近年来，氢能与燃料电池产业发展迅猛，正在成为全球性趋势，特别是美、日、欧等国家和地区。氢能提供了一种清洁、可持续、灵活的能源选择方案，可以克服阻碍经济向韧性、低碳发展的多种障碍，因此很有可能成为能源转型的强大推动者。为了实现能源系统的脱碳，需要从四个方面努力：提高能源效率，开发可再生能源，转用低碳/零碳能量载体，实施碳捕集与封存（CCS）以及利用（CCU）。

当前化石燃料在一次消费中的占比为 82%，可再生能源占比 14%，核能占比 4%。尽管未来能源利用效率会有所提高，但由于人口和经济增长，到 2050 年能源需求仍将增加 16%。到 2050 年，可再生能源在整体能源中的比重与现有水平相比将增加 3~5 倍。但同时，化石燃料仍将占较大的比重（部分采用碳捕集与封存技术减少或避免碳排放）。因此需要一种新的能源载体将比例日益增长的脱碳能源传输到能源消费侧，同时保证为终端用户提供的能源服务水平（居民，工业和运输）。这两种能源载体有望对能源脱碳和实施变革产生重要影响，即电力与氢能。国际氢能委员会也专门发布报告阐述了氢能在未来低碳转型中能够扮演的重要角色，未来氢能无论是从能源的供应端还是能源的需求端均可以提供解决方案，具体如图 7-1 所示。

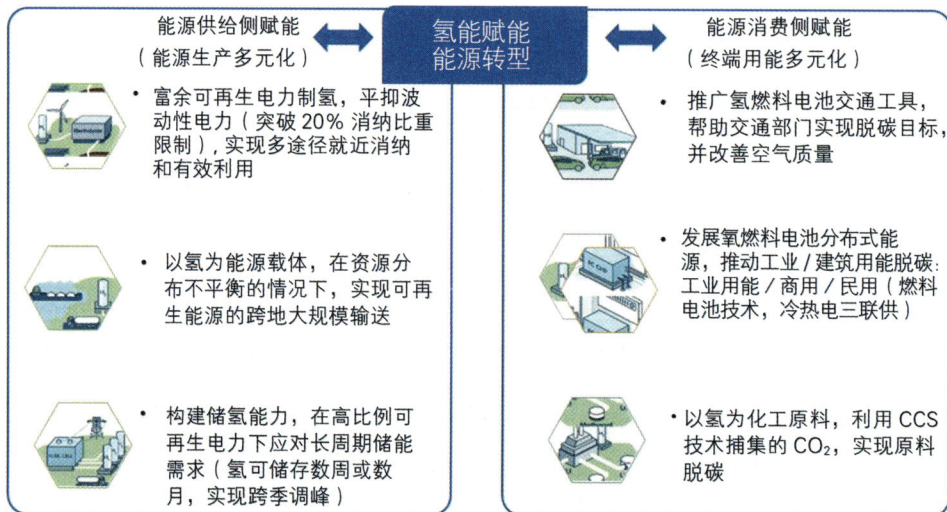

图 7-1 氢能在能源系统中的重要地位

7.1.3 氢能技术发展简介

完整的氢能产业链包括氢的制备、储存、运输及氢气利用等环节。其中制氢是基础，储存和运输是氢气利用的核心保障。从技术上看，美、日、欧等发达国家和地区大多已完成氢燃料电池汽车基本性能的研发阶段，解决了若干关键技术问题。

1）氢气的制备技术

2017 年世界氢气消费量约 6 905 万吨，绝大部分用作工业原料。其中，化工原料占 66%，石油炼制占 26%，金属和玻璃加工占 7%，1% 用于其他行业。目前，全球每年用作汽车燃料的氢气不足 1 万吨。氢气在能源系统中的重要角色还没有发挥积极的作用。

目前世界所产氢气的 96% 来自化石能源（灰氢），仅 4% 来自电解氢或化工、冶金等工业副产氢，如图 7-2 所示。氢气消费与炼油和化工行业的分布特点高度一致；绝大部分氢气就地消费，几乎没有进行跨洲贸易。

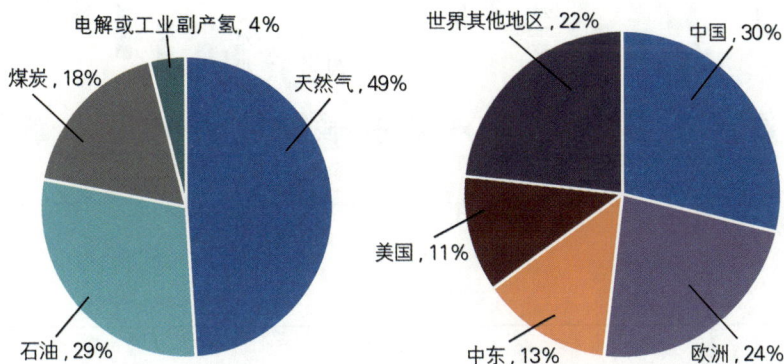

图 7-2　2017 年世界氢气来源和消费

Source：Hydrogen，IHS 2018 年

由于氢气属于二次能源，其制备的技术和成本也是影响其发展的重要方面。按照氢气生产的不同技术路线，可以将其分为蓝氢、灰氢和绿氢。目前煤炭/天然气制氢由于成本低，比较适合规模化的生产，但是也带来了一定的环境问题，比如碳排放强度较高，具体如图 7-3 所示，因此需要配备诸如 CCU 技术来实现碳中和得到通常说的蓝氢。可再生能源制氢则是通常说的绿氢，其生产过程的碳排放较低，但是目前的技术成本较高，预计到 2035 年有可能与天然气制氢+CCS 的成本持平。而生物质制氢的成本较低，但是其产生的氢气的纯度不高，其实际的利用前景则更适合于天然气混合发电与供热。而核能制氢近期的技术还不成熟，但是其未来的发展潜力较大。

电解制氢成本较高，限制了绿氢的发展，因此近期重点以低成本氢气（包括灰氢）促进新兴应用领域快速发展，中远期制氢技术方向则需要综合考虑经济性、实用性、环境友好等多重因素（见表 7-1）。

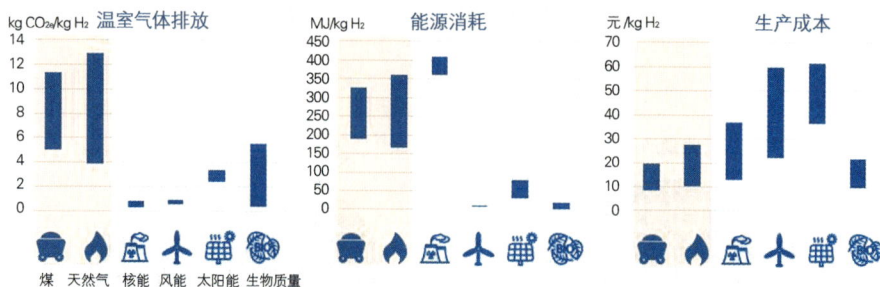

图 7-3　不同制氢路线的全生命周期碳排放及成本比较

表 7-1　　　　　　　　　　　　　制氢的技术路线

工艺路线	氢气成本（元/Nm³）	适合规模①（Nm³/天）
天然气制氢（含炼厂气）	0.8～1.5	200～20×10⁴
石脑油制氢（含液化气）	0.7～1.6	1000～20×10⁴
煤制氢（含焦炭）	0.6～1.2	1000～20×10⁴
液氨裂解	2.0～2.5	10～200
甲醇裂解	1.8～2.5	50～500
电解制氢	3.0～3.5	10～300
核能制氢	3.22	10×10⁴ m³/h

2）氢气的储存

除了氢气的制取，氢气的储运成本也较高，需要尽快突破先进储氢技术和装备发展的瓶颈，而且储氢技术是人类能否大规模利用氢能的关键技术之一。氢气的重量轻，在标准状态下，密度为 0.0899g/L，为水的万分之一。在-252.6℃时，氢气可成为液体，密度为 70g/L，为水的十五分之一。由此可见，氢气是可以储存的，却难以高密度储存。

氢气的储存方式分为气氢储存、液氢储存和固氢储存（见表 7-2）。

气氢储存一般采用气态高压储氢，这也最常见的一种储氢技术，通常采用体积

---

① 注：Nm³ 指标准立方米。氯碱副产氢成本在 1.3～1.5 元/Nm³。

大、质量重的钢瓶作为容器。因氢气的密度小，导致储氢率很低，当加压到 15MPa 时，储氢密度≤3%。加大氢压来提高储氢率可能导致氢分子从容器壁溢出或产生氢脆现象。一方面通过改进容器材料，采用锻压铝合金为内胆，外面包覆浸有树脂的碳纤维，可以达到 70MPa 和 7%~8% 的储氢密度。另一方面在容器中加入某些吸氢物质，可大幅提高压缩储氢的储氢密度。高压气氢的动态响应最好，可以实现瞬间供氢或关闭，且充气速度快，目前使用最为广泛。其缺点是高压可能会带来安全隐患。

表 7-2 储氢方法比较

储氢方法	单位容积储氢重量（克/升）
气氢储存	30~60
液氢储存	70
固氢储存	>57

液化储氢技术是将纯氢冷却到 20K（-253℃），液化后装入"低温储罐"中。液氢与外界存在巨大的温差，稍有热量渗入，即可快速沸腾而损失，为避免或减少蒸发，一般将储罐做成真空绝热的双层壁不锈钢容器，两层间保持真空，并装置薄铝箔以防止辐射。该技术氢密度高，但由于氢液化困难，导致成本较高。此外，液氢类似天然气，还存在热分层问题，大的储罐都备有缓慢的搅拌装置以阻止热分层。我国已经可以自行生产液氢，并成功用于航天航空事业。液氢最大的优点是储氢密度大，存在的问题是液氢蒸发损失和成本问题。

固体氢储存或称金属氢化物储氢，利用某些金属超强的捕捉氢的能力，在一定温度和压力条件下，金属大量吸收氢气，生成氢化物。然后，加热氢化物，使它们分解，同时将氢释放出来。金属氢化物储氢的优点是有较大的储氢容量，单位体积储氢的密度是相同温度、压力条件下气态氢的 1 000 倍，且安全性好。该方法的缺点是金属重量大，且储氢合金容易粉化。

除此之外，有机化合物储氢是借用储氢剂苯或甲苯，通过储氢剂与氢气反应生成环己烷，在室温下呈液态，储存和运输简单，随后通过催化剂产生氢以供使用。该技术储氢量大，能量密度高，可多次循环使用，是一种极具发展前景的储氢技术。此外，科学家正在积极探索玻璃微球储氢、无机物储氢、高压及液氢符合技术、储氢合金与高压复合技术等。

3）氢气的运输

一般氢气生产商和用户会有一定距离，即产生氢气运输的需求。与氢气储存相对应，运输可以分为：气氢输送、液氢输送和固氢输送（见表 7-3）。前两种是目前正在大规模使用的方式。依据输送距离及用户分布等情况，不同储运方案成本比较如图 7-4 所示。

表 7-3　　　　　　　　　　氢气储运方案比较

储运方案	输氢能力	安全性	技术要求	技术成熟度	对市场需求风险适应性
气氢输送	小	低	低	高	高
液氢输送	中	低	中	中	中
固氢输送	大	高	高	低	中

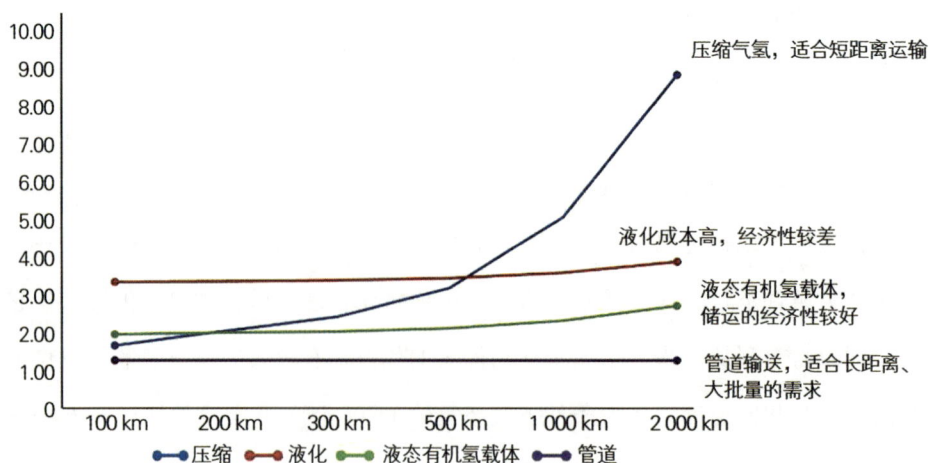

图 7-4　不同储运方案成本比较（单位：元/m³）

气氢输送一般采用氢气加压，缩小体积，装在高压容器中，用牵引车或船舶进行长距离输送。在技术上，该方法已相当成熟。但因高压储氢容器重量重，氢气密度小，一般装运的氢气重量只占总运输重量的 1%~2%。因此此法适用于输送到距离不太远而同时氢气需要量不是很大的用户。对于大量、长距离的气氢输送，应采用管道输送。氢气的长距离管道输送已有 70 余年的历史，德国、美国等已铺设有氢气输送管道。管道输送过程中最大的难点是氢损失问题。

当液氢生产商距离用户较远时，可以把液氢装在专用低温绝热槽罐内，通过卡车、船舶或飞机运输。这是一种既能满足较大输氢需要又比较快速、经济的运氢方法。液氢槽罐是关键技术设备，常用水平放置的圆筒形低温绝热槽罐。液氢储存密度和损失率与储氢罐的容积有较大关系，大储氢罐的储氢效果更好。

固氢装在储氢合金罐中，即可运输。固氢的体积储氢密度高，容器工作条件温和，系统安全性好，没有爆炸危险。其最大的缺点是运输效率太低。

4）氢气的利用

氢气适用范围较广，国际氢能委员会报告归纳了氢的七大应用领域，包括：氢能发电厂，交通领域（含小型轿车、中大型卡车或巴士、铁路及飞机船舶等），工业领域供热，建筑供热和供电，工业原料（含冶金工业，合成氨、甲醇、石油精炼等石油化工行业、电子工业、食品加工业等），以及能源的输送及储存等领域。氢能最好的利用方式是氢燃料电池，但因成本、寿命等问题制约，目前看来，氢燃料电池汽车的普及还需 5~10 年，或更长时间。国际氢能经济合作伙伴（IPHE）也将其商业化的时间表定在 2020 年之后。国际氢能委员会报告还指出 2050 年氢在交通领域的应用约占 30%，目前人类在该领域利用氢能的占比几乎为零。氢能源未来大有可为，近期氢能使用最现实的方法之一就是氢气、天然气混合燃烧，即热利用。

热利用主要应用于氢能驱动的内燃机汽车。目前利用氢气、天然气混合燃料的内燃机汽车，即利用氢能的"浅绿"阶段。将氢气掺到天然气中用作燃料，可以有效降低燃料的燃烧温度，从而减少尾气中氮氧化物含量。美国国家可再生能源实验室研究显示，天然气中加入 5%～7% 的氢气（能量百分比），或 15%～20%（体积百分比）的氢气，则氮氧化物排放量将减少 50%。氢气和天然气混合燃料对二氧化碳的减排也有效果。氢能源热利用的瓶颈是加氢站等配套基础设施的建设不到位，制约了热利用的商业开发。

氢燃料电池汽车的工作原理是：将氢气送到燃料电池的阳极板（负极），经过催化剂（铂）的作用，氢原子中的一个电子被分离出来，失去电子的氢离子（质子）穿过质子交换膜，到达燃料电池阴极板（正极），而电子是不能通过质子交换膜的，这个电子，只能经过外部电路，到达氢燃料电池阴极板，从而在外电路中产生电流。电子到达阴极板后，与氧原子和氢离子重新结合为水。由于供应给阴极板的氧可以从空气中获得，因此只要不断地给阳极板供应氢，给阴极板供应空气，并及时把水（蒸气）带走，就可以不断地提供电能。氢燃料电池发出的电，经逆变器、控制器等装置，给电动机供电，再经传动系统、驱动桥等带动车轮转动，就可使车辆在路上行驶。与传统汽车相比，氢燃料电池汽车的能量转化效率高达 60%～80%，为内燃机的 2～3 倍。氢燃料电池的燃料是氢和氧，生成物是清洁的水，它本身不产生一氧化碳和二氧化碳，也没有硫和微粒排出。因此，氢燃料电池汽车是真正意义上的零排放、零污染的汽车，氢燃料是完美的汽车能源。

为燃料电池汽车提供动力的关键组件包括能量转化装置——燃料电池和能量储存装置（依燃料的不同有所不同，氢燃料电池的对应装置是储氢瓶等）。和电化学可充的锂离子电池等二次电池不同，燃料电池放电时需要外界不断提供氧化剂（多为外界空气）和还原剂（氢气、各类燃料等），属于一次电池；电池的能量密度直接由氧化剂、还原剂的能量密度，化学能-电能的转化效率决定。根据工作温度、电池内载流子和前端燃料的不同，燃料电池可细分为碱性燃料电池、磷酸盐燃料电池、熔融碳酸盐燃料电池、固体氧化物燃料电池、质子交换膜燃料电池、直接甲醇燃料电池等类型。在各种燃料电池中，综合考虑工作温度、催化剂稳定性、电效率、比功率/功率密度等指标，综合性能最适于乘用车/大多数商用车的燃料电池是质子交换膜燃料电池。主要燃料电池的基本技术特征见表 7-4。

表 7-4 主要燃料电池的基本技术特征

燃料电池类型	电解质	燃料	载流子	工作温度（摄氏度）	电效率（%）
质子交换膜燃料电池（PEMFC）	固体质子交换膜	氢气	氢离子	60~80	40~60
固体氧化物燃料电池（SOFC）	氧化钇稳定的氧化锆	氢气、天然气	氧离子	800~1000	55~65
熔融碳酸盐燃料电池（MCFC）	熔融偏铝酸盐-碳酸盐	氢气、天然气	碳酸根	600~700	55~65
磷酸盐燃料电池（PAFC）	磷酸	氢气	氢离子	160~220	36~45
碱性燃料电池	氢氧化钾溶液	氢气	氢氧根	0~230	60~70
直接甲醇燃料电池（DMFC）	固体质子交换膜	甲醇	氢离子	室温-110	35~60

氢燃料电池是当前国内外所关注的氢能源应用的焦点，但仍处在研究开发阶段。此外，供电、供热是燃料电池的另一大消费市场，氢燃料电池可广泛应用于分布式供电系统，可应用于分布式氢燃料电池电站，使每一栋楼房和每一家住户都成为发电场所，以实现大电网和分布式供电系统的有机联合，是有效的能源利用模式。

未来，随着燃料电池技术的逐渐成熟及商业化应用不断扩大，将形成氢能源上、中、下游组成的完整产业链，上游包括化石能源或可再生能源制氢，氢能储存、输送和加氢站；中游包括电堆、系统配件等组成的燃料电池系统；下游涉及氢燃料电池汽车、氢内燃机车、固定式燃料电池和便携式电源等领域。

7.1.4 世界主要国家氢能发展现状

近几年来，全球主要国家高度重视氢能与燃料电池的发展，美国、日本、德国等发达国家已经将氢能上升到国家能源战略高度，不断加大对氢能及燃料电池的研发和产业化扶持力度。

1）美国

美国一直重视能源的开发和利用，将氢能与燃料电池确定为维系经济繁荣和国家安全的技术之一。自 1970 年美国通用汽车公司首次提出以氢为能源构建未来"氢经济"社会以来，美国就一直关注氢能与相关技术的发展。美国前总统小布什执政期间，美国政府先后出台了多项计划以推动氢经济的发展。2001 年，美国在《国家能源政策》中提出了发展氢能的构想，同年 11 月，美国能源部出台了《美国向氢经济过渡的 2030 年远景展望》；2002 年 4 月，美国能源部制定了《国家氢能发展路线图》，并投资 17 亿美元开始实施《氢、燃料电池及基础设施技术开发计划》和《自由车技术开发计划》；2003 年 1 月，小布什在国情咨文讲话中正式提出实施《国家氢燃料研究计划》；2004 年 2 月，美国能源部出台了《氢能技术研究、开发与示范行动计划》，该计划具体阐述了发展氢经济的步骤和向氢经济过渡的时间表，计划在 2004—2008 年间投入 12 亿美元发展氢能，到 2040 年基本实现向氢经济的过渡（见表 7-5）。可以认为，该计划的出台是美国推动氢经济发展的又一重大举措，标志着美国发展氢经济已从政策评估、制定阶段进入到了系统化实施阶段。

表 7-5   美国《氢能技术研究、开发与示范行动计划》

阶段	年份	内容
1	2000—2015 年	技术、政策和市场开发阶段
2	2010—2025 年	向市场初步过渡阶段
3	2015—2035 年	市场扩大与基础设施建设阶段
4	2025—2040 年	实现向氢经济的转化阶段

然而 2009 年，美国前总统奥巴马因金融危机大幅削减用于燃料电池汽车研究的联邦预算，将投资于燃料电池和氢能技术的 1.69 亿美元预算削减至 40%。2009 年 7 月美国国会否决了奥巴马削减氢能经费案，此次危机暂时平息。而特朗普政府，明显倾向于传统化石燃料，导致氢能促进政策方面出现大幅波动，将美国氢能研究经费削减 50%，明确不支持氢能发展。

美国不少州政府大力推动氢能，其中加利福尼亚州最为积极。加州制订了明确的燃料电池汽车普及计划和加氢站建设计划，加州政府向氢燃料电池动力车制造商和加氢站的运营商提供补助，以解决该技术面临的困难。加州政府还先后通过零污染汽车（ZEV）法规修正案，氢能高速公路网相关行政命令（S-7-04）等。截至 2014 年 7 月底，加州已有 230 辆氢燃料电池汽车，另外，运营中的氢燃料电池公共汽车已达到 16 辆。加州政府希望到 2025 年能有 150 万辆零排放汽车（ZEW）上路，加州各机构通力合作，出台了一系列政策来确保这一目标的实现。在美国纽约，通用汽车和壳氢合作推动燃料电池汽车，并计划将在该城市建成东海岸重要的氢能走廊。

美国的汽车制造商是氢能汽车的积极推动者。美国通用公司、福特公司和克莱斯勒公司等在美国能源部的大力支持下，全力研究质子交换膜燃料电池汽车，并相继推出实验车。此外美国学术界大力支持氢能发展。美国氢能学会研究显示，氢燃料电池汽车可以使 2100 年的美国二氧化碳排放低于 1990 年温室气体排放水平的 80%，除此之外，其他任何燃料车辆都完成不了这一任务。2008 年美国国家研究院相关报告指出 2015 年以后，氢能汽车开始商业化，相关投资开始大幅上升。

美国能源部宣布，2015 年 10 月 8 日为美国首届氢能与燃料电池日，原因是氢的原子量为 1.008，这一提议已得到许多国家氢能界的响应。不难看出，氢能是美国能源部长期能源和环境安全战略的关键，能源部更多的精力将放在氢能的工业化实践上。

2）日本

日本政府是推进氢能与燃料电池技术的排头兵，因日本本土能源资源匮乏，与欧美相比，更为注重推进发展氢能战略；同时日本人口密度大、地域面积小，适于氢能运输及使用。2014 年，日本将氢能源利用上升为国家战略，发布《氢能/燃料电池战略发展路线图》，明确提出氢能发展蓝图，制定了三阶段发展目标：第一阶段，2025 年前，氢能使用范围迅速扩大阶段，增加家用氢燃料电池使用数量，同时增加加氢站的数量；第二阶段，2020—2030 年，大规模供氢系统建立阶段，从国外购买氢气，并扩大国内商业用途的供氢网络；第三阶段，从 2040 年开始，建立无二氧化碳的供氢系统阶段，通过收集二氧化碳，实现氢的生产、运输和储存阶段二氧化碳零排放。同时，日本政府还配套了对氢燃料电池的强力投资、补贴及减免税收，力推氢燃料电池领域相关技术的商业化进程。2015 年初，日本东京都政府表示，将把 2020 年东京奥运会及残奥会打造成一场"氢能盛世"，其中服务奥运的场馆摆渡车有望全部使用氢燃料电池，奥运村将使用氢能作为主要能源，会后将奥运村变身为清洁无污染的"氢镇"。同时配套加建多座加氢站并铺设管道、布设建筑内"燃料舱"，东京政府将借由奥运会将日本打造成氢社会。

除政府外，日本各大汽车制造商已纷纷投入氢燃料电池汽车布局、研发和生产，制定企业层面发展战略。2015 年 10 月，丰田汽车对外公布《丰田环境挑战2050》——丰田计划，到 2020 年后，丰田氢燃料电池汽车在全球销量达到 3 万辆以上；在氢燃料大巴方面，为 2020 年东京奥运会及残奥会预备 100 余辆 FCB。

从发展现状来看，日本氢燃料电池商业化进程全球领先，主要包括氢燃料电池车和分布式氢燃料电池电站等方面，鼓励氢燃料电池进入千家万户。

（1）在分布式氢燃料电池方面，日本家用热电联产系统是一种氢燃料电池在家庭中高效利用的能源系统。通过天然气制氢，注入氢燃料电池发电，同时用伴生热量来供应暖气和热水，整体效率达 90% 以上。该系统制造商有爱信精机、松下、东芝三家，2017 年该系统全球销量突破 20 万套。

（2）在氢燃料电池汽车领域，丰田氢燃料电池汽车 Mirai（未来）于 2014 年年底正式在日本量产发售，价格约为 37.5 万人民币，享受国家补贴后，售价 26.9 万元人民币。2015 年，丰田、马自达宣布建立一个长期合作伙伴关系，深化产品和技术方面的合作，其中包括丰田的氢燃料电池系统。2016 年，本田宣布其氢燃料电池汽车 Clarity 商业化，该车还可当作备用电源，紧急情况下可为日本家庭提供一周电力供应，售价为 6 万美元，扣除政府补贴后价格与 Mirai 的价格相当。2016 年，日本氢燃料电池汽车的销量达 1 000 辆，已建成 100 座加氢站。

对未来发展，日本经济产业省制定了"到 2030 年普及氢燃料电池汽车"的战略目标。日本政府、企业面向普及的政策措施是：2002—2005 年为完善基础设施和技术验证阶段，这一时期，氢燃料电池汽车开始限定出售，如丰田、本田、日产等生产的氢燃料电池汽车由政府购买使用，以帮助企业提升燃料电池汽车开发的竞争能力；2005—2010 年为开始使用阶段，计划至 2010 年生产氢燃料电池汽车 5 万辆，以加速氢燃料电池汽车的实用化；2010—2020 年为普及阶段，计划普及氢燃料电池汽车 500 万辆，开始扩大市场规模；2020—2030 年为真正普及阶段，以民间为中心自发提高普及率，计划到 2030 年氢燃料电池汽车达到 1 500 万辆，在日本全国汽车市场的占有率将达到 1/5。日本新能源开发组织（NEDO）制定了分阶段发展路线和关键技术目标，计划 2040 年在日本普及氢气燃料电池汽车。2017 年年底，日本政府正式发布《氢能源基本战略》，主要目标包括到 2030 年前后实现氢能源发电商用化，以削减碳排放并提高能源自给率。该战略报告还指出，实现氢能源型社会绝非坦途，日本将率先向这一目标发起挑战，在氢能源利用方面引领世界。

3）欧洲

欧盟对氢能源和燃料电池的研究一直非常重视，欧盟清晰的宏观政策引导及企业层面积极自主研发，加速推进了氢能源和燃料电池的研发。

在欧盟第六个框架研究计划中，相关投资为 2 500 万~3 000 万欧元。2002 年 10 月，欧盟成立了"氢能源和燃料电池技术"高级研究小组，加强指导氢能源和燃料电池技术的研发与应用。2003 年，欧盟委员会宣布，将在未来 5 年内投入 20 亿欧元进行氢相关技术的研究。同年，欧盟制定了"欧盟氢能源与燃料电池发展路线图"。根据该路线图，欧洲的氢能源和燃料电池发展是一个渐进的过程。欧盟要求 2040 年，新的氢燃料电池汽车比例要达到 35%，其他氢燃料电池交通工具的比例达到 32%。所有车的二氧化碳平均排放量减少 44.8g/km，二氧化碳年排放量减少 2.4 亿吨。2004 年 6 月，欧盟发布《氢燃料经济——通向可持续能源的桥梁》的报告。2008 年 5 月，欧洲议会通过《氢能源和燃料电池联合技术发展计划》，提出提供 10 亿欧元科研经费用于燃料电池技术的研究，旨在把燃料电池和氢能源技术发展成为能源领域的一项战略高新技术，使欧盟在该领域处于世界领先地位，欧盟将力争在 2020 年前建立一个燃料电池和氢能源的庞大市场。英国、德国、法国等也在近期加大了对氢燃料电池的自主研发力度。

2010 年，欧盟委员会在《欧盟氢和燃料电池技术平台：战略总览》中指出，未来 10 年通过大力支持燃料电池的研究、开发和示范运行，2010 年便携式燃料电池进入早期商业化阶段，2015 年固定式燃料电池也实现了商业化，2020 年车用燃料电池进入大规模的商业化运行。到 2050 年，氢能将成为主要的交通燃料，并广泛用于可再生能源发电领域。与美国类似，该文件也将通过四个阶段实现燃料电池汽车商业化过程（详见表 7-6）。

表 7-6 《欧盟氢和燃料电池技术平台：战略总览》

阶段	年份	内容
1	2010 年前	开展大规模、综合性示范运行
2	2010—2012 年	扩展示范项目的燃料供应点
3	2012—2015 年	为燃料电池汽车进入欧洲主要汽车市场做准备
4	2015—2020 年	逐步开始大规模进入市场

在欧盟的整体部署下，德国、法国、挪威等国家相继部署燃料电池汽车市场。德国已融资 3.93 亿欧元支持氢燃料电池技术的发展，其中 55% 的资金用于氢生产和运输等基础设施建设，计划 2018 年建成 100 个加氢站，2023 年建成覆盖全德国的氢能源汽车网络；宝马、奔驰相继宣布量产氢燃料电池计划，大众集团也在努力研发。法国制定战略规划成为氢能领域的领导者，将氢能列入法国能源计划及其建设"新型工业国家"战略，全力支持氢能相关技术发展。

4）澳大利亚

2019 年 11 月，澳大利亚发布了《国家氢能路线图》，力争到 2030 年成为全球氢能产业的主要参与者。该路线图分析了氢的制备、存储及运输、应用等氢利用价值链上的主要技术、优势技术、发展现状及存在的障碍，提出了针对性的技术和政策建议，最后针对不同的研究方向提出了 2018—2025 年和 2025—2030 年的研究计划。澳大利亚有较为完善的基础设施，打造全球氢气供应基地是澳大利亚发展氢能的重要战略目标，该战略有望为澳大利亚的氢经济铺平道路，从而增强澳大利亚的能源安全，创造大量就业机会并建立价值数十亿美元的出口产业。

该路线图认为，氢气可以取代天然气作为低排放热源，也可以替代许多工业过程中具有成本竞争力的低排放原料，而且通过克服与能源间歇性相关的挑战，氢气可以促进电力网络向可再生能源占比更高的阶段过渡。此外，氢气还为优化电力、天然气和运输部门之间的可再生能源使用提供了机会。在全球范围内，氢气行业受到一系列成熟技术的支撑，相关市场即将达到"临界点"。氢气的独特优势在于它可以同时为多种来源的需求提供服务，但是与其他能源载体（如电池）和原料（如天然气）相比，氢市场不活跃的主要原因是其成本较高，可以通过适当的政策框架为氢创造"市场拉动"效应，增加对基础设施、氢气生产、储存和运输等领域的投资。

2018—2025 年期间，主要部署热化学方法制备氢和电化学方法制备氢的技术研发。预计到 2025 年，电解制氢的成本可能会降到 2.29 美元/千克~2.79 美元/千克；针对氢气的储存和运输，压缩气态氢由于具有较低的成本和更大的空间可用性成为氢储存最具吸引力的方式。

2025—2030 年继续研发新兴技术，如化学链、甲烷裂解、生物质气化和太阳能燃料；继续进行二氧化碳储存库评价和示范研究；制定面向氢气燃料运输的铁路和网络规划；将氢气作为铁矿石还原剂的替代品。2030 年之后澳大利亚利用褐煤制氢才能达到商业生产规模，预计最初的大部分需求将通过电解与专用可再生能源和/或并网电力相结合来满足。要想与其他氢气出口国竞争，澳大利亚氢气生产的目标价格需为 2 澳元/千克~3 澳元/千克（不包括储存和运输成本）。

7.1.5 小结

氢能优势突出，是未来全球绿色能源体系中的重要组成部分，作为一种战略性的高效清洁能源，氢能产业发展一直以来备受世界各国的广泛关注和重视。21 世纪初以来，各国相继制定了一系列政策规划，明确氢能产业发展路线图，投入巨额资金用于氢能和燃料电池技术的研发，同时启动示范应用项目，并不断完善配套加氢站等基础设施建设。伴随着燃料电池商业化进程的加快，各国愈发重视氢能和燃料电池产业的发展，政策导向性更加明确。

7.2 日本能源发展战略

7.2.1 日本能源发展现状

日本的自然资源和能源非常匮乏，现代工业经济生产所需要的主要原料、燃料绝大多数都依赖进口。日本国民经济所需能源的自给率不到 10%，天然气几乎 100% 依赖进口，是世界第五大能源消费国和第二大能源进口国。主要 OECD 成员国能源自给率如图 7-5 所示。

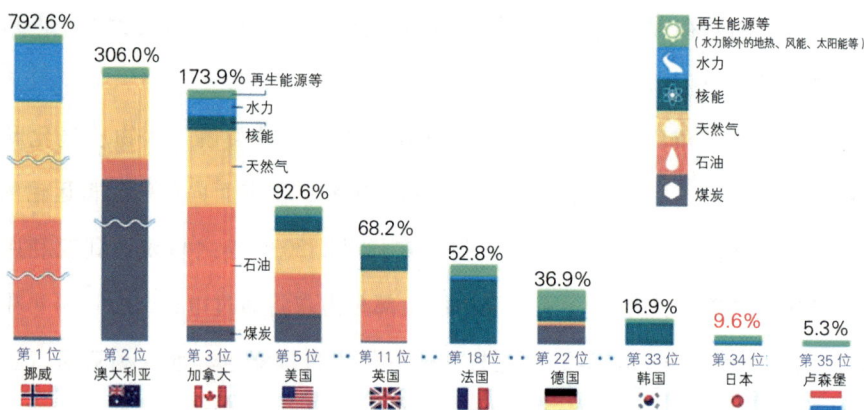

图 7-5 主要 OECD 成员国的一次能源自给率比较 （2017 年）
注：能源自给率超过 100% 意味着净出口。

日本统计局的数据显示（见图 7-6），2018 年日本的一次能源消费总量约为 4.54 亿 toe，与 2017 年相比下降了 0.11 亿 toe。日本的能源消耗峰值是在 2005 年达到的，大约为 5.31 亿 toe，之后至 2018 年都没有超过这个水平，2016 年下降到近年来的最低水平，2017 年和 2018 年则略有反弹。

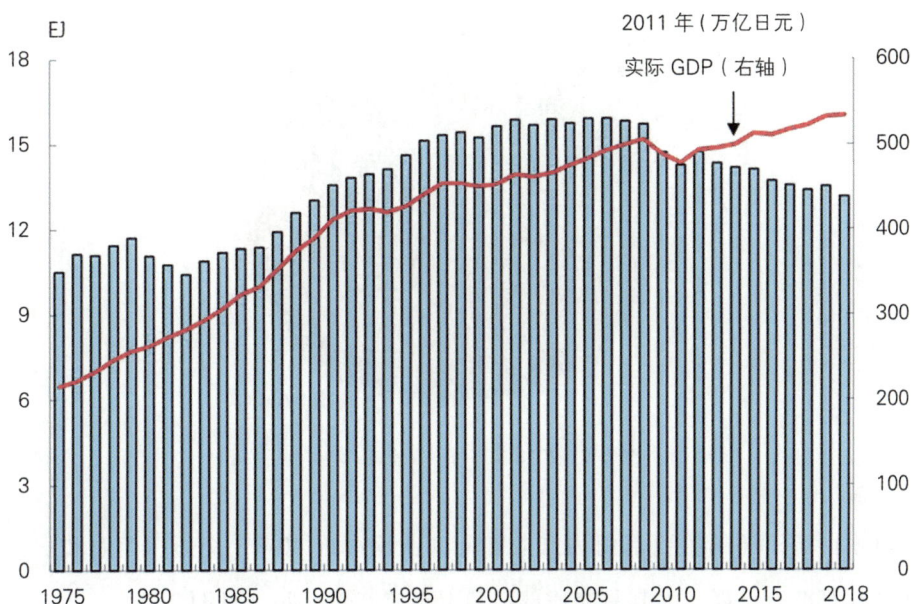

图 7-6 日本能源消耗变化（日本统计局）

2018 年，在日本的一次能源消费中，石油占比 40%、煤炭占比 26%、天然气占比 22%、可再生能源占比 6%、水电占比 4%，核电排名最后，仅占比 2%（见图 7-7）。由石油、煤炭、天然气、水电和核电构成的传统能源，占日本一次能源消费的 94%。因此，日本能源消费不仅基本依赖传统能源，更严重依赖石油、煤炭和天然气三大传统化石能源，三大传统化石能源占比 88%。2011 年 3 月 11 日，日本福岛第一核电站的放射性物质泄漏。从 2013 年起，日本关闭了全部核反应堆，进行强制安全检查和升级，2013 年 9 月至 2015 年 8 月核电在一次能源消费中所占的比重为零。从 2015 年 8 月到目前为止，日本仅 9 座核反应堆投入运营，总发电能力为 8.7GW。

日本消费的煤炭几乎全部依赖进口，进口动力煤满足发电需求，进口冶金煤用以生产粗钢。日本的煤炭消费峰值是 2013 年达到的，为 1.212 亿 toe，自此之后一直逐渐走低，2018 年煤炭消费为 1.175 亿 toe。2018 年，日本进口了约 1.9 亿吨（煤炭），排名在中国和印度之后，位列世界第三大煤炭进口国。澳大利亚是日本主要的煤炭进口来源国，2018 年向日本出口了 1.16 亿吨的煤炭，占日本当年煤炭需求的 61%。

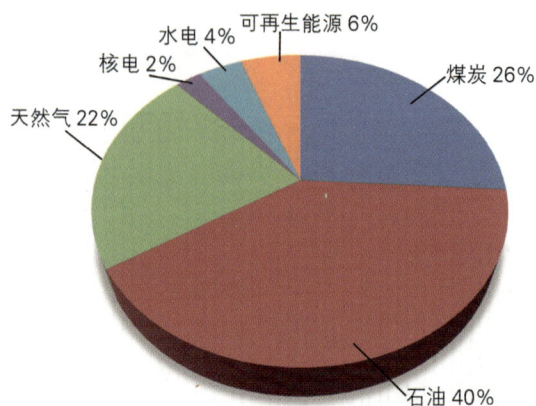

图 7-7　2018 年日本一次能源消耗结构

　　日本能源消耗的主要部门为产业部门，占比接近 40%，交通、商业和居民的能源消耗都略有下降，尤其是交通部门的下降速度快一些（见图 7-8）。

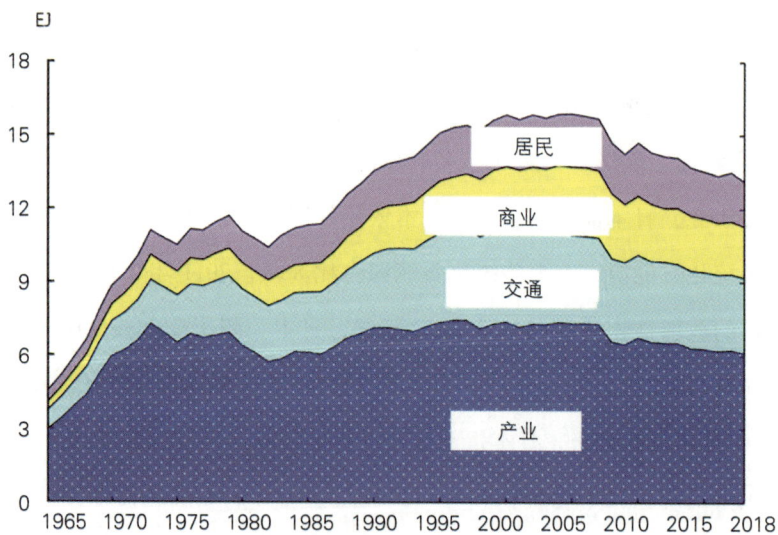

图 7-8　日本能源消耗（分部门）

2018 年日本的总发电量为 1051.6TWh，其中天然气是最大的发电用能源，占比 37%；煤炭排第二，占比 33%；可再生能源排第三，占比 11%。因此，燃煤发电约占日本总发电量的三分之一。2018 年，日本 90 座以上的燃煤电厂共生产了3 170 亿 kWh 的电力。燃煤所生产的电力，在日本 2018 年发电量中所占的比重，创出了 2011 年福岛核事故以来的新高。2010 年，燃煤发电占日本总发电量的25%，核电占 29%。

2011 年之前，日本经济产业省计划，2030 年减少燃煤发电的一半以上，由核电替代减少的燃煤发电，核电届时占日本总发电量的 50%。然而，由于福岛核事故和随后核电站的陆续关闭，日本经济产业省的设想是到 2030 年核电占比 20%～22%，可再生能源占比 22%～24%，煤电占比 26%，天然气发电占比 27%。未来10 年，日本发电企业计划建设 20GW 燃煤发电能力。

日本政府最新承诺（2021 年），力争到 2030 年温室气体排放量比 2013 年度削减 46%。因此，发电企业新建燃煤电站，将面临日本政府环境政策的压力，这取决于日本二氧化碳减排具体实施的努力程度。当前，日本政府鼓励发展更加高效的燃煤技术，如超超临界燃煤电厂，以满足环保的需要。超超临界燃煤电厂的二氧化碳排放，比传统的燃煤电厂要少得多，但仍是天然气发电排放的二倍左右。

经济产业省目前计划，到 2030 年燃煤发电量中的 50% 来源于超超临界燃煤电厂。为此，日本的投资者正大力投资高效燃煤发电，而不再投资传统的燃煤电厂。

7.2.2 日本能源发展战略

日本能源政策在长期实践中所形成的指导思想就是"3E+S"原则，即以能源安全性（Safety）为前提，把能源稳定安全（Energy Security）放在首位，在提高经济效率（Economic Efficiency）实现低成本能源供给的同时，实现与环境的协调发展（Environment Suitability），也就是安全性与稳定性、经济性和环保性的平衡统一。根据能源基本法规定，日本的《能源基本计划》须每隔 3 年修订 1 次。2018

年 7 月，日本内阁批准了第五次《能源基本计划》，该计划代表着日本能源领域的基本政策，是能源政策的基准法律文件，日本政府对该计划的执行承担义务。该计划提出了日本能源转型战略的新目标、新路径和新方向，这是一份面向 2030 年以及 2050 年的日本能源中长期发展规划的政策指南和行动纲领。最新计划维持了 2014 年制订的第四次《能源基本计划》基本框架，甚至未改动到 2030 年度的电力结构优化目标，即可再生能源占 22%~24%，核电占 20%~22%，火电占 56%。

实现能源转型是日本能源发展的核心目标与路径，日本希望通过多种渠道构建起清洁、低碳、高效、智能的新型能源供应体系，实现可持续发展。从日本第一次和第二次《能源基本计划》中制定的能源政策可以看出，日本一直在为能源转型而努力。尤其是在能源供应方面，强调确保石油和电力供应的稳定性，在此基础上积极推进能源种类的多样化，增加核能、天然气、水利、太阳能和风能的开发与利用，这两次能源基本计划还将分布式能源系统和氢能社会建设作为能源供需结构变化的长期目标。2010 年第三次《能源基本计划》设定了 2030 年的一系列指标，包括能源自给率从 18% 提高到 36%，将零排放发电能源占比从 34% 提高到 2020 年的 50% 以上，以及 2030 年的 70%，家庭能源消费产生的 CO_2 减半，产业部门的能源利用效率达到世界最高水平。但是由于 2011 年的福岛核事故导致日本不得不大幅度降低核能的使用，使得第三次《能源基本计划》中的指标无法如期实现。

日本 2014 年发布的第四次《能源基本计划》首次提出了"建立多层次的、多样化的、灵活的能源供需结构"的 2030 年目标，即日本不再将核能作为实现能源转型的最主要能源，而是采取多渠道实现能源转型的策略。2018 年，日本的第五次《能源基本计划》重新设定了更加现实的 2030 年的一系列数据指标：首先将日本能源自给率提升到 24%；其次，将日本零排放发电能源的比率提升到 44%；最后，将日本能源产生的 CO_2 排放量从 2016 年的 11.3 亿吨降到 2030 年的 9.3 亿吨左右。此外，日本首次设定了"2050 年实现能源转型和脱碳化"的目标（见表 7-7）。

表 7-7   日本历次能源基本计划中有关能源转型的相关内容

能源基本计划	发布时间	主要内容
第一次	2003 年 10 月	提出推进"能源种类多样化",提出对能源供求改革的"长期展望":建设"分布式能源系统和氢能社会"
第二次	2007 年 3 月	提出"运输部门能源多样化",鼓励使用生物燃料
第三次	2010 年 6 月	首次设定推进能源供求改的"2030 年指标",提高了"氢能源"在能源组合中的地位
第四次	2014 年 4 月	首次明确提出"确立多层次、多样化、灵活的能源供需结构"的 2030 年目标
第五次	2018 年 7 月	首次明确提出"2050 年实现能源转型和脱碳化"的目标

（1）日本的能源基本计划一般是将能源安全放在首位，这次在安全优先的前提下，强调要贯彻通过技术创新和治理结构变革来保障的新能源安全观；在提高能源自给率的同时注重提高技术自给率，以确保能源选择的多样性和稳定性；降低供给成本的同时要考虑强化日本产业竞争力的因素；同时结合政府制定的气候减排目标，温室气体排放 2030 年要比 2013 年降低 26%，到 2050 年则要降低 80%，实现从"低碳化"迈向"脱碳化"的新目标。新计划提出用新能源技术优势弥补资源不足劣势，将能源技术视为能源安全保障、能源稳定供给、脱碳化目标、提高产业竞争力的重要手段。技术能源自给率不仅仅局限于能源的物理自给率，还要通过提高能源技术自给率的新路径来完成国家能源独立的目标。

（2）日本自 2012 年 7 月推行可再生能源固定价格收购制度以来，可再生能源装机容量增长了 2.7 倍，发电量占比由 2010 年的 10% 上升到 2017 年的 15.6%。其中，光伏发电出现井喷式增长，2017 年占全国总发电量的 5.7%，而风电、地热发电和生物质发电则分别只占 0.6%、0.2%、1.5%，水电受制于水力资源限制而长期处于比较稳定的状态，占比约为 7.6%。当前，日本可再生能源成本与欧洲各国相比高出 1 倍，这是造成日本可再生能源普及率滞后的重要原因。要实现 2030 年的市场目标，每年预计需要征收 3.7 万亿~4 万亿日元的附加税金。为降低可再生能源发电成本，必须修改现行的可再生能源固定价格收购制度，推广实行可再生能源招标制和领跑者制度，逐步取消可再生能源补贴，实现可再生能源经济自立，以减轻国民过重的可再生能源附加税金负担。

（3）鉴于福岛事故后日本国内强烈的反核舆论压力，政府的核电政策仍采取模棱两可的态度：一方面提出要降低对核电的依存度；另一方面强调核电作为"重要的基荷电源"是实现脱碳化目标的重要选择，继续推进安全前提下的核电重启，以到 2030 年实现零排放电力占 44% 的目标。目前日本在运核电机组只有 9 台，2017 年核电占全国总发电量仅为 2.8%，要实现 2030 年的占比目标，至少要保证 30 台核电机组投运。重启核电的挑战较大，预计实现既定目标，不可避免地要更换现有的一些反应堆，并建设新的反应堆，但是针对以上问题的政府态度并不明确。

（4）日本能源规划中将火电定位在"实现能源转型和脱碳化目标过渡期的主力电源"，到 2030 年平均发电效率要求达到 44.3% 的水平。2017 年火电占比仍高达 81.6%，其中燃煤发电为 30.4%，燃气发电为 38.7%，燃油发电为 4.1%。2030 年的目标则将分别减少至 26%、27% 和 3%。目前正在讨论淘汰低于最新式超临界（USC）级的落后低效火电技术装备，推进整体煤气化联合循环发电系统（IGCC）、煤气化燃料电池系统（IGFC）等清洁高效的新一代发电技术的应用，加快碳捕获、利用与封存技术（CCUS）的开发。天然气能效高、排放少、供给风险低，是目前重要的腰荷电源。发展高效燃气发电将是日本未来火电转型的重要方向，重点是推广超高温燃气轮机联合发电（GTCC）与燃气轮机燃料电池联合发电（GTFC）及热电联产技术，加快分布式能源的布局，从而推动工业领域的天然气利用和普及。燃油发电为峰荷电源，石油主要用于应急发电，更多地用于交通运输和化工行业，在一次能源供给结构中的占比高达四成。

基于化石燃料几乎全部依赖进口的现实，日本不仅要尽量在资源供给国分散采购，还要采取提高上游资源自主开发比例，参与亚洲能源价值链等措施来保障资源供给。油气上游开发比例要从 2016 年的 27% 提升到 2030 年的 40%，煤炭上游开发比例要维持在 2016 年的 61% 左右。

（5）节能降耗一直是日本应对气候变化的重要抓手。在建筑领域，新建公共建筑在 2020 年实行"零能耗建筑"法定标准，新建居民建筑到 2030 年要实行"零能耗建筑"法定标准，同时扩大领跑者制度适用范围。家用电器、照明器材、建筑材料等能耗产品在领跑者制度的推动下，其能效水平已大幅提高。例如，空调、彩电和冰箱能效比 2001 年分别提高了 28%、71% 和 252%。在交通运输领域，新能源汽车的销售目标到 2030 年要达到新车市场的 50%～70%，同时大力推广自动驾驶技术系统的实际应用。在工业领域，石油危机后日本节能水平已走在世界各国前列，2012 年能耗强度与 2005 年相比减少了 34%，但近些年来能效水平一直改观不大。新计划提出必须大量采用人工智能、物联网、大数据以及电力需求自动响应技术，并通过产业链需求侧横向和纵向的连动以及机器设备的融通，突破节能路径瓶颈，实现年均节能 1% 的目标。

（6）将氢能作为应对气候变化和能源安全保障的重要手段氢制备可取自多种多样的一次能源，具有可储可运的优点，日本为此而制定了建设"氢能社会"的氢能基本战略目标，提出要构建制备、储存、运输和利用的国际产业链，积极推进氢燃料发电，扩大燃料电池及其汽车市场，计划到 2030 年普及燃料电池汽车 80 万台。但当前仍面临技术、成本、制度和基础设施等问题的挑战。

7.2.3 小结

全球应对气候变化，预计到 2050 年实现从"低碳化"迈向"脱碳化"的能源转型新目标，关键在于颠覆性的技术创新和应用。日本在氢能和燃料电池、储能、核能、海上风电、地热、火电技术等领域储备了最先进的能源技术资产，拥有引领世界脱碳化技术潮流的潜力。

日本最新的《能源基本计划》以构建多维、多元、柔性的能源供需体系为目标，强调从"低碳化"迈向"脱碳化"对于实现能源转型的重要性，积极争夺能源技术的主导权，彰显了日本欲建立先进能源技术的目的。但是计划中也存在一些问题，如可再生能源目标设置过低，而燃煤火电和核电占比偏高，明显偏离能源转型战略的轨道。

7.3 日本氢能发展政策、目标和实施路径

7.3.1 日本氢能发展政策

日本对于氢能发展投入了极大的热情和关注度。为破解能源发展所面临的过度依赖海外化石能源、可再生能源发展瓶颈的制约、核电恢复重启困难以及减排目标压力大等突出问题，日本政府以氢能为抓手，并视其为能源安全保障与应对全球气候变化政策的重要手段，提出了构建"氢能社会"的国家战略及发展路线图。而追溯日本氢能发展历史，可知日本的氢能开发已有 40 多年的历史，具体可分为三个阶段：

第一阶段，自 20 世纪 70 年代至 90 年代末期。自 20 世纪 70 年代经历过石油危机之后，日本开始着手研究氢能。始于 1974 年的"阳光计划"及其后的"月光计划"均将氢能与燃料电池列入计划的重点研发课题，此阶段日本氢能发展以基础研究为主，但自 1993 年至 2002 年实施"氢能利用国际能源网络"项目（World Energy Network，WE-NET）时，形成了第一次氢能开发热潮。此项目重点研究以氢为二次能源载体，推动可再生能源利用的国际化。

第二阶段，自 2002 年至 2011 年，其标志为 2001 年 1 月出台的《燃料电池实用化战略研究会报告书》，其中表明日本氢能产业发展目标重点由大规模利用海外可再生能源制氢，再运往日本用作发电燃料的构想，转向氢燃料电池的开发和实际应用，从 2002 年到 2011 年实施了日本氢能和燃料电池项目（Japan Hydrogen & Fuel Cell Demonstration Project，JHFC），重点检验了燃料电池和加注技术的可靠性。

第三阶段，自 2012 年至今，日本逐渐掀起第三次氢能开发和利用的高潮，其标志为 2014 年《氢能和燃料电池战略路线图》的出台。该路线图详细勾画了

日本未来氢能产业发展的步骤，为未来日本的"零碳能源"的设想提供了实现途径，成为近年来日本氢能计划出台的基础。

7.3.2 日本氢能发展目标

日本在《能源基本计划》中将氢能源定位为与电力和热能并列的核心二次能源。计划提出，为进一步普及固定式燃料电池，继续降低成本，要进行相关应用的实证研究；为燃料电池汽车大量投入市场整备环境，以四大都市圈东京、名古屋、大阪和福冈为中心，在 2015 年建成约 100 座加氢站；研究氢发电等新技术，进一步开发氢的制造、储藏和运输技术。

日本政府通过《日本再复兴战略》、《能源基本计划》和《氢和燃料电池战略路线图》，先后制定了日本氢能源发展的相关战略目标，如表 7-8 所示。

7.3.3 日本氢能发展的实施路径

2014 年 6 月，日本经济产业省根据第四次《能源基本计划》的氢能社会发展战略目标，立即出台了《氢能和燃料电池战略路线图》；2015 年 3 月，研究制定了《氢燃料发电研究报告》；2015 年年底，日本家用燃料电池热电联产装置销售突破 15 万台。于是，日本将 2015 年定为"氢能元年"。2016 年 3 月，日本重新修订了"氢能和燃料电池战略路线图"；2017 年 3 月，又进一步研究制定了《零碳氢燃料研究报告》，以此而构成了日本氢能社会的总体发展战略。近年来，日本明显加快了创建"氢能社会"的步伐，继"氢能元年"后，根据既定的战略目标和路线图，2020 年被定义为"氢能奥运元年"，2025 年被定义为"氢能走出去元年"，2030 年被定义为"氢燃料发电元年"。

表 7-8 日本氢能源发展的战略目标

类别	2015 年	2020 年	2025 年	2030 年	2040 年
家庭用燃料电池		累计销售 140 万台；使用 7~8 年可收回成本		累计销售 530 万台；使用 5 年后可收回成本	
工业用燃料电池	2017 年开始销售固体氧化物型燃料电池（SOFC）	实现家用燃料电池售价：固体高分子型燃料电池（PEFC）80 万日元/台，SOFC100 万日元/台			
燃料电池汽车	2015 年开始销售轿车；2016 年开始销售公交车	FCV 达到 4 万台	实现比混合动力车有竞争力的车价；FCV 达到 20 万台	在新车销售中，下一代汽车（混合动力车、电动汽车、燃料电池汽车、清洁柴油车和 CNG 车等）占比为 50%~70%；FCV 达到 80 万台；	
氢发电		实现家庭氢发电		发电厂采用氢发电；	
氢的运输和储存	氢价格低于或等于汽油价；2015 年在国内建设 100 座加氢站（目前仅完成不到 20 座）	实现氢价格低于或等于混合动力车燃料费；加氢站成本降至商业可行水平；建设加氢站 160 座	21 世纪 20 年代后期实现氢进口价 30 日元/标准立方米（工厂交货价）；建设加氢站 320 座，扩大全国范围内的氢气供给网络	以海外未利用能源为原料制造氢，以及实现氢的运输和储藏	
氢供应系统					丰田公司建立氢供应系统

日本提出的所谓"氢能社会"，是指氢能作为燃料广泛应用于社会日常生活和经济产业活动之中，且氢能将与电力、热力一起构成二次能源的三大支柱。2014年日本的第四次《能源基本计划》，提出了加速建设和发展"氢能社会"战略的五项措施：（1）扩大固定式燃料电池的利用和普及；（2）加快燃料电池汽车的市场

推广；（3）加强氢燃料电池发电等新技术研发以推动氢能利用和普及；（4）推进制氢、储氢、运氢技术研发以建立稳定的氢燃料供给体系；（5）研究制定实现氢能社会发展战略的路线图。2014 年 10 月，东京都宣布东京将全面推进"氢能社会"建设，把 2020 年东京奥运会办成一场向全世界展示日本氢能社会发展成果的盛宴。

日本经济产业省在 2013 年 12 月成立了由行业、研究机构和政府各界代表广泛参与的"氢和燃料电池战略协议会"。2014 年 6 月 23 日，该组织公布了《氢和燃料电池战略路线图》，就日本氢能源政策、技术和发展方向等方面进行了全面阐述，并制定了氢能源研发推广的时间表。该路线图详细描述了日本三步走的战略，加快步入氢社会。第一阶段目标是加速扩大氢能利用领域。主要任务是大力推广和普及固定式燃料电池和燃料电池电动汽车，扩大氢能和燃料电池市场。第二阶段目标是利用氢燃料发电，并建立大规模氢能供给系统。到 2030 年前后进一步扩大国内氢能市场需求，开拓和建立海外制氢、储氢、运氢的供给体系；第三阶段是建立零碳氢燃料供给系统，到 2040 年前后，利用化石能源 + CCS 技术制氢，或者利用可再生能源制氢，最终形成和确立全生命周期的零碳氢能供给体系。

7.3.4　日本氢能发展的技术路线

氢能产业的发展覆盖的行业链条比较长（见图 7-9），包括氢能的制取、储运和利用 3 个方面。由于日本自身资源的限制，因此日本氢能的主要路径是依赖国际进口，因此，相比于其他国家，日本主要关注氢能的储运和利用方面。

1）日本国内制氢

目前日本国内制氢方法主要有以下几种：工业副产氢、化石燃料制氢、电解制氢、生物质制氢/高温分解制氢和光催化剂制氢等（见表 7-9）。若考虑到环境、经济、实用等方面，目前制氢仍多采用化石燃料制氢和工业副产氢等高碳排放技术。日本当前工业所消耗的氢气都是来自化工和钢铁生产过程的副产品，最大的氢气来源是烧碱工业，为加氢站和其他工厂提供氢能。但是由于烧碱工业正在转向能源效率更高的不排放氢气的气体扩散电极法，因此未来氢能的供应不能依赖烧碱工

制氢	储运	利用
技术发展	技术发展	技术发展
		加氢站建设

制氢技术发展：
1. 化石燃料制氢
2. 工业副产氢
3. 高温分解制氢
4. 电解制氢
5. 生物质制氢
6. 光催化剂制氢

储运技术发展：
1. 高压气态储运（钢瓶）
2. 固态储氢
3. 低温液化
4. 液态有机氢载件（LOHC）
5. 吸附

1. 集装格（压缩气）
2. 集装管束车（压缩气）
3. 绝热槽罐车（液态）
4. 油罐车
5. 管道

设备
材料

利用技术发展：
燃料电池
电堆
系统辅件

应用
客车
轿车
叉车
机车
电源
工业
建筑

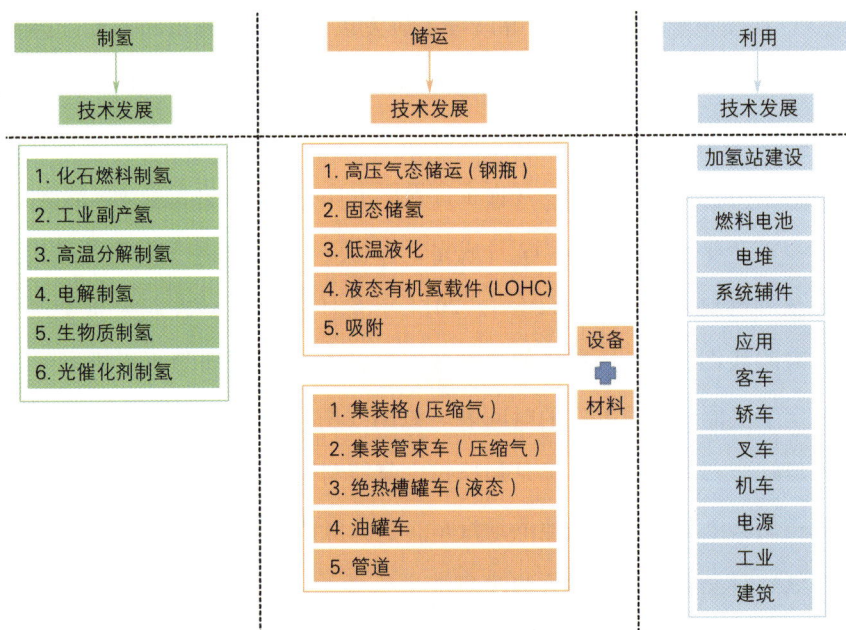

图 7-9　氢能产业链条

业。若考虑到 CO_2 排放问题，未来将逐步推广到可再生能源电解制氢、生物质制氢、光催化剂制氢等低碳技术，但是由于日本国内可再生能源的限制，因此其国内大规模制氢的潜力挑战较大。

2）氢气的储运

作为氢能发展的关键环节，探索经济、高效、可行的储运技术和模式尤为重要。由于日本的氢能大部分依靠进口，因此其氢能储运技术需要与其最终的使用场景紧密结合。日本先后在澳大利亚、文莱等地设立制氢工厂，进行低成本的氢气制取，海外氢气的制取并非难事，困难的是如何将制取的氢气安全稳定地运输到国内来。由于氢气特殊的物理性质，液氢在存储、运输和终端配送环节具有一定的成本优势，在规模化发展的前提下，液氢被视为比任何储运方式都节能高效的一种手段。液氢的运输成本只有高压氢的五分之一左右，适合中长距离灵活输氢。同时，液氢的存储方式还能够保障燃料电池所需的超纯品质的氢气。多年来，以川崎重工、岩谷产业为代表的日本大型企业在液氢技术的研发上做了诸多投入，并开发出了"SPERA 氢"技术。利用甲苯吸附氢气,实现了常温常压下的大量运输。利用这一技术,氢就能够像汽油一样在常温常压下运输,实现对现有设备的充分利用。2019 年 12 月,日本川崎重工举行全球首艘液氢运输船下水仪式,拉开了长距离液氢海运时代的序幕,显示液氢长距离运输已经实现。

表 7-9 日本国内制氢技术现状

制氢技术	应用阶段	稳定性	环境性	经济性
工业副产氢	以多种副产品形式存在的氢气已实现应用	取决于原始目的产品和产量	虽然排放 CO_2,但多数是副产品,对环境的影响可以忽略	从产品利用的角度来讲有一定的经济性
化石燃料制氢	实现使用	稳定并可大规模生产	除非使用 CCS 等,否则 CO_2 就会被排放	技术成熟,造价较低
电解制氢(火力)	实现使用	稳定并可大规模生产	除非使用 CCS 等,否则在发电时 CO_2 会被排出	造价低,但比化石燃料制氢成本高
电解制氢(可再生能源)	技术已经成熟,但是可再生能源发电成本仍需降低	产量不稳定,根据可再生能源种类不同而变化	不排放 CO_2	因使用可再生能源发电,成本较高
生物质制氢	技术已成熟,但是成本仍有待降低	供应地分散	CO_2 排放视为 0	现阶段成本较高
高温分解制氢	处于研究开发阶段(部分技术处于试验应用的验证阶段)	能够稳定供应	因热源不同而不同	
光催化剂制氢	基础研究阶段(目前的技术效率为 0.5%)	取决于天气条件	不排放 CO_2	

液氢船可以储存 1 250 立方米的液化氢,其液化过程可以将氢气的体积减少至 1/800,尽管类似于液化天然气的运输,但是对于储运的系统还是提出了较为苛刻的要求,包括真空穹顶,双层不锈钢绝热壳以及绝热支撑结构等特殊设计要求,该船的运输距离将达到 9 000 千米,预计耗时 16 天时间,计划每 3 个月从澳大利亚向日本运输液化氢。

3）加氢站

截止到 2018 年年底，全球加氢站的数目达到 369 座。有预测表明，到 2020 年，全球加氢站保有量将超过 435 座，2025 年有望超过 1 000 座。日本、德国和美国加氢站数量位居前三位，日本、德国和美国加氢站共有 198 座，占全球总数的 54%。日本是拥有加氢站最多的国家，其加氢站建设空间布局相对比较集中，主要集中在 4 大都市圈。日本政府规划加氢站数量将从目前的约 100 处，到 2020 年度增至 160 处，到 2025 年度增至 320 处。

2018 年 3 月 5 日包括丰田、日产、本田在内的 11 家企业宣布共同创建一家负责燃料电池汽车加氢站建设和运营的公司 H2Mobility（JHyM），其定位为加氢站建设的推动者，能源公司及金融机构对其进行注资，并充分运用政府补贴。主要职责包括：配合日本政府，完成日本加氢站的战略性布局，在全日本建设和持有加氢站的 JHyM 通过将加氢站运营业务委托给基础设施公司，收集加氢站的建设和运营信息，并通过有效利用这些信息，为实现加氢站高效运营、达成路线图目标作出贡献。日本目前的加氢站建设费用为 4 亿~5 亿日元，日本主要通过政府高额补助和企业联合开发两种方式来加快加氢站战略布局。

加氢站的技术路线仍有待探索，目前现有加氢站的技术路线可分为三类：电解制氢、天然气重整制氢和外部供氢技术。

• 电解制氢：装置利用电力将水分解成氢气和氧气后，利用压缩机将氢气以高压形式储存在储罐中，通过加注机完成向燃料电池大客车的氢气加注；

• 天然气（甲醇）重整制氢：天然气重整具有制氢成本低的优点，并能充分依托现有的天然气基础设施经验来发展氢能基础设施，但其设备初始投资较大、制备的氢气需要经过纯化工艺方能满足燃料电池的要求；

• 外部供氢技术：使用外部供氢气技术完成对燃料电池大客车的氢气加注，其氢气来自钢铁企业的副产氢气，使用高压氢气瓶集束拖车运输。

全球加氢站中 1/3 是液态加氢站，日本约一半的加氢站为低温液态储氢配套低温泵加氢站（见图 7-10）。

九州大学（Kyushu university) 加氢站

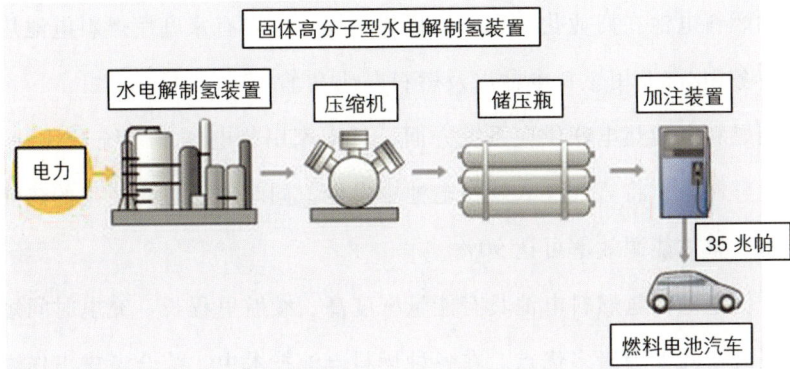

固体高分子型水电解制氢装置

水电解制氢装置　压缩机　储压瓶　加注装置

电力

35 兆帕

燃料电池汽车

川崎（Kawasaki) 加氢站

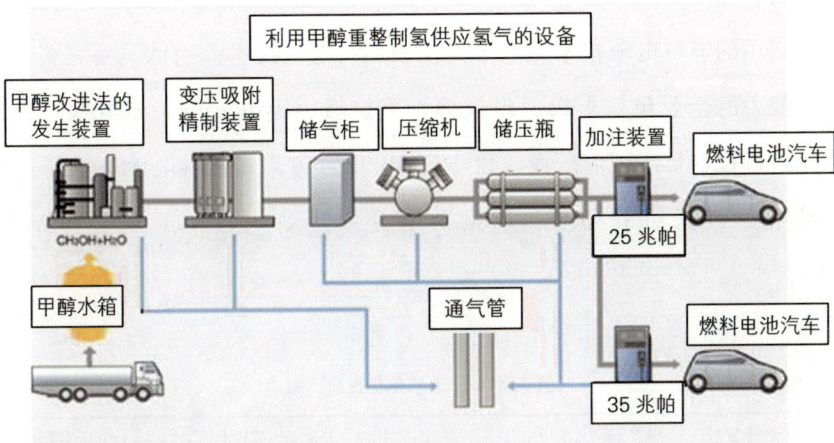

利用甲醇重整制氢供应氢气的设备

甲醇改进法的发生装置　变压吸附精制装置　储气柜　压缩机　储压瓶　加注装置　燃料电池汽车

CH₃OH+H₂O

甲醇水箱

通气管

25 兆帕

燃料电池汽车

35 兆帕

霞之关（Kasumi gaseki) 加氢站

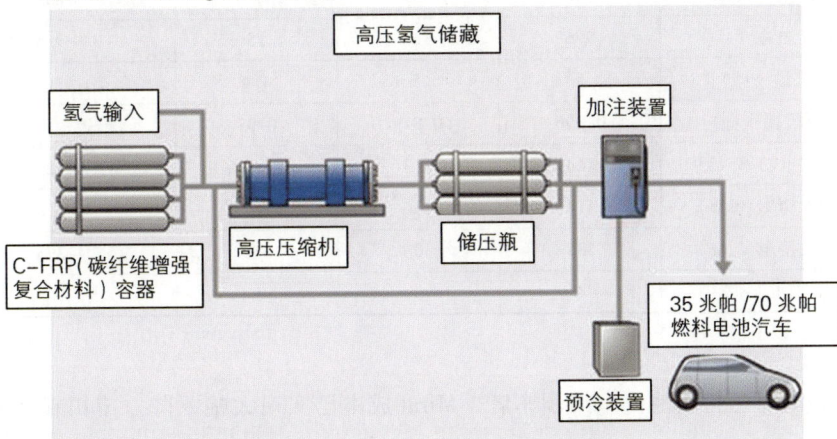

高压氢气储藏

氢气输入　加注装置

高压压缩机　储压瓶

C-FRP(碳纤维增强复合材料) 容器

35 兆帕 /70 兆帕
燃料电池汽车

预冷装置

图 7-10　日本加氢站的技术路线示意图

4）燃料电池

日本的燃料电池在商业化应用方面世界领先，主要有家庭用燃料电池热电联供应系统、业务用/产业用燃料电池以及燃料电池汽车。

在家用燃料电池热电联供应系统方面，日本家用热电联产系统 ENE-FARM 通过天然气重整制氢，将氢气注入燃料电池中发电，同时用发电时产生的热能来供应暖气和热水，整体能源效率可达 90%。

相较于锂电池，氢燃料电池具有能量密度高、续航里程长、充电时间短、重量轻、性能提升空间大等诸多优点。在各种燃料电池技术中，综合考虑工作温度、催化剂稳定性、电效率、比功率/功率密度等技术指标，综合性能最适于乘用车/大多数商用车应用的燃料电池技术是质子交换膜燃料电池技术。当前具备完整燃料电池电堆生产能力的企业包括丰田、巴拉德、普拉格、Hydrogenics 等国际厂商和新源动力、神力科技等日本国内厂商。以丰田 Mirai 为例，其燃料电池电堆经过十余年的技术优化，体积功率密度和质量功率分别达到 3.1kW/L 和 2.0kW/kg（见表 7-10）。

表 7-10 主要汽车厂家的指标性能比较

技术和使用参数	丰田 Mirai	本田 Clarity	奔驰 GLC F-Cell	现代 NEXO（2019 款）
官方续航里程（km）	502	589	437	~805
百公里加速（s）	9.6	8.8	15	~9.5
储氢重量（kg）	5	5	4.4	/
百公里氢耗（kg）	0.996	0.849	0.97	/
燃料电池发电功率（kW）	114	103	147	~120
电机最大功率（kW）	114	130	147	~120
电机最大扭矩（Nm）	335	300	350	~395
整车空间（座）	4	5	5	/

作为世界燃料电池汽车的领军者，Mirai 成本已实现大幅下降。丰田在 2008 年最初售价预计 1 亿日元（约合人民币 600 万元），直至 2014 年丰田 Mirai 正式推出

时，售价已经降至 723.6 万日元（约合人民币 43.5 万元），除去日本政府的补贴，消费者只需支付约 521 万日元（约合人民币 31.3 万元）。如此大幅降本，可归结为企业量产规模扩大、混合动力系统大规模应用、系统简化等促进 FCV 成本下降。燃料电池系统作为 FCV 的核心部件，在整车成本中占比最高，约 63%，其成本的下降是燃料电池汽车成本下降的关键。对于企业自身来说，降低燃料电池汽车成本最行之有效的方法就是技术研发推进和规模化效应。

日本在 1992 年就开始针对燃料电池的质子交换膜进行基础研发，探索氢能在住宅设施中的应用。2001 年开始进行小规模固体高分子型燃料电池（PEFC）的研发和示范，2009 年固体高分子型燃料电池热电联供系统正式上市销售，2011 年固体化物型燃料电池（SOFC）热电联产系统也上市销售。目前 SOFC 和 OEFC 的价格分别下降了 43% 和 70%。日本计划到 2020 年，PEFC 系统的零售成本下降至 80 万日元，SOFC 系统的零售成本下降至 100 万日元，累计安装 140 万台。

5）氢能发电

2050 年，日本的氢能需求将达到 53Mtoe（2 200 亿 Nm³），其中大部分氢能将用于电力，到 2050 年，氢能的份额将占到日本能源供应总量的 13%。日本正在努力发展氢能技术，将其作为国家核心能源之一，由日本经济产业省和内阁政府强力推动。而以氢气为燃料的燃气轮机的研究和研发，目前集中在适合分布式发电或区域热电联产的中小型燃气轮机上。日本的三菱、日立电力系统公司和川崎重工都在开展研究氢的直接燃烧及其与天然气共同燃烧发电技术。2018 年 1 月份，三菱日立电力系统公司使用 30% 的氢气混合燃料成功测试了一台大型发电用燃气轮机。测试结果证实，通过使用三菱日立公司新研发的专用燃烧室，即使氢气与天然气混合，仍然可以实现稳定燃烧。与纯天然气发电相比，该氢气混合燃料实现了二氧化碳减排 10%。目前，利用氢能进行大规模发电的技术仍在研究之中，主要的障碍就是成本问题。日本政府的目标就是到 2030 年将氢气燃料的价格下降到 17 美分/kWh，2050 年下降到 12 美分/kWh，只有这样才能具有和天然气发电进行竞争的优势。

日本预计在未来几十年里，发电将成为氢能源增长的最大的驱动因素，占比氢能消耗量的 64% 左右（见表 7-11）。

表 7-11 日本氢能发展占比一次能源供应比例

	居民	商业	汽车	产业	发电	总计
技术可行的氢供应（10 亿立方米）	34	43	15	65	284	441
目前氢能占比（%）	7	10	4	15	64	100
在全部一次能源供应中的比例（%）						28

7.3.5 小结

日本大力推行氢能社会与氢能技术主要是由于其能源资源的严重匮乏，能源高度依赖进口。日本国土面积小，可再生资源利用规模也不高，目前核能是否能够重启，还具有不确定性，天然气尽管是清洁能源，但并不是真正的绿色能源，因此若要实现全球应对气候变化的总目标，实现 2050 年零排放，则日本必然要选择另外的能源供给技术，因此氢能则成为了必然的选择之一。日本国内为了打造氢能广泛利用的氛围，密集出台了氢能规划和能源规划等相关的战略部署，可以看到，日本的氢能社会不仅仅是能源战略，也是整个经济产业的战略部署，除了能源供给和能源技术以外，还包括家用和交通等多渠道的利用方式。

尽管日本制定了雄心勃勃的氢能战略与氢能规划，但是对于未来如何大规模刺激氢能消费，平衡好氢能供给能力还具有较大的障碍与挑战。迄今为止，世界上仅有日本将氢能设定为国家未来的主要能源利用方式。但是目前氢能的实际利用比例还非常低，规模也不大。同时如果日本进口大量的氢气，则其构建氢能社会的初衷也会大打折扣，只有实现零碳氢燃料的生产与消费，才能构建真正意义的氢能社会。

7.4 日本氢能战略对我国的启示

7.4.1 顶层政策

日本氢能的整个发展体现了顶层设计为先的特点。2018 年日本政府内阁会议上批准了第五次《能源基本计划》，其中明确定位氢能发展的地位：应对气候变化和能源安全保障的重要手段。计划明确将太阳能、风能等可再生能源发电定位为"主力电源"，要在 2030 年实现把可再生能源发电在总发电量中所占比例提高到22%至 24%的目标。此外，对于福岛核电站事故后饱受争议的核电，新计划将其定位为"基本负荷电源"，将其比例确定为 20%至 22%（见表 7-12）。

表 7-12　　　　　　　　　　近年来日本政府氢能战略与路线图

时间	事件	成果或目标
2013 年	推出《日本再复兴战略》	发展氢能源成为国策
2014 年	公布第四次《能源基本计划》	提出建设氢能社会的愿景
2014 年	发布《氢能/燃料电池战略发展路线图》，2016 年和 2019 年修订	详细描述了氢能源研发推广的三大阶段以及每个阶段的战略目标
2017 年	发布《氢能源基本战略》	给出 2050 年愿景和 2030 年行动计划。实现与汽油、LNG 同等成本
2018 年	公布第五次《能源基本计划》	提出能源中长期发展战略

2020 年 10 月，日本政府宣布了"2050 年实现碳中和"的"脱碳社会"目标，为此，日本经济产业省制定了《绿色增长战略》，其中显示氢能是处于开发初期阶段，但是在政府明确的目标指引下，日本已经掌握了多项氢能相关的先进技术，日本经济产业省预计，日本将在氢能方面处于领先地位。日本也认识到通过氢能的转型，对于其社会经济结构、产业结构和商业模式的可持续发展和未来非常重要。截至 2021 年 1 月底，日本有 70 多家公司宣布了碳中和目标和时间表。

中国双碳目标的提出，要在 40 年间使我国的净排放从 100 亿吨降至接近零排放，这意味着社会活动引起的碳排放和商业碳汇等活动产生与从空气中吸收的二氧化碳的量相等。在完成"碳中和"目标的过程中，必须关注清洁能源技术的发展与变革、优势与劣势，未来的能源供给体系以"可再生能源+储能技术"为主，氢能作为清洁能源，一方面可以实现脱碳电力的消纳，增加电网的弹性；另一方面可以减少对化石能源的依赖，助力交通、工业、建筑等难以深度脱碳的领域脱碳，显示氢-电终端能源体系的重要地位，应当尽早确立氢能的耦合作用。

尽管我国氢能的能源地位尚待明确，但是地方和行业的发展热情日益高涨。2019 年 3 月，氢能首次被写进我国《政府工作报告》，要求"推进充电、加氢等设施建设"。2020 年《中华人民共和国能源法（征求意见稿）》中首次将氢能列入了能源范畴，国家能源局广泛征求各方面的意见与建议。我国可再生能源被列为优先发展领域，这对氢能发展是很好的信号：一方面可再生能源上网需要配备一定的储能潜力；另一方面因为未来氢能的来源需要绿色的氢气，可再生能源制氢有较大的潜力。自 2019 年以来，从国家部门到地方政府，制定了许多推动氢能发展的政策与规划，其中很多都属于氢燃料电池技术在交通领域的应用。进入 2020 年后，尽管受疫情影响，国家和地方依旧出台了许多政策与规划，目前中国地方和行业的积极性都很高。国内氢能发展的政策体系实际落后于氢能的发展态势，中国国产或引进的氢燃料电池工厂近 10 家，已经有 30 多个省市出台了氢能发展规划，多地规划建设加氢站。

由于氢能利用和氢气的安全性问题，中国氢气还是按照危化品进行规划与管理，尚未将氢气纳入到能源管理体系中，因此主管部门不明确，缺少良好的协调机制与体系，缺乏行业准入的标准，如加氢站的建设，由于规划要求、土地性质、审批程序、监管标准等都不明确，许多地方不得不采取特批方式支持，即便如此也需经过近 30 道审批手续。目前国家层面的规划文件对氢能或燃料电池的部署，大多只是对技术研发提方向、定目标，产业规划方面除汽车领域外其他几乎空白，系统性、阶段性的战略安排更是缺失。

7.4.2 发展阶段

中国氢能产业基本处于发展的初期阶段，而且主要是以工业副产氢为主，氢气年供应量 2019 年突破 2 000 万吨，成为世界第一产氢大国。氢气主要是作为原料加以利用，作为商业燃料量极低。目前氢气价格为 50~70 元/kg，主要应用场景比较单一，基本上是在交通领域，中国注重应用开发，各大客车厂纷纷研究出燃料电池客车。加氢站约有 36 座。燃料电池汽车产销分别完成 2 833 辆和 2 737 辆（2019年）。京津冀、长三角、珠三角、成渝、山东及环武汉等地区先发优势明显，集聚效应初步显现。能源央企纷布局氢能业务，依托自身技术基础和资源优势，积极创新发展模式，推动与地方政府以及企业间在氢能领域的战略合作，已经成为加快推进中国氢能产业发展的重要力量。但是产业布局的协同仍有待强化，重复建设现象凸显，氢能应用场景单一，加重了布局的同质化，不利于氢能产业链的技术创新与突破。

日本氢能产业处于发展期，主要以化石燃料（天然气、液化气为主）来生产氢，电解制氢比重约为 4%。氢气供应量约为 0.02 万吨，氢气的成本约为 100 日元/Nm³，目前主要应用在交通领域和家用燃料电池领域，氢能发电技术还处于研发阶段。日本重视产业链基础研发和产业链各环节的基础建设，如基础材料、燃料电池技术、标准建设、检测中心、加氢站建设等。日本通过科学研究—建立标准—推动产业化持续推进氢能发展，而中国则引进技术后直接实施产业化，中国还没有建标准就开始了产能规划。

两国的大型企业都对推动氢能发展起到关键作用，日本的产业推进是由丰田、本田等大企业牵头研制产品，国家研究机构 NEDO 牵头建立研究体系；中国还主要依靠地方政府的引导与支持，大型企业主要在开发高精尖技术方面大量投入，而中小型企业则主要是对一定规模的产业基地进行布局。

7.4.3　技术水平

日本氢能源的研发与使用，不只是一个技术与生产的问题，更重要的是要形成全社会的产业链。打造这一产业链，离不开日本公司对于技术的持续开发，日本花了 5 年左右的时间，建立了从液化气的进口（国际商社）、氢气的加工储存（岩谷产业等公司）、氢能源汽车的制造（丰田等）、高压气罐的研发制造（三菱重工等）、汽车与气罐新材料的研发生产（东丽公司等），到氢气运输车、运输船的研发制造，高压氢气的安全运输，加氢站的建设与普及，氢能源汽车销售与售后服务等完备产业链。这样产业链的塑造有助于尽早确保氢能社会的构建。

除了在道路交通推广氢能源的利用，日本还要把氢能源作为国家基础能源的一个重要组成部分，逐步取代核电和火力发电。日本政府开始着手推进船舶的氢能源化，充分利用氢能源动力的静音性强的特点，研发生产出船用氢能源动力系统，首先用在游览船、渔船、摩托艇等小型船舶上，不仅有利于提升这些船舶的续航能力与安全性，也可以减少柴油动力船舶对于海洋的污染。

在铁路系统领域，日本铁道公司已经开始参与氢能源列车的研发。除了研发氢能源动力系统之外，还计划在主要车站设置大型加氢站，提升列车加氢的速度，让氢能源逐步取代目前的电力线路系统。

日本还在研发分散型氢能源发电机组，第一要实现与火力发电站的混合发电。第二要建成为大型的移动发电站。日本政府在普及氢能源的计划中，最值得关注的还有一点，那就是让氢能源走进普通家庭。2019 年日本已经有 23 万户人家安装了氢能源燃料电池。氢能源燃料电池的价格，也由当初的一台 300 万日元降至 95 万日元（约 6 万元人民币）。日本政府计划在 2030 年，让氢能源燃料电池走进 530 万户人家，使得全国 20% 的家庭用上氢能源。典型的家用氢能源燃料电池的发电量为 0.7 kW，效率超过 80%，远高于电能和热能的效率（均为 40%）。与使用来自火力发电厂的电力以及使用城市燃气的热水供应等传统方法相比，氢能源燃料电池将一次能源消耗降低约 35%，二氧化碳排放减少约 48%。家用氢能源燃料电池用户每年可以节约水电费 5 万 ~ 6 万日元，减少约 1.5 t 的二氧化碳排放。

这种氢能源燃料电池具备三大功能：第一，为家庭提供所有的电力，也就是说，家里自己就有一个发电站；第二，氢能源燃料电池在发电过程中产生的热能，可以转换为家庭中热水、洗浴、水热地暖的供热；第三，富裕电力可以出售给电力公司。这种体现分散性、灵活性的能源设备也与日本的家庭用能特点相关。日本在东京湾的月岛，建设了第一个氢能源社区。社区中的每一套房子，均采用家用氢能源燃料电池作为家庭的基本电源。同时在社区内建设一个大型的加氢站和氢气管线管控中心，通过管线直接将氢气输入到各户家庭的氢能源燃料电池中，使得氢能源燃料电池成为永久性的发电系统。社区内的所有商业设施和路灯的用电，也将使用氢能源，社区内的巡回巴士也将采用氢能源燃料电池巴士。

中国在制取氢气领域的潜力较大，中国拥有大量的化工厂，每年可以生产氢气 430 万吨，中国的风能是日本的十倍，中国的风能及太阳能占全球的 50%，仅甘肃的"弃光弃风率"就达 30%，如果用于制氢、储氢，可以生产 200 万吨的氢气。

在车载储氢容器方面，中国三型瓶技术已成熟并实现全国产化，四型瓶初步具备量产水平。在储运方面，中国仍以 20MPa 压缩氢气运输为主，液氢、固态储氢、50MPa 压缩气体运输技术及装备取得显著进步，但与国际一流水平差距明显；98MPa 固定储氢容器和 45MPa（含以上）固定储氢容器性能指标基本达到国际先进水平。在加氢站及装备方面，45MPa 隔膜式和液驱氢气压缩机已具备产业化能力；90MPa 氢气压缩机核心技术取得突破；加氢机整机开发实现国产化，但阀门、流量计等关键部件仍依赖进口。

在关键材料方面，近几年技术有所突破，但整体水平对比世界先进水平仍有较大差距，产品对外依赖度较大。质子交换膜和气体扩散层（碳纸）技术水平显著提升，但产业化仍有待突破；催化剂已实现量产，但仍跟跑国际先进水平。在核心零部件方面，膜电极、空压机、双极板等国产化进展迅速，正快速缩小与国际先进水平的差距，2020 年成本同比降幅达 30% 以上；电堆与系统集成技术接近国际先进水平，并向高功率、高集成、低成本方向发展。氢气循环泵总体处于跟跑状态，但国内企业积极推动技术攻关,已取得一定进展。

7.4.4 结论

1)日本大力推广和发展氢能产业是其实现能源转型和应对气候变化的必然选择

根据国际氢能源委员会发布的《氢能源未来发展报告》,到 2050 年,全球范围内的氢能产业将提供 3 000 万个工作岗位、减少 60 亿吨二氧化碳排放,氢能汽车将占全世界车辆的 20%~25%。氢能一直是世界各国能源布局中的重点发展对象,可以说,发展氢能既是国际战略,也是实现能源转型的重要途径。

日本是世界上氢能源最先进的国家,一次能源极度匮乏,工业生产和日常生活的能源都大量依靠进口。国土面积小,而且人口密集,不适合大规模生产可再生电力,而且 2011 年福岛第一核电站发生事故也让日本对核能发展失去信心,因此日本在减少碳排放方面几乎没有别的选择。日本政府在《能源基本计划》中将氢能源定位为与电力和热能并列的核心二次能源,并提出建设"氢能社会"的愿景,希望通过氢燃料电池实现氢能在家庭、工业、交通等领域的应用,从而实现真正的能源独立。日本政府对氢和燃料电池的技术开发支持以国家为主导,以向新能源产业技术综合开发机构(NEDO)投入专项科研经费为主。

日本在《巴黎协定》中制定了到 2030 年减少 26% 的碳排放(与 2013 年的排放量相比较)的目标。其中电力部门的排放占总排放量的四成,但是基于目前日本发电依赖于煤电和核电,较低的可再生能源发电比例,实现这一目标挑战较大。日本"氢能基本战略"提出到 2030 年要确立日本国内可再生能源制氢技术,构建国际氢能供应链,长期目标是利用碳捕获(CCS)技术实现平价化石燃料(如褐煤)的脱碳制氢和可再生能源制氢。因此,结合碳捕获技术和可再生能源制氢技术,氢能成为日本实现碳减排目标的重要途径。

2)氢能利用产业链在技术上不存在障碍,产业发展已进入导入期,发展的重点在于降低成本国际可再生能源机构（IRENA）发布了《氢能：可再生能源的前景》报告，详细分析了氢能用于能源脱碳的潜力。全球氢能相关政策和项目正在迅速增加，多个国家正在部署可再生能源电解制氢的示范项目和早期商业项目，并注重改进电解槽技术和扩大电解制氢产能，电解槽制氢项目规模呈指数级增长。发展氢能可以为碳密集型部门（如交通运输、化工和钢铁等）提供极具发展潜力的脱碳方法。氢能还可以帮助改善空气质量并加强能源安全。此外，氢能还可以提高电力系统的灵活性。

由于可再生能源成本持续下降，以及全球减少温室气体排放的紧迫性增加，许多国家已开始采取行动利用氢能促进脱碳，其应用从汽车工业转移到了难以脱碳的行业。例如，能源密集型工业、卡车、航空、船运和供热等。可再生能源制氢成本与电解槽的资本支出、可再生能源电力的平准化度电成本（LCOE）和电解槽的运行率（即年运行时间占比）密切相关。目前，碱性电解槽的资本支出通常为 840 美元/千瓦时，许多地方公用事业规模太阳能光伏和陆上风电的成本已达到 2~3 美分/千瓦时。电解槽的运行率越高，单位氢气的生产成本越低，应确保其运行率超过 50%。当前可再生能源制氢成本高于化石燃料（煤炭和天然气）制氢成本时，在最佳情况下，应采用最低成本的风电（23 美元/兆瓦时）。

尽管未来十年中还无法发挥氢能的作用，并且还需进一步降低氢能成本，但此后氢能将迅速增长并在 2050 年前作出重大贡献。从长远来看，可再生能源制氢是唯一可持续的氢气供应方式。未来绿色氢气将具备成本竞争力，应关注降低可再生能源制氢成本和电解槽成本，提高电解槽运行率。配备 CCS 的化石燃料制氢也可以起到过渡作用，特别是在具有低成本化石燃料储量、良好碳封存条件以及可以向输送氢气过渡的天然气管道系统的地区。

3）中日两国均在积极推进氢能的发展与建设，日本重视产业链基础研发和产业链各环节的基础建设，中国则更加注重应用市场的技术开发和市场规模的构建

日本是世界氢能的主导国家，中国目前也成为氢能发展最重要的市场之一，中国在制氢环节和氢能利用的潜力较大，日本则在基础技术和材料研发方面具有先进

的经验和技术，两国具有一定的互补性。

氢能源产业发展需要长期的巨大的资源投入：一方面，政府支持不可或缺；另一方面，需要动员社会资源投入，但是更为重要的是建立有效的机制合理地配置有限的资源。"看得见的手"推动作用明显，日本加氢站不仅能获得中央政府提供建站费用一半左右的补助，部分地区政府还提供另一半补助，并无偿借用建设用地，甚至车企联盟也会资助加氢站。

2015 年，丰田汽车公司提出将 5 680 件燃料电池汽车技术专利免费开放，其中关于加氢站建设技术的 70 件专利，无限期开放，带动世界性氢燃料技术的普及开发，培养市场规模。中国大多数地方省市已经将加氢站的补贴标准提高至 500kg/d 以上。

7.5　参考文献

［1］陈向国.《巴黎协定》与中国低碳转型——何建坤：小低碳，就会成为经济社会发展的刚性制约［J］. 节能与环保，2016(1).

［2］苏树辉，毛宗强，袁国林. 国际氢能产业发展蓝皮书（2017）［M］. 北京：世界知识出版社，2017.

［3］佐藤弘幸. 水素ネットワークの夜明け［J］. 知的資産想像，2015(12).

［4］魏蔚，陈文晖. 日本的氢能发展战略及启示［J］. 全球化，2020，(2).

［5］Monica NagasHima, Japan's Hydrogen strategy and its economic and geopolitical implication［C］, IFRI, Working paper, October 2018.

［6］孟翔宇，顾阿伦，邬新国，等. 2019 年中国氢能政策、产业与科技发展热点回眸［J］. 科技导报，2020，38(03).

［7］赵吉诗，龚娟，王子缘，等. 中国氢能产业发展现状及"十四五"展望［J］. 电力决策与舆情参考，2021(1).

第 8 章 "十四五"期间碳市场试点与全国碳市场衔接研究——北京案例

周剑 周玲玲 鲁玉成

8.1 全国碳市场在"十四五"时期的部署

在国家主席习近平向国际社会宣布碳达峰目标与碳中和愿景之后，全国碳市场建设进程明显加速。2020 年年底，生态环境部发布《碳排放权交易管理办法（试行）》，印发《2019—2020 年全国碳排放权交易配额总量设定与分配实施方案（发电行业）》，并配套印发重点排放单位名单，全国碳市场第一个履约周期正式启动。

8.1.1 全国碳市场总体安排

1）国家采取集权的方式统一控制不同行业的二氧化碳减排程度

根据国家低碳发展目标和完成国家自主碳减排贡献（INDC）要求，并考虑行业碳减排潜力和成本等因素，确定行业历史强度下降率。行业减排系数由国家应对气候变化主管部门确定并发布。

2）区分既有和新增二氧化碳排放

新增二氧化碳排放包括下列情形：

（1）2016 年 1 月 1 日之后新成立且被纳入国家碳排放权交易体系管理的法人单位造成的二氧化碳排放；

（2）以前没有被纳入国家碳排放权交易体系管理，因碳排放增加而被纳入碳排放交易体系管理的新法人单位造成的二氧化碳排放；

（3）已被纳入国家碳排放权交易体系管理的供热、火力发电法人单位在 2016 年 1 月 1 日之后新投运的供热或热电联产机组产生的二氧化碳排放；

（4）已被纳入国家碳排放权交易体系管理的工业、民航业法人单位新投运的重点设施造成的二氧化碳排放。

3）采取基准法和历史强度法的配额分配方法

（1）基准法

基准法是根据法人单位的实物产出量（活动水平）、所属行业基准和调整系数三个要素计算法人单位配额的方法。基准法的核心计算公式为：

$$单位配额 = 行业基准 \times 调整系数 \times 实物产出量 \qquad (1)$$

（2）历史强度下降法

历史强度下降法是根据法人单位的实物产出量（活动水平）、历史强度值、减排系数和调整系数四个要素计算法人单位配额的方法。历史强度下降法的核心计算公式为：

$$单位配额 = 历史强度值 \times 减排系数 \times 调整系数 \times 实物产出量 \qquad (2)$$

（3）分配方法选用

视行业信息可获性、数据质量、排放特点（既有或新增）等因素，在制订具体配额分配方案时，国家应对气候变化主管部门可对属不同行业的法人单位选用不同的分配方法。

电力行业配额分配的基本思路：第一，参考试点地区的电力行业配额分配方法，尽可能保证试点地区和全国碳市场的稳妥衔接；第二，按发电机组进入时间不同，将发电机组区分为既有机组和新增机组，采取不同的分配方法；第三，按燃料品种不同，将发电机组区分为燃煤机组和燃气机组，给予严格程度不同的控排系数；第四，按产品不同，将发电机组区分为纯发电机组和热电联产机组。

8.1.2 CCER 的安排

国家发改委于 2009 年启动了国家自愿减排交易市场建设工作,以利用市场手段实现减排降碳目标,并为逐步建立全国碳排放权交易市场积累实践经验。近年来,国家发改委通过颁布《温室气体自愿减排交易管理暂行办法》(发改气候〔2012〕1668号)及项目审定与核证指南、备案审定与核证机构以及交易机构,并对适用于国内自愿减排项目的方法学进行评估备案,奠定了自愿减排项目备案程序和规范。2014年 11 月份首批 10 个项目产生的经核证的温室气体自愿减排量(以下简称"CCER")获得国家发改委批准备案。随着 2015 年 1 月份国家自愿减排交易注册登记系统正式上线运行,国家发改委逐步搭建起了国内自愿减排交易市场体系。

通过温室气体自愿减排项目的开发,项目业主企业可以出售减排信用获得额外的减排收益。随着国内碳市场建设的信号逐步明朗,广大国内业主开发 CCER 项目的热情也逐渐高涨。根据《温室气体自愿减排交易管理暂行办法》(发改气候〔2012〕1668 号)的规定,申请备案的项目必须是在 2005 年 2 月 16 日之后开工建设,并分为以下四类:

①第一类:采用国家发展改革委备案的方法开发的减排项目;

②第二类:获得国家发改委批准但未在联合国清洁发展机制(以下简称"CDM")执行理事会或者其他国际国内减排机制下注册的项目;

③第三类:在联合国清洁发展机制执行理事会注册前就已经产生减排量的项目(也被称为 pre-CDM);

④第四类:在联合国清洁发展机制执行理事会注册但未获得签发的项目。

从目前开发的 CCER 项目整体情况看,由于第二、三类项目的开发数量受限于此前 CDM 开发项目的存量规模,加之目前试点碳交易市场普遍对项目时间进行严格限定且这条规则很可能在未来全国碳市场适用,申请这两类项目的比重在逐步下降;国家发改委至今未放开第四类项目的备案,此类项目的数量一直较少,长期处在 20 个之下。相对而言,第一类项目的开发资源可以持续挖掘,加之具有较好的市场准入前景，第一类项目已逐步占据目前开发 CCER 项目的绝大部分比重。从目前国家发改委的政策趋势来看，未来进入国内碳市场的 CCER 基本上为第一类项目产生的减排量，所以本章主要以第一类项目的开发现状及趋势展开分析。

1）批准备案项目

截止到 2016 年 9 月 28 日，国家发改委批准备案的 CCER 项目达到 933 个，预计年均减排量为 1.15 亿吨，在项目第一计入期内预计总减排量约 6.8 亿吨。在国家发改委启动 CCER 项目备案工作初期获得备案的项目中主要以 Pre-CDM 项目为主；随着新项目开发比例逐渐加大，目前备案 CCER 项目中，第一类项目达到 669个，数量占全部备案 CCER 项目的 72%，其年均减排量合计约为 6 600 万吨。

在备案的 CCER 项目中，可再生能源发电类项目依然占据较大比例，达到 810个，占到全部备案 CCER 项目的 86%。其中，备案的 362 个风电项目预计年均减排量合计超过 4 000 万吨，备案的 170 个光伏项目产生的年均减排量合计约为 660万吨。

备案 CCER 项目从地域分布来看，湖北、新疆、内蒙古占据备案 CCER 项目数量的前三位；从年均减排量规模上来看，四川、山西、内蒙古占据前三位。如图8-1所示。

2）CCER 签发

截止到 2016 年 9 月 28 日，国家发改委已备案 CCER 项目中有 400 个项目获得1 次或多次 CCER 备案，备案减排量超过 5 100 万吨。其中，第一类项目 240 个，获得备案的减排量达到 1 633 万吨，占到目前备案减排总量的三分之一左右。

从项目数量来看，减排量备案的 CCER 项目中，可再生能源发电类项目达到365 个，占到减排量备案 CCER 项目的九成以上。从备案减排量的数量来看，其中水电项目获得备案减排量最多，将近 1 300 万吨；风电项目列第二，约为 1 200 万吨；光伏发电项目约为 260 万吨。不同减排类型的备案 CCER 项目减排量对比如图8-2 所示。

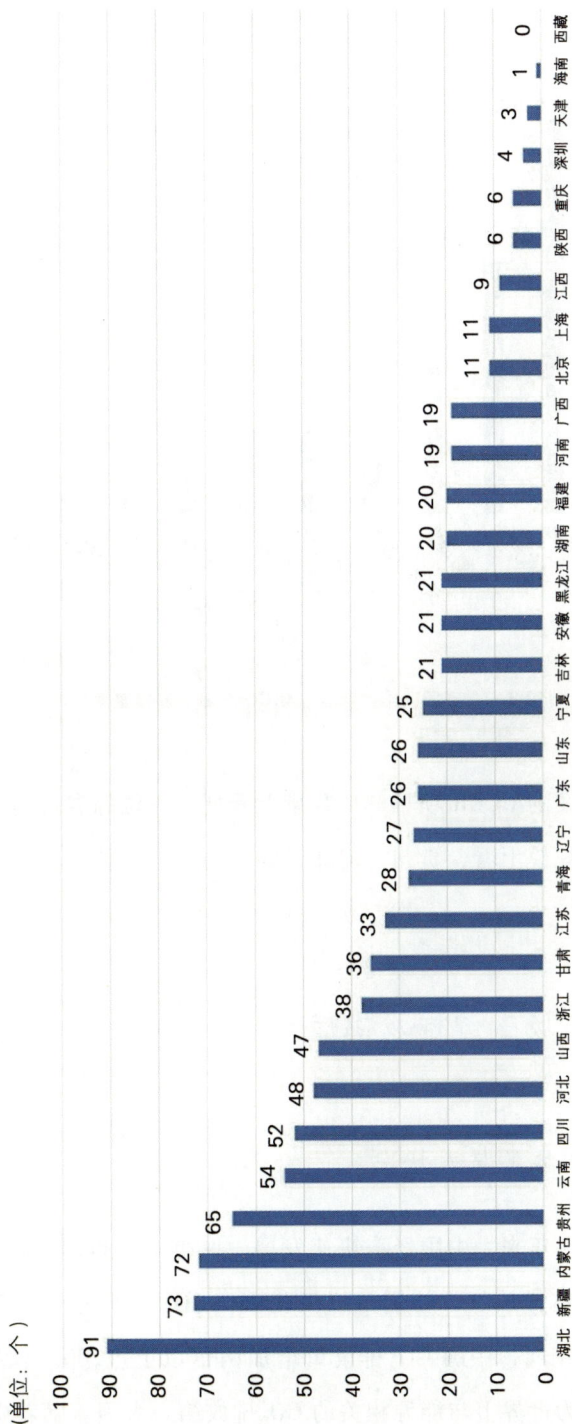

图8-1 各省、自治区、直辖市备案的CCER项目地域分布

(单位：吨)

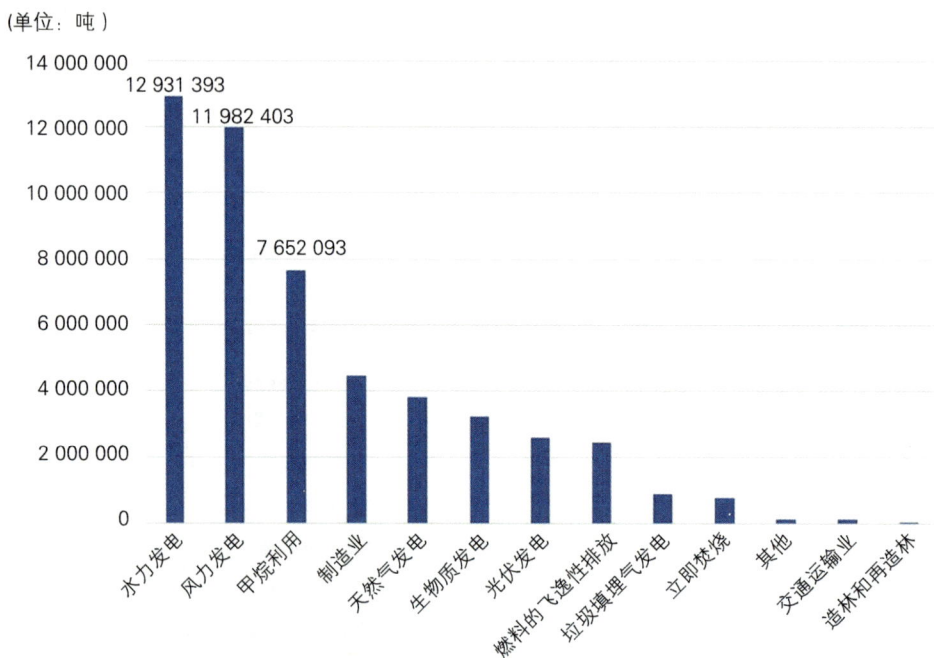

图 8-2　不同减排类型的备案 CCER 项目减排量对比

获得减排量备案的 CCER 项目，从数量上看列前三位的省份是湖北、贵州、云南；从备案减排量规模上看，贵州、河北、四川占据前三位置，如图 8-3、图 8-4 所示。

8.2　试点碳市场的进程及挑战分析

8.2.1　试点碳市场的基本状况

改革开放四十多年来，中国经济快速发展，取得了举世瞩目的经济建设成就。同时，中国温室气体排放量，特别是二氧化碳（CO_2）排放量也逐年增长。据估算，2000—2008 年期间，中国 CO_2 排放量增加两倍以上。2007 年之后，中国 CO_2 排放量超过美国成为世界上与能源相关的 CO_2 排放第一大国。随着中国经济持续高

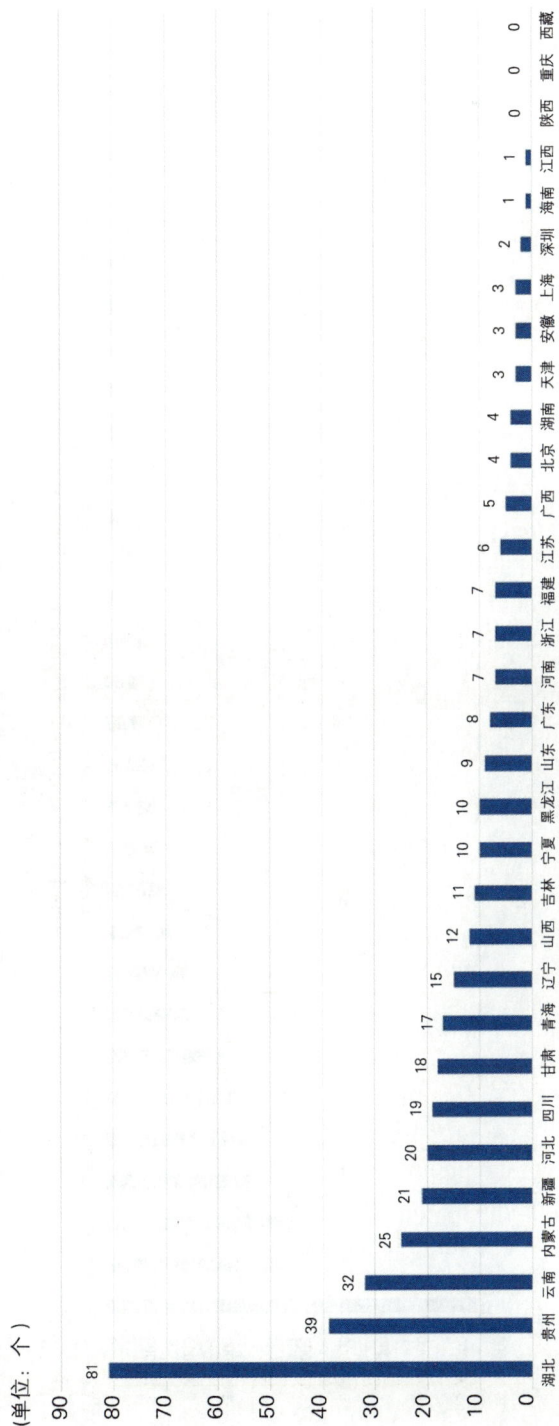

图8-3 各省、自治区、直辖市减排量备案CCER项目数量分布

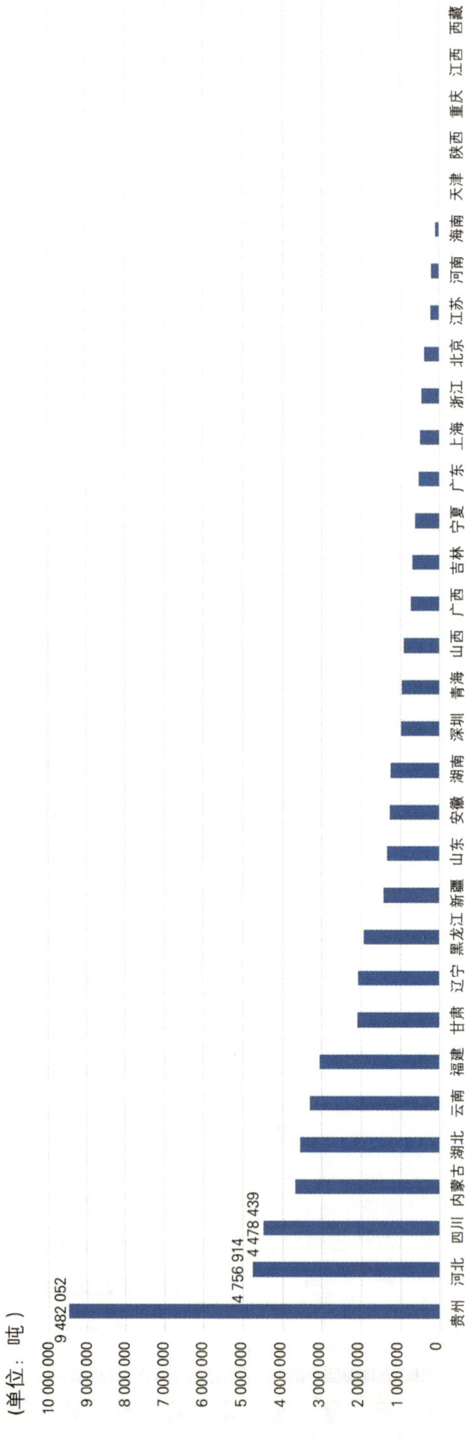

（单位：吨）

图8-4 各省、自治区、直辖市备案CCER项目减排量数量对比

速发展，能源需求量不断增加，未来较长一段时期内中国 CO_2 等主要温室气体排放量仍将呈现增长趋势。因此，中国节能减排工作面临的形势更加严峻，任务更加繁重，必须采取强有力的政策措施控制日益增长的温室气体排放。

为有效控制温室气体排放，中国确定了到 2020 年单位国内生产总值（GDP）二氧化碳排放比 2005 年下降 40%~45% 的约束性目标，"十二五"规划纲要进一步确定了 2015 年单位 GDP 二氧化碳排放比 2010 年降低 17% 的目标。上述目标的实现需要采取行政、技术、市场等多种手段。当前中国正处在工业化、城镇化快速发展的进程中，面临发展经济、消除贫困、保护环境和应对气候变化等多重挑战，在技术、资金、意识、政策体制等方面都面临着巨大困难。碳排放权交易是基于市场机制的温室气体减排措施，是促进经济发展方式转变、破解能源环境约束的重要举措。

中国政府十分重视碳排放权交易的建立和实施。2011 年 10 月 29 日，国家发改委办公厅发布《关于开展碳排放权交易试点工作的通知》，同意在北京、天津、上海、重庆、湖北、广东、深圳 7 个省市开展碳排放权交易试点。2013 年 6 月 18 日，深圳碳市场率先启动，2013 年 11 月 26 日至 2014 年 6 月 19 日，上海、北京、广东、天津、湖北、重庆碳市场陆续开市。地方碳交易试点的运行标志着中国利用市场机制推进低碳发展、控制温室气体排放迈出了具有开创性和重要意义的一步，是中国应对气候变化领域一项重大的体制创新。

七试点省市地域跨度从华北、中西部直至南方沿海地区，覆盖国土面积 48 万平方千米，人口总数约 2.46 亿，能耗和地区生产总值分别占全国的 23% 和 27%。这 7 个省市在经济社会发展及产业结构、能源消费、温室气体排放等方面各不相同，例如，从产业结构上来说，北京、上海和深圳都是以第三产业为主，而天津、湖北、重庆和广东则以第二产业为主；湖北、广东的能源消耗远高于北京、天津和深圳的能源消耗；重庆、湖北、天津的地区生产总值增速较高，而北京、上海、广东和深圳的地区生产总值增速相当且相对较低。这 7 个省市既有共性，又有地区特性，通过建设各具特色的地方碳市场，为建立全国碳市场积累经验，做政策、技术和能力建设上的准备。

试点省市非常重视碳交易市场建设工作，开展了各项制度设计和建设工作，包括制定地方法律法规，确定总量控制目标和覆盖范围，建立温室气体测量、报告和核查（MRV）制度，分配排放配额，建立交易系统和制定交易规则，开发注册登记系统，设立专门管理机构，建立市场监管体系，进行人员培训和能力建设，初步形成了碳交易试点制度框架。

8.2.2 立法问题

在目前碳交易试点缺乏国家上位法的情况下，各试点地区克服困难，分别出台了针对碳交易的地方性法规、政府规章和规范性文件，确立了交易制度的目的、作用、管理体系，并规定了惩罚措施，使碳交易政策的实施具有约束力和可操作性。表 8-1 列出了各试点地区制定的相关法律和规章。北京和深圳出台了效力较高的人大决定。其他试点地区主要以政府规章等形式颁布了碳排放权交易管理办法，尽管它们属于政府规章，但仍具有较高的法律效力。有的地区由于时间仓促等因素，只发布了部门规章，由于部门规章缺乏强有力的强制性，使得当地碳交易政策约束力不强。

表 8-1　　　　　　　　　　各试点地区制定的法律和法规

试点地区	政策法规体系	性质
北 京	市人大决定（2013-12）	地方性法规
	碳交易管理办法（2014-5）	政府规章
天 津	碳交易管理办法（2013-12）	部门规章
上 海	碳交易管理办法（2013-11）	政府规章
湖 北	碳交易管理办法（2014-4）	政府规章
广 东	碳交易管理办法（2014-1）	政府规章
深 圳	市人大决定（2012-10）	地方性法规
	碳交易管理办法（2014-3）	政府规章
重 庆	市人大决定草案（2014-4）	地方性法规
	碳交易管理办法（2014-5）	政府规章

8.2.3　总量目标与覆盖范围

试点地区结合社会经济实际情况、能源消费总量及增量目标、能源强度目标、二氧化碳排放强度目标和地区生产总值增速等相关指标，并与企业历史排放数据相结合，通过自上而下和自底向上相结合的方式，确定了适度增长的量化控制目标。碳交易体系下的总量控制目标各地迥异，从深圳每年 3 000 万吨左右二氧化碳到广东每年 3.5 亿吨二氧化碳不等。试点碳市场排放配额分别占各自地区碳排放总量的40%~60%。

结合经济和能源消费结构，各地碳市场确定了覆盖的行业和控排温室气体，基本特点是呈阶段性扩展趋势。在初期阶段，所有地区的高能耗行业，如电力和热力、化工、钢铁、建材、有色、石化、油气开采等都被纳入。试点城市中大部分城市由于第三产业比重较大，工业排放源少，因此大多数将商业、宾馆、金融等服务行业和建筑行业纳入。随着试点工作的推进，一些试点地区开始逐步扩大碳市场覆盖范围，增加参与主体。例如，北京碳市场从 2016 年开始将管控门槛从年排放 1 万吨下调至 5 000 吨，新增 430 家控排企业，交易范围不断扩大。

8.2.4　配额分配方法

通过自底向上收集排放源数据和自上而下确定年度排放目标，各地制定了包括由现有企业配额、新增产能配额和调控配额组成的排放总量配额。

中国七个碳交易试点地区的配额分配方法学也在逐步进化。试点初期，各试点碳市场都对多数行业的企业采用"历史法"分配配额，即根据过去 2~3 年的排放量和初步的预测分配配额；部分地区对于数据条件较好、产品单一的行业，如电力、水泥等行业企业采用了"基准法"分配配额。随着数据积累，逐步扩大基准法的覆盖范围。例如，北京碳市场 2021 年碳排放数据报送与核查工作将水泥生产、热力生产和供应、数据中心等行业的配额核定方法改为基准值法。

同时，试点碳市场在规范性文件中对配额有偿分配也进行了相关规定，其中，广东省在其配额分配实施方案中明确规定实行免费和有偿发放相结合的方法，2020 年度对于 6 个纳管行业，航空企业 100% 免费，电力企业 95% 免费，其余 4 个行业 97% 免费。

8.2.5　试点碳市场的 CCER 利用规则

作为强制履约市场最主要的低成本履约工具，CCER 项目产生的减排量会以抵消机制的方式设计进入各试点碳市场和全国统一碳市场。CCER 项目产生的减排量抵消机制进入强制履约市场，一方面能够促进更多的非纳入企业参与到碳交易市场，提高市场交易活跃度；另一方面能够丰富控排企业的履约方式，并进一步降低整个碳排放交易体系对纳入行业的竞争力和区域经济的潜在影响。目前"两省五市"碳排放权交易试点市场及全国碳市场皆允许 CCER 以抵消机制进入碳市场交易。

虽然项目和减排量审批尚未重启，但已签发的 CCER 交易仍在继续。截至 2020 年 12 月底，全国 CCER 累计成交 2.68 亿吨。其中上海 CCER 累计成交量持续领跑，超过 1 亿吨，占比 41%；广东排名第二，占比 20%；北京、深圳、四川、福建和天津的 CCER 累计成交量在 1 000 万吨~3 000 万吨，占比分别在 4%~10%；湖北碳市场交易不足 1 000 万吨。CCER 抵消机制使用于试点碳市场，为控排企业增强履约能力、减少履约成本提供了更多的操作空间。

各试点碳市场交易产品除本地碳排放权配额外，均允许以中国核证自愿减排量（CCER）作为抵消交易产品，但制定了严格的抵消细则，对抵消比例上限、项目类型、产生时间、所在区域等进行限制，如表 8-2 所示。

综合以上规则，"两省五市"碳排放权交易市场抵消机制规则可以归纳为以下五点：

（1）皆设定 CCER 使用量的限制，使用比重为 1% 至 10%。7 个试点省市设置 CCER 使用比重分为以年度排放量和年度配额量两个不同的参考基数，对控排企业判断使用 CCER 数量、制定交易操作策略会有不同影响。

（2）除深圳外，皆设定 CCER 项目的时间限制。广东要求第三类项目产生的 CCER 不能用来履约；重庆、北京、上海、天津均规定了可使用的 CCER 实际产生的时间；湖北省的规定更为严格。

表 8-2   碳排放权交易市场抵消机制规则汇总表

试点	使用量限制	时间限制	地域限制	类型限制	其他
深圳	不超过年度排放量的10%	无	1. 风力发电、太阳能发电、垃圾焚烧发电项目来源于：梅州、河源、湛江、汕尾；新疆、西藏、青海、宁夏、内蒙古、甘肃、陕西、安徽、江西、湖南、四川、贵州、广西、云南、福建、海南；包头、淮安等签署碳交易区域战略合作协议的省份或地区； 2. 农村户用沼气、生物质发电、清洁交通减排、海洋固碳减排项目来源于：深圳以及包头、淮安等签署碳交易区域战略合作协议的省份或地区； 3. 林业碳汇、农业减排项目无地理限制	应来自以下类型： 1. 可再生能源和新能源项目类型（风力发电、太阳能发电、垃圾焚烧发电、农村沼气和生物质发电项目）； 2. 清洁交通减排项目； 3. 海洋固碳减排项目； 4. 林业碳汇项目； 5. 农业减排项目	深圳本市企业在全国投资开发的减排项目均可在本市进行履约，不受项目类型和地区的限制
广东	不超过年度排放量的10%	非来自在联合国清洁发展机制执行理事会注册前就已经产生减排量的清洁发展机制项目（即第三类项目）	70%以上来自广东省省内项目	1. 主要来自二氧化碳（CO_2）、甲烷（CH_4）减排项目，即这两种温室气体的减排量应占该项目所有温室气体减排量的50%以上； 2. 非来自水电项目，非来自使用煤、油和天然气（不含煤层气）等化石能源的发电、供热和余能（含余热、余压、余气）利用项目	无

（续表）

试点	使用量限制	时间限制	地域限制	类型限制	其他
北京	不超过当年核发配额的 5%	2013 年 1 月 1 日后实际产生	1. 京外 CCER 不得超过企业当年核发配额量的 2.5%； 2. 优先使用来自与本市签署合作协议地区的 CCER	非来自减排氢氟碳化物（HFCs）、全氟化碳（PFCs）、氧化亚氮（N_2O）、六氟化硫（SF_6）气体的项目及水电项目的减排量	非来自本市行政辖区内重点排放单位固定设施的减排量
上海	不得超过企业年度基础配额的 1%	CCER 项目计入期应始于 2013 年 1 月 1 日之后	暂无	非水电类项目	上海市试点企业排放边界范围内的 CCER 不得用于上海市的配额清缴
天津	不超过年度排放量的 10%	CCER 项目计入期应始于 2013 年 1 月 1 日之后	优先使用京津冀地区自愿减排项目产生的减排量	1. 仅限于来自二氧化碳气体项目； 2. 来自非水电项目	七个碳交易试点纳入企业排放边界范围内的 CCER 项目不能用于天津市的碳排放抵消
湖北	不超过年度初始配额的 10%	项目监测期为 2015 年 1 月 1 日至 2015 年 12 月 31 日之内的减排量	减排量需来自湖北省行政区域，项目所在地区应为湖北省连片特困地区	仅限备案的农村沼气或者林业类项目产生的减排量	1. 排除纳入碳排放配额管理企业组织边界范围内产生的碳排放抵消； 2. 减排量在本省排放权交易注册系统进行登记
重庆	不超过审定排放量的 8%	CCER 项目计入期应始于 2010 年 12 月 31 日后，碳汇项目不受此限制	暂无	水电项目除外	无

备注：

1. 上海市发改委于 2016 年 11 月 10 日发布《上海市发展和改革委员会关于印发〈上海市 2016 年碳排

放配额分配方案〉的通知》（沪发改环资〔2016〕138 号），进一步限制了上海碳市场 CCER 抵消使用规则的使用比例和项目类型）；

  2. 数据来源：各试点省市发改委网站。

（3）除上海外，皆对 CCER 项目的减排类型进行限制。除上海外的 6 个试点省市优先使用社会效益更好的农村沼气和林业碳汇项目；水电项目基本上被试点碳市场限制使用。上海在 2016 年 11 月前对水电项目没有限制，截止到 2016 年 9 月份已累计交易 CCER 超过 3 500 万吨，是同期配额交易量的 2 倍，对整个上海碳市场造成一定影响。

（4）除上海、重庆外，皆对 CCER 项目的所在地域作出限制，优先使用产生于本地或与本地有合作协议地区的 CCER。

（5）皆要求纳入企业排放边界范围内的 CCER 项目不能用于履约。

8.3 北京碳市场试点与全国碳市场的衔接研究

8.3.1 立法问题

1）北京市碳排放交易试点的立法现状

制定出台法规政策，是市场经济条件下依法建立碳排放权交易市场的必要条件和法制基础。目前，北京市已经制定完成了全市"1+1+N"的碳排放权交易法规政策总体框架。

第一个"1"：是指北京市人大发布的《关于北京市在严格控制碳排放总量前提下开展碳排放权交易试点工作的决定》（以下简称《决定》）。《决定》是构建碳交易市场的法律依据，明确配额产生、分配、流转和抵消等碳排放权交易基本环节的规则。一是建立碳排放配额管理制度，确立本市对碳排放实行管控制度，规定重点排放单位的碳排放权利与责任，全市行政辖区内的重点排放单位须持有二氧化碳排放配额。二是实行碳排放报告报送制度，明确二氧化碳排放报告单位须履行碳排放报告责任，建立二氧化碳排放报告第三方核查制度。三是确立碳排放权交易制度，明确重点排放单位可采用市场交易方式完成二氧化碳排放控制目标。四是建立罚则，对不履行碳排放控制责任等违反碳排放管控相关制度的行为，明确相应的惩罚要求。

第二个"1"：是指北京市政府《北京市碳排放权交易管理办法（试行）》（以下简称《管理办法》）。《管理办法》主要对合理排放二氧化碳的权利以及超额排放的责任等相关事项作出规定；明确配额产生、分配、流转和抵消等碳排放权交易基本环节的规则，是在市人大决定基础上的细化和完善。其内容包括：（1）总则：主要阐明了编制目的、适用范围、工作原则、相关责任和管理体系等基本要求和原则规定。（2）碳排放配额管理：主要明确了排放配额管理制度的适用主体，规定了二氧化碳排放报告报送与核查、碳排放配额分配与核发、碳排放配额上缴与履约等事项的要求和流程，明确了各相关机构的职责分工和办理时限。（3）二氧化碳排放交易：主要明确了本市碳排放交易的交易主体、交易产品、交易方式的基本要求，规定了交易机构及其开展经营活动的基本原则，明确了本市开展碳排放交易的方式及创新。（4）监督管理与激励措施：主要规定了本市加强碳排放交易的监管方式，规定了本市促进重点排放单位积极参与碳排放交易的激励政策。（5）法律责任：主要规定了所涉及相关方在开展碳排放交易过程中出现违规违法行为时的责任追究和处理方式。

"N"：是指配套细则，主要由北京市发改委会同有关部门制定出台的配额核定方法、核查机构管理办法、交易规则及配套细则、公开市场操作管理办法、行政处罚自由裁量权规定、碳排放权抵消管理办法，以及北京环境交易所推出的碳排放权交易规则及细则等配套政策文件与技术支撑文件。表 8-3 列出了北京市发布的人大决定、管理办法和配套政策文件。这些配套政策文件覆盖了碳排放核算报告及核查、配额分配、登记系统、交易、处罚、市场调控、抵消等在内的碳排放权交易体系所有要素，表明了北京市碳排放权交易体系制度建设的完整性。

表 8-3　　　　　　　　　北京市碳排放权交易试点制度文件列表

框架性文件			
序号	级别	文件名称	出台时间
1	人大立法	《关于北京市在严格控制碳排放总量前提下开展碳排放权交易试点工作的决定》	2013
2	政府文件	《北京市碳排放权交易管理办法（试行）》	2014
配套政策文件			
序号	要素	文件名称	出台时间
3	MRV（核算报告）	《北京市企业（单位）二氧化碳核算和报告指南》	2013 2014
4	MRV（报告）	《北京市温室气体排放报告报送流程》	2013
5	MRV（核查）	《北京市碳排放权交易核查机构管理办法（试行）》	2013
6		《北京市碳排放报告第三方核查程序指南》	2013 2014
7		《北京市碳排放第三方核查报告编写指南》	2013 2014
8	配额分配	《北京市碳排放权交易试点配额核定方法（试行）》	2013
9		关于发布行业碳排放强度先进值的通知	2014
10	登记系统	《北京市碳排放权交易注册登记系统操作指南》	2013
11	交易	《北京环境交易所碳排放权交易规则（试行）》	2013
12		《北京环境交易所碳排放权交易规则配套细则（试行）》	2014
13		《北京市碳排放配额场外交易实施细则（试行）》	2013
14	处罚	《关于规范碳排放权交易行政处罚自由裁量权的规定》	2014
15	市场调控	《北京市碳排放权交易公开市场操作管理办法（试行）》	2014
16	抵消	《北京市碳排放权抵消管理办法（试行）》	2014

2）提高立法等级

地方立法包括条例、人大决定、政府令和一般性政府规章，法律效力依次递减。条例是对地区政治、经济、科技等领域的某些重大事项的管理和处置作出比较全面、系统的规定。地方人大决定是一种对问题作出实体性规定和对行为作出规范或制约的法律文件，其指向性基本上是国家权力机关职权范围内的事项。政府令是由地方人民政府执行本级人民代表大会及其常务委员会的决议，以及上级国家行政机关的决定和命令，规定行政措施，发布决定和命令。一般性政府规章是由政府常务会议或者全体会议讨论决定的法律规范形式，如办法是指行政主管部门对贯彻执行某一法令、条例或进行某项工作的方法、步骤、措施等，提出具体规定的法规性公文。从立法层次看，当前地方应对气候变化立法都属于政府规章，效力等级不高。而立法等级差异背后就是行政执法权的赋予与否，以及对机构设置、组织办法、人员配备、任务职权、工作秩序、权责义务、奖惩措施的规范强弱。

3）设定总量下降目标

《决定》中提出"实行碳排放总量控制。市人民政府根据本市国民经济和社会发展计划，科学设立年度碳排放总量控制目标，严格碳排放管理，确保控制目标的实现和碳排放强度逐年下降"。为保障"北京市委关于制定'十四五'规划和2035年远景目标的建议"所提出的"碳排放率先达峰后持续下降""碳排放稳中有降"等目标实现，要在立法修订中明确提出总量下降目标及设定总量下降目标的原则。

4）调整公开市场操作天花板价格

北京平均碳价水平高于全球平均碳价水平。IMF 计算的全球平均碳价格仅为 2 美元/吨[①]。由图 8-5 可见，无论是北京市的公开交易年均碳价还是线上/线下加权平均碳价水平，都高于目前的全球平均碳价水平。

服务于长期碳中和愿景，北京市碳定价水平远远不够。据碳定价高级别委员会估计，要想低成本高效益地实现《巴黎协定》温控目标，每吨二氧化碳定价在2020年前至少需达到40~80美元/吨，在2030年前达到50~100美元/吨[②]。国际能源署的可持续发展情景也表明，为确保与《巴黎协定》相一致，碳价需设立在75~100美元/吨之间[③]。

---

① Source：IMF，Putting a Price on Pollution，Finance & Development 56（4），December，2019.
② Source：CPLC，Report of the High-Level Commission on Carbon Prices，May 29，2017.
③ Source：IEA，World Energy Outlook 2019，November 13，2019.

（元/吨）

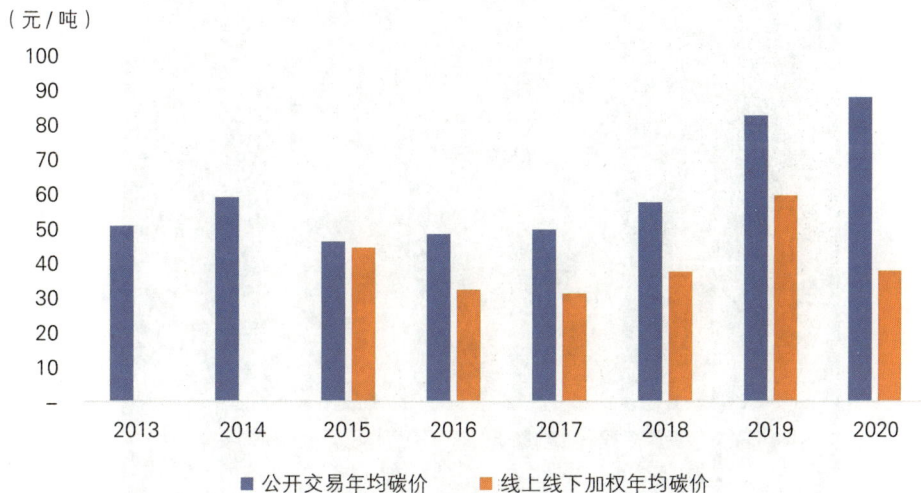

图 8-5　北京市历史年均碳价

数据来源：WIND，北京市绿色交易所。

根据《北京市碳排放权交易公开市场操作管理办法（试行）》第十四条有关配额天花板价格的规定，"配额的日加权平均价格连续 10 个交易日高于 150 元/吨时，可组织临时拍卖"，这实际上已经锁定了未来北京市碳定价服务于中长期碳达峰或碳中和的作用空间，需要研究天花板碳价水平的设置区间。

8.3.2　管控范围

本市碳排放权交易市场参与者包括有 943 家重点排放单位，覆盖了电力、热力、水泥、石化、交通运输、其他工业、服务业等 7 个行业类别，还包括高校、医院、政府机关等公共机构。

截至 2019 年 10 月 17 日，北京碳市场配额成交量 3 588 万吨，成交额 14.6 亿元。其中线上成交 5 227 笔，成交量 1 340 万吨，成交额 8 亿元，成交均价 59.63元/吨（为 7 个试点最高）；价格走势平稳，客观地反映了较为平衡的市场供求关系（如图 8-6 所示）。

图 8-6 试点碳市场的碳价

8.3.3 配额分配方法

1）强化的履约保障

从碳交易试点运行经验来看，法律制度、政策执行力等因素对履约完成情况具有较大影响。

（1）提高碳交易立法层级，直接给出政府对控排企业违约行为的处罚力度，从而影响企业的违约成本。

在缺乏上位法支持的情况下，试点立法停留在政府一般规范性文件的层级上，而不上升到人大立法的高度，就会导致碳交易主管部门在设计罚则时无法通过提高罚金等方式增强对企业的约束力，从而导致试点控排企业违约成本存在明显差异。

北京市人民代表大会常务委员会《关于北京市在严格控制碳排放总量前提下开展碳排放权交易试点工作的决定》（2013 年 12 月 27 日北京市第十四届人民代表大会常务委员会第八次会议通过）规定，未按规定报送碳排放报告或者第三方核查报告的，由市人民政府应对气候变化主管部门责令限期改正；逾期未改正的，可以对排放单位处以 5 万元以下的罚款。重点排放单位超出配额许可范围进行排放的，由市人民政府应对气候变化主管部门责令限期履行控制排放责任，并可根据其超出配额许可范围的碳排放量，按照市场均价的 3 至 5 倍予以处罚。

（2）加大碳交易执法能力的力度。

碳交易体系具有高度的复杂性，涉及经济社会发展的诸多产业，履约流程执行情况将直接影响到履约情况的真实性，从而对配额同质性产生较大影响。相对来说，北京碳交易试点履约政策执行较为严格，其在机构设置上不仅涵盖了碳交易主管部门、交易机构、核查机构、政策制定支撑机构等相关方，还成立了执法大队对违约企业进行监督，保证控排企业履约数据质量。首先，建立执法细则和执法队伍。例如，北京碳市场加强了执法监察，以执法推动控排企业履约，并对未履约企业施行 3~5 倍平均配额价格的罚款。出台了《关于规范碳排放权交易行政处罚自由裁量权的规定》，遵循处罚法定、过罚相当、综合裁量的原则，确保行使行政处罚自由裁量权的合法性和合理性，并明确了处罚种类、幅度。

基于教育为主的原则，给予了纠错机会，对当事人有下列情形之一的，不予处罚：①年综合能源消耗 2 000 吨标准煤（含）以上的法人单位在责令改正期限 5 个工作日内完成碳排放报告报送的；②重点碳排放单位在责令改正期限 5 个工作日内完成第三方核查报告报送的；③重点排放单位在责令期限 10 个工作日内完成碳排放配额履约的；④其他不予处罚的情形。

其次，北京市还出台了其他相关政策。例如，北京碳市场除了对未履约企业进行罚款和扣除配额等处罚外，还将未履约企业纳入征信系统管理，并将取消其享受节能减排激励政策，包括享受财政补贴、限制其参与项目申请等。

2）碳价稳定机制

根据经济学原理，供给和需求共同决定价格。碳排放权交易市场的特殊性在于，市场的供给由政府决定，且在碳市场运行初期，由于缺乏数据基础等原因，很容易造成供给与需求不匹配的情况。而且随着经济发展，当配额市场需求不断减少时，若要保持价格的稳定，则供给也应相应减少。而现实中，政府确定的供给无法对需求变化作出及时的回应与调整。此外，不同行业减排成本的差异、市场参与主体的数量和活跃度，都会对交易价格产生影响。从实践经验来看，经济下行压力造成的配额过剩，是包括欧盟在内的大部分碳市场面临的问题。这种特殊的"市场失灵"难以为碳市场机制自身所克服，需要政府进行适当调控。

碳交易价格是碳市场与减排有关的所有经济活动的信号。合理的碳交易价格可以促进经济体的低碳转型和优化社会激励机制，反之，可能放大经济发展和减排之间的矛盾。北京市在推进碳交易试点制度构建时已开始考虑碳价调控的制度设计问题，并在借鉴欧盟经验教训的基础上开展了许多有益的探索。北京的碳市场政策明确了配额调整方案、价格控制措施以及配额价格的最高和最低区间，为国内碳市场价格控制机制的实施提供了良好的范例。

（1）主要情景设置

对北京碳市场而言，要发挥碳交易机制对控制碳排放的作用，紧密跟踪碳价的走动，既要保障碳价不能过高，避免对地区生产总值带来较大的冲击；又要避免碳价过低，失去了碳排放成本内部化对重点排放单位的影响力。

根据上述分析，主管部门所制定的配额分配方案是影响碳价波动的重要因素。为此，选择两种不同的配额分配方案：配额适度（情景 S1）、配额较宽松（情景 S2）。其中，S1 情景所对应的适度配额方案就是现在北京市现有配额分配方案在"十三五"期间再适度收紧。

（2）分析结果

针对上述情景，分别进行动态 CGE 模型的模拟。考虑碳交易的碳价，北京市的宏观经济、能源消耗和碳排放等变量在实施碳交易政策前后的变化（如图 8-7 所示）。

根据上述测算结果可知（详见表 8-4 和表 8-5），在 S2 情景下，过低的碳价，对碳排放控制的干预作用明显偏弱，失去了政策设计的初始意义。而在 S1 情景下，维持北京市现有配额分配方案的控制力度，在"十三五"期间继续适度收紧，2015 年能源强度和碳强度分别相对 2010 年下降 25%、29%，与此相对应的政策成本是地区生产总值总量、地区生产总值增速相对无碳交易情景下分别下降 0.56% 和 0.20%。

（元/吨）

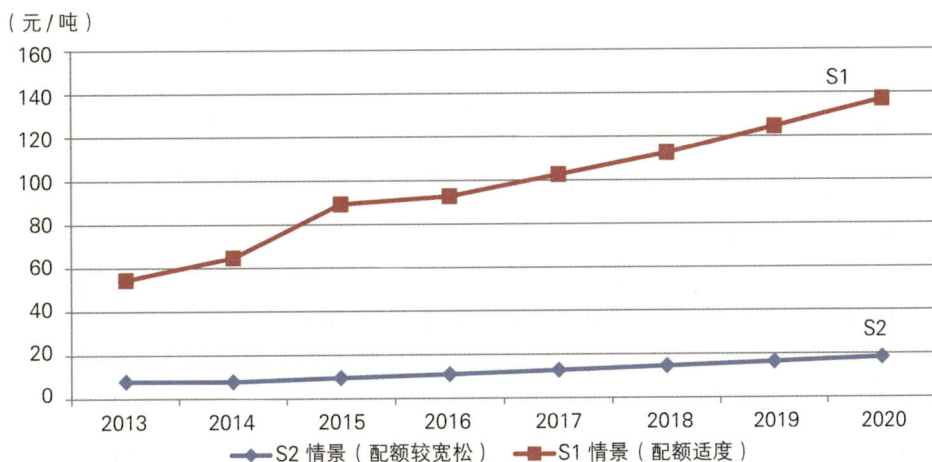

图 8-7　严格程度不同的配额分配方案内生的碳价

表 8-4　　　　　　　　　　　　　S1 情景（配额适度）所内生的碳价及其影响

	2013	2014	2015	2016	2017	2018	2019	2020
S1 情景（配额适度）	54	65	89	93	103	112	125	137
碳价格（元/吨二氧化碳）	54	65	89	93	103	112	125	137
地区生产总值总量变化	−0.29%	−0.38%	−0.56%	−0.65%	−0.73%	−0.78%	−0.83%	−0.89%
地区生产总值增速变化	−0.31%	−0.10%	−0.20%	−0.09%	−0.08%	−0.06%	−0.06%	−0.06%
能源强度相对 2010 年变化			−25.01%					−39.35%
碳强度相对 2010 年变化			−29.01%					−44.27%

表 8-5　　　　　　　　　　　　　S2 情景（配额较宽松）所内生的碳价及其影响

S2 情景（配额较宽松）	2013	2014	2015	2016	2017	2018	2019	2020
碳价格（元/吨二氧化碳）	8	8	9	11	13	15	16	18
地区生产总值总量变化	−0.02%	−0.02%	−0.03%	−0.03%	−0.04%	−0.04%	−0.04%	−0.04%
地区生产总值增速变化	−0.02%	0.00%	−0.01%	0.00%	0.00%	0.00%	0.00%	0.00%
能源强度相对 2010 年变化			−23.2%					−37.63%
碳强度相对 2010 年变化			−24.95%					−40.48%

（3）设立公开市场操作触发价格区间

根据上述情景研究，在碳排放交易体系设计中对北京市碳价设置一个地板价的触发机制，若价格过低，低于 20 元，则根据北京市人大的《决定》，启动回购机制。若碳价过高，高于 150 元/吨，则启动拍卖机制。

例如北京市公布《公开市场操作管理办法》：当配额的日加权平均价格连续 10 个交易日高于 150 元/吨时，进行拍卖，当配额日加权平均价格连续 10 个交易日低于 20 元/吨时，可组织配额回购。

8.3.4　碳市场在北京市"十四五"规划中的作用

因全国碳市场建设采取是分步走的工作进度安排，"十四五"期间将出现全国碳市场与北京碳市场并存的局面；且交通运输部门在"十三五"期间进入北京碳市场。

1）配额分配方案及对应的碳价

假定北京碳市场的配额分配方案如表 8-6 所示。

表 8-6　　　　　　　　　　　　北京碳市场的配额分配方案

类型	2013 年	2015 年	2020 年	2030 年
制造业和采矿业企业	98%	94%	92%	90%
服务业企业（单位）	99%	96%	94%	92%
火力发电企业的燃气机组	100%	100%	98%	95%
火力发电企业的燃煤机组	99.90%	99.50%	98%	96%
供热企业（单位）的燃气机组	100%	100%	98%	96%
供热企业（单位）的燃煤机组	99.80%	99.00%	97%	95%
交通运输			100%	98%

将碳交易机制分别作用于不同的能源结构优化政策（E1、E2）与经济新常态政策（GⅡ和GⅢ）组合，则可得到 4 种碳交易政策情景：

BETS1（（GⅡ（中增速）/E1（压减燃煤））；

BETS2（GⅡ（中增速）/E2（新能源））；

BETS3（GⅢ（低增速）/E1（压减燃煤））；

BETS4（GⅢ（低增速）/E2（新能源））。

北京市未来碳价走势如表 8-7 所示：

表 8-7   北京市未来的碳价走势（元/吨二氧化碳）

年份	BETS1 （GⅡ（中增速）/E1 （压减燃煤））	BETS2 （GⅡ（中增速）/E2 （新能源））	BETS3 （GⅢ（低增速）/E1 （压减燃煤））	BETS4 （GⅢ（低增速）/E2 （新能源））
2010	0	0	0	0
2014	30	32	33	37
2015	33	35	36	39
2020	74	77	78	83
2025	136	140	142	150
2030	226	232	236	249

2）对能源消费的影响分析

碳价对北京市能源消耗的影响如图 8-8 所示。

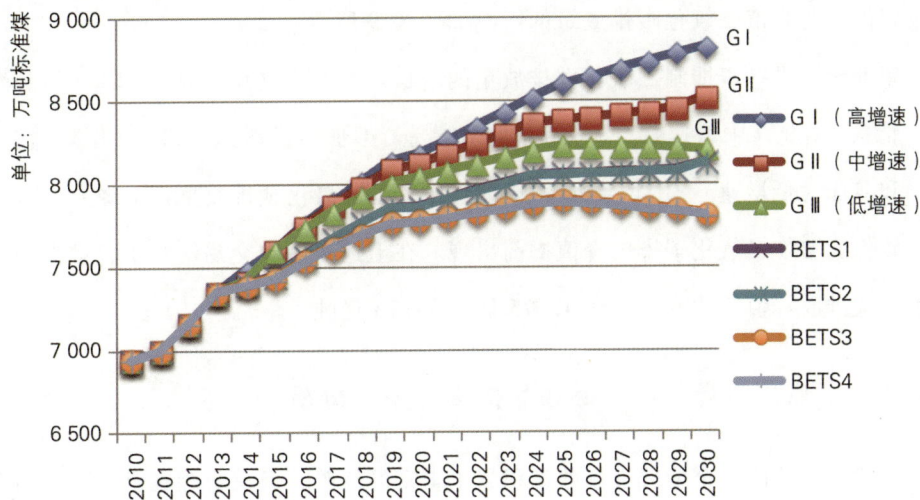

图 8-8　碳价对北京市能源消耗的影响

注：BETS1 与 BETS2 接近，故不显示。

碳价能够在一定程度上抑制能源消费总量的增长。与 GⅠ（高增速）、GⅡ（中增速）和 GⅢ（低增速）三种情景相比较，能源消费量都下降。

在情景 BETS3 和 BETS4 中，能源消费总量都在 2025 年达峰，能源消费量分别为 7 907 万吨标准煤、7 893 万吨标准煤（见表 8-8）。

表 8-8 　　　　　　　　　　　　碳价对北京市能源消耗的影响　　　　　　　单位：万吨标准煤

年份	GⅠ（高增速）	GⅡ（中增速）	GⅢ（低增速）	BETS1	BETS2	BETS3	BETS4
2010	6 942	6 942	6 942	6 942	6 942	6 942	6 942
2015	7 605	7 605	7 605	7 452	7 445	7 441	7 428
2020	8 183	8 121	8 043	7 868	7 862	7 782	7 769
2025	8 602	8 384	8 231	8 065	8 058	7 907	7 893
2030	8 828	8 522	8 211	8 132	8 125	7 824	7 811

3）对碳排放量的影响

碳价对北京市二氧化碳排放量的影响如图 8-9 所示。

碳价能够进一步抑制二氧化碳排放量的增长。与 GⅡ（中增速）/E1（压减燃煤）情景、GⅡ（中增速）/E2（新能源）情景、GⅢ（低增速）/E1（压减燃煤）情景和 GⅢ（低增速）/E2（新能源）情景比较，二氧化碳排放量都下降。

碳价能够使二氧化碳排放峰值提前出现。在上述 4 种碳交易情景下，都出现了二氧化碳排放峰值，达峰区间约 1.675 亿吨~1.75 亿吨。

8.3.5　试点碳市场与全国碳市场的衔接安排分析

虽然试点地区为全国碳市场建设积累了丰富的经验，但是也存在已经形成的交易体系与全国碳市场体系的统一与衔接问题，如控排企业覆盖范围、MRV 体系、配额分配等方面的过渡障碍等，因此，一定程度上而言，试点地区在向全国统一碳市过渡时面临的难度要大于非试点地区。全国统一碳排放权交易市场即将于 2017

(单位：亿吨)

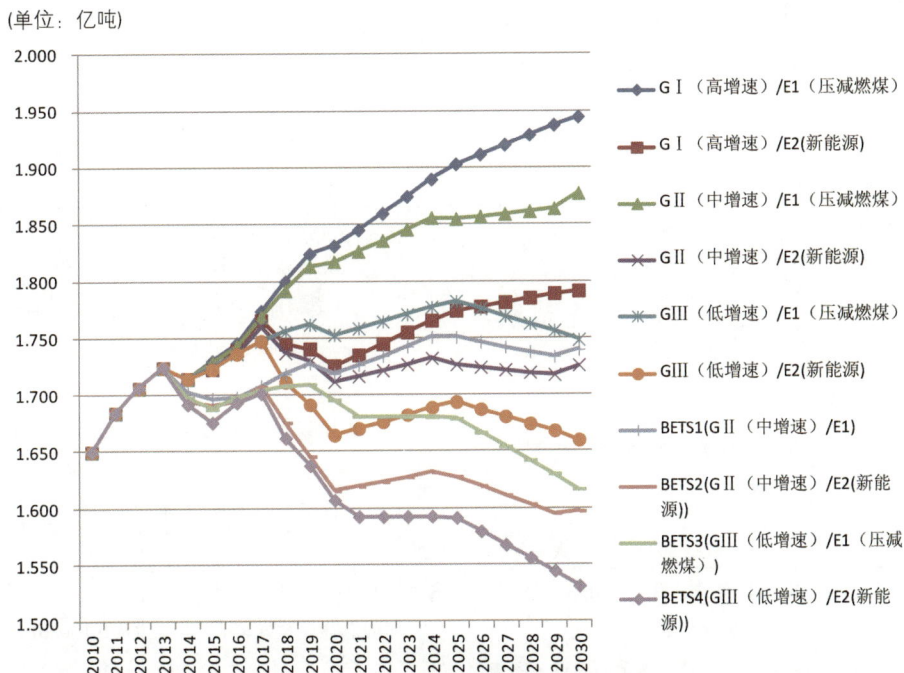

图 8-9 碳价对北京市二氧化碳排放量的影响

年启动。现阶段全国碳交易试点政策框架的部分关键要素基本明晰，试点地区需考虑如何在制度设计上与国家要求进行接轨，为下一步迎接全国碳市场的到来做好准备。

1）关于碳市场覆盖范围的衔接问题

全国碳市场第一阶段以覆盖高耗能、高排放行业为主，将纳入石化、化工、建材、钢铁、有色、造纸、电力、航空等 8 个行业中 2013 年至 2015 年任意一年综合能源消费总量在 1 万吨标煤以上的企业法人或独立核算企业单位。试点地区碳市场纳入行业与全国碳市场纳入行业范围、标准情况如表 8-9 所示。

对比试点体系当前的覆盖行业范围，除广东外，均包含国家碳市场启动初期没有纳入的本地行业，也存在国家碳市场启动初期纳入的行业在试点没纳入的情况。同时，即使同一行业范围，也存在纳入企业排放量门槛不一致的情形，有的高于国家统一碳市场，有的低，从而也形成在试点纳入而全国碳市场不纳入（如深圳、

北京等）、在全国纳入而试点未纳入（如湖北等）的两类企业。这两类行业或企业
在全国碳市场阶段如何处置，是需要试点地区主管部门重点解决的问题。

表 8-9　　　　　　　　　　试点碳市场和全国碳市场纳入行业对比

试点/国家	纳入行业	纳入标准（无特殊说明的为年碳排放量）	纳入单位数量
深圳	工业（电力、水务、制造业等）和建筑	工业：3 000 吨标准煤以上 公共建筑：2 万平方米以上 机关建筑：1 万平方米以上	工业：635 建筑：197
上海	工业：电力、钢铁、石化、化工、有色、建材、纺织、造纸、橡胶和化纤； 非工业：航空、机场、水运、港口、商场、宾馆、商务办公建筑和铁路站点	工业：2 万吨标准煤以上 非工业：1 万吨标准煤以上 水运：10 万吨标准煤	191（2015） 368（2016）
北京	非工业：电力、热力、水泥、石化、交通运输业、其他工业和服务业	5 000 吨标准煤以上	894（2019） 543（2015） 983（2016）
广东	电力、水泥、钢铁、石化、造纸和民航	年排放 2 万吨标准煤及以上； 新建项目企业	控排企业：245（2020）； 新建项目企业：23
天津	5 个工业行业：电力热力、钢铁、化工、石化、油气开采	2 万吨标准煤以上	114
湖北	16 个工业行业：电力、热力及热电联产、玻璃及其他建材、水泥、陶瓷制造、纺织和化纤、汽车制造、化工、设备制造、有色金属和其他金属制品、钢铁、食品饮料、石化、医药、水的生产与供应、造纸	能耗 1 万吨标准煤以上	373（2019）
重庆	电力、电解铝、铁合金、电石、烧碱、水泥、钢铁	2 万吨标准煤以上	242
国家	石化、化工、建材、钢铁、有色、造纸、电力、航空	综合能源消费总量在 1 万吨标准煤以上	7 000 ~ 8 000

（1）对于试点碳市场没纳入但国家碳市场纳入的企业

如果各试点有国家要求纳入但未纳入本地碳市场的控排单位，那么这类企业由于没有参加过试点阶段的碳履约，对碳市场的整体运行方式还不熟悉，自身能力相对薄弱。在向全国碳市场过渡的阶段，需要对这类企业明确国家的政策方向，着重进行动员和加强能力建设，也可考虑在过渡时期将此类企业纳入试点碳市场中，使其更快地熟悉碳市场的流程。

（2）对于国家碳市场没纳入但试点碳市场纳入的企业

针对此类企业，试点地区面临的主要障碍在于是否要将各自的本地企业纳入全国碳市场。对于一些行业，目前国家没有针对该行业制定统一的核算指南或配额分配方法，纳入全国碳市场面临具体困难。此类企业不纳入全国碳交易体系，那么试点是保留本地碳市场并将这类企业保留在本地碳市场进行履约，还是将这类企业转为报告行业或直接调整出控排企业范围，也是目前试点地区主管部门重点研究的问题。从目前来看，北京、上海、深圳政策体系倾向于保留本地碳市场并将这类企业保留在本地碳市场进行履约，从而在上述地区将并行存在全国统一碳市场和本地碳市场，给政府主管机构和企业带来管理上的困难。

2）关于配额分配及结转的问题

合理设置配额分配方法是保持碳市场活跃度、确保不同行业企公平竞争的重要前提，也是目前全国碳市场建设的重点任务之一。目前，全国碳市场配额分配方案还未最终敲定，各地在根据国家发改委制定的配额预分配方案进行历史数据报送，协助国家完善全国碳市场配额分配方案。根据可得的国家配额分配方案草案，国家各行业配额分配方法见表 8-10，试点地区行业配额分配方法见表 8-11。

与各试点的分配方法对比来看，国家与试点均采用历史法和基准线法相结合的免费配额分配方案。不同行业采用何种方法分配二者差别较大。此外，由于国家电力行业之外行业的配额分配方案暂未发布，有关配额调整等配套细则也有待公布具体规定。在此情景下，试点在向全国碳市场过渡时除了面临调整配额分配方法、与国家要求保持一致外，还有如下几个问题值得注意。

表 8-10　　　　　　　　　国家碳市场行业配额分配方法表（草案）

国民经济行业分类	企业子类	配额分配方法
电力、热力生产和共赢	发电	基准法
	热电联产	基准法
	电网	历史强度下降法
石油加工、炼焦和核燃料加工业	原料加工	基准法
化学原料和化学制品制造业	乙烯	基准法
	合成氨	历史强度下降法
	电石	历史强度下降法
	甲醇	历史强度下降法
	其他化工产品	历史强度下降法
非金属矿物制品业	水泥熟料	基准法
	平板玻璃	基准法
有色金属冶炼和压延加工业	电解铝	基准法
	铜冶炼	历史强度下降法
黑色金属冶炼和压延加工业	粗钢	历史强度下降法
	钢压延加工	历史强度下降法
造纸和纸制品业	纸浆制造	历史强度下降法
	机制纸和纸板	历史强度下降法
航空运输业	航空旅客运输	基准法
	航空货物运输	基准法
	机场	历史强度下降法

（1）是否要从严制定配额分配方法

按照国家配额分配的思路，全国碳市场第一阶段以免费分配为主，地方可在国家方法的基础上设定更严格的配额分配方式，例如设置更严格的基准线和强度下降系数、设置有偿分配机制等。适当从严能够充分发挥碳交易这种市场机制的减排作用，但同时会增加企业履约的成本，对主管部门来说是一把双刃剑。在与全国碳市场接轨时，试点地区是选择与国家的分配方法保持一致，还是考虑设置更严格的配额分配方法，应该是目前地方主管部门重点考虑的问题。

表 8-11　　　　　　　　　　试点地区行业配额分配方法

试点	历史排放法	历史强度法	基准法
深圳	无	部分电力企业	大部分电力企业；水务企业；其他工业企业（结合竞争博弈）；建筑物
上海	产品复杂、近几年边界变化大、难以采用行业基准线法或历史强度法的工业企业 商场、宾馆、商务办公、机场等建筑	产品产量与碳排放量相关性高且计量完善的工业企业，以及航空、港口、水运、自来水生产行业企业	发电、电网和供热等电力热力行业企业
北京	石化、其他工业和服务业的既有设施； 公共交通、轨道交通的固定设施	水的生产与供应业； 电网企业 公共交通、轨道交通的移动设施	电力行业；热力行业；水泥行业；数据中心新增设施
广东	水泥行业的矿山开采； 钢铁行业的钢压延与加工工序； 石化行业企业	1）电力行业使用特殊燃料发电机组（如煤矸石、油页岩、水煤浆、石油焦等燃料）及供热锅炉； 2）水泥行业其他粉磨产品； 3）钢铁行业的自备电厂； 4）特殊造纸和纸制品生产企业、有纸浆制造的企业； 5）其他航空企业	1）电力行业燃煤燃气发电机（含热电联产机组）； 2）水泥行业的熟料生产和粉磨； 3）钢铁行业的炼焦、石灰烧制、球团、烧结、炼铁、炼钢工序； 4）普通造纸和纸制品生产企业
天津	钢铁、化工、石化、油气开采行业、航空企业	1）电力热力行业（含发电、热电联产、供热企业）、 2）建材行业、 3）造纸行业	无
湖北	其他行业	1）热力及热电联产； 2）造纸； 3）玻璃及其他建材； 4）水的生产和供应； 5）设备制造（部分）行业	1）水泥（外购熟料型水泥企业除外）； 2）电力行业
重庆	发电企业在 2015 年前采取免费配额分配，自主申报		

（2）试点阶段的配额如何结转至全国碳市场

目前国家对于试点阶段剩余的配额如何结转为全国碳市场配额没有明确的规定。不同的结转方式影响着企业配额存储和履约的策略，也影响试点地区在过渡期需要进行的准备工作。对于试点阶段配额如何处置的问题，主要由国家主管部门研究提出。

一方面，由于试点碳交易规则和配额发放具有法律基础，例如深圳与北京的碳交易试点是通过地方人大立法建立的，因此这些碳排放权配额有法律权益。试点配额应当在试点向统一碳市场过渡期间得以储存。

另一方面，试点地区配额转换成全国碳市场配额时，将采用一定折算比例转换；在设定这个折算比例时，各试点配额的富余程度及试点价格水平等因素将可能成为重点考虑因素。

因此，鉴于有关结转政策将对试点地区的交易和履约产生重要影响，同时对全国碳市场初期配额盈余情况及相关企业交易和履约产生重要影响，有必要在制定全国碳市场配额分配等政策时，尽快统筹制定试点阶段配额向全国碳市场结转的政策规定。

第9章 室内热环境营造方法的历史进展总结及动因分析

朱颖心

人类出现以来，人类文明就伴随着人类营造满足自身生存需要的环境过程而发展。人类发源于低纬度的热带雨林，那里全年接近 29℃ 的气候适宜早期人类的生存。随着气候和资源的变迁，人类不得不逐渐向高纬度的温带和寒带地区迁徙。寒冷的气候环境使得人们不得不为了生存的需要而发展出对抗寒冷的手段，包括建筑、穿着服装，以及各种给室内供暖的方法。而热带雨林以外的很多热带、亚热带地区，存在夏季气温比热带雨林更高的现象，因此人类也发展出了各种隔热、避暑、通风、取凉的方法以求得较为舒适的室内环境。尤其是既可调节室内温度又能改善室内空气质量的自然通风，是人类有住所建造行为以来就采用的措施。

9.1 人类宜居室内环境的营造：利用自然资源

9.1.1 营造室内热环境的第一手段——建筑

建筑的出现最早是为了躲避自然环境对自身的伤害，营造适宜生存和生活的热环境。树居和岩洞居是最早的居住方式，此后发展为可以获得更稳定室内热环境的巢居和穴居（见图 9-1），在漫长的历史过程中，巢居和穴居又各自演变为不同的建筑类型，并合并衍化出各种现代建筑的雏形[1]。随着科学技术的发展，建筑的形式也不断复杂化，逐渐演变成了现代化的高楼大厦。从建筑的发展历史来看，建筑是人类与大自然不断抗争的产物，是人类为了满足生物体生理需要而适应气候生存发展出来的技术成果。

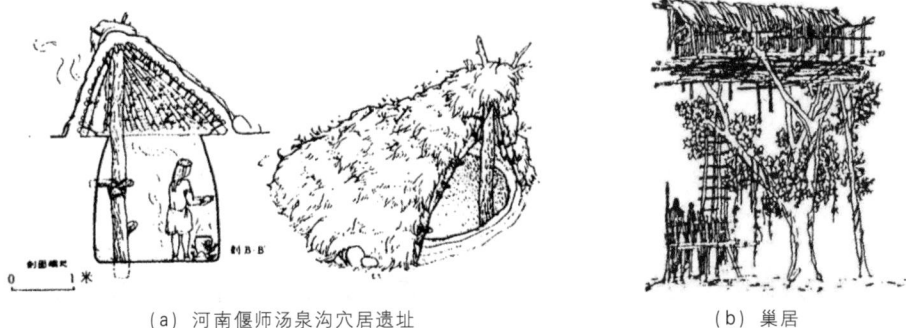

<table>
<tr><td>（a）河南偃师汤泉沟穴居遗址</td><td>（b）巢居</td></tr>
</table>

图 9-1　早期人类建筑形式[1]

建筑的功能是在自然环境不能满足人的需求的条件下，创造一个保障居住者安全、健康以及生活生产需要的环境。人们对建筑物的要求包括：安全性、功能性、舒适性与美观性。其中，室内热环境营造是建筑舒适性要求中的重要部分。为了营造人类宜居的室内热环境，满足舒适性要求，人类发展了各种各样的建筑类型与技术。例如：

• 生活在北极圈的因纽特人的"圆顶雪屋"，利用雪砖多孔介质高热阻的特点在室外平均-30℃的环境下建成室内气温可以达到0℃以上的居室。

• 中东干热地区日夜温差非常大，太阳辐射强烈，但平均空气温度处于人体的舒适区，所以人们就利用厚土坯墙大热惯性在室内营造出在人体舒适区范围内波动的室内温度。

• 我国华北地区营造坐北朝南并具有大南窗小北窗的四合院建筑，针对的是当地的气候特点，即南向立面太阳辐射冬季强夏季弱，主导风向是夏季刮东南风、冬季刮西北风，由此可以实现冬暖夏凉的目的。

• 在冬夏温差很大、气候干燥的地区，人们在穴居的基础上发展出冬暖夏凉的土窑洞作为居住建筑，同样是利用土壤的大热惯性。典型的案例就是我国黄土高原居民的地坑窑、靠山窑，以及突尼斯柏柏尔人的窑洞建筑[2]。

• 干栏建筑盛行于我国的西双版纳和东南亚等湿热地区。这种建筑底层架空，人在上层生活，是原始巢居的直接继承和发展。它具有防雨、防湿、防晒、通风的优点，适应当地临近溪水、河畔，多雨水、湿热的气候特征。

图 9-2 展示的是部分适应气候的乡土建筑。正是气候的不同以及应对气候的对策不同，使得世界上不同地区产生了各具特色的多姿多彩的建筑类型，成为人类文明发展历史的承载者。

（a）中国黄土高原的地坑窑

（b）突尼斯柏柏尔人的窑洞

（c）华北地区的四合院

（d）中东与北非干热地区的民居

（e）因纽特人的雪屋

（f）西双版纳的干栏建筑

图 9-2　各地迥异的气候特点催生多姿多彩的乡土建筑类型

尽管建筑本身的物理性能大大拓宽了人类的宜居气候区，使得人类可以不仅仅依赖自然环境生存，而且可以创造出宜居的微环境。更重要的是人类已经学会制作服装作为第一层热环境营造手段。通过调节服装的多少，就可以使得人类宜居的室内热环境得到极大的拓宽，更拓宽了人类的生存范围。例如，因纽特人穿着厚重的兽皮制作的服装就可以适应雪屋中接近 0℃ 的室内环境。服装成为人类第一个个性化热环境调节手段。

9.1.2 取暖

人类最早学会采用某些设施主动调节热环境的方法就是生火取暖。源自热带雨林的人类身体抵御寒冷的能力非常弱，所以有无取暖能力是人类在该地区能否生存下去的首要条件。周口店山顶洞人的遗迹就证明了 3 万年前的旧石器人类就会在自己居住的洞穴内生火取暖，使得人类能够抵御该地区冬季寒冷的气候。

出土于河南省新郑市李家楼的春秋时代（公元前 770—公元前 476 年）的"王子婴次之燎炉"（见图 9-3），就是用于室内烧炭取暖用的[3]。同时代的古希腊人（公元前 800—公元前 146 年）也采用火盆在室内生火取暖。这种在室内直接燃烧燃料的方法是最简单直接的热环境营造手段，并不需要更多的技术积累。

图 9-3 河南省新郑市出土春秋时代"王子婴次之燎炉"，用于烧炭取暖（公元前 770—公元前 476 年）

由于室内直接燃烧会严重恶化空气质量，并带来火灾的危险，因此采暖技术的进一步发展是利用燃料燃烧的高温烟气来加热室内，这种更先进的采暖方式是火炕、火墙、加热地板等。最早可以追溯到公元前 5300 年至公元前 4800 年[4]，在我国北部就已经出现了用火烤热地面来取暖的方式，并逐渐发展成了传统的炕，至今在我国北方农村地区依然广泛使用。故宫暖阁就有设计完美的烟气采暖系统，由殿前的火炉产生的烟气加热宫中的地板、火墙和火炕（见图 9-4 (a)）。

在与我国相邻的朝鲜半岛采用了类似我国火炕的采暖方式，称作"温突"。根据考古以及史料记载，温突出现在高句丽王朝时期（公元前 37 年）[4]。在公元 10 世纪—12 世纪，为了改善室内环境质量，人们将提供烟气的温突的火炉移到室外，并把室内整块地板都加热，使得当地人养成了进门脱鞋的习惯。

类似的供暖系统在西方起源较晚。公元前 3 世纪古罗马出现了一种叫作 hypocaustum（热炕）的取暖系统，即将火炉中排出的高温烟气通过架空的地板以及含有空腔的壁面对室内加热。罗马帝国的赫里奥加巴卢斯皇帝有一座用空气取暖的宫殿，房间下面的砖房里放置了一个炉子，外面的空气被引入炉子下面的房间，然后热空气通过开口进入上面的房间。古希腊和古罗马人在重要建筑中就使用这种通过地板下的烟道输送暖空气的系统。图 9-4 (b) 是古罗马时期西班牙巴伦西亚省 La Olmeda 的火炕供暖系统。但罗马帝国灭亡后，这种采暖系统并没有在欧洲得到发展，人们还是更多地使用壁炉与其他采暖炉。

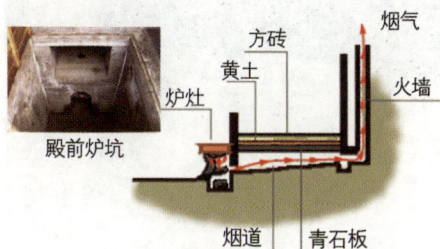

(a) 故宫暖阁的供暖系统   (b) 西班牙古代火炕供暖系统

图 9-4 利用烟气的供暖系统

西方国家传统的壁炉是典型的在室内生火取暖的设施。在公元 11 世纪，北欧的日耳曼人在墙体开洞口、使用砖块堆砌出原始壁炉，到 17 世纪已经成为英国生活方式的代表而引领欧洲。可以说，壁炉见证了欧洲人民直接用火在室内取暖的历史。由于传统壁炉是在室内燃烧木柴或者煤，会污染室内空气，因此其作用逐渐被散热器热水采暖系统等现代供暖设施取代，而壁炉本身现在只是作为一种文化传承的装饰得以保留，并改用电或者燃气作为热源以保证安全。

除了壁炉以外，1742 年，美国人本杰明·富兰克林发明了一种铸铁可移动火炉，可以放在屋子里任何地方，不必像传统壁炉那样必须依墙而建。这种火炉燃烧木柴非常彻底，降低了人们对于木劈柴的需求。这种火炉一直沿用到 20 世纪末。

上述这些采暖方式都是旨在加热室内空气，改善房间的热环境，因此在严寒和寒冷地区长期以来得到广泛的应用。但是在我国长江流域以南地区，由于冬季没有我国北方地区寒冷，人们通过穿着较厚重的服装可以抵御室内偏低的室温，因此传统上很少采用炉火采暖的措施，更不会使用火炕火墙，但是进行个体采暖的手炉、脚炉，以及用于加热被褥的"汤婆子"的应用是很普遍的，见图 9-5。这些设施主要利用热水或炭火提供热量。实际上，这些就是人类最早的个性化采暖的设施。

唐代手炉

宋代"汤婆子"

图 9-5　中国古代的个体热环境营造设施

9.1.3　降温取凉

由于来自热带雨林的人类天然具有较好的适应偏暖环境的能力，因此与作为生存必需品采暖不同的是，降温更多地被作为改善热舒适的手段。实际上与获得热量相比，获得冷量是更为困难的事情。因此人类最早改善偏热环境下热舒适的手段是躲避太阳辐射，以及强化人体与空气的对流换热。

增强对流换热最简单的方法就是手摇扇子来促进人体周围的空气流动来带走人体的产热。扇子最早称作"翣（shà）"，在中国已有两千多年历史，最早用作棺饰，后来演变为纳凉之物。扇子有利用植物、羽毛、纸或者织物等各种原料制作的团扇、折扇（见图 9-6（a））等，其特点是轻薄而面积大，便于手持和携带。它不仅能够用于引风纳凉，还能用于遮挡太阳辐射，可谓一物多用。16 世纪初，葡萄牙商人和传教士从中国运回了"海外稀奇之物"，其中扇子深受人们欢迎而在欧洲上流社会风行一时，成为贵妇淑女们不可或缺的随身物品。1797 年，英国人威廉·科克甚至还写了一本《扇学》，介绍淑女们的"扇语"。由于扇子基本上只能用于改善个人热舒适，因此属于一种个性化的人体降温工具。

由于使用扇子需要占用一只手，有时很不方便，而且在多人逗留的室内也有改善整个房间热舒适的需求，如图 9-6（b）所示的大型人力引风设施就应运而生了。实际上早在汉朝时就出现了人力驱动的引风设施为室内人员纳凉。《西京杂记》中记载："长安巧匠丁缓作七轮扇，大皆径丈，相连续，一人运之，满堂寒颤。"该设施通过一定的机械传动机构，把人手拉或者脚踏的动力传到这些大型扇面组合，驱动这些大型扇面产生整体的运动，就可以在较大面积的室内空间产生整体运动的气流。这样的引风设施不仅皇宫和达官贵人的府邸会使用，而且一些普通百姓光顾的场所如剃头棚、茶馆也会采用此类大型的人力引风设施来改善营业环境。

（a）折扇　　　　　　　　　　　（b）室内大型人力引风设施

图 9-6　中国古代扇子

另一种众所周知的纳凉工具是凉席。席子原本是中华礼仪文化的重要设施，古人会客、办宴席、议事时都会"席地而坐"。从汉灵帝时期开始，桌椅逐渐传入中原，席子也从原来的"坐具"逐渐演变成为专门用于夏日纳凉的卧具，被称作"凉席"。凉席使用的材料有蒲草、苇、藤、竹等，具有与其他卧具迥异的导热特性，与人体接触时会使人感到凉爽。因此迄今为止在我国的南方地区依然得到广泛的应用。

使用扇子和凉席虽然能够纳凉，但其效果会受空气温度的制约。当室内温度过高导致扇子和凉席难以奏效的时候，室内空气降温即真正意义上的供冷就成为需求了。最早的室内供冷方法就是直接利用天然冷源——冰。

从 19 世纪初开始，美国波士顿商人弗雷德里克·都铎（Frederic Tudor）成功地建立了天然冰开采与远洋运输贸易业务[5]。他让员工在冬季把马萨诸塞州的几个湖里的天然冰切成 2 英尺见方的冰块，用船运往世界各地销售（见图 9-7）。其业务遍布中南美洲、印度、菲律宾、澳大利亚等国家与地区。都铎因此以"冰王（Ice King）"而闻名于世。

图 9-7 19 世纪的"冰王"弗雷德里克·都铎与他的采冰业务

中国利用天然冰的历史可以追溯到周朝（公元前 1046 年—公元前 256 年）。《诗经》中"二之日凿冰冲冲，三之日纳入凌阴"的诗句，意思是说夏历十二月凿取冰块，正月将冰块藏入冰窖，反映了我国古代人民搜集贮藏天然冰留待夏季使用的历史。据《周礼·天官·凌人》记载：专门负责取冰储冰的官员叫"凌人"。到了夏天，周天子会举行隆重的典礼，按功勋爵位把藏冰赏赐给官员们解暑，以示天恩。到唐宋时，藏冰已不限于官方，民间也出现了夏季买卖冰块的商业活动。图 9-8（a）是清代的采冰工人工作时的照片，现在在北京还有几座清代的冰窖遗址。

战国时代（公元前 475—公元前 221 年）出土文物中的战国铜冰鉴是一个内外双层的容器[6]，里面可以放置食物饮料，外层放冰，见图 9-8（b）。因此，冰鉴一面可以冰镇食品饮料，一面可以向房间释放冷气，是夏季解暑的有效设施。一直到清朝，中国历史各朝代的人们都曾使用过各种类型的冰鉴。

（a）清代的采冰工人　　　　（b）战国铜冰鉴（公元前 475—公元前 221 年）

图 9-8 中国古代对天然冰的利用

9.1.4　小结

自从人类从热带雨林向地球高纬度地区迁徙以来，人们一直在寻求营造适宜生存的热环境的方法。在工业革命前，人们学会充分利用自然资源为自己营造适合生存的热环境，发展了各种各样的方法和工具，最早的热源和冷源就是火和天然冰。建筑作为人类热环境营造的第一手段，成为人类文明发展的驱动力，并成为记录人类文明发展史的承载物，同时也为后来的工业革命提供了成果集成化的平台。

值得注意的是，在人类早期的热环境营造过程中，个性化热环境营造措施占据了重要的一席之地。服装、手炉、手摇扇、凉席等均可看作原始的个性化热环境营造的工具，为人体的保暖和纳凉发挥了重要的作用，以致到现在还得到广泛的使用。

9.2　工业革命发展的推动——人工供暖制冷的发展

9.2.1　机械制冷与现代空调

随着西方工业革命的发展，电力驱动的风机和水泵得到越来越广泛的应用，尤其是蒸汽压缩式制冷原理的突破，使得人工制冷成为可行，机械化的空调供暖设备和系统得到了飞速的发展。最早发展起来的是利用电力驱动的风机和水泵制作的供暖与通风系统，1870 年后大型建筑的供暖和通风系统开始了商业化。

1）机械空调在西方国家的发展

1748 年，苏格兰格拉斯哥大学教授 William Cullen 科学地观察到乙醚蒸发会引起温度的下降，通过这个现象，他在 1755 年发明了第一台通过减压促进水蒸发的制冷机，同时发表论文《液体蒸发制冷》，开创了人工制冷的新纪元。蒸汽压缩制冷在 1805 年被提出，1834 年波尔金斯造出了第一台以乙醚为工质的蒸汽压缩式制冷机，1867 年 D. Holden 和 J. Muhl 在美国制成第一台蒸汽锅炉驱动的蒸汽压缩式制冷装置，1875 年卡利和林德用氨作制冷剂，从此蒸汽压缩式制冷机开始占有统治地位。

1870 年以后，人工机械制冷开始商业化，主要是为啤酒厂、食品加工和冷藏提供制冷，还没有考虑给房间降温，因为成本太高。

图 9-9 是早期的电驱动的制冷压缩机，发布在 1895 年 8 月号的《冰与制冷》期刊上。

图 9-9　早期的电驱动的制冷压缩机[7]

1864 年，乔治·奈特（George Knight）在期刊《科学美国人》（Scientific American）上发表了一种用于医院的空气冷却系统。这种冷却系统通过喷水室来给空气降温，而喷水室喷出的冷水是通过浸泡在冰水中的盘管降温的。纳撒尼尔·谢勒（Nathaniel Shaler）于 1865 年取得了一项"改善空气冷却的装置"的美国专利，他构想了一个采用风扇吹过的热交换器，即一个在曲折通道里放入的冰容器组成的冷却系统[8]。

1889 年，空调工程师阿尔弗雷德·沃尔夫（Alfred Wolff）第一次尝试采用冰作为冷源为音乐厅设计了一个通过风机和管道送风冷却室内空气的系统。从 19 世纪 90 年代初开始，一些纽约百老汇剧院使用利用冰进行冷却通风的系统，前后至少有 10 年之久。据称费城的基斯剧院在 1903 年间的每次演出中都需要使用一吨冰。由于用冰给室内空气降温的成本太高，而且还很容易在室内产生白雾，所以难以普及[8]。

一直到 1900 年以前，为房间供冷的主要方法依然是采用天然冰，因为机械制冷的成本依然高于天然冰的成本。机械制冷在为房间供冷领域的普及是随着其成本降低和清洁的天然冰源越来越少而发展起来的。

1902 年，为了解决由于空气的温湿度不稳定而影响印刷质量的问题，一位在供暖通风设备公司工作的年轻人威利斯·开利（Willis Carrier）通过反复的实验，为位于纽约布鲁克林的一家印刷厂研制了一套能够控制空气湿度的空调系统[9]。这台空调设备一半采用低温的湖水，一半采用机械制冷获得的冷水，从而把空气冷却到露点以下进行除湿。尽管这套系统在运行中存在很多问题，但被公认是世界上"第一台科学设计的空气调节系统"，成为世界空调设备诞生的标志，开利也被称为"现代空调之父"。实际上一直到 4 年后的 1906 年，开利才研发出了一套比较成熟的、真正意义上的空调装置。图 9-10 是 1917 年开利研发的空调系统，图中前方是该系统采用的蒸汽发动机驱动的氨压缩机，右后方是处理空气的喷水室。

图 9-10　开利 1917 年研发的空调设备[10]

1906 年 4 月，纺织工程师斯图亚特·克莱默（Stuart Cramer）在一项美国专利申请中首次使用了"空气调节（air conditioning）"这个名称，并在 5 月份的美国棉花制造商协会的会议前宣读了一篇题为《空调的最新发展》（Recent Developments in Air Conditioning）的论文，正式提出了"空气调节"这个术语[10]，"空气调节"的概念由此诞生。从这个历史时期开始，人们才能较自如地根据需要控制室内的温度、湿度和风速，迎来了现代空调的大发展。

2）机械空调在中国的发展

由于清政府的闭关锁国，使得中国错失了西方工业革命发展的时代，自然也错过了世界机械空调供暖工业从无到有的发展过程。我国第一个安装中央空调的民用建筑是上海的嘉道理大理石大厦，于 1924 年采用了约克公司的活塞式冷水机组。1931 年，上海的一个纺织厂采用深井水进行喷雾加湿降温，是我国最早的工业空调的案例。

1949 年后，我国北方城市从零开始逐步建设大规模的集中供热城市热网，大幅度改善了北方城市居民的生活品质，中国也从此正式进入了暖通空调工业化的时代。50 年代，我国先后有 8 所大学成立了供暖与通风专业，并得到了苏联专家的指导和培训，才开始培养我国的技术力量。

1958 年，上海第一冷冻机厂试制成功我国第一台离心式冷水机组，标志着我国具备独立制造离心式冷水机组的能力。1964 年重庆通用机器厂与西安交通大学合作完成了我国第一台自主研发制造的离心式冷水机组 FTL120-11，交付厦门纺织厂调试成功并投入使用。这一突破，标志着我国已经具有研发自主知识产权的离心式冷水机组的能力了。1970 年我国又自主研发出第一台深潜舰艇（核潜艇）用离心式冷水机组，为我国下水的第一艘核潜艇提供了重要的保证，见图9-11。

图 9-11　我国第一台核潜艇用离心式冷水机组

改革开放后，我国的暖通空调产业和研发水平迅速赶上世界先进水平，而且目前在一些方向上的科学研究还处于国际领先水平。2010 年我国家用空调器年产量超过 1 亿台，成为全球第一，2018 年我国家用空调器年产量翻了一番，超过 2 亿台。2019 年我国家用空调器产量占全球产量的 80%，早已经成为全球家用空调器出口第一大国。

虽然改革开放前，我国北方主要城市的居住建筑都普及了集中供暖，但空调系统基本上仅用于工业建筑，以保证一些重要产品的工艺过程需求。只有少数国家级重要的建筑会采用空调来满足舒适性的需求。而现在空调已经走入寻常百姓家，公共建筑更是得到全面覆盖。

9.2.2　供暖与通风

尽管机械制冷用于房间空调是 20 世纪初才逐渐发展并壮大，而风机水泵驱动的供暖和通风系统是在 19 世纪发展起来，逐渐替代了原来的自然通风方式，并淘汰掉了各类在室内直接燃烧燃料的采暖炉采暖方式。

1）供暖

1745 年，英国的威廉·库克（William Cook）提出将锅炉产生的蒸汽在楼层中通过管道循环来供热。18 世纪 90 年代，蒸汽机先驱马修·博尔顿（Matthew Boulton）和詹姆斯·瓦特（James Watt）在英国索尔福德一座磨坊合作创造了最大的大型蒸汽供热的工程。苏格兰人 Snodgrass 在 19 世纪初期提出了相似的体系，并在苏格兰北部多诺赫一座磨坊实践了这种蒸汽供热系统[17]。

18 世纪初，俄国人首次使用热水供暖系统为彼得大帝的宫殿供暖。18 世纪 70 年代，一个名叫 Bonnemain 的法国人首次在鸡蛋孵化室内应用了以水为媒介的供暖系统，但是这种方式并没有得到广泛的应用，甚至在当时集中供暖的相关文献中都鲜有记载。1816 年，夏班尼斯侯爵把法国的这一思想进行改进并引入英国。直到 19 世纪 30 年代，热水供暖系统才得到迅速发展，并被应用于英国各地的教堂和工厂。散热器是现代中央供暖的重要组成部分，它是 19 世纪 50 年代末由俄国发明家弗朗兹·圣加利发明的，并被欧洲和美国的大部分地区采用[11]。

19 世纪下半叶欧美国家出现以锅炉为热源、以蒸汽或热水为热媒的集中供暖系统。1877 年，美国纽约的洛克波特建成了第一个区域性锅炉房向附近 14 家用户供热。1880 年又利用带动发电机的往复式蒸汽机排汽进行供热[11]。

2）通风

传统的热空气供暖系统依靠热压来诱导自然循环。在 1880 年前后，台式风扇普及后不久，人们就开始考虑使用电扇来促进空气的循环了。通用电气在 1910 年发布了专门为炉膛应用设计的升压风扇的广告。1908 年，艾默生电气公司推出了一种圆盘风扇鼓风机，将其添加到炉膛的回流侧。在 20 世纪 20 年代，鼓风机或圆盘风扇被广泛地应用于家用采暖炉中，此后制造商开始认真考虑将鼓风机安装在炉中成为一个整机。然而，直到 20 世纪 30 年代，一体化的鼓风炉才得到广泛使用。

尽管机械通风机早在 16 世纪就用于矿井通风，但当时的驱动力是牲畜、水力，后来发展到采用蒸汽动力，并不适合建筑通风。因此即便是英国众议院大楼、美国国会大厦这样的重要建筑依然不得不依赖热压自然通风，或者在风道内设置热源来诱导通风。直到 19 世纪 80 年代中期，小型蒸汽发动机的应用和电力开始普及，机械通风技术才真正腾飞，逐步在建筑中取代自然对流通风系统。图 9-12 就是一台早期用蒸汽发动机驱动的用于建筑通风的风机的图片，它发布在 1895 年 6 月的英文期刊《供暖与通风》（Heating and Ventilation）上[7]。

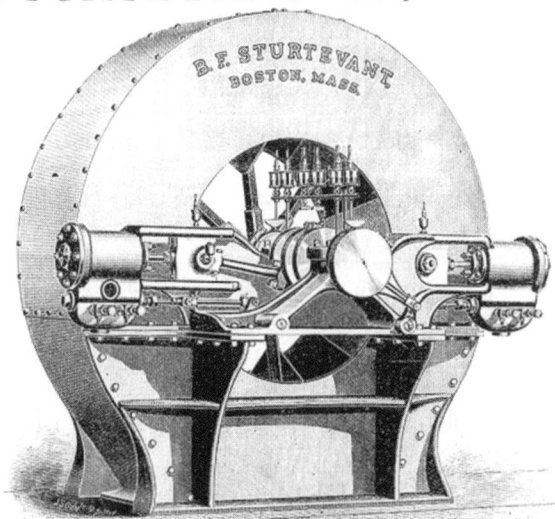

图 9-12 早期的蒸汽发动机驱动的风机[7]

用于室内产生气流流动的机械风扇起源于 1830 年，美国人詹姆斯·拜伦从钟表的结构中受到启发，发明了一种可以固定在天花板上用发条驱动的机械风扇。这种风扇转动扇叶可以给整个室内空间带来徐徐凉风，但需要人爬到梯子上面去上发条，使用起来很不方便。1872 年，法国人约瑟夫研制出一种靠发条涡轮启动，用齿轮链条装置传动的机械风扇，这个风扇比拜伦发明的机械风扇技术含量更高，使用也更方便[12]。

一直到 1880 年，美国人舒乐首次将风扇叶片直接装在电动机上，制作出了世界上第一台电风扇。1882 年，美国纽约的克罗卡日卡齐斯发动机厂的主任技师休伊·斯卡茨·霍伊拉，改进了舒乐发明的电风扇并将它推向市场，成为世界上第一台商品化的电风扇。实际上这是一种只有两片扇叶的台式电风扇。1908 年，美国的埃克发动机及电气公司研制成功世界上最早的齿轮驱动的左右摇头的电风扇，成为以后销售的主流[12]。

图 9-13 是中国早期的民族品牌华生牌电风扇的照片。它的生产商是上海华生电器制造厂，由江苏著名制造商人杨济川创办于 1916 年。1929 年，该厂的电风扇的年产量达到 3 万台，并在国内外获得了 12 项大奖[12]。

图 9-13　上海华生电器制造厂生产的华生牌电风扇

9.2.3　小结

工业革命的成果推动了建筑供暖、通风、空调的机械化发展。电力应用的普及化为建筑室内热环境控制带来巨大的发展机遇，各种新发明新技术层出不穷，从而使得人们可以随心所欲地控制室内环境，获得了更大的自由。

9.3 现代暖通空调设备与系统的发展

自从 19 世纪末人工制冷技术开始走向成熟和商业化，以及 20 世纪初现代意义上的空调系统的出现，制冷空调技术取得了长足的进步。随着第一次世界大战和第二次世界大战的出现，战争更是推进制冷和空调技术的飞速发展。但 20 世纪 70 年代能源危机出现后，使得人们在享受暖通空调技术带来的生活品质提高的同时，又不得不考虑如何降低供暖空调的能耗。同时随着环境污染问题的出现和环保意识增强，人们又要考虑必须降低供暖空调系统造成的排放。考虑到以上问题，各种各样的室内热湿环境营造的新技术就应运而生了。以下是一些节能技术发展情况的介绍。

1）集中式空调系统与半集中空调系统

开利为印刷厂研制出来的空调系统以今天的分类方式属于集中式的全空气系统，特点是用一个大的空气处理设备（air handling unit，AHU）来集中处理空气，然后通过风管送到被调房间中。如果这个空间很大，需要被处理的风量就很大，这样需要的风管就要很粗，不仅需要送风管，还需要尺寸差不多的回风管。因此导致风机送风的电耗也很高，甚至会超过冷热源的能耗。特别是建筑规模大了之后，这些粗大的送风管和回风管就会很长，要占据较大的建筑空间，比如建筑的层高需要加大，这会增加建筑成本。如果是多层或高层建筑，送风管从集中的空调机房穿过楼层送到各房间的话，垂直管井占据的建筑面积也会很大。另外这个空气处理设备体积也较大，需要专用的空调机房。但这种系统的优势是运转部件都集中在空调机房内，容易检修维护，而且调控简单。尤其是过去这些运转设备由于加工工艺水平的问题，故障率比较高，集中检修可以节省人工费。由于给房间降温或者升温的媒介都是空气，所以这种系统也称作全空气系统。

美国从 20 世纪初到现在，无论是工业建筑还是民用建筑，基本上还是采用这种风机能耗高、管道占空间大的全空气系统。目前美国 90% 以上的商业和公共建筑采用的都是全空气系统，而且仍然普遍采用一个空气处理设备同时为很多房间服务，甚至为整个建筑服务的方式。在 70 年代以前，美国主要采用的都是风量恒定的定风量系统，在夏季低负荷时只能采用冷却除湿后再加热的方式来提高送风温度，消除过大的供冷量。这种再加热的方法导致了更高的能耗。为了保证最怕热的室内人员的需求，全空气系统的送风温度也尽量低。如果有房间里的人员嫌冷，就通过末端再热器加热来满足各自的需求。一直到 20 世纪 70 年代西方爆发石油危机，才促使一种风量能够随负荷变化的变风量系统得到推广使用。这是根据负荷变化利用变频风机来调控风量的系统，有助于在一定程度上降低风机的电耗。但是这种系统对最低风量有限制，所以也只能是部分降低再热能耗。而且只要有一个房间需要空调，风机就不能停，所以并不能最大限度地降低风机能耗。在中国、日本、新加坡等国家有禁止空调系统夏季再热的规定，这种变风量全空气系统也难以满足不同房间的负荷变化以及不同室内人员的个性化需求。

由于全空气系统存在占空间大、风机能耗高的缺陷，在 50 年代开始发展出一种替代装置，即风机盘管系统。风机盘管是放在被调房间内的一个单元式机组，相当于一个小型的 AHU，里面有小风机和小换热器，冷量或者热量靠冷/热水来从冷热源机房输送到房间。由于不需要长距离输送的风管，所以风机的电耗就大大降低了，也不需要集中的空调机房了。由于水的热容大，所以输送相同冷热量的水泵能耗要小得多，大概是风机能耗的 $1/10 \sim 1/7$。水管的直径也要小得多，没有全空气系统占据大空间的劣势。随之而来的缺陷是旋转的风机在被调房间内，而且数量多，如果发生故障就需要入室检修，维护工作量比较大。这种系统被称作半集中系统。如果送到被调房间里的全是冷/热水，就称作全水系统，如果还有一部分新风要集中处理然后送入房间，就称作空气-水系统。

这种半集中系统的优势是占空间小，所以率先在寸土寸金的日本得到推广应用。日本在 1970—1974 年间建成的 21 座高层建筑中，有 15 座采用了风机盘管系统[15]。我国则于 1974 年生产首批风机盘管空调器并用于北京饭店新楼。

除了占空间小、风机能耗小的优势以外，风机盘管还有独立调控能力强的特点。房间内的使用者可以独立调节室内的风机盘管，如果该房间的室内人员离开，就可以彻底关闭室内的风机盘管，而不会对其他房间造成影响，所以可以比较好地满足个性化要求，并能够有效降低能耗，所以非常适合有很多小房间的建筑，如酒店客房、医院的病房、办公楼的个人办公室等。

2）热电联产集中供热系统

热电联产供热是利用热电厂发电的余热为建筑供暖，是一项有效利用废热的节能技术，但必须通过集中城市热网供热系统才能实现。20 世纪初，一些国家发展了热电站，实行热电联产，利用蒸汽轮机的抽汽或排汽供热，以后又利用内燃机和燃气轮机的排气供热。

集中供热系统发展得最早最普遍的是俄罗斯，它是世界上集中供热最发达的国家。俄罗斯集中供热的规模居世界首位，莫斯科集中供热系统是全世界规模最大的供热系统，热网干线长达 3 000 多公里。城市集中供热普及率达到 100%，其中70% 的热量由热电厂的余热提供，其余部分由区域锅炉房供热[16]。

在第二次世界大战后，瑞典、丹麦、芬兰等北欧国家以及德国城市集中供热发展非常迅猛。据1982 年资料统计，瑞典首都斯德哥尔摩的集中供热普及率为 35%。丹麦几十年来一直不遗余力地发展热电联产，每座大城市都建有热电厂和垃圾焚烧炉用于集中供热，可为全国 1/3 的居民供暖和提供生活热水[16]。

1949 年以前，我国只在大城市很少的建筑物设置了供热系统。新中国成立后，城市集中供热系统开始得到迅速的发展，主要是在北方城市建立了热电厂和区域锅炉房，为城市的民用和工业建筑供应生产和生活用热。到 2003 年全国有 321 个城镇建设了集中供热系统。目前北京市的城市热网系统为全市 2.9 亿平方米建筑供热，总管网长度达到 1 563 公里。即便如此，供热只占全市的 20% 左右，因为很多校园、大院、大型住宅小区均采用独立的区域集中供暖系统，或者采用分户燃气炉供暖。很多公共建筑自备锅炉房进行供暖。目前我国供热产业热源总热量中，热电联产占 62.9%、区域锅炉房占 35.75%、其他占 1.35%。

由于近年来中国城市的建筑面积不断增加，需要供暖的面积也不断增加，原有的热电厂余热供暖能力不能满足新增加的建筑面积的热负荷需求。为了减少区域锅炉房的数量，降低供暖能耗，近年来以清华大学研究团队为首，研发出利用吸收式热泵换热器增加热电厂余热供暖的能力的新技术。通过运用吸收式热泵换热器降低一次网的回水温度，能够把热电厂的余热供暖能力提高 40%~75%，见图 9-14。

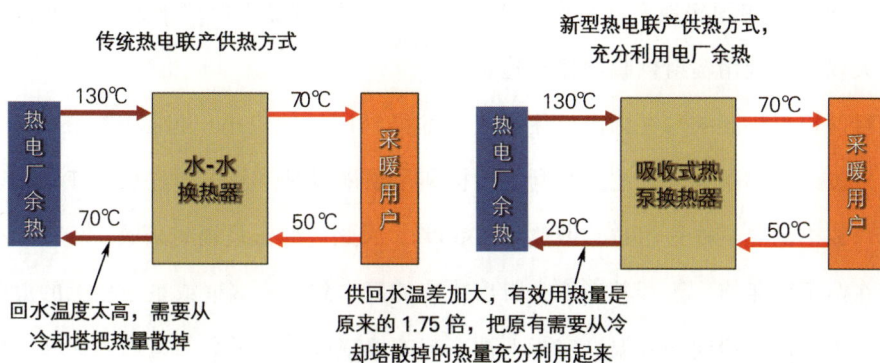

图 9-14　利用吸收式热泵换热器增加热电厂余热供暖能力的原理示意图

这项技术不仅能够更充分利用热电厂的余热，而且还能使得利用远离城市的热电厂以及工矿企业的余热进行冬季供热变得可行。由于可以增加供回水的温差，降低供热水流量，提高管网的输热能力，因此可以实现长距离热量输送。我国首个大温差长输供热示范项目——古交兴能电厂至太原大温差长输供热工程（太古大温差长输供热工程）于 2016 年建成供热，输送距离达 37.8 公里，供热隧道 15.7 公里，管网高差 180 米。2020 年 12 月该项目获得了"国家优质工程金奖"。

3）辐射供冷/供暖

18 世纪开始发展起来的蒸汽和热水供暖系统是通过散热器向室内供暖的。19世纪这种供暖技术的发展伴随着人们对材料的热导率、比热以及表面发射率/反射率的研究。John Leslie 在 1801 年发现詹姆斯·瓦特（James Watt）在 1784 年生产的锡板蒸汽散热器的散热量下降与其发射率有关，他发现金属表面的一层颜料大大提高了散热量。1907 年，英国 Arthur H. Barker 教授发现嵌有细水管的石膏板或者水泥板通热水能够组成高效的供暖系统，自此欧洲现代辐射供暖演变开始了。1930
年，英国工程师 Oscar Faber 在混凝土地板和石膏天花板中镶嵌铜管，在冬季通热
水用于加热，在夏季通冷水用于冷却。成为我们今天的辐射供冷/供热地板和吊顶
的雏形。1933 年，Gibson 和 Fawcett 在英国的 ICI 实验室意外发现了聚乙烯，促进
了 PEX 管的发展，进而解决了早期辐射系统管道的一些挑战，推进了辐射系统的
发展。1945 年美国房地产开发商 William Levitt 采取混凝土内埋铜水管的方式，建
造了大规模的利用辐射供暖的住宅建筑[17]。

目前辐射供暖末端在国内外住宅建筑都得到广泛的应用，包括传统的散热器、
地板采暖、辐射吊顶等。尤其是利用地板和吊顶采暖时，其中通过长波红外辐射向
室内释放出的热量往往超过总散热量的 50%，因此被称作是辐射采暖。

在两千多年前，土耳其当地人引出冰凉的河水到住宅墙壁或是地板上的缝隙中
循环，来实现对房间的降温。实际上被冷却的墙壁或者地板会向室内表面和人体通
过长波红外辐射的方式释放冷量。在我国古代人民的生产生活中，利用天空背景辐
射制冷的实际例子也多体现在窖藏农产品中。

现代的辐射供冷方式是随着空调系统的发展而逐步出现的。辐射供暖装置通过
辐射板运行冷水，很容易转换成辐射供冷装置。在 20 世纪 30 年代，绝大多数冷却
辐射吊顶的研发都失败了，这是因为辐射表面温度较低，冷凝现象时常发生。随
后，人们实践发现将冷却辐射系统与单独的新风系统结合，处理后的干燥新风降低
了室内的露点，可以很好地解决上述问题。到了 20 世纪 80 年代，随着新的通风形
式——置换通风等的出现，它与辐射供冷系统结合效果非常好，为辐射供冷方式的
应用提供了辅助技术保障。

从全球范围来看，现代辐射供冷的应用最早在欧洲得到快速发展。1980 年，
欧洲制定了第一套地板采暖标准。1985 年地板采暖成为欧洲中部和北欧国家住宅
建筑的普遍采暖系统，在非住宅建筑中的应用也越来越多。随着辐射供暖末端的应
用，将冷水通入辐射末端，利用辐射末端实现夏季降温/供冷功能，也成为一种可
能选择。在北欧一些国家，其优势在于室外气候比较干燥，即便夏季室外空气的含

湿量水平也较低，辐射供冷的结露风险性得到了有效控制，这些地区在应用辐射供冷方式时便具有得天独厚的优势。利用辐射供冷的末端装置，可以对室内温度进行有效控制，是北欧一些地区在夏季炎热干燥的气候条件下非常可行的供冷方案，并可实现较高的室内舒适性[17]。

1995 年，地板冷却和辐射空调系统（thermal active buildings，TABs）开始逐渐引入住宅和商业建筑市场。很多研究者也将如何将辐射供冷末端与有效的通风措施相结合等作为辐射供冷系统的研究方向，并提出了多种的末端辐射供冷装置。2000 年，欧洲中部地区采用嵌入式辐射冷却系统，世界许多地区采用了以辐射末端为基础的暖通空调系统作为室内热湿环境营造的手段。

21 世纪以来，随着人类对节能减排目标的日益关注和暖通空调系统相关技术的飞速发展，辐射供冷的空调方式也越来越受到重视。从室内热舒适保障效果、能源利用品位、运行能耗等方面来看，辐射供冷方式及其所构建的"高温供冷"系统均具有显著优势。

首先，冷却吊顶/地板/壁面均要求水温在 18℃ 以上以防止结露，所以需要的冷水温度比传统空调系统需要的 7℃ 高，这样可以提高制冷系统的效率，降低制冷机的电耗，甚至还使得直接利用地下水给房间进行降温的零能耗方法成为可能。这也使得辐射供冷技术和产品在越来越多的建筑中得到很好的应用，为营造更好的室内环境、降低实际供冷系统的运行能耗提供了切实可行的技术路径。对于这种日益发展的新型供冷技术方案，其与传统的对流空调末端方式在基本传热环节、冷量输送方式、室内气流组织、设计应用及实际运行调节等均存在显著差异，也迫切需要包括基础理论、设计方法、关键影响因素等诸多方面的研究支持，以便为实际装置的设计应用提供切实保障。

许多学者的研究表明，辐射供冷方式营造环境的热舒适程度优于全空气系统：对于人体而言，辐射系统可以在更高的供冷温度情况下，与全空气系统营造相同的舒适度环境。一些学者对北京某办公楼的分析结果表明，在实现相同舒适度的前提下采用冷辐射吊顶比利用常规送风空调时的室内空气温度可以提高约 2℃，也即辐射吊顶对人体体感温度的影响显著。对于舒适型空调的环境控制而言，过高或过低的送风温度都会造成明显的不舒适，而与室内控制环境目标温度更加接近的供冷方式，则有利于稳定的调节。此外，辐射供冷方式的金属板或地板的表面温度与室内空气温差小，故而在热环境营造过程中可以提供更加稳定的温度场，具有更稳定的调控特性。

4）分体式空调器和多联机（VRF）

分体式空调器简称为分体机，是房间空调器的一种，相当于使用制冷剂作为冷却/加热空气的介质的无风道的小型空调系统，由一个室外机（冷凝侧）和一个室内机（蒸发侧）组成。1954 年，日本三菱电气集团研发出了第一台壁挂式分体式空调器[18]，1961 年日本东芝公司向市场推出了第一台分体式空调器[19]。分体机的出现是因为日本的房屋面积小，与传统中央空调系统的管道占空间大相冲突，因此不需要机房，单独为一个或多个房间提供制冷或供暖能力的分体式空调成为了迫切需要。目前，分体式空调器是全球住宅最常用的空调系统，也是小型建筑供冷/供暖的首选。

出于多个房间同时调控的需要，更大型的跨多个房间的分体式空调系统即演变成了多联机（variable refrigerant flow，VRF）。而多联机是由多个室内机（蒸发侧）相连接，共用一个室外机（冷凝侧）组成的空调系统，可以使用一个室外机实现对室内多个房间单元/区域的同时供冷或供暖[20]。多联机是日本的大金企业在 1982 年首次发明并于日本销售的[21]，1987 年进入欧洲市场，此后在世界各地流行。在日本，大约 50% 的中型商业建筑（小于 6 500m^2）都在使用多联机系统。多联机与分体机相比具有室外机占空间小的优势，而且如果一套系统服务的几个房间有的需要供冷，有的需要供暖，多联机可以把需要供冷的房间的热量排到需要供暖的房间去，可以达到节能的目的。但缺点是冷媒管路比分体机长导致能耗增加，而且只有一两个房间使用的低负荷率情况下，制冷效率偏低。主要适用于有个体调节需求，且同时使用率变化较大的中小型建筑，例如办公室、医院、酒店等。

5）热泵

由于热力学第二定律决定了热量不可能自发地从低温环境流到高温环境，因此要想在夏季把温度较低的室内环境中的热量转移到温度较高的室外环境中去，或者在冬天把室外温度较低的空气中的热量搬到室内较暖的环境中来，都需要消耗额外的能量才能做到。实现这个过程的设备就叫作热泵。实际上空调用的制冷机也是一种热泵，只是因为人们习惯于在夏天把它们叫作制冷机，而当它们在冬天进行制热的时候叫作热泵。

直接使用能源燃烧或耗电产生的热量进行室内空气调节是低效率、浪费能量且不环保的。即便燃烧效率能够达到 100%。消耗 1kWh 的能源或者电力能够获得热量最多也就是 1kWh。而热泵的作用是转移热量，消耗 1kWh 的电力，往往会给室内带来超过 2 kWh 甚至 5kWh 的热量，因此是一种非常高效节能的供暖设施。

热泵可以分为从室外空气取热的空气源热泵（air source heat pump，ASHP）、从土壤取热的地源热泵（ground source heat pump，GSHP）、从地表水或者地下水取热的水源热泵（water source heat pump，WSHP）等。

热泵发源于欧洲。最早于 19 世纪中期，奥地利的 Peter von Rittinger 制造出第一台热泵；在 1928 年，Aurel Stodola 使用日内瓦湖的水源建造出闭环热泵系统为日内瓦供暖，直至今日还在使用。1945 年，英国诺里奇的城市电气工程师 John Sumner 安装了一个实验性水源热泵中央供暖系统，利用附近河流为新的议会行政大楼供暖。1948 年，Robert C. Webber 开发和建造了第一个地源热泵。1951 年，伦敦皇家节日大厅启用了泰晤士河作为水源的水源热泵既可供冷也可供热，使用天然气作为能源。由于水源和地源都需要地理条件才能实现，空气源热泵成为了主流。在 19 世纪七八十年代，美国使用了大量的空气源热泵进行空气调节[22]。

目前空气源热泵的应用已经非常普遍，大部分的家用空调器冬季都可以实现热泵循环。近年来，低温空气源热泵技术发展迅猛。家用的热泵分体机可以在室外温度达到−10℃的时候能效比依然能够达到 3 以上，因此非常适合在寒冷地区普及使用，比燃气、燃油、燃煤供暖更加节能。而利用空气源热泵热水器为家庭提供生活热水，其一次能源效率远高于电热水器和燃气热水器，是生活热水供应技术的未来发展方向。这些空气源热泵甚至可以在极寒气候的南极为考察站供暖和提供生活热水，见图 9-15。

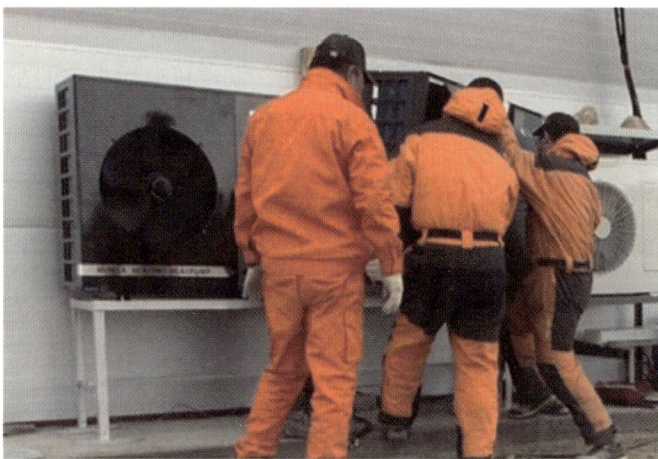

图 9-15　工人们在为南极考察站安装空气源热泵机组

6）溶液除湿与温湿度独立控制

传统的空调除湿方法是使用温度低于空气露点的冷水对空气进行冷冻除湿。这种方法存在的问题是：当空气的温度并不算高，但湿度很高的时候，采用这种冷冻除湿的方法就会把空气的温度降得过低，而不得不又对空气进行加热，这样就导致了冷热抵消造成能量浪费。而溶液除湿的空气处理方法是可以在不降低空气温度的情况下，仅对空气湿度进行处理。或者说在除湿的过程中，可以把空气的温度处理到任意水平，而不需要降到露点以下。

溶液除湿空气处理方法是采用具有吸湿性能的溶液与空气直接接触进行热湿交换，从而达到处理空气湿度的目的。非常典型的例子就是：一碗盐水置放在空气中，空气中的水蒸气就会向盐水表面凝结。这样，空气中一部分水蒸气就会被去除，同时盐水也会被凝结的水蒸气稀释。盐水就是具有吸湿性能的溶液之一。如果盐水的浓度被稀释得很低，那么它的吸湿能力就会消失。如果想恢复盐水的吸湿能力，就要对盐水进行浓缩。使盐水中的水分析出，最简单的方法就是进行加热浓缩，这个过程就叫作盐水的再生过程。

吸湿溶液的浓度变化是溶液除湿空气处理装置的重要环节，在除湿装置中浓溶液与空气直接接触实现对空气的除湿处理，在再生装置中稀溶液与空气接触实现对空气的加湿处理或称为溶液的浓缩再生过程，整个溶液循环是利用溶液的浓度变化实现除湿与再生联合循环使用。

20 世纪 30 年代溶液除湿技术在国外提出，1931 年美国化学家 F. R. Bichowsky 提出了氯化锂吸湿原理的专利申请，并于 1935 年获得授权；响应的研究和测试工作在 20 世纪 30 年代逐渐展开。太阳能应用领域的先驱、美国科罗拉多州立大学教授 G. O. G Lof 于 1955 年提出利用太阳能作为溶液再生热源的空气处理流程，此技术对推广太阳能应用起到了重要支撑作用。20 世纪 70 年代，由于能源危机的影响，为太阳能等可再生能源技术推广应用提供了有利契机，利用太阳能再生的溶液除湿技术得到了一定应用[23]。

在我国，20 世纪 60 年代开始的三线建设中，许多进洞工程受到所在地区气候潮湿、通风不畅等因素的影响，建筑内的潮湿环境对产品质量、设备使用寿命等产生了非常严重的不良影响，由于吸湿溶液处理湿空气具有能连续处理大量空气、降湿幅度较大等优势，成为三线建设中隧洞、厂房等场所解决室内湿度控制问题的重要途径。1974 年上海明胶厂试造出氯化锂溶液除湿机、1975 年化工部第一胶片厂试造出溶液除湿机并进行实验测试分析。由于氯化锂溶液本身具有很强的腐蚀性，一般金属材料难以抵挡，且当时塑料等可耐溶液腐蚀的材料在我国发展水平有限，受此影响溶液除湿在我国的应用受到制约；随后采用三甘醇溶液作为吸湿剂的溶液除湿空气处理装置在我国得到了较大的发展[23]。

但由于当时的溶液除湿技术采用化石燃料产生的蒸汽作为再生热源，能源利用效率低、能耗高，因此 20 世纪 80 年代以后仅在个别对温湿度要求严格的工业建筑中采用，并没有得到进一步的发展和推广，在民用建筑几乎未得到推广应用。

2003 年"非典"以来，人们对传统的冷凝除湿空气处理方式带来的细菌滋生、风道污染等问题日益关注,溶液除湿方式由于具有可避免产生冷凝水等优势受到了关注,相关研究和应用飞速增长。清华大学团队在提高溶液除湿过程热湿传递效率、利用冷凝器排热、太阳能、城市热网热水等多种方式进行吸湿溶液的浓缩再生,在提高其能效方面做了大量卓有成效的研究工作,使得溶液除湿在建筑中得到越来越广泛的应用。

在 2003 年"非典"期间,清华大学建筑技术科学系研发出了热泵驱动的集溶液全热回收和溶液除湿技术为一体的新风处理机组,有效解决了传统空调方式中可能出现的交叉污染等问题,显著改善了医疗场所的室内环境质量。在北京双榆树供热厂安装的采用城市热网热水作为溶液再生热源的溶液除湿新风处理系统,测试结果表明运行费用仅为常规空调系统的 2/3 左右。

在建筑空调系统中,可以通过溶液除湿系统承担建筑的潜热负荷,其他方式(如风机盘管、辐射末端等)承担建筑的显热负荷,从而实现温湿度独立控制。目前,溶液除湿空气处理装置及设备已实现产业化生产,2006 年至今已在我国近千万平方米建筑中得到应用,涵盖了办公、酒店、展览博物馆、航站楼、医疗卫生、工业建筑等多个建筑类型。

9.4 对现有室内热环境营造方法的反思

根据国际能源署(IEA)给出的 2017 年的统计数据[14],建筑能耗占全球能耗总量的 40%,其中暖通空调能耗占比 19%,照明、生活热水、电器等其他建筑用能占比为 21%。而中国建筑能耗到 2016 年已经达到 9.02 亿吨标煤,约占当年的社会总能耗的 20%。无论是商用建筑还是住宅建筑,暖通空调能耗在整个建筑能耗中的占比都在 40%~50%。因此,降低暖通空调系统的能耗已经成为建筑节能的首要任务。

从空调的发展历史可以看到,空调技术发源于工业空调,以保证工业建筑室内稳定的工艺过程需要的环境为目的,所以一开始就是进行全空间控制,而且追求恒温恒湿以营造稳定的工艺过程需要的环境。在空调用于影剧院、商场等民用建筑的时候，尽管服务对象变成了人，但直接就采用了工业空调的思路和方法，即全空间的集中式空调系统，或者称作全空气系统，也是当时的技术水平最大限度可能实现的方式。到现在为止，美国 90% 以上的公共和商用建筑都采用的是集中式的全空气系统。尽管全空气系统能耗高、占建筑空间大，但这两个问题并不被美国看作是主要矛盾，他们更在意的是要减少管理和维护的人力成本。而在亚洲国家，人力资源丰富却缺乏能源和空间资源，所以人们更在意的是能耗高和占建筑空间大的问题，因而使用更多的风机盘管系统。例如，中国的公共和商用建筑多数都采用的是风机盘管系统，只有在局部采用全空气系统，全部采用全空气系统的公共建筑是很少的。日本更是率先研发出系统能耗更低的分体式空调器和多联机，并大量应用到中小型公共和商用建筑。在中国也有很多中小型的公共建筑采用分体机和多联机。

过去发达国家和地区排斥风机盘管系统的原因之一就是维护检修工作量大。但近十年来分体式空调器和多联机的应用实践证明这种单元式设备的维护检修量并不大，这也是制造业技术进步的结果。而且单元式机组内部有机电一体化控制系统，研发得更为完善，控制逻辑更为优化，因此比大型的集中式室内环境控制系统更节能，调控性能更好，更能够满足使用者的个性化需求。因此各种分散型室内环境控制设备和系统的大量出现并得到广泛使用就有着充分的可行性。

工业空调的理念是控制整个室内空间的环境符合产品生产的需求，因此在英语中，室内供冷和供暖叫作 space cooling 和 space heating，即供冷和供暖都是针对空间的。但对于为室内人员服务的舒适性空调来说，目的是维持人员的舒适，服务对象是人而不是空间，因此只需要保证人感到舒适即可。控制空间的参数其实只是一种间接保证人体舒适的手段，而非直接手段。

生存的人体必然存在能量代谢，因此人体是一种不断产热的物体。人体能够正常生存的条件是体温维持在一定近似恒定的温度，因此人体需要不断把身体的产热排出去，才能维持身体不会因为产热而过热。所以严格来说，人体只需要身体冷却（body cooling）。传统的 space heating 的目标只是为了防止人体过度冷却而不能保证体温维持在正常值。如果通过服装保温和建筑围护结构保温依然不能维持人体不会被过度冷却的话，各种形式的采暖就成为必要的了。但是人体永远需要冷却，如果环境的温度、风速等热环境条件不能保证人体能够获得足够的冷却的话，人工降温就成为了必要手段了，降温永远是比加热更难的工作。无论是人工降温还是采暖，并不意味着一定要把整个房间空气的热环境参数控制起来，只把对人周围的空气降温或者加热、提高吹到人身上的风速、直接对人体的一个或者多个部位进行局部降温或者加热……这些手段都可以达到维持人体舒适的目的。很明显，从原理上来讲，这种做法的能耗要远小于对整个室内空间的热环境参数都进行控制的能耗。

另一个应该针对人员个体维持热舒适的理由是：人对热舒适的要求具有极大的个性化差异，有人喜凉，有人喜热。即便是相同的一个人，在不同的身体与精神状态下，对热环境的需求也是不同的。例如，喝热饮或者刚从炎热的室外进入室内的人需要较凉的环境，而喝冷饮或者从严寒的室外进入室内的人需要偏暖的环境。传统的热环境评价指标 PMV 只是依据大量受试者实验获得的统计平均值来定出舒适区间，并不能代表个体的要求。人工气候室的实验结果是当 PMV＝0 时仍然有 5% 的人感到不舒适（PPD＝5%），而美国、澳大利亚、英国多位热舒适学者联手进行的办公建筑的现场调查结果表明，即便按照 ISO 7730 最高标准 A 级（PMV＝±0.2）建设与运行的办公楼，室内人员对热环境的不满意百分比仍然高达 20% 左右。这些都说明由于室内人员热需求的多样化，导致很难有一个统一营造的热环境能够让大家都满意。要想提高室内热环境质量，把人们的满意率提升到 100%，只有采用针对个人的热环境调节手段才有可能达到这个目标。

实际上营造个性化的热舒适比传统的全空间营造恒温恒湿环境在技术实现上要困难得多，涉及个体与局部热生理、人的行为模式、人机交互方式等关键科学问题，并需要有热转移手段（如制冷与热泵）的小型化和微型化、高效的小温差低热流的制冷/热泵技术、材料科学、自动控制、人工智能等领域的技术进步配合才能实现。近年来这些领域已经取得了不同水平的进步，有些成果已经可以引入应用，因此，开展个体与局部热生理、人的行为模式、人机交互方式等关键科学问题的研究，结合相关领域的技术进步，有望在不久的将来实现个性化热舒适系统（personal comfort system，PCS）的工程应用与产业化。

9.5 参考文献

［1］王鹏.建筑适应气候——兼论乡土建筑及其气候策略［D］.北京：清华大学,2001.

［2］王新萍.突尼斯游记之五——地下村庄的柏柏尔人［EB/OL］.［2015-07-21］.http://world.people.com.cn/n/2015/0610/c1002-27133069.html.

［3］宁波博物馆.王子婴次炉［EB/OL］.［2010-03-28］.http://www.nbmuseum.cn/art/2010/3/28/art_205_6367.html.

［4］BEAN R, OLESEN B W, KIM K W. Part 1：History of radiant heating & cooling systems［J］. ASHRAE Journal, 2010, 52(1)：40-42,44,46-47.

［5］https://www.thoughtco.com/frederic-tudor-1773831.

［6］中国社会科学院考古研究所.千年冰箱——青铜冰鉴［EB/OL］.［2018-05-10］.http://www.kaogu.cn/cn/kaoguyuandi/kaogusuibi/2018/0510/61906.html.

［7］BRUCE L. FLANIKEN. Application of electric power in hvac&r systems［J］. ASHRAE Journal, 1999(1)：37-40.

［8］BERNARD NAGENGAST. A history of comfort cooling using ice［J］. ASHRAE Journal, 1999(2)：49-57.

［9］BERNARD NAGENGAST. 100 years of air conditioning［J］. ASHRAE Journal, 2002, 44(6)：44-46.

［10］BERNARD NAGENGAST. Early twentieth century air-conditioning engineering［J］. ASHRAE Journal, 1999(3)：55-62.

［11］大美科学.源远流长的集中供暖历史［EB/OL］.［2020-11-16］.http://www.kepuchina.cn/more/202011/t20201126_2848986.shtml.

［12］多商网.最早的电风扇诞生历史［EB/OL］.［2015-07-21］.http://xue.ecduo.cn/article-63677.html.

［13］王继军．"华生"牌老风扇 扇出中国风［EB/OL］．［2016－08－24］．http：//art. people. com. cn/n1/2016/0824/c206244－28660671. html.

［14］www. iea. org/data－and－statistics.

［15］徐凤林．风机盘管空调器的发展和现状［J］．制冷与空调,1996(1)：11－13.

［16］生活供暖技术专家．世界各国的供暖发展史［EB/OL］．［2019－02－21］．http：//www. vokera. cc/article/sjggdgnfzq_1. html.

［17］刘晓华,张涛,周翔,等．辐射供冷［M］．北京：中国建筑工业出版社,2019.

［18］http：//www. mitsubishielectric. com/bu/air/overview/milestones. html.

［19］https：//www. toshiba－carrier. co. jp/global/about/history. htm.

［20］WILLIAM GOETZLER. Variable refrigerant flow systems［J］. ASHRAE Journal, 2007(4)：24－31.

［21］https：//www. daikin. com/corporate/overview/summary/history/digest/

［22］https：//en. wikipedia. org/wiki/Heat_pump.

［23］刘晓华,李震,张涛．溶液除湿［M］．北京：中国建筑工业出版社,2013.

［24］ARENS, HUMPHREYS, R. DE DEAR etc. Are' class A' temperature requirements realistic or desirable?［J］. Building and Environment, 2010, 45(1)：4－10.

第 10 章　局部个性化冷热调节技术的国内外相关研究现状总结与分析

曹　彬

10.1　个性化冷热调节技术应用情况

10.1.1　概述

在我国城乡建设迅速发展的背景下，建筑能耗的高增长和碳排放已成为愈发严峻的问题。根据统计，建筑建造和运行相关 CO_2 排放占我国全社会总 CO_2 排放量的比例高达 42%[1]。而另一方面，建筑环境的舒适性事关民生，为建筑使用者提供舒适的工作、生活环境，是建筑所必须达到的基本要求。

在现代建筑中，空调采暖系统担负着保证室内人员热舒适性的重要任务，其运行能耗也成为建筑用能中占比最大的部分。然而，由于建筑内人和人之间的需求差异很大，想要营造一种令所有人都满意的热环境非常困难，需要为此消耗大量的能源，这样的建筑环境营造思路是值得商榷的。

应对这一问题，个性化冷热调节技术成为了可行的解决方案。个性化冷热调节技术给建筑内的用户赋予微环境控制手段，当背景环境不能满足舒适要求时，进行局部冷热调节来实现自身的热舒适。对个性化冷热调节技术的使用也能降低人们对背景环境的依赖，使得背景温度范围可以适当放宽，从而节约采暖和空调能耗，一举两得。

个性化冷热调节设备，大多不是在人的全尺度上进行调节，而是作用于人的某个或某些身体部位。近年来，人体局部热舒适的研究和局部冷热调节技术的开发逐渐成为热舒适领域的研究热点，且所涉及的具体设备形式多样。下文对工位空调、调温座椅、暖脚器/暖炉、加热服/降温服四种典型的局部个性化冷热调节技术展开介绍。

10.1.2 工位空调

工位空调是把处理后的空气直接送到工作岗位，营造令人满意的微环境的送风空调方式，目前已用于办公室、影剧院等场所中。工位空调可按个人的热感觉调节风量、风向或温度，充分体现了"个性化"的特点，故又称为"个性化空调"。工位空调通常与背景空调（房间或区域的空调）相结合，在使用工位送风的场景下，背景空调设定的房间温度可以适当升高，达到节能的效果。

20 世纪 70 年代，地板工位送风空调最早出现在联邦德国，主要是为了解决室内大量电气设备的布线和它们产生的大量热负荷等问题。在这样的建筑里，同时还要考虑到人员的热舒适问题，又进一步添加了可以个人控制的送风口，这就是最早的地板工位空调。接下来欧洲的一部分工位空调工程，将位于工位区地板的风口改在了桌面，同时仍然利用地板的风口进行环境区的控制，这就形成了桌面工位空调系统，如图 10-1 所示。到了 80 年代中期，地板工位空调在日本获得了大范围的推广。从 1987 年至 2008 年，日本超过 250 000 平方米的建筑安装了地板工位空调[2]。我国北京的国家大剧院采用了座椅送风方式的工位空调系统。

工位空调采用的个体送风方式与传统送风系统相比有显著的不同。传统送风系统大多采用混合通风或置换通风方式，其中混合通风使用更为广泛。混合通风使室内环境尽可能均匀，送风与周围环境混合后再到达人的活动区域。置换通风是用处理后的空气置换工作区内原有的空气，以达到改善工作区内空气品质的目的。个体送风方式则是将处理后的新风通过个体送风系统直接送到使用者的呼吸区，同时向使用者提供一定的调节手段，为使用者建立一个比较满意的局部微环境。为此需要研究设计出具有较高通风效率的个体送风系统，并对个体送风系统特性做测量和分析。

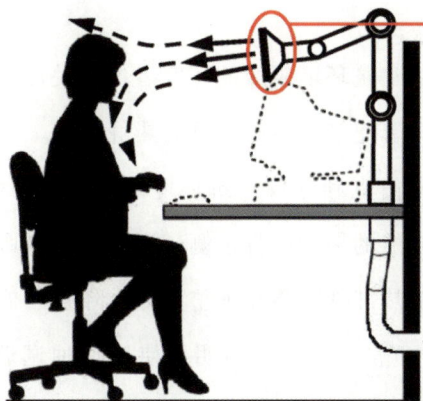

图 10-1　工位空调示意图[3]

个体送风方式下的微环境之所以有可能令大多数使用者满意，主要有以下几方面原因：第一，新鲜空气可以直接送到人的呼吸区，减少了与室内空气的混合，使人体吸入的空气尽可能地不受周围环境的污染，以保证较好的空气品质；第二，通过局部的冷却或加热，可以减小个体需求差异对舒适性的影响，能够达到令每一位使用者满意的热舒适条件；第三，个体送风的独立调节手段对使用者的心理有积极影响，提供给使用者个体控制之后，他们的抱怨减少，从而对局部环境的满意度提高。

10.1.3　调温座椅

调温座椅最初产生并广泛应用于汽车工业中，具有调温功能的座椅可以较好地满足车内人员的热舒适需求。带有调温功能的座椅最早出现在 2005 年 SAE 年会上，美国通用发布了概念车"凯迪拉克 STS SAE 100"，车上安装了由美国

Amerigon 开发的第一款"气候控制座椅",采用 CCS（climate control seat）系统,是当时汽车市场上唯一一款可以由乘客独立调节的主动加热/制冷座椅,其核心是 Amerigon 生产的独立式的电子加热/制冷模块,可以有效地调节座椅的温度,提高驾驶员和乘客的舒适性,温度传感器还会自动监测座椅的温度与乘客的体温。后来,该公司对气候控制系统 CCS 进行了更深入的研发,被广泛应用到许多中高端汽车上[4]。

近些年,调温座椅被建筑环境领域的研究者广泛关注。已有的研究[5-9]普遍认为,座椅调温能够显著改善建筑环境中人体的热舒适性。

例如,美国加州大学伯克利分校建筑环境研究中心的研究者 Pasut[5,6]对一种新型的具有加热和冷却功能的椅子进行了测试评估,探究其对人员热感觉和热舒适的影响。这种椅子,其加热部件安装在坐垫下方,降温则是通过安装在坐垫下方和靠背的风扇强化对流进行散热。实验表明,使用这种调温座椅,能够在 18℃ 到 29℃ 环境下满足 92% 的人员热舒适性。

与之类似的,日本学者 Watanabe[7]开发了在坐垫和靠背安装有风扇的椅子,在使用时为人员提供等温强制气流,并在更高室温的环境下开展了研究。实验结果表明,在 28℃ 的室温下,冷却座椅能够基本将全身的热感觉维持在热中性。但是当室温升高到 32℃ 时,测试的椅子就无法为使用者提供可接受的热环境了。

区别于上述采用风扇强化对流以达到冷却效果的方式,清华大学杨贺丞等[9]引入了半导体制冷技术,开发出一种新型的热电制冷座椅。通过平板热管将热电制冷片所产生的冷量尽可能均匀地送到坐垫和靠背,并可以实现不同冷却部位的独立控制,见图 10-2。

10.1.4　火桶/暖桌

在我国的湖南、安徽、江西等长江流域冬季湿冷地区以及高寒山区,居民常使用一种被称为"火桶"的传统坐具来取暖。传统的火桶使用的热源是木炭,存在发热慢、热源不稳定、吸氧、冒烟、易引发火灾等缺点,见图 10-3。目前,已经有用电驱动的新型火桶，称为电火桶（见图 10-4），在克服了上述传统火桶缺点的同时，能够比一般电取暖器或空调取暖节电 80%～90%。

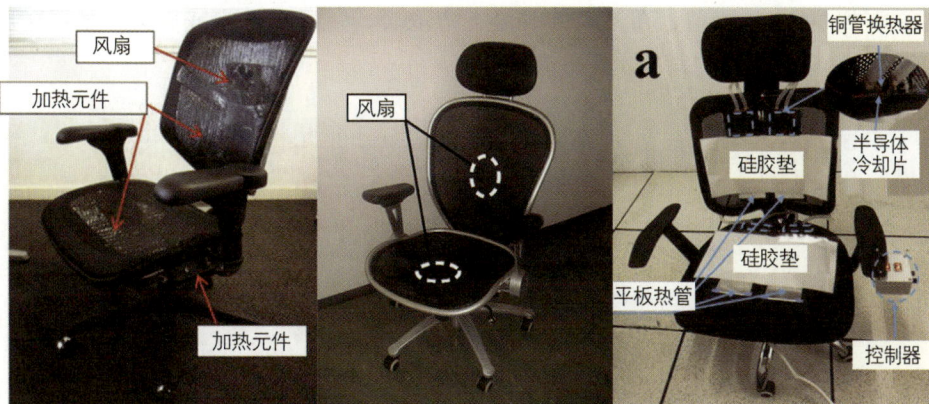

图 10-2　相关研究中涉及的加热/冷却座椅[5-7,9]

图 10-3　传统火桶（图片来源于网络）

图 10-4　电火桶（图片来源于网络）

　　在日本，有一种被普遍使用的家庭取暖用具，称为暖桌（也叫被炉，日语：炬燵、こたつ）。暖桌最早出现于日本的室町时代（1338—1573 年），据说起源自中国佛教僧侣带入日本的"行火"。现代的暖桌是一张正方形矮桌，上面铺上一张棉被子，桌下有电动发热器，通常连着桌子结构装嵌。暖桌放在薄垫子之上，坐在垫子上把腿和脚、甚至整个身体伸进暖桌下取暖。天气回暖后可以拿开被子，暖桌变成一张普通的矮桌使用。暖桌是日本传统家庭的一部分。一般日本家庭会将暖桌放在客厅里的电视机前，在冬天的时候一边取暖、一边看电视或聊天，如图 10-5 所示。

图 10-5　暖桌（被炉）（图片来源于网络）

在偏冷环境下，对人体的手、脚等末梢部位进行加热，往往能够获得最好的热舒适效果。近年来，很多学者针对"暖脚器"进行研究开发，如图 10-6 所示。例如，日本学者 Oi[10] 开发了由 5 块薄膜辐射加热板组成的暖脚器，并将其在汽车中与加热座椅结合使用，结果表明其能在寒冷环境下显著提升人员热舒适度并达到节能的效果。美国加州大学伯克利分校 Zhang Hui 博士[11] 设计了一种以反射加热灯为热源的暖脚器，通过实验证明了该系统可以提高热舒适度，相比于传统的采暖方式，可以节能 38%～75%。

图 10-6 暖脚器[11]

10.1.5 加热服/降温服

在室外酷暑或严寒条件下，或一些室内特殊严酷的工作条件下，无法采用传统的采暖空调设备满足人体热舒适性。此时，具有加热或降温功能的服装，就显得十分有必要。

加热服的研究因此主要针对寒冷环境下的人体热舒适改善。目前，加热服可分为 4 种类型，即电加热服（EHC），通过化学反应产生的热量的化学加热服（CHC）、结合相变材料（PCM）的相变加热服以及液体/气流加热服装[12]。Rantanen[13]等发现，在芬兰的实际冬季环境中，电加热的衬衫能够保持或提高人体平均皮肤温度。但是，在极端寒冷的环境下（-20℃～-14℃），衬衫则不能维持皮肤温度。Song[14]比较了电加热服和化学加热服对大学生整体及局部的热舒适的改善效果，发现化学加热服在提高躯干部位的局部皮肤温度上更具优势，而电加热服重量较轻且加热功率易于调节。尽管现有的加热服能在一定程度上改善人员热舒适，但也存在一些明显的缺点，如电池性能不能满足电加热服在寒冷环境下长时间暴露的要求；化学加热服不能控制温度；PCM 加热服释放的潜热对人体舒适性影响不大；液体/气流加热服限制了人员活动，因此加热服的研究仍有极大的创新空间。

与加热服相比，降温服受到了更多的关注。降温服所应用的冷却系统主要有3 类[15]：第一类是管道供冷系统，包括气相冷却和液相冷却；第二类是被动式冷却系统，包括冰袋冷却和上面提及的相变材料冷却；第三类是蒸发冷却系统。这三类系统各有优势，也都存在一定的局限。管道供冷系统对于使用者的活动范围有所限制，被动式冷却系统需要经常更换冷却袋，而蒸发冷却系统一般只有在干热的环境下才能工作。

2003 年我国"非典"期间，为解决医护人员穿着厚重防护服工作时的防暑降温问题，清华大学张寅平、朱颖心等研究了潜热蓄热型降温服，采用 TH-27 复合相变材料，实现了良好的降温与热舒适效果[16]（见图 10-7）。

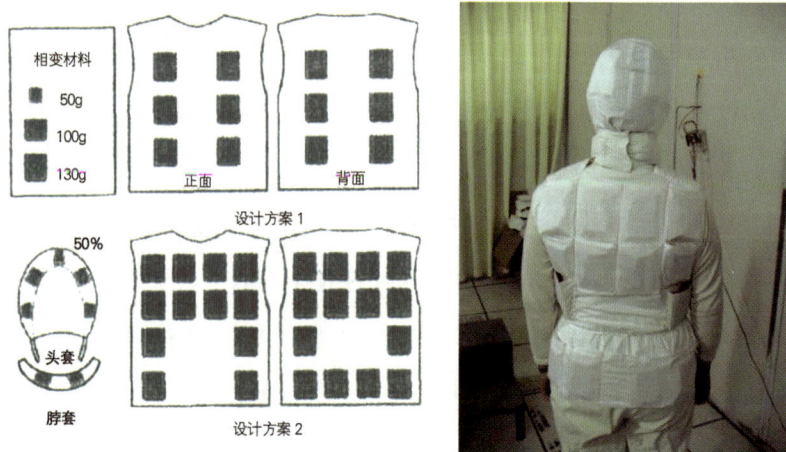

图 10-7　潜热蓄热型降温服的设计方案与实物[16]

加热服/降温服的研发，很大程度上依赖于新型材料的应用。Ke[17] 使用 nanoPE 材料设计了一种衬衫，研究它在 4 种均匀室内条件下的散热性能。结果表明，在夏季穿着 nanoPE 衬衫时，人员可接受的空调设定温度可以提高 1.5℃（从 25.5℃ 到 27℃），在保证热舒适性的前提下，能够节省 9%～15% 的制冷能耗。

10.2　局部冷热调节对热舒适的影响研究情况

10.2.1　人体各部位热生理特点及局部冷热调节潜力

综合人体产热和冷热敏感性方面的已有研究成果，以及日常生活中身体各部位的散热条件，分析对人体各个部位进行局部冷却或局部加热的潜力，能够为未来有针对性地设计个体局部冷热调节设备提供重要参考。

人体各部位的热生理特点及局部冷热调节潜力评价如图 10-8 所示。对于各部位的热生理特点，有必要结合其所承担的生理功能进行考虑[18]：

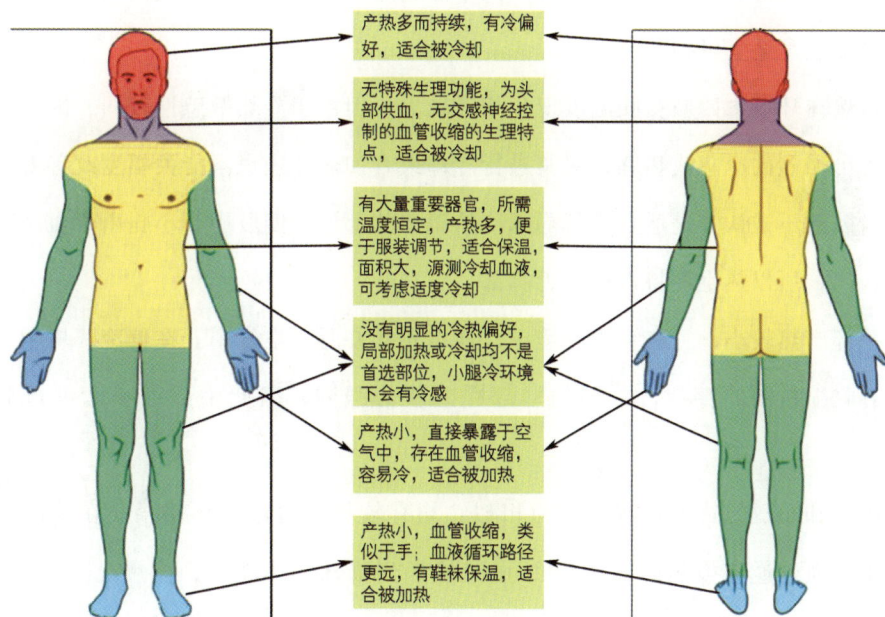

产热多而持续，有冷偏好，适合被冷却

无特殊生理功能，为头部供血，无交感神经控制的血管收缩的生理特点，适合被冷却

有大量重要器官，所需温度恒定，产热多，便于服装调节，适合保温，面积大，源测冷却血液，可考虑适度冷却

没有明显的冷热偏好，局部加热或冷却均不是首选部位，小腿冷环境下会有冷感

产热小，直接暴露于空气中，存在血管收缩，容易冷，适合被加热

产热小，血管收缩，类似于手；血液循环路径更远，有鞋袜保温，适合被加热

图 10-8　身体各部位热生理特点及局部冷热调节潜力评价[18]

相对于其他身体部位，头部区域（包括面部）单位皮肤表面积产热量大且产热持续。毛发所附加的热阻也一定程度上会影响头部区域向周围环境的散热，因此

在传统的室内空调环境中，头部通常表现为冷偏好，适合被局部冷却。

脖颈是心脏向头部进行供血的通道，其本身并无其他重要生理功能，并且由于脖颈部位即便受冷，也不会出现交感神经所控制的血管收缩机制，这表示经脖颈流向头部的血流量不会因血液本身的温度降低而减小，因此可以考虑通过对脖颈降温以降低头部的供血温度，进而实现对头部区域进行降温的目的。

躯干区域分布有大量承担重要生理功能的人体核心器官，因此需要维持较为恒定的温度。由于躯干区域本身产热较多，并且在实际生活中对上装进行增减是较为方便的，因此可以通过服装调节的手段使躯干区域的温度维持在较为舒适的区间。由于躯干区域总面积大，产热多，且血液循环的源头在躯干区域，对躯干进行冷却能够降低血液的供血温度，可能会起到全身降温的效果，因此躯干具有较大的局部冷却潜力。但过冷很有可能造成强烈的不舒适感，因此对躯干区域的局部冷却需要确保冷却强度适宜可控。

虽然在环境中四肢皮肤温度变化相对较大，但由于冷热敏感性较弱，因此并不会表现出强烈的冷感或热感，对其进行冷却或者加热处理也不能大幅度改善整体热舒适，因此不被认为是适合进行局部冷热调节的部位。四肢中，小腿由于血液循环路径较远，所以热生理特点更接近脚部。

手部产热较小，且在室内环境中，通常直接暴露于空气中。在偏冷环境中，由于血管收缩机制的存在，手部的局部冷感较为强烈，因此手部可考虑进行局部加热。

脚部和小腿的热生理特点较为相似，均有较长的血液循环路径。在偏冷环境中，由于血管逆流换热的机制[19]，血液输送到脚部和小腿时，温度已显著降低。由于人在室内走动较少，因此小腿和脚部的活动强度较低，产热量较少。小腿和脚部相比于手部的优势在于有下装和鞋袜的服装热阻。但若通过继续增加局部服装热阻的方式进行保温处理，则会同时带来厚重、影响行动的问题。因此，小腿和脚部也可考虑进行局部加热。

10.2.2　局部加热效果研究

本节所介绍的内容是偏冷环境下，传导式局部加热对于人体热舒适影响。传导式加热设备可以通过电加热丝来实现加热功能，制作简单。传导式局部冷热调节要求冷却或加热表面与人体保持接触，这在实际应用中可能会对用户的行动产生限制，因此最适合被附加以局部冷热调节功能的与人体保持接触的座椅。

已有的一些关于座椅加热的研究[5-7, 20, 21]普遍认为座椅加热能够显著改善偏冷环境下人体的热舒适。但由于在这些研究中，座椅加热通常被认为是背景空调下的一种补充形式，因此实验的环境背景温度通常不低于18℃。然而更低的室内温度在实际生活中也是可能出现的，比如北方集中供暖地区的供暖前夕及停暖之后。我国南方地区采用分体空调供暖的居民，由于长期以来的生活习惯，冬季室内环境温度也有可能低于18℃。座椅加热的效果与研究中所选择的座椅保温性能有关。根据人体自身的发热规律，座椅所能直接加热到的背部和臀部区域，即使在低活动强度下也能够维持一定的发热量，因此理论上可以通过增加局部热阻的方式减少身体的热量散失，改善热舒适。然而在以上研究中，对照组中座椅的热阻通常较小。综合以上两点原因，清华大学研究团队在14℃~18℃室内环境中开展受试者实验，采用热阻较大的座椅作为对照组，对座椅加热（见图10-9）的效果及必要性进行了研究[8]。

实验获取的局部热感觉投票的结果表明，肢端部位（膝盖、小腿、脚、手臂、手）始终是全身局部冷感最为强烈的身体部位，且座椅加热对其无任何改善作用。无论座椅加热与否，躯干区域的部位（胸、腹、背、腰），骨盆区域的部位（臀、大腿），以及头部区域部位（面部、脖颈）冷感都较为轻微。美国加州大学伯克利分校建筑环境研究中心主任 Arens 教授[22]曾指出，在寒冷环境中，手脚比其他身体部位更容易感到寒冷，其次是腿和手臂，头部和躯干区域部位则对冷环境并不敏感，这与清华大学研究团队的发现非常吻合。

全身整体热状态偏冷或局部皮肤温度过低都会触发对应部位的血管收缩机制[23, 24]，因此理论上存在两种可能会改善肢端部位局部热感觉的方法。第一种方

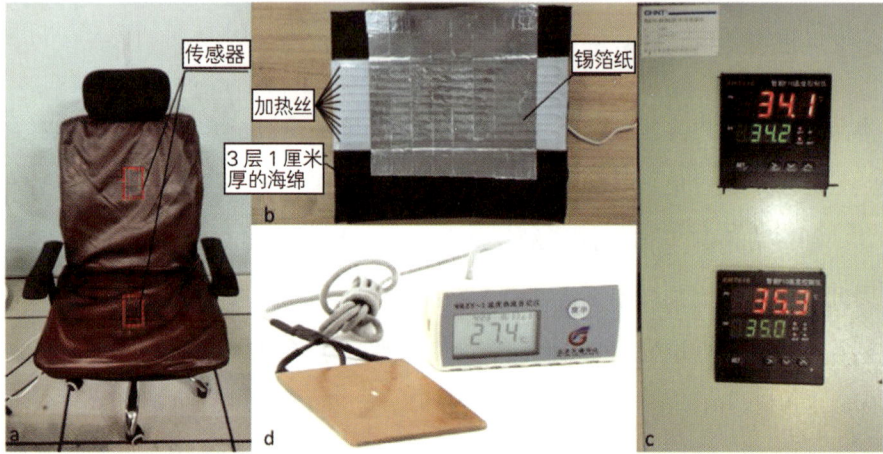

图 10-9　清华大学实验中使用的加热座椅[8]

法是直接对肢端部位进行加热以提高肢端部位的温度。第二种方法则是对躯干进行加热，通过改善整体热状态的方式来抑制机体的血管收缩机制，进而提升肢端部位的血流循环量，提高肢端部位温度。已有的一些在寒冷环境中对脚、小腿等部位直接加热的研究已经表明，第一种方法能够显著改善肢端部位的局部热感觉进而改善身体整体的热舒适[10, 21, 25-27]。问题在于，直接对这些肢端部位进行加热可能会一定程度上影响部位的灵活性，尤其是手部。那么，是否可以通过第二种方法对躯干加热以消除肢端部位的局部冷感，同时不影响手部的灵活性呢？上文所研究的座椅加热，其实质就是这样一种对躯干以及近躯干区域进行加热的方式，但从实验结果来看，效果并不显著。之前也有研究发现了类似的现象。例如，He[28] 通过实验发现，与单独使用座椅加热相比，同时对腿部进行辅助的加热会显著提高腿部局部热感觉进而提高整体热舒适，但脚部由于未被加热，局部冷感仍未得到改善。Brajkovic[29] 和 Ducharme[30] 研究了严寒环境对手部热舒适性和灵活性的影响，他们指出，加热躯干区域可以使手指和脚趾保持在舒适的温度，但前提是消耗大量外部热量将身体整体维持在过热的状态。可见，消除肢端部位的局部冷感的可行方式仍是对这些部位直接进行加热处理。

美国加州大学伯克利分校研究者 Pasut[5, 6] 之前也研究了座椅加热在 16℃ 和

18℃环境下的效果，并认为座椅加热能够显著改善受试者的整体热感觉和整体热舒适。但在清华大学的研究中，18℃环境下整体热感觉和热舒适在座椅加热与非加热状态下基本一致，这主要是因为清华大学研究采用的座椅自身保温性远好于 Pasut 研究中所采用的座椅。在 Pasut 的研究中，由于座椅本身保温性能较差，因此在 16℃和 18℃的环境中，躯干及附近区域已经开始产生了冷感，使得座椅加热起到了有针对性的效果。而在清华大学研究中，由于座椅本身保温性较好，直到环境温度下降到 14℃时，躯干附近区域才开始产生冷感。也就是说，只有在很低的环境温度下，或者是座椅自身保温性能较差的情况下，座椅加热才会表现出热舒适方面的优势，对座椅加热才变得有必要。

此外，为了解偏冷室内环境下人体各部位的局部冷感程度，清华大学研究团队在冬季供暖季前夕，开展了大规模的问卷调查，共回收近 2 000 份调查问卷，如图 10-10 所示，大部分受试者在偏冷的室内环境中，都表示全身整体热感觉是基本可以接受的，即使室内环境温度实际上已经下降到 10℃左右，也只是个别部位会感觉到冷[18]。

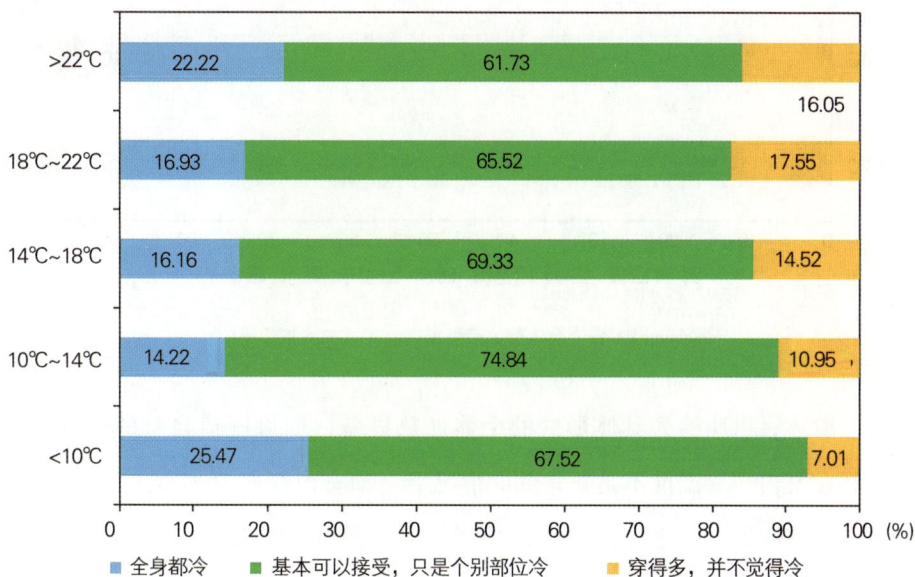

图 10-10　不同室内温度下整体热感觉的调查结果[18]

对于各个身体部位具体冷抱怨率情况如图 10-11 所示,手和脚的冷抱怨率最高,始终高于 50%,在 10℃ 以下抱怨率甚至提高至约 80%。其次是腿,冷抱怨率在 30% 左右。而其他部位包括头部、躯干、面部、颈部和手臂的冷抱怨率在任何温度范围内均未超过 21%。值得注意的是,不同于条件固定的实验室研究,这项调查是基于人们实际生活环境进行的,受访者可根据具体情况改变自身的着装,甚至也可以自行选用一些采暖设施。因此,该调查的结果实际上包含了生活中各种影响因素的综合作用,更加能够反映人们的实际需求。

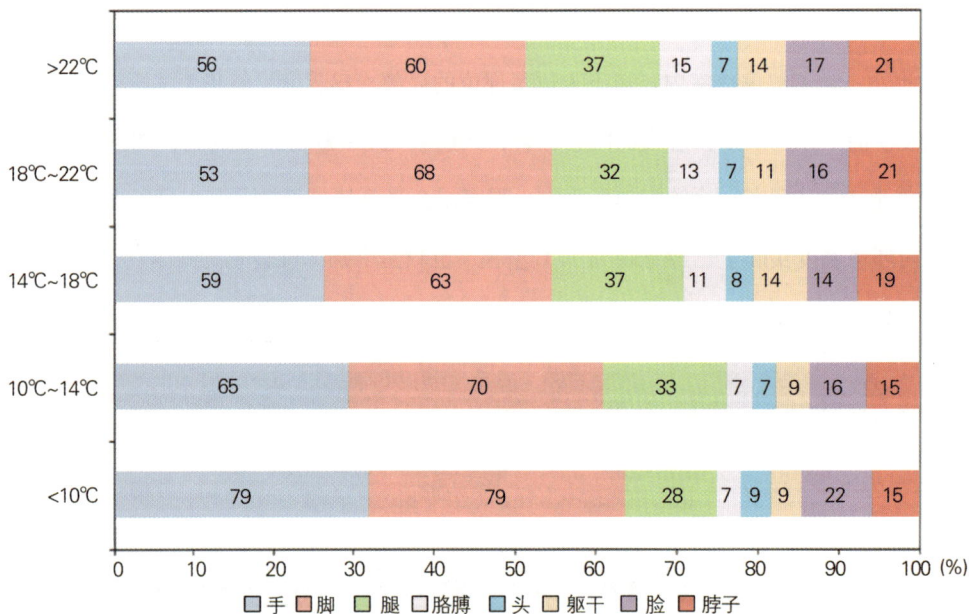

图 10-11　各个身体部位不同室内温度下的冷抱怨率[18]

综上所述,以座椅为具体形式的个体加热设备,如果座椅自身的保温性能良好,那么在室内环境温度不是非常低的情况下(如室内温度 16℃ 以上),座椅主动加热不会显著改善人的整体热舒适。当室内温度低至 14℃ 以下时,座椅加热能够提高整体热舒适,但改善效果有限,人仍感到轻微寒冷以及轻微不舒适。这主要是因为，在人体自身发热量和较大的座椅热阻影响下，座椅加热所能直接作用到的背部和臀部区域几乎没有冷感，而身体肢端部位在偏冷环境下的冷感十分强烈，但座椅加热却无法直接缓解肢端冷感。因此，当环境温度不低于 16℃时，座椅加热并非必要措施，提高座椅的保温性能也能起到类似的热舒适改善效果。而在更低的温度环境下，人的冷抱怨主要集中在手、脚、腿等肢端部位，因此低温室内环境下的局部加热设备应更多围绕人体肢端部位进行设计和开发。

10.2.3　局部降温效果研究

人体局部降温研究及其应用主要有两个方向：一是降温座椅，二是降温服。在降温座椅方面，以美国加州大学伯克利分校建筑环境研究中心（CBE）的持续性研究最有代表性。该中心 Pasut 发表的成果显示，与普通座椅相比，降温座椅在室内偏热的 29℃条件下，能够显著改善热舒适。

在降温服方面，应用就更为广泛。2003 年我国"非典"期间，为解决医护人员穿着厚重防护服工作时的防暑降温问题，张寅平、朱颖心等研究了潜热蓄热型降温服，采用 TH-27 复合相变材料，实现了良好的降温与热舒适效果[16]。实验结果还表明，受试者最希望被冷却的部位是背部和胸部，而最不希望被冷却的部位是腹部和腰部（见图 10-12）。该研究具有较强的创新性和应用价值，但也存在一定的局限：由于实验过程中相变制冷袋所提供的冷量不由使用者控制，因此可能会出现相变制冷袋所供应冷量超过了使用者所能承受阈值的情况。换言之，躯干区域所表现出的对被冷却的期望程度是在特定供冷强度条件下获得的。前文提到，躯干区域具有较大的局部冷却潜力，但需要适宜、可控的冷却强度。在该研究中，腰部和腹部表现出不希望被冷却，有可能是实验过程中相变制冷袋提供的冷却强度超过了被冷却部位所能承受的冷却强度阈值，而使用者又不能主动进行调节，因此才表示不希望该部位被冷却。

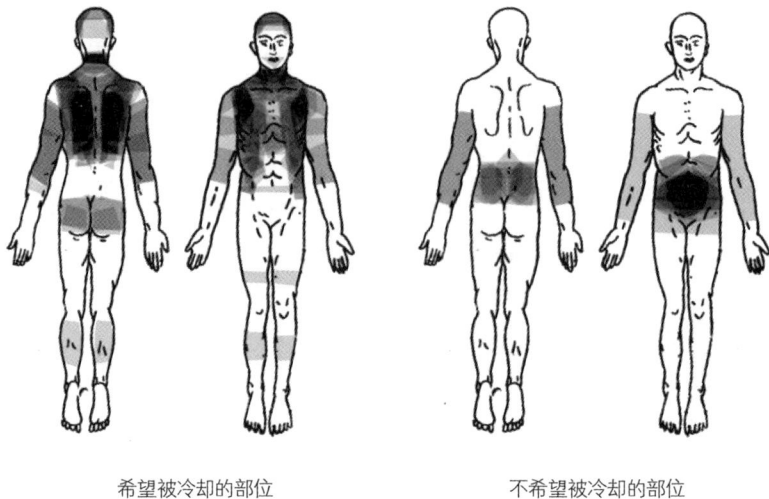

希望被冷却的部位   不希望被冷却的部位

图 10-12 希望被冷却的部位和不希望被冷却的部位[15]

以上述工作为基础，清华大学进一步开展了偏热环境下人体躯干区域冷却对热舒适的影响研究。在低活动强度下，躯干区域（包括胸部、腹部、背部和腰部）和头部区域（包括头部、面部和颈部）的产热量以及基础血流量占比最大[31-33]。因此，它们是局部冷却潜力最大的两个身体区域。尽管躯干区域单位皮肤面积的冷却潜能不及温度感受器分布更为密集的头部[34, 35]，但由于躯干区域的皮肤表面积是头部区域的 4 倍以上，因此躯干的总冷却潜力更大。更重要的是，考虑到身体部位的几何特征和生理功能，躯干区域相比于头部区域更适合进行传导性局部冷却，并且更适用于可穿戴式局部冷热调节设备的应用场景。为此，清华大学热舒适研究团队使用自主研发的热电制冷模块（见图 10-13、图 10-14），开展了躯干区域传导式局部冷却效果的研究[36]。

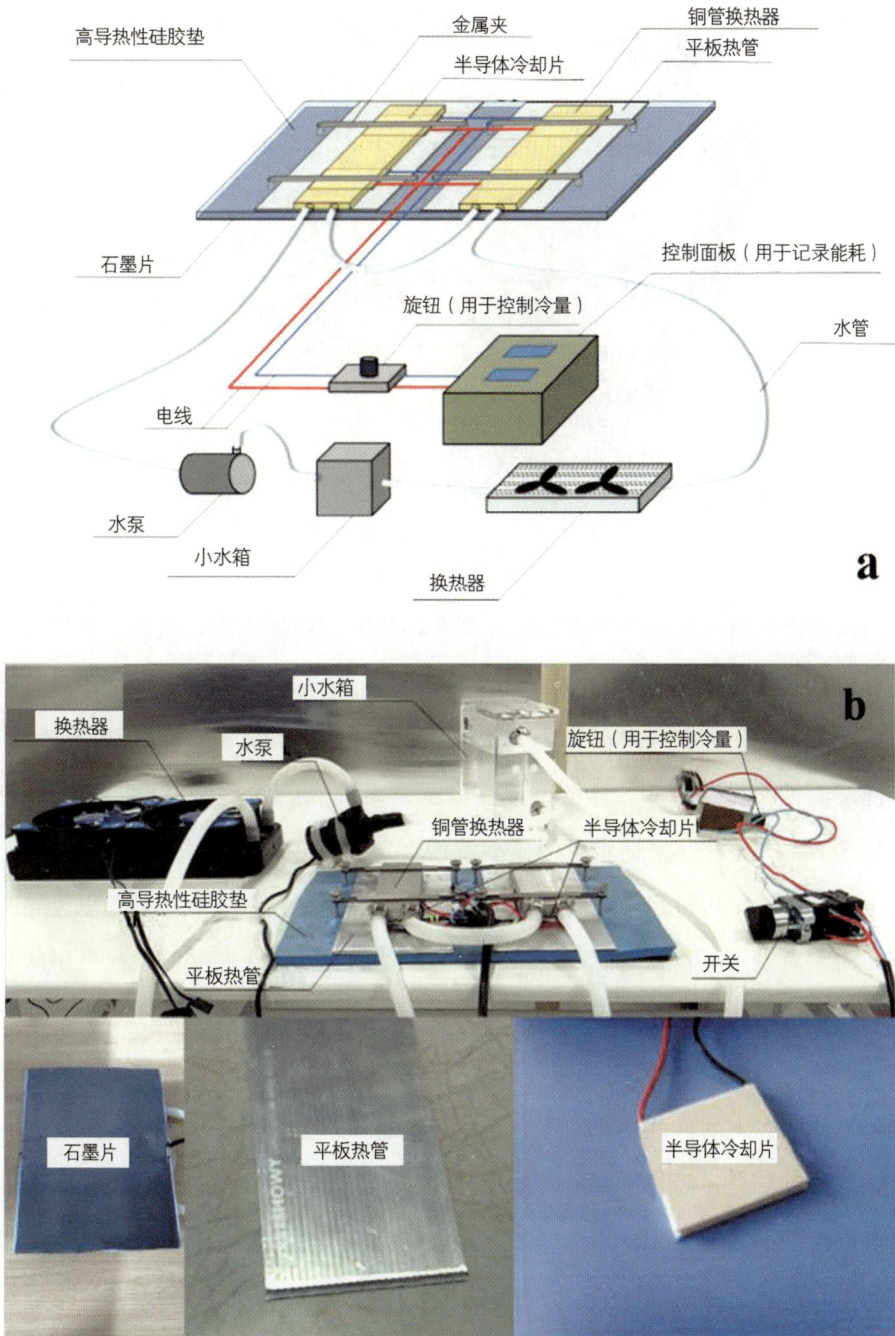

图 10-13　清华大学热电制冷模块原理示意图[36]

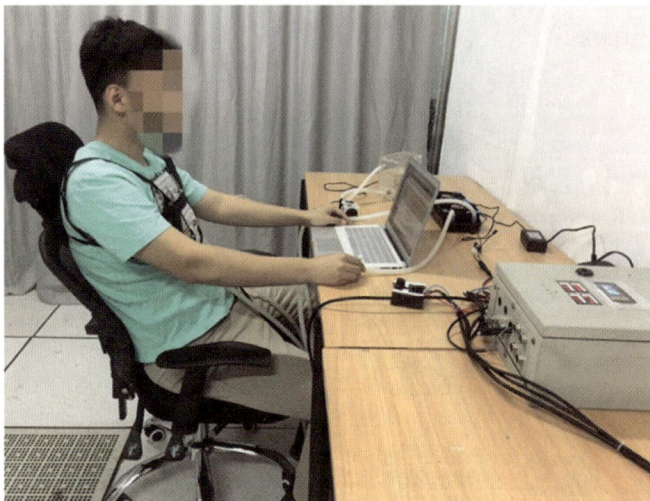

图 10-14 清华大学实验场景[36]

通过躯干区域的局部冷却实验，发现在偏热的室内环境中，对躯干区域的任意一个部位进行局部冷却都可以显著改善人体的整体热感觉和热舒适。躯干区域的胸、腹、背、腰 4 个部位中，背部耐冷能力稍强，在较热的 30 ℃和 32 ℃情况下，背部降温能最大程度降低人体的整体热感觉；而胸部的耐冷能力最弱，在最热的 32℃情况下，其整体热舒适水平明显不如其他 3 个部位。

由于座椅在使用过程中需要与人体保持接触，因此是最适合被附加以传导式局部冷却的室内设施。在开展躯干区域冷却实验之后，清华大学热舒适研究团队又进一步对座椅冷却的效果进行了探究[9]。采用的研究设备是团队自行设计开发的热电制冷座椅，如图 10-15（a）所示，图 10-15（b）为制冷座椅的靠背和座位表面在制冷工作状态下的红外热成像图。

在对这种传导式局部冷却调节接受度的投票中，约 60%的受试者表示这种方式是可以接受的（见图 10-16）。30%的受试者表示该方式和传统的调节环境温度的空调方式相比，在热舒适的改善方面没有明显区别。而认为这种方式完全不可接受，或者认为这种方式优于调节环境温度的受试者比例都非常小。

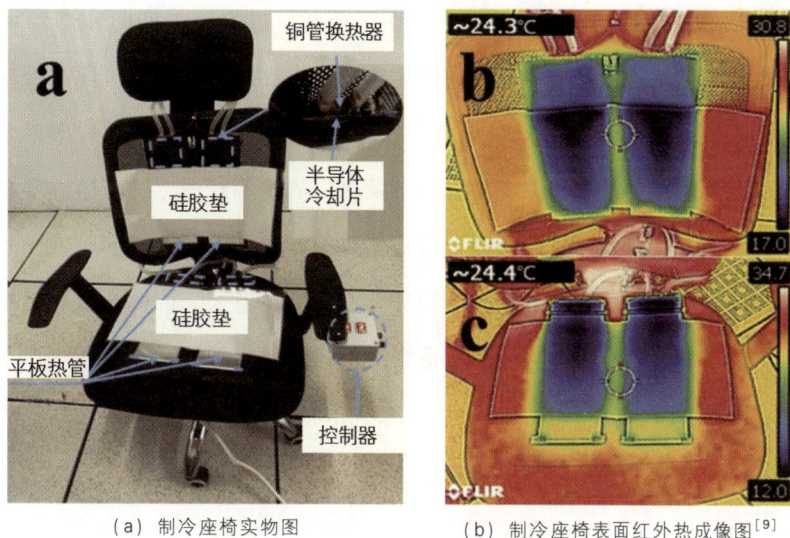

| （a）制冷座椅实物图 | （b）制冷座椅表面红外热成像图[9] |

图 10-15　清华大学研究采用的制冷座椅

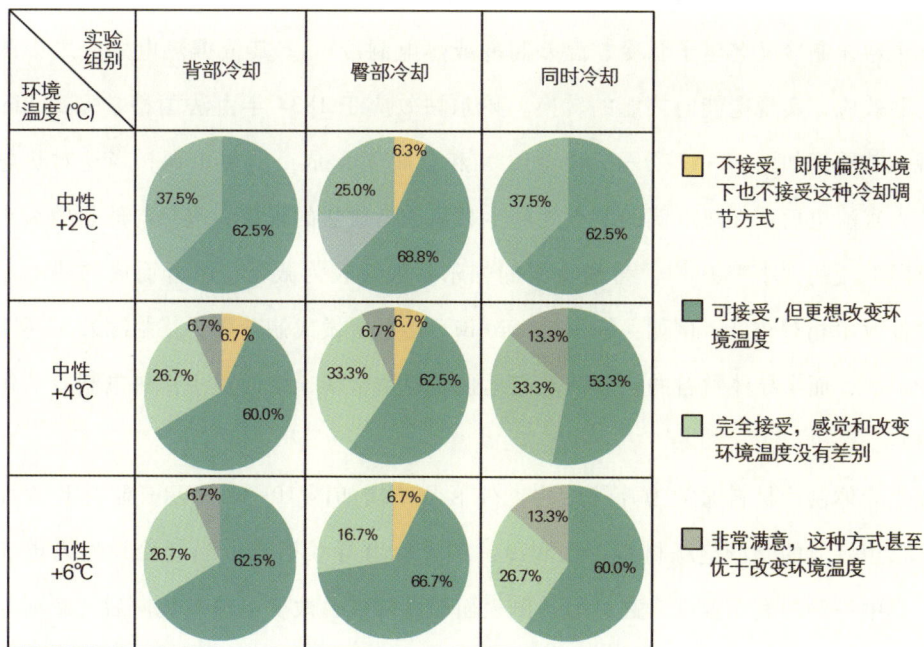

图 10-16　受试者对传导式局部冷却方式的态度[9]

通过座椅冷却研究，发现背部冷却、臀部冷却，以及两者同时冷却均可显著改善偏热环境下的人体热舒适。背部冷却效果略优于臀部冷却，两部位同时冷却时，受试者会优先选择增大背部的冷却强度，两部位同时冷却的效果要显著优于单个部位冷却。被施加局部冷却的部位会产生局部冷感及对应的冷不舒适感，环境温度越高，局部冷感越强烈。整体热不舒适会受到全身整体热感和局部冷感的共同影响，使得局部冷却强度最终会平衡在两者所引起的不舒适感之和最小值处。因此，根据初始的热状态及所采用的局部冷却形式，即可预测最终所能达到的热舒适水平。

10.3 适用于局部冷热调节的新型材料

10.3.1 半导体制冷

半导体制冷又名电子制冷、温差制冷或热电制冷[37]，其依据热电效应之中的帕尔贴效应，实现电能向热能的转换。帕尔帖效应于 1834 年由法国科学家 Peltier 发现，其原理如图 10-17 所示，由金属 X 和金属 Y 组成一对热电偶，当这对热电偶通入直流电后，在热电偶的节点处产生吸热或者放热的现象，吸热与放热的大小与流经电流的大小相关[38]。普通金属的帕尔贴效应较为微弱，组合而成的热电制冷器件效率相对较低。例如：锑-铋（Sb-Bi）热电偶做成制冷器，其制冷效率还不到 1%[37]，而半导体材料的帕尔贴效应远强于普通金属，因而被用作热电制冷的优选材料。

半导体制冷材料通常为片状结构，外形及结构如图 10-18 所示，制冷片表面通常选用硬质的光滑绝缘材料，在制冷片的一侧有导线引出。当制冷片通入电流后，其中一侧的表面温度升高，另一侧表面温度降低，改变电流的流向后，冷面与热面互换。半导体制冷片的内部结构如图 10-18（b）所示，制冷片的内部由许多 N 型及 P 型半导体组成，两类半导体之间由铝、铜等金属导体进行连接，最后在金属表面覆盖绝缘陶瓷片等材料。

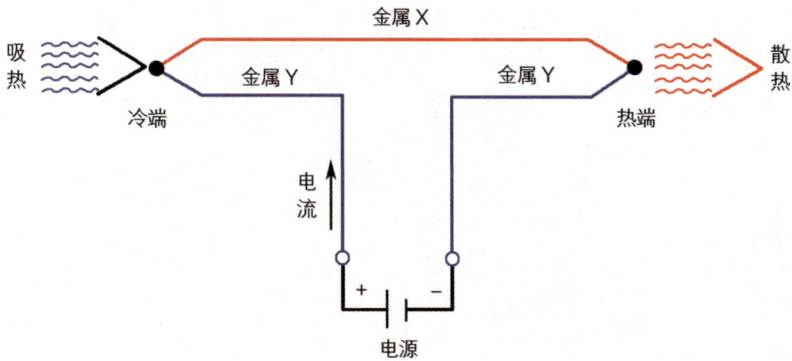

图 10-17　帕尔贴效应（图片来源于网络）

（a）半导体制冷片外形　　　　　　（b）半导体制冷片结构

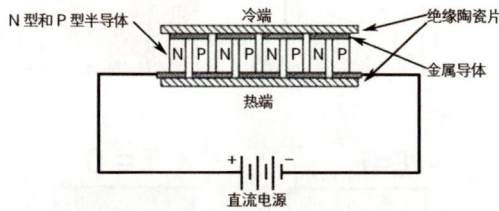

图 10-18　半导体制冷片（图片来源于网络）

不同于传统的压缩式制冷、吸收式制冷等，半导体制冷设备无运动部件，因而无噪声、无磨损、运行可靠；此外，半导体制冷设备还具有热惯性小，制冷制热速率快、操作灵活、便于精准控温，便于实现程控、计算机控制等特点，还可根据实际使用场景的需求实现多种形式的外观设计，如异形制冷片、多级制冷片等，如图10-19 所示。

10.3.2　电卡制冷材料

电卡效应（Electrocaloric Effect）是在极性材料中由于电场变化导致极化状态改变，从而引起材料温度变化的现象[39]。利用电卡效应制冷的原理如图 10-20 所示，

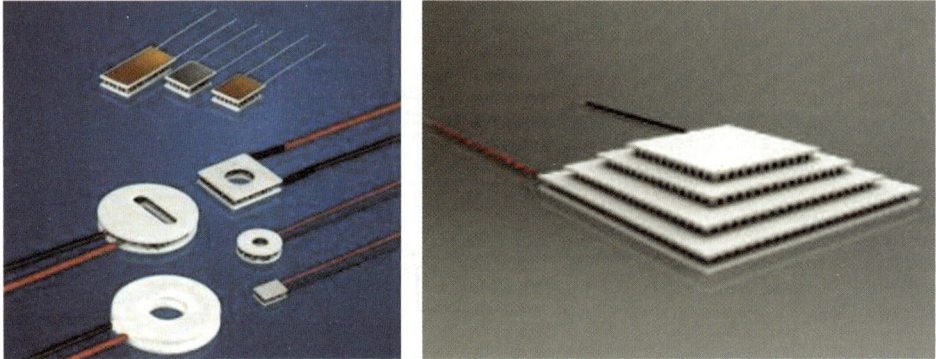

（a）异形半导体制冷片　　　　　　（b）多级半导体制冷片

图 10-19　不同形式半导体制冷片（图片来源于网络）

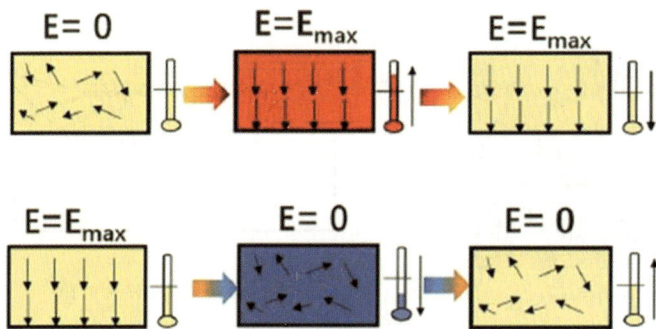

图 10-20　电卡制冷原理[40]

　　首先对极性材料施加电场，此时材料中的偶极子从无序状态变为有序排列，并导致体系温度升高，随后撤去电场，此时材料中的偶极子从有序排列变为无序状态，并导致体系温度降低。类比蒸汽压缩式制冷循环的蒸发器侧，在极性材料的偶极子的秩序变化过程中，通过利用极性材料熵增吸热的现象，实现对冷量的收集与利用。

　　电卡效应的材料研究以薄膜和其他低纬度结构体、聚合物、厚膜、陶瓷和单晶为主[41]，例如 $PbZr_{0.95}Ti_{0.05}O_3$ 薄膜[42]、聚乙二烯-氟化物基共聚物[43]、$BaTiO_3$ 基陶瓷[44]、铁电材料[45]等。电卡制冷技术的实现除依赖于制冷元件外，还有赖于构建电卡制冷循环所需要的其他器件的设计。图 10-21 为实现电卡效应制冷的多种结构设计。电卡制冷器件具有集成度高、易维护、无污染、体积大小可控、能源转换率高等优点，且相比于磁卡效应制冷技术而言，电卡效应制冷技术的优势在于制冷循环所需的电场更容易产生，成本更低[41]。

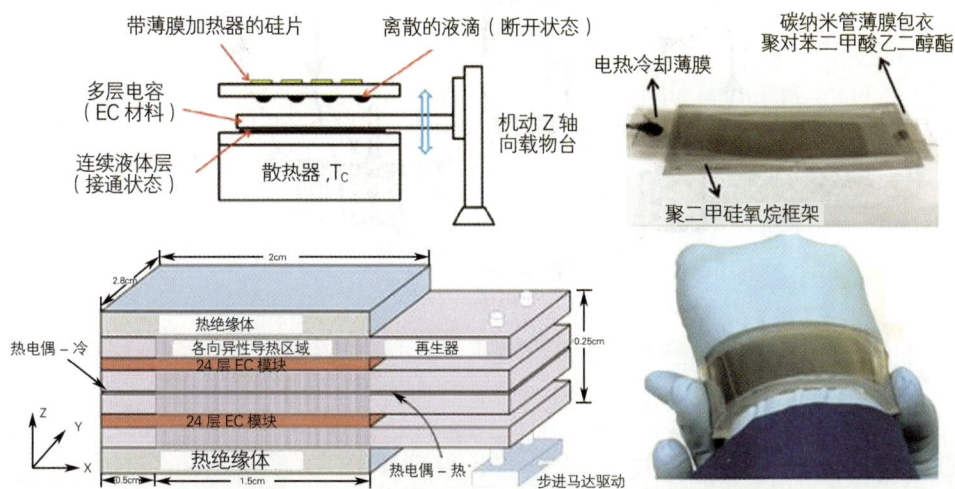

图 10-21　实现电卡效应制冷的多种结构设计[45][46][47]

10.3.3　磁制冷材料

磁制冷是以磁性物质为工质的一种新型制冷技术，其实现依赖于磁性物质的磁热效应（magnetocaloric effect）[48]。磁热效应指磁性物质在变化的外磁化场中所表现出的自身磁熵变和温度变化的现象[49]，其原理如图 10-22 所示，由磁性粒子构成的固体磁性物质受到外磁场作用被磁化，系统磁有序度加强，磁工质进行等温条件下的熵减放热；当外磁场被去除，系统磁有序度下降，磁工质进行等温条件下的熵增吸热。磁制冷的材料包括 GdSiGe 系合金、钙钛矿型化合物等，磁制冷设备包括静止时、往复式和旋转式，可在低温（15k 以下）、中温（15k～77k）以及高温（77k 以上，包括室温及以上温区）范围内工作[48]。磁制冷技术具有无环境污染、运动部件少、震动与噪声低等特点，其效率可达卡诺循环效率的 60%～70%[48]。

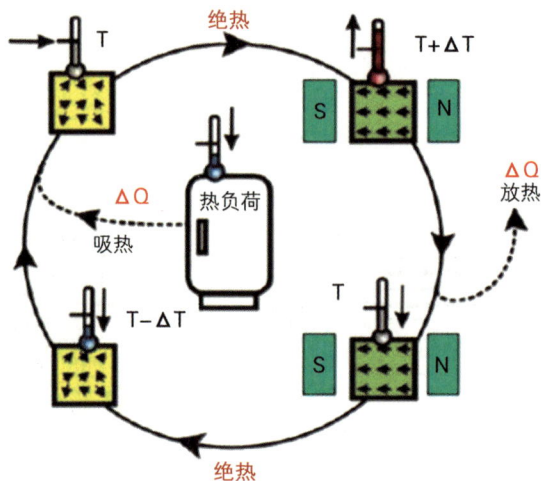

图 10-22　磁制冷原理（图片来源于网络）

10.3.4　石墨烯加热材料

石墨烯是一种以 sp^2 杂化轨道呈六角蜂窝状单层碳原子构成的二维晶体，如图 10-23 所示。石墨烯的导热性能主要取决于石墨烯的声子传输，室温下热导率高达 5 300W/m·K，低于铜、银等金属，由石墨烯叠加而成的石墨结构具有较高的平面方向热导率及较低的垂直方向热导率[50]。

石墨烯加热材料的工作原理如下，当在石墨烯发热材料两端电极通电后，电热膜中的碳分子团相互摩擦碰撞生热，温度升高，并以 5~14 微米的远红外线向外辐射。目前，石墨烯材料的制备技术主要包括氧化石墨法、化学气相沉积法、剥离石墨法以及复合材料制备法等[51]。如图 10-24 所示，常见的石墨烯加热材料包括石墨烯发热膜、石墨烯发热布等。石墨烯发热材料具有轻便、热电转化率高、预热升温迅速、发热均匀等优点，相比于石墨烯发热膜，石墨烯发热布由于其弯折性能较好，多用于人体穿戴领域。

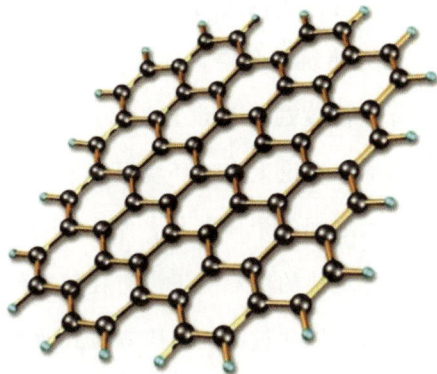

图 10-23　石墨烯结构（图片来源于网络）

（a）石墨烯发热膜　　　　　　　　　　　（b）石墨烯发热布

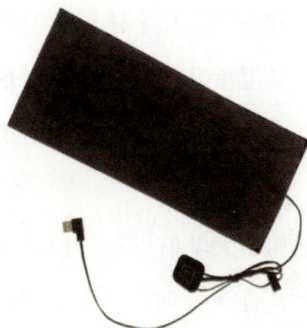

图 10-24　石墨烯发热材料（图片来源于网络）

10.4　小结

在我国建筑能耗高速增长的背景下，为了降低空调采暖系统的能耗，有必要对人体热舒适解决方案进行新的思考。采用个性化冷热调节措施，对人体局部实施有效的热暴露，可以在很大程度上缓解人体对非中性热环境的不适感，能够成为传统空调采暖方式的重要补充。

当具有局部冷热调节手段时，建筑使用者就可以在较宽泛的环境温度范围内维持较高的热舒适水平，这就为建筑采暖空调能耗的降低提供了潜力。以供冷季为例，室内公共办公空间的背景温度通常被设置为 26℃，该温度对应的是室内所有人员最适宜环境温度的平均值。理论上在该环境温度下，人员总体的热环境不满意率最低，但实际上由于人与人之间的个体差异，室内仍然会有部分受试者感觉热，同时有部分受试者感觉冷。感觉热的用户由于没有任何额外的冷却措施，热舒适水平较低，而感觉冷的用户尽管可以通过添加衣服等方式改善自身的热舒适，但从能耗的角度，这里存在冷量过量供应的问题。如果使用局部冷热调节作为补充的调节形式，室内设定温度就可以上调，原本感觉热的用户，可以通过局部冷却的方式改善热舒适，而原本感觉冷的用户，热舒适水平则会自然提高。相比于单独的背景调控，这种背景调控加个体局部调控的方式，虽然多出了局部冷却设备的能耗，但由于室内背景温度升高，将节省背景空调的能耗。也就是说个体局部调节的节能潜力实际上是通过降低背景空调能耗来实现的。供暖季同理。那么这个节能潜力有多大呢？

美国加州大学伯克利分校的 Hoyt 用 energy plus 能耗模拟软件模拟了不同室内温度设定条件下，同一栋标准办公建筑在美国不同气候区的典型城市的建筑能耗[52]。结果表明，若全年室内环境设定温度从 18℃ ~ 28℃ 变为 21.1℃ ~ 22.2℃，则可节省建筑能耗 32% ~ 73%，具体的节能量与建筑所在地区室外气候条件有关。清华大学秦蓉使用 DeST 能耗模拟软件对北京的大中小型办公建筑在不同室内设定温度情况下的建筑能耗进行了模拟[53]，结果表明，室内设定温度每提高 2 ℃，中小型办公建筑能够节能 50%，大型办公建筑能够节能 20%。

我国幅员辽阔，气候种类多样，因此有必要对各种气候条件下室内环境设定温度，对建筑能耗的影响分别进行模拟。模拟结果表明，室内环境设定温度的拓宽可以大幅度节省建筑所需的供冷供热量，但具体室内设定温度能够放宽到什么程度还要以具体的局部冷热调节热舒适实验的结果为依据。由于不同气候区的人们对冷热环境有不同的适应能力，因此在确定不同地区的室内环境温度的可扩展范围时，推荐以在该地区进行的热舒适实验的结果为主要参考依据。

在应用层面，通过局部冷热调节方式改善热舒适具有诸多优点，其相关设备的形态与大小灵活多样，可以与很多工作、生活用具相结合，如座椅、办公桌面等；而随着各个领域对可穿戴设备研究的愈加关注，接触式热舒适设备甚至能够植入服装、鞋帽之中。目前在局部冷热调节方面，已有诸多产品实践，证明该方向具有明确的应用需求。相关产品不仅能够解决一般环境室内人员的热舒适需求，对经常在户外或极端环境条件下工作的人群（如执勤交警、环卫工人、高温车间工人等），也能提供很好的舒适与健康保障。综上所述，研究人体局部冷热调节对热舒适的影响，将产生重要的学术和应用价值，对满足人员舒适需求和抑制建筑能耗增长的双重目标具有重要意义。

10.5 参考文献

[1] 清华大学建筑节能研究中心. 中国建筑节能年度发展研究报告 2020 [M]. 北京：中国建筑工业出版社，2020.

[2] 王骏顺. 桌面送风对人体热舒适影响的分析及研究[D]. 长沙：湖南大学，2008.

[3] SUN W, THAM K W, ZHOU W, et al. Thermal performance of a personalized ventilation air terminal device at two different turbulence intensities [J]. Building and environment, 2007, 42(12): 3974-3983.

[4] 李莉莉. 汽车调温座椅的设计与研究[D]. 北京：华北电力大学，2013.

[5] PASUT W, ZHANG H, ARENS E, et al. Effect of a heated and cooled office chair on thermal comfort[J]. HVAC&R Research, 2013, 19(5): 574-583.

[6] PASUT W, ZHANG H, ARENS E, et al. Energy-efficient comfort with a heated/cooled chair: Results from human subject tests[J]. Building and Environment, 2015, 84: 10-21.

[7] WATANABE S, SHIMOMURA T, MIYAZAKI H. Thermal evaluation of a chair with fans as an individually controlled system[J]. Building and Environment, 2009, 44(7): 1392-1398.

[8] YANG H, CAO B, ZHU Y. Study on the effects of chair heating in cold indoor environments from the perspective of local thermal sensation[J]. Energy and Buildings, 2018, 180：16-28.

[9] YANG H, DENG Y, CAO B, et al. Study on the local and overall thermal perceptions under nonuniform thermal exposure using a cooling chair[J]. Building and Environment, 2020：106-864.

[10] OI H, YANGI K, TABATA K, et al. Effects of heated seat and foot heater on thermal comfort and heater energy consumption in vehicle[J]. Ergonomics, 2011, 54(8)：690-699.

[11] ZHANG H, ARENS E, KIM D E, et al. Comfort, perceived air quality, and work performance in a low-power task-ambient conditioning system[J]. Building and Environment, 2010, 45(1)：29-39.

[12] WANG F, GAO C, KUKLANE K, et al. A review of technology of personal heating garments[J]. International journal of occupational safety and ergonomics, 2010, 16(3)：387-404.

[13] RANTANEN J, VUORELA T, KUKKONEN K, et al. Improving human thermal comfort with smart clothing[C]//2001 IEEE International Conference on Systems, Man and Cybernetics. e-Systems and e-Man for Cybernetics in Cyberspace (Cat. No. 01CH37236). IEEE, 2001, 2：795-800.

[14] SONG W, WANG F, ZHANG C, et al. On the improvement of thermal comfort of university students by using electrically and chemically heated clothing in a cold classroom environment[J]. Building and Environment, 2015, 94：704-713.

[15] 张富丽. 热防护服的微气候冷却系统综述[J]. 中国个体防护装备, 2002 (3)：29-30.

[16] 张寅平, 王馨, 朱颖心, 等. 医用降温服热性能与应用效果研究[J]. 暖通空调, 2003 (03)：200-203.

[17] KE Y, WANG F, XU P, et al. On the use of a novel nanoporous polyethylene (nanoPE) passive cooling material for personal thermal comfort management under uniform indoor environments[J]. Building and Environment, 2018, 145：85-95.

［18］杨贺丞. 传导式局部热调节对人体热舒适的影响研究［D］. 北京：清华大学, 2020.

［19］MITCHELL J W, MYERS G E. An analytical model of the counter‑current heat exchange phenomena［J］. Biophysical Journal, 1968, 8（8）：897‑911.

［20］DENG Q, WANG R, LI Y, et al. Human thermal sensation and comfort in a non‑uniform environment with personalized heating［J］. Science of the Total Environment, 2017, 578：242‑248.

［21］VESELÝ M, MOLENAAR P, VOS M, et al. Personalized heating-comparison of heaters and control modes［J］. Building and Environment, 2017, 112：223‑232.

［22］ARENS E, ZHANG H, HUIZENGA C. Partial‑and whole‑body thermal sensation and comfort—Part I：Uniform environmental conditions［J］. Journal of Thermal Biology, 2006, 31（1‑2）：53‑59.

［23］CASTELLANI J W, YOUNG A J. Human physiological responses to cold exposure：Acute responses and acclimatization to prolonged exposure［J］. Autonomic Neuroscience, 2016, 196：63‑74.

［24］ARENS E, ZHANG H. The skin's role in human thermoregulation and comfort［J］. Engineer Architecture, 2006, 172：92‑99.

［25］WATANABE S, MELIKOV A K, KNUDSEN G L. Design of an individually controlled system for an optimal thermal microenvironment［J］. Building and Environment, 2010, 45（3）：549‑558.

［26］ZHANG H, ARENS E, TAUB M, et al. Using footwarmers in offices for thermal comfort and energy savings［J］. Energy and Buildings, 2015, 104：233‑243.

［27］PARKINSON T, DE DEAR R. Thermal pleasure in built environments：spatial alliesthesia from contact heating［J］. Building Research & Information, 2016, 44（3）：248‑262.

［28］HE Y, WANG X, LI N, et al. Heating chair assisted by leg‑warmer：A potential way to achieve better thermal comfort and greater energy conservation in winter［J］. Energy and Buildings, 2018, 158：1106‑1116.

［29］BRAJKOVIC D, DUCHARME M B, FRIM J. Influence of localized auxiliary heating

on hand comfort during cold exposure [J]. Journal of Applied Physiology, 1998, 85 (6):
2054-2065.

[30] DUCHARME M B, BRAJKOVIC D, FRIM J. The effect of direct and indirect hand heating on finger blood flow and dexterity during cold exposure [J]. Journal of Thermal Biology, 1999, 24(5-6): 391-396.

[31] ASCHOFF J, WEVER R. Kern und schale im waermehaushalt des menschen [J]. Naturwissenschaften, 1958, 45(20): 477-485.

[32] SCHEINBERG P, BLACKBURN L I, RICH M, et al. Effects of vigorous physical exercise on cerebral circulation and metabolism[J]. The American Journal of Medicine, 1954, 16(4): 549-554.

[33] STOLWIJK J A J, HARDY J D. Temperature regulation in man—a theoretical study [J]. Pflüger's Archiv für die gesamte Physiologie des Menschen und der Tiere, 1966, 291 (2): 129-162.

[34] LEE U. Thermal Spot over Human Body Surface (Part 1), Regional Difference in Cold Spot Distribution[J]. Ningen to Seikatsukankyo (J. Human Living Environ.), 1995, 2 (1): 30-36.

[35] NAKAMURA M, YODA T, CRAWSHAW L I, et al. Regional differences in temperature sensation and thermal comfort in humans[J]. Journal of Applied Physiology, 2008, 105(6): 1897-1906.

[36] YANG H, CAO B, JU Y, et al. The effects of local cooling at different torso parts in improving body thermal comfort in hot indoor environments[J]. Energy and Buildings, 2019, 198: 528-541.

[37] 李洪斌,杨先. 半导体制冷技术原理与应用[J]. 现代物理知识,2007(5):34-36.

[38] 郑永明,方方,徐建一，等. 半导体致冷原理及其应用系统设计研究[J]. 中国测试技术, 2006, 32(2): 49-51.

[39] 聂鑫. 锆钛酸钡钙铁电陶瓷的相变特性和电卡效应研究[D]. 北京:中国科学院大学 (中国科学院上海硅酸盐研究所), 2018.

[40] MA R, ZHANG Z, TONG K, et al. Highly efficient electrocaloric cooling with

electrostatic actuation[J]. Science, 2017, 357(6356): 1130-1134.

[41] 陈亭亭. Ba_(1-x) Sr_xTiO_3 基陶瓷的铁电性能及电卡效应[D]. 杭州: 浙江大学, 2013.

[42] MISCHENKO A S, ZHANG Q, SCOTT J F, et al. Giant electrocaloric effect in thin-film PbZr$_{0.95}$Ti$_{0.05}$O$_3$[J]. Science, 2006, 311(5765): 1270-1271.

[43] NEESE B, CHU B, LU S G, et al. Large electrocaloric effect in ferroelectric polymers near room temperature[J]. Science, 2008, 321(5890): 821-823.

[44] ISRAEL C, KAR-NARAYAN S, MATHUR N D. Converse magnetoelectric coupling in multilayer capacitors[J]. Applied Physics Letters, 2008, 93(17): 173, 501.

[45] CHUKKA R, CHEAH J W, CHEN Z, et al. Enhanced cooling capacities of ferroelectric materials at morphotropic phase boundaries[J]. Applied Physics Letters, 2011, 98(24): 242, 902.

[46] JIA Y, SUNGTAEK JU Y. A solid-state refrigerator based on the electrocaloric effect[J]. Applied Physics Letters, 2012, 100(24): 242, 901.

[47] GU H, QIAN X, LI X, et al. A chip scale electrocaloric effect based cooling device[J]. Applied Physics Letters, 2013, 102(12): 122, 904.

[48] 唐永柏. 室温磁制冷磁化场及其与磁工质相互作用的研究[D]. 成都: 四川大学, 2003.

[49] PECHARSKY V K, GSCHNEIDNER JR K A. Magnetocaloric effect and magnetic refrigeration[J]. Journal of Magnetism and Magnetic Materials, 1999, 200(1-3): 44-56.

[50] 孙洪岩. 石墨烯薄膜的制备及其电性能的应用研究[D]. 长沙: 湖南大学, 2018.

[51] 孙嘉豪, 李蕊, 尹吉勇, 等. 石墨烯电加热膜的厚度对导电性能影响研究[J]. 世界有色金属, 2019 (5): 155.

[52] HOYT T, ARENS E, ZHANG H. Extending air temperature setpoints: Simulated energy savings and design considerations for new and retrofit buildings[J]. Building and Environment, 2015, 88: 89-96.

[53] 秦蓉, 刘烨, 燕达, 等. 办公建筑提高夏季空调设定温度对建筑能耗的影响[J]. 暖通空调, 2007, 37(8): 33-37.